中原文化研究丛书

卫绍生 主编

中华姜姓源流与太公文化研究

中原出版传媒集团
大地传媒

大象出版社
·郑州·

图书在版编目（CIP）数据

中华姜姓源流与太公文化研究/卫绍生主编.—郑州：大象出版社，2015.9
（中原文化研究丛书）
ISBN 978-7-5347-8559-7

Ⅰ.①中… Ⅱ.①卫… Ⅲ.①姓氏—研究—中国②吕尚—人物研究 Ⅳ.①K810.2②K827=24

中国版本图书馆CIP数据核字（2015）第208577号

中华姜姓源流与太公文化研究

卫绍生　主编

出 版 人	王刘纯
责任编辑	郑强胜
责任校对	钟　骄
装帧设计	王　敏

出版发行	大象出版社（郑州市开元路16号　邮政编码450044）
	发行科　0371-63863551　总编室　0371-65597936
网　　址	www.daxiang.cn
经　　销	各地新华书店经销
印　　刷	河南省瑞光印务股份有限公司
开　　本	787mm×1092mm　1/16
印　　张	20.75
字　　数	270千字
版　　次	2015年9月第1版　2015年9月第1次印刷
定　　价	42.00元

若发现印、装质量问题，影响阅读，请与承印厂联系调换。
印厂地址　郑州市二环支路35号
邮政编码　450012　电话　0371-63956290

"中原文化研究"丛书编委会

主　任：魏一明
副主任：谷建全
主　编：卫绍生
副主编：李立新
编　委：许凤才　李　乔　杨　波　郭　艳　席　格
　　　　孔令环　郭树伟

《中华姜姓源流与太公文化研究》编委会

主　任：张　锐　姜　明
副主任：姜克生　卫绍生
主　编：卫绍生
副主编：李立新
编　委：姜瑞玉　姜君平　姜再新　李　乔　杨　波
　　　　郭　艳　姜显成　姜　峰　姜　智　姜心雨

参加首届中华姜姓源流暨太公文化学术研讨会的领导、专家、宗亲合影

首届中华姜姓源流暨太公文化学术研讨会开幕式现场

政协河南省第十届委员会副主席王平致辞

中国社会科学院历史研究所所长、研究员王震中致辞

河南省社会科学院党委书记魏一明致辞

河南省社会科学院原院长、研究员张锐致辞

世姜总会执行会长、河南省姓氏文化研究会姜姓委员会执行会长姜克生致辞

中华伏羲文化研究会副会长、研究员袁义达大会发言

河南省姓氏文化研究会副会长石小生大会发言　　河南省社会科学院中原文化研究所副研究员、杨波博士大会发言

参加首届中华姜姓源流暨太公文化学术研究讨会的专家学者和姜姓宗亲在卫辉太公墓前合影留念

目 录

中华姜姓源流研究

炎帝神农氏的贡献与史迹 …………………………… 马世之 3
谈谈炎帝姜姓族群在上古时代的历史地位 …………… 姜建设 10
源出姜氏的中华姓氏 …………………………………… 任崇岳 21
姜姓源流 ………………………………………………… 徐玉清 30
姜姓与羌族 …………………………………… 周书灿 周玗 38
姜太公后裔姓氏考略 …………………………………… 李 乔 47
汉唐间姜姓名门望族简述 ……………………………… 徐玉清 71
唐代姜姓名人考略 ……………………………………… 张玉霞 87
姜姓的历史与文化 ……………………………………… 袁义达 99

太公生平形象研究

姜太公出身之梳理 ……………………………………… 王震中 107
姜太公名号居里考辨 …………………………………… 卫绍生 112
姜太公与河南 …………………………………………… 李立新 122
姜太公故里考 …………………………………………… 陈建魁 132
浅论姜太公故里的历史地理交集 ……………………… 石小生 139
认同与传承：古汲三碑所见姜太公故里史实考略 …… 杨 亮 霍德柱 146
姜太公的丰功伟绩及其后裔文化述论 ………………… 杨东晨 158

姜太公形象的综合考察………………………………… 薛瑞泽　许智银　169
唐代姜太公文化现象谫论……………………………………… 郭树伟　178
从姜太公形象的演变看我国古代民间崇拜…………………… 徐春燕　187

太公精神文化研究

太公文化思想述略……………………………………………… 杨海中　197
太公望与西周王朝……………………………………… 李玉洁　武思梦　209
伊洛地区的姜太公信仰………………………………………… 李海龙　219
《武王伐纣平话》与太公文化精神的传播……………………… 杨　波　228
中华姜姓郡望堂号堂联及其当代文化意义…………………… 郭　艳　240
由姜太公钓鱼说到晚商之渔猎………………………………… 常耀华　247
由姜太公钓鱼看创意文化……………………………………… 张兰花　255

太公相关文化研究

齐鲁之间及其外：姜太公与中华文化………………………… 赵海涛　263
景公时期齐国的外交与内政…………………………… 袁延胜　安子昂　273
齐国历史上的"穆陵"名称与地望…………………………… 陈习刚　281
姜太公与古吕国研究…………………………………………… 郭　超　289
齐国神话传统考述……………………………………………… 王　颖　298

研讨会相关文件

首届"中华姜姓源流暨太公文化学术研讨会"开幕式致辞………… 王　平　307
首届"中华姜姓源流暨太公文化学术研讨会"开幕式致辞………… 王震中　309
首届"中华姜姓源流暨太公文化学术研讨会"开幕式致辞………… 魏一明　311
首届"中华姜姓源流暨太公文化学术研讨会"开幕式致辞………… 张　锐　314
首届"中华姜姓源流暨太公文化学术研讨会"开幕式欢迎词………… 姜克生　317
首届"中华姜姓源流暨太公文化学术研讨会"会议纪要…………… 李立新　319
首届"中华姜姓源流暨太公文化学术研讨会"综述………………… 杨　波　321

中华姜姓源流研究

炎帝神农氏的贡献与史迹

⊙马世之

炎帝神农氏"始为天子",是我国古史传说中的"三皇"之一,也是受人敬仰的中华人文始祖。其所处时代,正值我国已经步入农耕文化的历史阶段,即将迎来华夏文明的曙光。作为一个时代的象征和具有传奇色彩的伟大历史人物,以其丰功伟绩而永远彪炳于史册。

炎帝神农氏的称谓来历,《左传·昭公十七年》载:"炎帝氏以火纪,故为火师而火名。"《风俗通·三皇》云:"神农,神者,信也;农者,浓也。始作耒耜,教民耕种,美其衣食,德浓厚若神,故为神农也。"炎帝又称赤帝,《淮南子·时则训》注:"赤帝、炎帝,号为神农。"《世本·帝系篇》谓:"炎帝,神农也。宋仲子曰:炎帝,神农也,炎帝身号,神农代号。"由此可知炎帝与神农为一人的两种称号。中国被称为"赤县神州",赤即炎,赤县是说炎帝之县,神州者即神农之州也。这里把炎帝神农氏之地域与中国等同起来,由此可见其伟大的业绩。

炎帝神农氏继伏羲氏而兴,至黄帝乃衰。《易·系辞下》云:"包牺氏没,神农氏作。……神农氏没,黄帝、尧、舜氏作。"《史记·五帝本纪》载:"轩辕之时,神农氏世衰。诸侯相侵伐,暴虐百姓,而神农氏弗能征。于是轩辕乃习用干戈,以征不享,诸侯咸来宾从。……于是黄帝乃征诸侯,与蚩尤战于涿鹿之野,遂禽杀蚩尤。而诸侯咸尊轩辕为天子,代神农氏,是为黄帝。"炎帝神农氏所传的世代,据《礼记·祭法疏》引《春秋命历序》云:"炎帝传八世,合五百二十岁。"《吕氏春秋·慎势览》则称"神农氏十七世有天下"。所谓神农"世衰",如《史记·五帝本纪·索隐》云:"谓神农氏后代子孙道德衰薄,非指炎帝之身，即班固所谓'参卢'，皇甫谧所云'帝榆罔'是也。"大约传至榆罔之时，黄帝轩辕氏取代炎帝神农氏，成为华夏集团的盟主，历史从此进入了五帝时代。

炎帝神农氏的发明甚多，主要贡献如下：

始教民耕　炎帝神农氏是我国农耕文化的创始者。《帝王世纪》载："炎帝神农氏，长于姜水，始教天下耕，种五谷而食之。"又说他"始教天下种谷"。《逸周书》云："神农之时，天雨粟，神农遂耕而种之。……然后五谷兴助。"《管子·轻重戊》云："神农作，树五谷淇山之阳，九州之民乃知谷食。"《武梁祠像碑》载："神农氏因宜教田辟土种谷，以振万民。"由此可知，炎帝神农氏是我国农业经济社会的部落集团首领。中国自古以农立国，农业为天下之本，是人们的衣食之源，炎帝神农氏发明农耕，自然受到后世的崇拜，被尊为农业之神。

始作耒耜　《易·系辞下》载："包牺氏没，神农氏作，斫木为耜，揉木为耒，耒耨之利，以教天下，盖取诸益。"《白虎通·号》载："神农因天之时，分地之利，制耒耜，教民农作，神而化之，使民宜之，故谓之神农也。"《说文·耒部》云："耒，手耕曲木也。从木推丰。古者垂作耒耜以振民也。"《世本》谓："倕作耒耜。"注："倕，神农之臣也。"《周礼·考工记》和《吕氏春秋·任地》都有关于耒耜规制的记载。江西万年仙人洞遗址出土了蚌耜，浙江余姚河姆渡遗址出土了骨耜，内蒙古德勒庙遗址出土了石耜，河南三门峡庙底沟遗址中发现了双齿木耜的痕迹。耒耜的发明，标志着锄耕农业的出现，这是炎帝神农氏对农耕文化的一大贡献。

发明医药　《淮南子·修务训》说神农"尝百草之滋味，水泉之甘苦，令民知多辟就。当此之时，一日而遇七十毒"。《帝王世纪》说他"尝味草木，宣药疗疾，救夭伤之命，百姓日用而不知，著《本草》四卷"。司马贞《补三皇本纪》说他"以赭鞭草木，始尝百草，始有医药"。《广博物志》卷二二引《物原》谓："神农始究息脉，辨药性，制针灸，作巫方。"炎帝神农氏在长期的农业生产活动中，逐渐认识了草木药性原理，发明了医药针灸。

始作琴瑟　《世本·作篇》云："神农作琴。神农作瑟。"神农氏琴长三尺六寸六分，上有五弦，曰宫、商、角、征、羽。"又说："神农乐曰《扶犁》。"《路史·发挥二》注引桓谭《新论》谓："神农继伏羲王天下……于是始削桐为瑟，绳丝为弦，以通神明之德，合天地之和。"《路史·后纪三》载，神农"乃命邢天作《扶犁》之乐，制《丰年》之咏，以荐厘来，是曰《下谋》"。炎帝神农氏发明了原始乐器，并谱写了《扶犁》《丰年》等乐章，这些都与农事有关。

筑城设市 《汉书·食货志》载："神农之教曰：有石城十仞，汤池百步，带甲百万，而亡粟，弗能守也。"《氾胜之农书》亦云："神农之教，虽有石城汤池，带甲百万，弗能守也。"这里讲的是粮食储备与守城之间的辩证关系，农业生产发展到一定程度，便走向了城邑文化阶段。"市"的出现，几乎与"城"同步。《易·系辞下》："包牺氏没，神农氏作。……日中为市，致天下之民，聚天下之货，交易而退，各得其所。"谯周《古史考》说："神农作市。"神农氏所作之"市"，可以视作中国集市贸易的雏形或源头。考古发现最早的古城，是湖南澧县城头山大溪文化城址，据说安徽含山凌家滩发现了史前期时期"市"的遗址。约当神农氏之世，已出现了原始的"城"与"市"。

肇始姜姓 《国语·晋语四》云："昔少典娶于有蟜氏，生黄帝、炎帝。黄帝以姬水成。炎帝以姜水成，成而异德，故黄帝为姬，炎帝为姜。"《左传·哀公九年》云："炎帝为火师，姜姓其后也。"《左传·哀公十七年》杜预注："炎帝神农氏，姜姓之祖也。"《说文》云："姜，神农居姜水，以为姓。"《帝王世纪》载："神农氏姜姓也。"司马贞《补三皇本纪》云："炎帝神农氏姜姓。"另据美国著名人类学家摩尔根在《古代社会》中说："中国古代流行着一种图腾制度，其后世之姓多由原始社会的图腾信仰演化而来，如牛、羊、马等。""姜"字古文从羊从女，即象征女性管理羊群之意。反映出炎帝本是我国远古以"羊"为图腾的氏族部落首领，姜姓起源可能与图腾崇拜有关。"姜"为中国当代八十大姓之一，总人口约在450万以上，其中大多出自炎帝，为神农氏后裔，因而炎帝神农氏被尊为姜姓的得姓始祖。

炎帝神农氏是一个很大的部族。《玉函山房辑佚书》辑《春秋内事》说："神农地过日月之表。"《广雅·释地》云："神农度四海内，东西九十万里，南北八十一万里。"《玉海》卷二引《帝王世纪》亦谓:"神农之王天下,地东西九十万里,南北八十五万里。"竭力形容其地域之辽阔,也反映出其频频迁徙的身影。在广袤的华夏大地上,到处都有炎帝神农氏的遗踪,如陕西宝鸡市炎帝故里、湖北随州市神农故里、山西高平市神农城、湖南炎陵县炎帝陵、山西长治市炎帝陵、山西长子县神农得嘉谷处等。中原地处华夏腹地,历史悠久,文化璀璨,是炎帝神农氏活动的重要历史舞台,其在中原地区的史迹特别丰富且极具代表性,现举例说明如次:

天然石龙 炎帝神农氏的诞生,带有浓郁的神话色彩。《帝王世纪》云:"神农氏,姜姓也。母曰任姒,有蟜氏之女,名女登。游于华阳,有神龙首感女登于尚羊,生炎帝。人身牛首,长于姜水。"这里"神龙首"和"尚羊"所指为何,历来难解,实为千古史谜。河南伊川天然石龙的发现,为解决这个问题提供了新的线索。1994年11月20日,《洛阳日报》在显著位置报道了"伊川发现巨型天然石龙"的消息。1996年2月12日,新华社报道:"由自然沉积岩形成的巨型石龙,不久前在河南洛阳龙门石窟西南26公里的伊川县平等乡大莘店村被发现。这个石龙位于大莘店村龙头沟的沟壁上……石龙对面南沟沿上有望龙台,台上石碑刻有'龙头沟内龙泉佳,九里土沟有石龙'的诗句。经测量,石龙露出部分约70.9米,高约9.5米,石质龙身通体连贯。龙吻大张,上下各有六颗天然石头组成的龙牙,龙鼻上扬,前方有两棵椿树作龙须状。龙眼轮廓分明,斜状石岩恰好组成龙角,石质龙身线条全由自然地壳变化形成。龙身后脊上有翼状石层显露似为龙翅,龙的后尾尚埋于黄土之中。"在远古时代,此天然石龙被人们视为"神龙"。石龙所在地叫上元羊家坡。女登所感之"常羊",文献或作"尚羊""裳羊"等,上与"常""尚""裳"音同义通,故而伊川上元羊家坡亦可简称之为"常羊"。此外,与石龙相对的伊河东,有两条朝向石龙方向流来的河流,由东北流向西南方向的名"姜子河",又称犁河,另一条由东南向西北流,称"大戟(姬)水"。二水均汇入伊河。伊川大莘店位于熊耳山麓,地属"华阳",这里不仅有天然石龙之"神龙首",还有"常羊"与"姜水",与文献记载炎帝之母女登所游与感的地望相符,被认为是神农故里的新发现。

神农涧 神农涧位于河南温县境内。《潜确类书》卷三一载:"神农涧在卫辉府温县。神农采药至此，以杖画地，遂成涧。"《怀庆府志》卷三云：温县，"神农涧，在县西门内，旧传炎帝采药至此，以杖画地成涧。"《温县志稿》卷十谓："神农涧，在县署后西门内南边，以及城外西南隅往西十余里，均属神农涧。据传闻炎帝采药至温，以杖画地遂成涧云。"温县自古出产生地、山药、菊花、牛膝等怀药，应是神农采药之地。清嘉庆二十二年（1817），还在距离神农涧不远的县东北大黄庄村创建神农庙，庙碑记云："夫功德孰有大于神农氏乎？尝百草济民以药，致交易利民以市，为耒耜教民以耕耨。吾乡之民半为农……兹之立庙，其有合乎古之道乎？"

神农坛 神农坛或称"神农祭天坛""紫金坛"等，位于河南沁阳市太行山神农峰北端。峰上南有南天门和"祖师殿"，殿内祀奉炎帝神农氏，有楹联云："神所凭依将在德，万代宗社属炎农。"将神农氏奉为农业、医药、商业和音乐的祖师。祖师殿以北，为太极殿和玉皇殿，玉皇殿北去数十米，即峰顶也是最宽阔的去处，名曰"灵台"，古祭坛筑于其上。该祭坛以峰顶自然隆起的圜丘为基础，修出层次，然后在中间填土而成。经对坛址试掘，发现地面下尚有厚30—40厘米的积土与少量散乱的草木灰。元至正十五年（1355）《重修紫虚元君静应庙碑》对祭坛这样描述："苍岩翠壑，青松白石，寒猿叫树，古涧生风，石洞昂昂，云山苍苍，峭壁如层，断崖千尺，翼然如舞天之鹤，婉然如罩烟之龙者，紫金坛也。"元中统二年（1261）《重修阳洛山记》云："台连盘石，山接穹窿……背势靠于恒岳，面亲观于覃怀，最贵乎神天洞地，崇重乎圣坛灵台。"并说："□□穷太素纯精，苟芒降从于帝喾，罗云祭祝丹。垅实自于炎农。曷若启……抑又禹帝□之事也。奠高山祭川□境，周武王告助也。"是说此山之名，始自炎农，即传说中的神农山，从神农经帝喾、勾芒、夏禹直至周武王，都在这灵台圣坛上举行过祭祀活动。从古祭坛往北20米，通过长8米、宽1.1米的"天桥"，可达峰顶最北端的玄坛。玄坛近似圆形，面积20多平方米。清人魏源在《登太行绝顶》诗中写道："昔闻地去天，俯仰亿万里。天柱须弥峰，梯颠先造趾。"玄坛俗称舍身台，相传神农为寻找灵芝草，不惜舍身攀登此坛。位于"天门"之北的祭坛呈圜丘状，应是天圆地方的象征。联结祭坛与玄坛之间的"天桥"，则是远古人类想象中的登天梯。该祭坛位于太行山神农峰之巅，筑于灵台之上，高上加高，缩短了人与天之间的距离，便于巫师与上天的沟通，以达到祭祀自然神的目的。《礼记·祭法》称："燔柴于泰坛，祭天也。"《尔雅·释天》云："祭天曰燔柴。"积薪烧之称"燔柴"。从坛址发现的草木灰烬，说明古时确曾在坛上举行过燔柴祭天的隆重仪式。昔人有诗吟道："壁立三千仞，坛高接尾箕。""泉奔巨壑常风雨，月旁高坛自鬼神。""太行绝壁渺仙坛，磴道岩嶢郁几盘。""曲盘樵径几东西，石蹬旋登棱棱梯，回首尘区疑世远，置身云路觉天低。""太行西来峰插天……紫金坛高出云汉。"神农峰巅的祭坛，远离尘世，高接尾箕，坐落于壁立三千仞的"天柱"之上，因而当为神农祭天之坛。该坛南有神农涧，北有神农城，正是炎帝神农氏部族的理想祭祀圣地。

炎帝诞生地　据东汉《春秋纬元命苞》载："少典妃安登游于华阳，有神龙首感之于常羊，生神农，人面龙颜，好耕，是谓神农，始为天子。"这里提到的"华"，不少学者认为指的就是华山。古代华山就在今河南境内，很可能即嵩山。这里所说的华阳，系指华山之阳而言，其地在今河南省新郑市境内。《史记·秦本纪》载："［昭襄王］三十三年，客卿胡阳攻魏卷、蔡阳、长社，取之。击芒卯华阳，破之。"《集解》说："司马彪曰：华阳，亭名，在密县。"《正义》谓："《括地志》云：故华城在郑州管城县南三十里。《国语》云史伯对郑桓公，虢、郐十邑，华其一也。华阳即此城也。"华阳故城位于河南省新郑市区北约20公里的郭店镇华阳寨村。城址平面略呈不规则长方形，城垣周长3公里，城墙高6～8米，墙基宽15～30米，顶宽1～3米。城垣外侧30～45米处有城壕环绕。城内有建筑台基、灰坑、水井等。该城址为战国时期城址，城南仰韶文化遗址与郭店仰韶遗址连成一体，成为一个大型文化遗址。华阳故城遗址不仅有仰韶时期遗存，还有商周时期较大型的遗址，是史学界认为的"华邑""华国"，其文化内涵具有与时俱进的特征。唐兰《西周青铜器铭文分代史征》释命簋铭说："华，地名。……在今河南省密县（作者识：今属新郑市），西为嵩山，是夏族旧居，所以华即是夏，中华民族起于此。"此外，华阳寨村东南约1.5公里处有个"石羊寨"村，与"神龙首感于常羊"之"常羊"谐音。著名史学家史树青先生明确提出新郑华阳寨为"炎地诞生地"，并亲笔题字。考虑到仰韶文化与炎帝时代大体相合，因而炎帝诞生于此的说法就引起了学术界的极大关注。

神农故都 大约在炎帝神农之世，已经出现了部落联盟组织，或被称为邦国，并有了原始都邑。《史记·五帝本纪·正义》引《帝王世纪》载："神农氏……有圣德，以火德王，故号炎帝。初都陈，又徙鲁。"《水经·渠水注》云："陈城，故陈国也，伏羲、神农并都之，城东北三十里许犹有羲城，实中。"司马贞《补三皇本纪》注曰："按今淮阳有神农井。"《淮阳县志》载："五谷营在县北十里，相传神农耕五谷处。"《通志·都邑录》录三皇之都说："神农都鲁，或云始都陈。"《历代宅京记》谓："神农氏初都陈，后居曲阜。"《河南新志》（民国十八年稿本）云："河南跨黄河流域之中，自古帝王多兴于是。……炎帝初都陈，后徙曲阜。"《淮阳县志·舆地志》云："县为伏羲、神农二氏旧都。"由此可知，炎帝神农最早建都于陈，并在此挖井、种谷。陈城在今河南省淮阳县城关一带。淮阳地当淮水之北，位于黄河冲积扇南沿的颍水中游，历史上是东西文化的交汇中心，作为炎帝神农氏的故都，在中国都城史上占有极其重要的地位。陈是炎帝神农氏的都邑，后又从这里徙都曲阜，记录了中国历史上最早的迁都活动。

综上所述，炎帝神农氏的有关史迹，广泛分布于中原地区，其丰富多彩的内涵，使之构成一幅无比绚丽的画卷，照亮了其历史的征程。

我们通过对炎帝神农氏文化的探讨与传承，必将对增强中华民族凝聚力、弘扬中国优秀传统文化、促进祖国和平统一、推动中华民族的伟大复兴等方面，起到积极的作用。我们应当缅怀人文始祖的光辉业绩，开拓进取，为实现伟大的"中国梦"而奋勇前进！

（本文作者为河南省社会科学院研究员）

谈谈炎帝姜姓族群在上古时代的历史地位
⊙姜建设

炎、黄二帝是中华民族的始祖。黄帝的事迹,史籍中多有记载,而炎帝的信息则少得多,且比较凌乱。本文拟就炎帝姜姓族群的事迹做点梳理工作,在此基础上谈谈这个族群在上古时代的历史地位。

一

炎帝和黄帝是两个古老部族的领袖。《国语·晋语四》记载说:"昔少典娶于有蟜氏,生黄帝、炎帝。黄帝以姬水成,炎帝以姜水成。成而异德,故黄帝为姬,炎帝为姜,二帝用师以相济也,异德之故也。"韦昭注引贾逵的说法:"少典,黄帝、炎帝之先。有蟜,诸侯也。炎帝,神农也。"注引虞翻和唐固的说法:"少典,黄帝、炎帝之父。"徐元诰《国语集解》在征引了《路史》的两段材料后认为:"炎帝为少典之子,黄帝乃少典后代之子孙,故列炎帝于前纪,列黄帝于后纪也。少典、有蟜俱为国号,非人名。"据徐旭生研究,姜水和姬水是渭河上游的两条支流,所谓"以水而成"者,是说炎帝和黄帝两个部落发祥在这里。徐先生认为,"炎帝氏族的发祥地在今陕西境内渭水上游一带""黄帝氏族的发祥地大约在今陕西的北部,它与发祥在陕西西部偏南的炎帝氏族的居住地相距并不很远"[①]。俩人从同一氏族中派生出来,按照古人的说法,炎、黄二帝是兄弟关系。

在那个时代,许多氏族或部落喜欢选用一个半神半人的英雄先祖作代表,随着

[①] 徐旭生:《中国古史的传说时代》,广西师范大学出版社,2003年,第49页。

这个氏族或部落的发展壮大，后代创造的种种业绩都归在这位先祖的名下，这位先祖的名号也就成了这个氏族或部落的名号。在传世的上古传说资料中，氏族、部落常常与个人的事迹混为一谈，原因就在这里。炎黄二帝就是这样的英雄先祖，所以史书中的"炎帝"云云，许多是就其部落而言的，当然其中也有一些炎帝本人的材料。

在今天的陕西西部和北部地区繁衍生息了许多代之后，不知道出于什么原因，炎帝部落和黄帝部落开始向东迁徙。黄帝部落沿黄河北岸，顺着中条山和太行山南麓，一直推进到今天的河北中南部；炎帝部落则沿着渭河和黄河南岸向东发展，今天的陕西东部、河南中西部和西南部都留下了他们的足迹。

在迁徙的道路上，两个部落产生了摩擦，"阪泉之战"爆发了。《史记·五帝本纪》记载说："轩辕之时，神农氏世衰，诸侯相侵伐，暴虐百姓，而神农氏弗能征。于是轩辕乃习用干戈，以征不享，诸侯咸来宾从……炎帝欲侵陵诸侯，诸侯咸归轩辕。轩辕乃修德振兵，治五气，蓺五种，抚万民，度四方，教熊罴貔貅䝙虎，以与炎帝战于阪泉之野，三战，然后得其志。"一般认为，阪泉之战发生在今天的河北中部地区。这里的"黄帝""炎帝"云云，是就其部落而言的。黄帝部落取得了胜利。

此后，两个部落交往更加频繁，再次爆发了一场大战。《史记·五帝本纪》记载说："蚩尤作乱，不用帝命。于是黄帝乃征师诸侯，与蚩尤战于涿鹿之野，遂禽杀蚩尤。而诸侯咸尊轩辕为天子，代神农氏，是为黄帝。"

关于蚩尤部落的族属问题，学术界存在不同的看法。我们赞同袁珂先生的观点："蚩尤者，炎帝之后"，与刑天、夸父一样，他也是炎帝姜姓部落的后起之秀和英雄人物。《山海经·大荒东经》说："应龙处南极，杀蚩尤与夸父，不得复上。故下数旱，旱而为应龙之状，乃得大雨。"袁珂先生认为："应龙杀蚩尤与夸父者，盖夸父与蚩尤同为炎帝之裔，在黄炎斗争中，蚩尤起兵为炎帝复仇，夸父亦加入蚩尤战团，以兵败而被杀也。"[1]

---

[1] 袁珂：《山海经校注》，上海古籍出版社，1980年，第361页。

蚩尤集团实力强大。《史记正义》注引汉代纬书《龙鱼河图》的说法："蚩尤兄弟八十一人，并兽身人语，铜头铁额，食沙石子，造立兵杖刀戟大弩，威振天下，诛杀无道，不慈仁。万民欲令黄帝行天子事，黄帝以仁义不能禁止蚩尤，乃仰天而叹。天遣玄女下授黄帝兵信神符，制伏蚩尤，帝因使之主兵，以制八方。""兽身人语，铜头铁额，食沙石子"，手中舞动着"刀戟大弩"，这是多么威武的一副形象。《山海经·大荒北经》说："蚩尤作兵伐黄帝，黄帝乃令应龙攻之冀州之野。应龙畜水，蚩尤请风伯、雨师，纵大风雨。黄帝乃下天女曰'魃'，雨止，遂杀蚩尤。"《太平御览卷十五·天部》引《志林》的说法："黄帝与蚩尤战于涿鹿之野。蚩尤作大雾弥三日，军人皆惑。黄帝乃令风后法斗机作指南车，以别四方，遂擒蚩尤"。水、火、陆、空一齐上，能够想到的武器都派上了用场。神话的背后，是残酷战事的歪曲写照，这场战斗的激烈和严酷程度，远远超过了阪泉之战！

战争是社会交往的一种激烈方式，先民们留下了深刻的记忆。兵戎相见是短暂的，"玉帛相见"则是常态，炎帝部落与黄帝部落终于彻底地融为一体，形成了一个强大的部落联盟，这时候已经到了文明时代的前夜。姜、姬二姓血缘同根，文化同源，不知道从何时开始自称为"夏"，或称为"华"，或二字联称为"华夏"，华夏集团在中原地区终于站稳了脚步。

在东迁的道路上，炎帝部落建立起一大批姜姓"国家"，如共工、祝融、蚩尤、许、申、吕、纪、向、州等。今天看来，这些"国家"不过是族群发展壮大后衍生出来的一个个新氏族而已。这些"国家"不时地闪现在后世的传说和历史记载中。

《国语》记载，大禹治水的时候，"共之从孙四岳佐之，高高下下，疏川导滞，钟水丰物，封崇九山，决汩九川，陂鄣九泽，丰殖九薮，汩越九原，宅居九隩，合通四海。"辛勤的劳作换来了皇天的嘉奖："祚四岳国，命以侯伯，赐姓曰'姜'、氏曰'有吕'，谓其能为禹股肱心膂，以养物丰民人也。"东汉儒学大师贾逵说："共工，诸侯，炎帝之后，姜姓也。颛顼氏衰，共工氏侵陵诸侯，与高辛氏争而王也。"韦昭注："姜，四岳之先，炎帝之姓也。炎帝世衰，其后变易，至四岳有德，帝复赐之祖姓，使绍炎帝之后，以国为氏也。"按照《史记·齐太公世家》的说法，四岳"佐禹平水土甚有功。虞夏之际封于吕，或封于申，姓姜氏。夏商之时，申、吕或封枝庶子孙，或为庶人"。四岳受封的申、吕二国，传统说法在今天的河南南阳境内。

从《国语·周语下》周景王与伶人州鸠的一段对话中我们看到，姜姓族群至迟在商代已经进入了今天的山东地区。韦昭注释说："逄公，伯陵之后，大姜之侄，殷之诸侯，封于齐地。"《史记·齐太公世家》说，后来赫赫有名的姜太公吕尚为"东海上人"。如果这个记载可信的话，那么他也是伯陵的后代，是齐地姜姓族群中的杰出代表。巧合的是，周公东征后，他又被封回了老家为"齐太公"。《史记索隐》引用谯周的说法："姓姜，名牙。炎帝之裔，伯夷之后，掌四岳有功，封之于吕，子孙从其封姓，尚其后也。"按照谯周的这一说法，姜太公的出生地则在今天的河南南阳。究竟姜太公是"东海上人"，还是南阳人，时代久远，茫昧难稽，但太公成就了巨大的功业则是不容置疑的。

《史记》记载，周人的祖先后稷，母亲"有邰氏女，曰姜原"。《史记集解》引用《说文》的解释："邰，炎帝之后，姜姓，封邰，周弃外家。"邰地在今陕西武功西南，这是姬姓周族的龙兴之地。姬、姜二姓"成而异德"，世代通婚，姜嫄教子有方，受到周人的世代尊敬，《诗经·鲁颂·闷宫》称赞道："赫赫姜嫄，其德不回。上帝是依，无灾无害。弥月不迟，是生后稷，降之百福。"

《国语》："（周宣王）三十九年，战于千亩，王师败绩于姜氏之戎。"韦昭注："姜氏之戎，西戎之别种，四岳之后也。"春秋中期，"我诸戎除剪其荆棘，驱其狐狸豺狼"，硬是把"狐狸所居，豺狼所嗥"的晋南地区开发出来。此后，姜戎时常跟随晋军出征，为晋国逐鹿中原、称霸天下屡建奇功。姜姓族群出入于异姓族群戎人当中，进而在中原大地和海岱地区繁衍生息，最后仍然回到了华夏民族这个巨大的族群中。

二

神话是原始先民历史行程的歪曲写照，其中折射出来的民族精神则是真实的。按照功能派文化人类学的解释，神话是原始时代社会生活中不可缺少的一项内容。闲暇时节，人们围坐在一起，聆听着长者或巫师的神侃，其内容不外乎英雄先祖故事、天上地下趣闻、生产生活经验等。其中一部分流传到后世，后人就冠以"神话"或者"传说"的名目。"讲故事"是原始先民道德教育、行为规范教育、知识技能教育的基本形式之一，是原始时代社会生活的重要组成部分，整个群团就是在这种训告教诲中存续和壮大着。因此，神话绝不是闲来无事的高雅消遣，它鲜明地表征着原始先民的喜怒哀乐和生活情趣，曲折地反映出原始时代的社会生活。

黄帝战蚩尤，是神话传说中的一件大事。蚩尤兄弟八十一人，神功了得，说明姜姓族群的兴旺发达。"蚩尤造立兵杖、刀、戟、大弩"，呼风唤雨，"作大雾"，这是一个善于发明创造的族群。《太平御览卷七九·皇王部四》保存了汉代纬书《龙鱼河图》的说法：蚩尤被黄帝打败后，"天下复扰乱"，可见天下纷乱的原因本不在蚩尤。黄帝终于看清了民心向背，"遂画蚩尤形象以威天下"。这一手还真管用，"天下咸谓蚩尤不死，八方万邦皆为殄服"。失败的英雄赢得了人民广泛尊重。《史记集解》征引《皇览》的说法："蚩尤冢在东平郡寿张县阚乡城中，高七丈，民常十月祀之。有赤气出，如匹绛帛，民名为蚩尤旗。"

《山海经·海内经》说："炎帝之妻，赤水之子听訞生炎居，炎居生节并，节并生戏器，戏器生祝融，祝融降处于江水，生共工，共工生术器，术器首方颠，是复土穰，以处江水。共工生后土，后土生噎鸣，噎鸣生岁十有二。"这就是说，祝融是炎帝的后裔。《吕氏春秋·孟夏篇》也说："其帝炎帝，其神祝融。"然而在《山海经》里，也有"老童生祝融"的说法，祝融又成了黄帝的苗裔。对此，袁珂先生的解释是："黄、炎古本同族，故为炎帝裔者，又可以传为黄帝裔也。"① 《左传·僖公三十三年》说："炎帝氏以火纪，故为火师而火名。"《左传·哀公九年》说："炎帝为火师，姜姓其后也。"《史记正义》说："祝融，南方炎帝之佐也。兽身人面，乘两龙，应火正也。火正祝融警跸清氛气也。"按照西周末年王室史官史伯的话说，"夫成天地之大功者，其子孙未尝不章""祝融亦能昭显天地之光明，以生柔嘉材者也，其后八姓于周未有侯伯"。祝融后来成为华夏民族的"火神"或"灶神"。《史记索隐》说："礼灶者，老妇之祭，盛于盆，尊于瓶。《说文》《周

---

① 袁珂：《山海经校注》，上海古籍出版社，1980年，第471页。

礼》以灶祠祝融。《淮南子》炎帝作火官,死为灶神。"

祝融的儿子共工也是一位功夫了得的尊神。春秋中期,鲁国大夫柳下惠说他曾经"伯九有",也就是称霸天下的意思。《国语·周语下》韦昭注引贾逵的说法:"共工,诸侯,炎帝之后,姜姓也。"袁珂先生认为,"共工与颛顼之争,亦黄炎斗争之余绪"。在古代神话系统里,共工是一位水神。《淮南子·兵略篇》说:"共工为水害,故颛顼诛之。"他与黄帝族群的颛顼发生了激烈争斗。《淮南子·天文篇》说:"昔共工与颛顼争为帝,怒而触不周之山,天柱折,地维绝。天倾西北,故日月星辰移焉;地不满东南,故水潦尘埃归焉。"《淮南子·原道篇》说:"昔共工之力,触不周之山,使地东南倾。与高辛争为帝,遂潜于渊,宗族残灭,继嗣绝祀。"袁珂先生认为,"共工触山,'折天柱,绝地维',打破为颛顼所统治之旧世界,使世界局面为之改观,虽曰'不胜',亦足见其'猛志固常在'之斗争精神矣,谓共工为'不死',为'胜利的英雄',谁曰不宜?"① 这个评价是中肯的。

上古神话的主题是顺应自然,驾驭自然,让大自然更好地为人类服务,这与原始时代社会生活的内容是吻合的。透过这些神话,我们可以看出原始先民如何征服自然以及他们的冀求所在。《山海经·北山经》上说,发鸠之山上有一种小鸟,名叫精卫,花脑袋,白嘴唇,赤红的小爪,煞是可爱。据说她本是炎帝的小女儿,名字叫女娃,因为到东海游玩时不慎落水淹死,才化为精卫鸟的。别看她身小力薄,志气却大得很。化为小鸟后,"常衔西山之木石以堙东海",决心把害人的大海填平。以东海之深邃和精卫之弱小,这强烈反差的背后,正是先民们在大自然面前势单力薄而又不屈不挠的真实写照。精卫填海的故事,表达出人类顽强的生存意志和锲而不舍的精神。

据说大荒山上住着一位叫夸父的尊神。他耳朵上穿着两条黄蛇,手里握的也是两条黄蛇,好不威武。《山海经》记载,"夸父不量力,欲追日景(影),逮之于禺谷""夸父与日逐走,入日。渴,欲得饮,饮于河渭,河渭不足,北饮大泽,未至,道渴而死。弃其杖,化为邓林。"袁珂先生认为,《大荒北经》说"后土生信,信

---

①袁珂:《山海经校注》,上海古籍出版社,1980年,第234页。

生夸父",而《海内经》记"炎帝生炎居,炎居生节并,节并生戏器,戏器生祝融,祝融生共工,共工生后土""则夸父者,炎帝之裔也。以义求之,盖古之大人也。共工之力,能以摧山;'土伯九约,其角觺觺';而姜姓之蚩尤,亦'兽身人语,铜头铁额'、'齿长二寸':是炎帝裔属中,颇不乏魁梧奇伟之巨人也"①。这是一位敢于向威力无比的太阳神和时间发出挑战而失败了的英雄。"不量力"云云,不过是原始先民力量有限的自我解嘲而已,其中蕴含的由衷赞美还是多于善意的调侃。夸父身上所表达出来的,仍然是那种生生不已、自强不息的精神。

还有一位失败了的英雄,也赢得了后世的广泛尊敬。他原本没有名字,因为被上帝砍去了脑袋,所以叫作"刑天""天"在这里就是头颅的意思。《山海经·海外西经》载:"形(刑)天与帝争神,帝断其首,葬之常羊之山。乃以乳为目,以脐为口,操干戚以舞。"袁珂先生认为:"刑天,炎帝之臣;刑天之神话,乃黄帝与炎帝斗争神话之一部分,状其斗志靡懈,死犹未已也。"袁先生还说:"刑天者,亦犹蚩尤夸父,奋起而为炎帝复仇,以与黄帝抗争者也。'野火烧不尽,春风吹又生',是蚩尤刑天诸巨人前仆后继斗争精神之最好写照也。"② 这一份勇武,这一份坚毅,把原始先民的坚韧不拔,表达得淋漓尽致。难怪过了多少代后,诗人陶渊明还在发出由衷的赞叹:"刑天舞干戚,猛志固常在。"撩起神话的神秘面纱,刑天本是原始先民中的一位勇士。在与大自然的搏击中,原始先民就是凭着这股勇往直前的劲头才不断取得胜利的。这是神话创作家的希望所在,也是人类的希望所在。

我们认为,"蚩尤战黄帝""祝融斗颛顼""共工怒触不周山""精卫填海""夸父逐日""刑天争神"等,这些述说炎帝族群的神话或传说,率先出自于姜姓族群,是这个族群中的长者或巫师,在讲述英雄先祖故事的过程中加工凝练出来的。其中有历史的影子,也有艺术加工,都是他们生活的歪曲写照。因为它们的深邃意蕴和生动感人,在族群内部一代代口耳相传之后,这些故事逐渐走出了姜姓族群,传遍了华夏大地。后来有了文字,固化下来后传到了今天,成为传达我们民族

---

① 袁珂:《山海经校注》,上海古籍出版社,1980年,第238页。
② 袁珂:《山海经校注》,上海古籍出版社,1980年,第215~216页。

精神的瑰宝。

　　人类是自然界的衍生物，能够衍化成功是大自然的杰作。在相当漫长的初始岁月里，原始先民两手空空，孤立无援，处境十分艰难。物质生活资料匮乏，社会组织简单质朴。后来发明了石器，继之以简单的木器，但在莽莽林海和丛生荆棘面前，先民们仍然势单力薄、力不从心、鸟兽虫蛇、滔天洪水、严寒酷暑、饥饿疾病等，都在向他们施加着巨大的压力。求生的本能驱使他们去搏击，去取胜。通过上述这一个个生动感人的神话故事，姜姓族群向后世述说的，正是他们如何与大自然抗争的故事。袁珂先生说，"炎帝裔属中，颇不乏魁梧奇伟之巨人"，我们认为，蚩尤、共工、夸父、刑天等，不过是姜姓族群精神的人格化形象而已，其中表达的思想主旨，不外乎桀骜不驯、百折不挠、坚忍不拔、勇往直前等。这一个个失败了的英雄，仍然赢得了尊重和爱戴，这是姜姓族群博大胸怀的直白叙说。这些精神后来都成为中华民族精神的源头和标识。这是姜姓族群对后世的又一个重大贡献。

三

　　炎黄二帝始祖地位的确立，是历史选择的结果。考古发掘表明，一百多万年来，这一方沃土就一直有人类在繁衍生息着，元谋猿人、周口店猿人、蓝田猿人、南召猿人、丁村人、山顶洞人等等，繁星点点，生生不已。可以断言，随着考古发掘工作的继续推进，早期人类出现的时间记录必将被不断修改。炎黄二帝活动的时间，史学界一般认为在大约五千年前左右，他们不是中华大地上从猿到人出现得最早的人类。然而他们赶上了一个好时候。在他们生活的时代里，漫长的原始社会已经走到尽头，"文明时代"曙光初现，华夏民族正在迅速形成中，由于炎黄集团的巨大贡献，历史选择了他们作为华夏民族的始祖。

　　据说许多发明创造出现在炎黄时代，其中一些传说已经被今天的考古发现所证实。相传黄帝史官仓颉发明了文字。文字是记载语言的书写符号，凭借着文字的帮助，人类记忆力陡然见长。掀开中国史书，人们有一个感觉：炎黄之前多茫昧无稽，炎黄之后则豁然开朗，原因就在于文字的出现。中华民族对先祖的确切记忆，只能追溯到炎黄时代，并不是此前无史，而是后人无法确切记忆罢了。

华夏民族是炎黄、东夷和苗蛮三大集团融合后形成的共同体。当时的神州大地，除了华夏集团外，还有东方海岱地区的东夷集团和南方江汉之滨的苗蛮集团。三大集团鼎足而立，文化风格有同有异，相遇之后有冲突也有和平交往。从颛顼、帝喾到帝尧时代，先是与东夷集团，后又与苗蛮集团融合，《尚书》载："苗民弗用灵"，尧乃"放驩兜于崇山，窜三苗于三危"，此后便"天下咸服。"进入文明时代后，融合的步伐加快了。到了春秋时代，一个全新的华夏民族出现在东方大地上，"冠带战国七"已经把苗蛮文化的旁系传人荆楚给囊括进来。这是一个漫长而复杂的衍化过程，许多历史细节已经被时间老人给过滤掉了，但这个粗线条是不错的。在这个过程中，三个集团都有自己独特的贡献，但华夏集团在其中居于主导地位，这也是一个不争的事实。这个民族最终以"华夏"来命名，盖缘于此。中原地区成为凝聚的核心，强烈的向心力把周边的蛮夷戎狄吸引过来，炎黄部落联盟以滚雪球般的态势衍化成一个巨大的民族共同体。

华夏民族身份确认的需求日益强烈起来，寻根拜祖工作随之提上了议事日程。"慎终，追远，民德归厚"，这个原则既适用于个人和国家，也适用于民族共同体，社会性认祖行为逐渐蔚为风气，数典忘祖遂为社会所不齿，《淮南子·修务篇》曰："世俗之人，多尊古而贱今。故为道者，必托之于神农、黄帝而后能入说。"后人把这一时尚叫作"托古之风"。其实，这一称呼并不确切，许多先祖的传说并非出于伪托，而是周边族落加入华夏文化圈时带进来的。影响所及，历史思维的时限被大幅度拉伸，三皇、五帝的古代圣君明王系统被排列出来。然而朱襄氏、葛天氏、无怀氏、有巢氏、燧人氏等，何时何族，众说纷纭；伏羲氏、女娲氏、太皞氏、少皞氏等，虽知族属，但确切属于哪个时代，周秦时代的人们也说不清楚。为了排出一个大系，古人甚至采取拉郎配的办法，把本无瓜葛的两个名号捏合在一起，例如把东夷族的太皞和苗蛮族的伏羲合二为一，称为太皞伏羲氏，实在有点不伦不类。

为什么炎黄二帝能够从中突出出来？这是因为他们的巨大贡献。史学界一般认为，原始旱作农业的发生发展，与炎黄部落有密切关系。《史记·周本纪》记载说：周始祖"弃为儿时，屹如巨人之志。其游戏，好种树麻、菽，麻、菽美。及为成人，遂好耕农，相地之宜，宜谷者稼穑焉，民皆法则之。帝尧闻之，举弃为农师，天下得其利，有功。帝舜曰：'弃，黎民始饥，尔后稷播时百谷。'封弃于邰，号曰后稷，别姓姬氏。后稷之兴，在陶唐、虞、夏之际，皆有令德。"弃为姬姓，属于黄帝族群，其母亲则是来自于炎帝族群的姜嫄。《周本纪》中关于其儿时所作所为的传说，明白昭示着周族的农业技术是从姜姓族群那里学来的。"炎帝"与"神农"合为一体是战国时代的说法，这是那个时代对于炎帝部落在古代农业发展史上地位的确认。在很长一个历史阶段里，农业一直是汉民族的立国之本，中华文明正是在农业经济的基础上发生发展起来的。在这个前提下，炎黄二帝的始祖地位逐渐被确立下来。

关于炎帝族群的发明创造，后人辑佚的《世本·作篇》还举出了其中的荦荦大端："神农（指炎帝）和药济人。神农作琴。神农作瑟。"中医药和琴瑟的发明权，周秦时代的人们把它们归在炎帝族群的名下。诸如此类的说法所在多有，这也是这个时代被后世牢记在心的根据所在。

公元前548年，周太子晋明确指出：共工和鲧，"岂繄无宠？皆黄、炎之后也。"[1] 这是传世文献中追认炎黄始祖的最早记录。经过托古之风的梳理，黄帝、帝颛顼、帝喾、帝尧和帝舜的五帝系统被排列出来，并逐渐占据了主导地位，炎帝被放在了他们前面的三皇队列里。《史记·五帝本纪》："学者多称五帝，尚矣。然《尚书》独载尧以来；而百家言黄帝，其文不雅驯，荐绅先生难言之。孔子所传宰予问《五帝德》及《帝系姓》，儒者或不传。余尝西至空桐，北过涿鹿，东渐于海，南浮江淮矣，至，长老皆各往往称黄帝、尧、舜之处，风教固殊焉，总之不离古文者近是。予观《春秋》《国语》，其发明《五帝德》《帝系姓》章矣，顾弟弗深考，其所表见皆不虚。书缺有间矣，其轶乃时时见于他说。非好学深思，心知其意，固难为浅见寡闻道也。"经过整理排比，他"择其言尤雅者"，写成了《五帝本纪》作为《史记》的开篇。

按照春秋时代鲁国大夫柳下惠的说法，"加之以社稷山川之神，皆有功烈于民者也"（《国语·鲁语上》）。《史记·秦本纪·正义》注引《括地志》的说法："秦

---

[1]（旧题）左丘明：《国语》，齐鲁书社，2005年，第51页。

灵公作吴阳上畤，祭黄帝；作下畤，祠炎帝。"《史记·六国年表》把这件事情记载在秦灵公的三年，也就是公元前422年。来自于西方的秦人，步着当年炎帝族群的后尘向东推进，所以对炎、黄二帝的关系有着特别清晰的记忆。

炎帝的传说在汉代有了新发展。刘邦斩蛇起义，编造出赤帝子杀白帝子的神话，这是在冒认自己为炎帝后裔，尽管他后来又宣称自己是黄帝族群中帝尧后人。此后，我们看到了一些新提法，《国语》曰："炎帝者，黄帝同父母弟也，各有天下之半。"《新书》云："炎帝者，太阳也。"炎帝的地位在重新抬升。这些神性作料的加入，平添了大众的信仰和尊奉，约定俗成，炎黄二帝的始祖地位遂牢固地印在了华夏儿女的脑海里。

（本文作者为郑州大学历史学院教授、博士生导师）

源出姜姓的中华姓氏

⊙任崇岳

炎黄二帝是中华民族的人文始祖，海内外华人都称自己是炎黄子孙。在先秦的典籍中多次出现"三皇"的称谓，"神农"是三皇之一。炎帝是姜姓部落的始祖，生于姜水，长于姜水，故以姜为姓。《新唐书·宰相世系表》说："姜姓本炎帝，生于姜水，因以为姓，其后子孙变易他姓。"《国语·晋语》说："昔少典娶于有蟜氏，生黄帝、炎帝，黄帝以姬水成，炎帝以姜水成，成而异德，故黄帝为姬，炎帝为姜。"同书《鲁语》也说，"炎帝以姜水成，为姜姓之祖也。"凡是涉及炎帝姓氏的文献资料，都无一例外地说炎帝姓姜。

古代氏、姓有别，氏用来别贵贱，姓用以别婚姻，后来则合二为一，正如清代学者顾炎武在《日知录》中所说，"姓氏之称，自太史公始混而为一"。(《日知录》卷二十三《氏族》)在几千年的姓氏发展演变中，炎帝的姜姓又派生出一些姓氏，他们都是炎帝裔孙。《世本·氏姓篇》说："炎帝，姜姓。许、州、向、申，姜姓也，炎帝后。"顾炎武的《日知录》也说："齐、申、吕、许、纪、州、向，姜姓也，自炎帝。"(《日知录》卷二十三《姓》)事实上，炎帝姜姓派生出的姓绝不止这些，我们不妨钩沉发微，对姜姓派生的姓氏作一番梳理。

一、齐姓

吕尚是齐国始祖。《史记·齐太公世家》说："太公望吕尚者，东海上人。其先祖尝为四岳，佐禹平水土，甚有功。虞夏之际封于吕，或封于申，姓姜氏。夏商之时，申、吕或封枝庶子孙，或为庶人，尚其后苗裔也。本姓姜氏，从其封姓，故曰吕尚。"这是说，吕尚本姓姜，因封于齐，是为齐国始祖，子孙以国为姓，是为齐姓。《新唐书·宰相世系表》称："齐氏出自姜姓，炎帝裔孙吕尚后封于齐，因以为氏。"

二、许姓

许为四岳之后，《左传》隐公十一年郑庄公说："夫许，大岳之胤也"，是说许国为四岳之后。《国语·周语》中也有"齐、许、申、吕由大姜"之说。因此许为姜姓。《史记·夏本纪》说："〔禹〕封皋陶之后于英、六，或在许。"清人梁玉绳《史记志疑》辩驳说："许，太岳之后也，姜姓。安得以为皋陶后耶？《史》误。"隐公十一年《左传正义》引杜预《世族谱》说："许，姜姓，与齐同祖，尧四岳伯夷之后也。周武王封其苗裔文叔于许，今颍川许昌是也。"《新唐书·宰相世系表》说："许氏出自姜姓，炎帝裔孙伯夷之后。周武王封其裔孙文叔于许，后以为太岳之嗣。至元公结为楚所灭，迁于容城（河南鲁山东南），子孙分散，以国为氏。"许国是个小国，春秋时受郑、楚等国挟制，先迁于叶（河南叶县西南），成为楚国附庸，再迁城父（安徽亳州东南），又迁荆山（今属湖北），最后迁容城，为楚所灭，许国君臣后裔以国名为姓，是为许氏。

三、向姓

据史游《急就篇》所说，姜姓裔孙建有向国，乃西周封国。《中国历史地名辞典》说，向国是西周时期封国，在今山东莒南县东北，春秋时为莒国所灭。《左传·隐公二年》："莒子娶于向，向姜不安莒而归。夏，莒人入向，以姜氏还。"所谓"莒人入向"，即莒国灭亡了向国。向国灭亡后，王公贵族及其族人以国为姓，是为向姓。

四、州姓

据《世本》载，"州国，姜姓"。州国有二，一在北，一在南。《左传·桓公五年》载："冬，州公如曹。"此姜姓州国位于今山东省安丘市东北之淳于城，西周封国，春秋时为杞国所灭。南方的州国为春秋时国，在今湖北洪湖市东北，后为楚所灭。州姓人丁不旺，今《百家姓》中未见州姓。

五、纪姓

纪国，姜姓，西周封置，在今山东寿光市南纪台村。鲁宣公元年（前608）为齐所灭。纪国灭亡后，王公贵族以国为氏，姓纪。纪国虽小，《左传》却屡见记载。如《隐公元年》（前722）："八月，纪人伐夷。夷不告，亦不书。"按：夷国在今山东即墨县西，寿光距即墨尚有一段距离，纪国有力量攻打夷国，可见当时不弱。隐公二年（前721）："九月，纪裂繻来逆女，冬十月，伯姬归于纪。纪子帛、莒子盟于密（今山东昌邑县东南密城，春秋属莒国）。"纪国与鲁国是姻亲之国，纪国虽是子爵，即娶了鲁国国君之女，纪国又和莒国订立了盟约，鲁桓公五年（前707）"夏，齐侯、郑伯如纪"。六年（前706）鲁桓公"会纪侯于成（今山东宁阳市东北，也写作郕）"，这年冬天，"纪侯来朝"。鲁桓公十三年（前699）"会纪侯、郑伯"。十七年（前695），"会齐侯、纪侯盟于黄（今山东冠县南）"。鲁庄公十二年（前682），纪叔姬归于酅（今山东淄博东北），这是纪侯之妻到了酅地。庄公二十九年（前665）"纪叔姬卒"，三十年（前664）"葬纪叔姬"，此后纪国不再见于史册。

六、逢姓

逢姓也是姜姓派生出的姓。《左传·昭公十年》（前541）郑国大夫裨灶对子产说："天以七纪，戊子，逢公以登，星斯于是乎出。"杜预注："逢公，殷诸侯居齐地者。"《中国历史地名辞典》称，逢国是商代方国，在今山东益都县西北。《左传·昭公二十年》（前531）记载齐国宰相晏子对鲁昭公说："昔爽鸠氏始居此地，季荝因之，有逢伯陵因之，蒲姑氏因之，而后大公因之。"杜预注："爽鸠氏，少皞氏之司寇也""季荝，虞、夏诸侯，代爽鸠氏者""逢伯陵，殷诸侯，姜姓"。"蒲姑氏，殷、周之间代逢公者。"逢国灭亡后，逢国百姓以国为氏，姓逢，今《百家姓》中有逢姓。

七、吕姓

共工的从孙四岳辅助大禹治水有功，尧因"祚四岳国，命以侯伯，赐姓曰姜，氏曰有吕"。这几句话见于《国语·周语下》。《诗经·大雅·崧高》也说："崧高维岳，骏极于天。维岳降神，生甫及申。维申及甫，维周之翰。"甫就是吕，这是说姜姓中分出吕姓是从太岳开始的。《左传·僖公十年》记载有吕甥其人者，何浩在《楚灭国研究》中认为，"此人为晋侯外甥，食采于吕，故称吕甥"。其地在今山西霍县西。《国语·周语中》富辰谏止周襄王欲以狄人之女为皇后时说："齐、许、申、吕由大姜。"大姜即周太王妃。由此可知周朝初年由于姬姓与姜姓通婚，吕国又得到续封。《中国历史地名大辞典·吕国条》："吕国，一作甫国，西周封置，姜姓，在今河南南阳县西。"（按：南阳县已改称南阳市卧龙区）《元和姓纂》说吕国在"今南阳宛县西吕亭"。这个吕国春秋初年被楚国灭亡。吕国在历史上一度兴旺，《国语·郑语》中有"申、吕方强"的话，说明西周末年幽王时期，处在南阳盆地的申、吕两国尚在繁荣时期。《诗经·王风·扬之水》中有"彼其之子，不与我戍申""彼其之子，不与我戍甫（吕）"的记载，说明申、吕两个小国在春秋以后处在楚国的威胁下，江山岌岌可危，抵御不住楚国的侵扰，需要借助周王朝的力量来防范楚国了。公元595年前后，吕国被楚国灭亡。

除了南阳的吕国外，河南新蔡还有一个吕国，这个吕国比南阳的吕国要早1300多年。《竹书纪年》中有"吕在新蔡北"这句话。《新唐书·宰相世系表》说得更明白："吕者……其地蔡州新蔡是也。历夏、商，世有国土。至周穆王，吕侯入为司寇，宣王世改吕为甫。春秋时为强国所并，其地后为蔡平侯所居。"这个吕国后来被宋国所灭。有人考证这个吕国的都城即现在的新蔡县城古吕镇。

南阳的吕国、新蔡的吕国灭亡后，子孙以国为氏，成为吕姓的两大来源。齐国亡于秦后，吕尚后裔中还有一支以吕为姓，遂成为吕姓的第三个来源。南阳吕国灭亡后，部分遗民被迁往湖北蕲春；新蔡吕国灭亡后，遗民多流入河南南部及安徽一带；齐国灭亡后，吕姓人多居于山东、河南一带。

八、谢姓

唐代林宝的《元和姓纂》说："谢，姜姓，炎帝之胤。"宋代郑樵撰写的《通志·氏族略》称："谢氏，姜姓，炎帝之裔，申伯以周宣王舅受封于谢。"又说："申，伯爵，姜姓，炎帝四岳之后，封于申，号申伯，周宣王元舅也。"明代凌迪知的《万姓通谱》也说谢姓是炎帝之胤。有的书上说，谢姓从任姓分出，而任姓是黄帝之后，因此谢姓应是黄帝之后。但如今几乎所有的《谢氏族谱》均认为自己是炎帝苗裔、申伯之后。如河南省太康县老冢镇谢家堂村庋藏的大唐广明元年（880）《谢氏族谱》说："谢氏本系出自炎帝神农之嗣。"陈留堂《谢氏源流总序》云："谢氏原本姜姓，……申伯佐周中兴，封谢邑，以邑为姓，故谢氏以申伯为一世祖也。"历史上一些博学多闻之士也众口一词，称谢姓为炎帝之后。如北宋苏洵《赠谢氏谱序》说："粤稽谢氏之先，始出自周宣王之舅申伯，受封于谢，其后以国为氏。"朱熹在为谢氏族谱写序时也说："谢氏之先，始于炎帝六十三世申伯，佐周中兴，封左王，加太师，继赠谢邑，支子即以邑为氏，是谢氏之鼻祖也。"

申国始于何时，已难考溯，但夏、商两代即有谢国，因国小不见于史乘。周朝兴灭国，继绝世，谢国被保留了下来。周宣王时为防范楚国北侵，加强了对南方的控制，把元舅申伯封到了谢地，《诗经·大雅·崧高》："亹亹（音wěi）申伯，王缵之事。于邑于谢，南国是式。"翻译成白话就是：勤勉的申伯得美名，周王命他把祖业来继承。在谢邑为他建造新都城，南方诸国以他为典型。周庄王九年（前688）前后，申国为楚国所灭。遗民以国为氏，姓谢。

九、申姓

申国是在谢国的领土上建立的，申国被楚国灭亡后，原谢国百姓选择了谢姓，原申国的遗民选择了申姓。

十、随姓

《元和姓纂》"随"姓下面引《风俗通》："炎帝裔随侯之后。"《路史·国名纪·甲》也说"随侯，炎裔"，是为"姜姓"。原来炎帝先与蚩尤战于涿鹿，后又与黄帝三战于阪泉，结果是蚩尤被杀，黄帝取代炎帝成为黄河中下游的主宰者，第八代炎帝榆罔部族的一支被迫迁至江汉之间，因此湖北随州便有了炎帝的遗迹。何光岳在《炎黄源流史》中说："神农氏只能在一个地方诞生，而另一个地方的诞生地则无疑是他的另一个后裔，也袭称为神农氏。在随县厉乡的神农氏诞生地，当系榆罔南迁之后的一个后裔。"

十一、井姓

井国或井方是商代古国，以善于挖井著称。据郭沫若考证，井地在大散关之东、岐山之南、渭水南岸的一个地方。还有人说得更具体，井国在今陕西宝鸡市渭水南岸磻溪南面的井儿村。传说周武王因吕尚劳苦功高，在宝鸡旧井方故地封他的另一个支系为井伯，以守卫太公磻溪垂钓之地。《井伯盉》中的井伯、《竹书纪年》中提到的井公利，可能就是井伯裔孙。西周末年平王东迁时井国也迁到郑州一带，后被郑国灭亡。姜姓井国灭亡后，其遗民多以井为姓。《广韵》《姓苑》都说井姓为姜太公后裔。

十二、章姓

《元和姓纂》："章，姜姓，齐太公封章，《左传》齐人降章，子孙改为章氏。"章地在今山东东平县东鄣城集。姜子牙在东征扩地过程中，把姜姓的一支封在章地，后裔遂用章国名号不改。章地建立的章国先是被齐国所灭，章地后又并入鲁国，今山东章丘市即因章国部分遗民迁入而得名。

十三、郐姓

郐又写作骀。商、西周时有骀国，也写作郐国。《中国历史地名辞典》："骀国，一作邰国，商、西周时国，在今陕西武功县西。"《说文解字》说，邰是"炎帝之后，姜姓所封，周弃外家国。从邑，台声，右扶风邰县是也"。周弃即周之始祖弃，也叫后稷，以善于稼穑著称。有邰氏之女即姜嫄所生。据钱宾四《西周地理考》说，邰在古籍中也写作骀，其地在今山西稷山一带。唐尧时期，一部分邰人从汾水流域向东南迁徙到台桑，台桑即邰桑。邰桑即邰地的桑林，其地在涂山附近。涂山在河南嵩县东北的陆浑镇，距大禹居地阳城（今河南登封）不远。邰国灭亡后，遗民以邰为姓。

十四、卢姓

《元和姓纂》："卢，姜姓，齐太公之后。至文公子高，高孙傒，食采于卢，因姓卢氏。姜尚于西周初年被封于营丘，建立齐国。至齐文公时，他有个儿子叫高，高的孙子傒在齐国当正卿，其食邑在卢（今山东济南市长清区西南），子孙遂以封邑为氏，姓卢。"《新唐书·宰相世系表》说："卢氏出自姜姓。齐文公子高，高孙傒，为齐正卿，谥曰敬仲。食采于卢，济北卢县是也，其后因以为氏。田氏篡齐，卢氏散居燕、秦之间。"《通志·氏族略》："卢氏、姜姓，齐太公之后。齐文公子高，高之孙傒，食采于卢，今齐州卢城是也，因邑为氏。秦有博士卢敖，子孙家于涿水之上，遂为范阳涿人。汉有燕王卢绾，其裔也。"卢姓的来源不止一个，但姜尚裔孙派生出的卢姓则是卢姓正宗。

十五、崔姓

《新唐书·宰相世系表》称："崔氏出自姜姓。齐丁公伋嫡子季子让国叔乙，食采于崔，遂为崔氏。济南东朝阳县西北有崔氏城是也。"丁公伋是齐国开国君主姜尚之子，齐国第二代国君。他的嫡长子名叫季子，本应继承国君之位，他却让位于弟弟叔乙，自己搬到食采之地崔邑（今山东章丘市西北）居住，他的子孙以邑为氏，就是崔氏。丁公伋的名字叫伋，丁公是谥号。

十六、丁姓

《元和姓纂》："丁姓，姜姓，齐太公生丁公伋，支孙以谥为姓。"这是说丁姓始于吕伋。《史记·齐太公世家》："太公之卒百有余年，子丁公吕伋立。丁公卒，子乙公得立。"因吕伋被谥为丁公，故吕伋后裔中的一支便以丁为姓。《通志·氏族略》称："丁氏，姜姓，齐太公生丁公伋，支孙以丁为氏。"

十七、方姓

南宋嘉定元年（1208）一个叫方大琮的人撰写的《固始方氏族谱宗图序》说："方氏之始得姓者曰雷，神农八代孙帝榆罔子也。相助黄帝伐蚩尤，以功封方山（今河南登封东北），子孙之氏因焉。"广东东莞河田、香港榕树澳《方氏族谱》称："方氏出于神农，初姓雷，神农八代孙罔帝（榆之子）黄帝时任职首相，帮助黄帝讨伐蚩尤有功，封方山为食邑，从此就以地名为姓，由雷改姓方。周宣王时，有方叔征伐狁猃立下大功，受封河南，遂居为郡。"河南新安、安徽歙县、福建莆田的方姓族谱也说自己是炎帝后裔。《世本》《风俗通义》均说方姓是炎帝神农氏八世孙榆罔长子之后。

十八、雷姓

炎帝裔孙雷，以国为氏，姓雷，邓名世《古今姓氏书辩证》："雷出自古诸侯方雷氏之后，以国为氏，后单姓雷。"雷因辅佐黄帝伐蚩尤有功，封于方山，又改姓方。方与雷同出一源。

十九、邱姓

应劭《风俗通义》谈到邱姓时说："齐太公封于营丘，支孙以地为氏。"吕尚建齐国，都营丘（今山东淄博市东北）。传至哀公时，纪国诸侯在周夷王面前说哀公坏话，周夷王烹哀公而立哀公之弟静，是为胡公。胡公迁都薄姑（山东博兴东南），哀公之弟又攻杀胡公自立，是为献公，又把都城迁回到了临淄。胡公迁薄姑时，姜姓的一支留守营丘未迁，遂改为丘姓。后因避孔子讳，"丘"字右边加"邑"字，是为邱姓。《史记·齐太公世家》云："哀公时，纪侯潜之周，周烹哀公而立其弟静，是为胡公。胡公徙都薄姑，而当周夷王之时。哀公之同母弟山怨胡公，乃与其党率营丘人袭攻杀胡公而自立，是为献公。献公元年，尽逐胡公子，因徙薄姑，都治临淄。"说的就是这件事。

二十、贺姓

贺姓本姓庆，因避讳改姓。《通志·氏族略》："庆氏，姜姓，齐桓公之公子无亏之后也。无亏生庆克，亦谓之庆父，名字通用，是亦以字为氏者。"庆克也称庆父，庆父之子庆封在齐景公时任左相，与右相崔杼不和，便设计杀了崔杼，自任相国，独揽朝政，引起了其他大臣的强烈不满。趁庆封外出狩猎之际，齐国的田、鲍、高等族联合发难，攻杀庆氏。庆封先逃往鲁国，后又逃至吴国，吴王赐以朱方（今江苏丹徒东南）之地，庆氏一族遂又乘机崛起。到庆封的裔孙庆质时，已是东汉安帝时期，安帝之父叫刘庆，庆质为避讳，改庆姓为贺姓。《元和姓纂》云："庆封以罪奔吴，汉末徙会稽山阴（今浙江绍兴），后汉庆仪为汝阴令，庆普之后也，曾孙纯避汉安帝父讳，始改贺氏。"前面说庆质改庆为贺，《元和姓纂》则说是庆纯改庆为贺，不管是谁改姓，可以肯定的是，至迟在东汉安帝时，庆姓已改为贺姓了。

以上我们对20个炎帝后裔姓氏作了大致勾勒，也许还有遗漏之处，需在他日补苴罅漏。正是炎帝、黄帝的裔孙构成了伟大的中华民族，我们都以炎黄子孙而自豪！

（本文作者为河南省社会科学院研究员）

姜姓源流

⊙徐玉清

姜姓是中国最古老的姓氏之一，总人口达数百万，经考证共有上百个姓氏由姜姓繁衍而来。在漫长的岁月中，姜姓氏族世代繁衍，不仅分布于中华大地，而且世界各地都有姜姓分布。本文依据相关资料，对姜姓起源进行简要叙述。

一、古籍中对姜姓起源的论述

关于姜姓起源，《元和姓纂》《新唐书·宰相世系表》《通志·氏族略》《古今姓氏书辨证》《姓氏寻源》等都进行了论述。

《元和姓纂》："姜氏，炎帝生于姜水，因氏焉。生太公封齐，为田和所灭，子孙分散，后为姜氏。汉初以豪族徙关中，遂居天水。"

《新唐书·宰相世系表》："姜姓本炎帝，生于姜水，因以为姓。其后子孙变易他姓。尧遭洪水，共工之从孙佐禹治水，为四岳之官，以其主四岳之祭，尊之，故称曰'大岳'，命为侯伯，复赐以祖姓曰姜，以绍炎帝之后。裔孙太公望封齐，为田和所灭，子孙分散。汉初，姜氏以关东大族徙关中，遂居天水。蜀大将军平襄侯维，裔孙明，世居上邽。"

《古今姓氏书辨证》："姜氏，出自炎帝。生于姜水，因以为姓。裔孙佐禹治水，为尧四岳之官，以其主山岳之祭，尊之谓太岳，命为侯伯，复赐祖姓，以绍炎帝之后。夏商以来，分为齐、许、申、甫四国，世有显诸侯。其居戎狄者为姜戎氏。田和灭齐，子孙分散。"

《通志·氏族略》："姜氏：姓也。炎帝生于姜水。因生以为姓。其后太公封于齐。世与周鲁为婚姻。历二十九世为田氏所灭，子孙分散。或以国为氏。或以姓为氏。又桓庭昌唐上元中准制改为姜氏。"

《姓氏寻源》："姜氏，《说文》云：神农居于姜水，因以为姓。《晋语》司空季子曰：'炎帝以姜水成，故炎帝为姜氏。'《水经·渭水注》云：'岐水又东，迳姜水城南为姜水。'"

二、姜姓的主要源头

据《元和姓纂》《新唐书·宰相世系表》《通志·氏族略》《古今姓氏书辨证》《姓氏寻源》以及姜姓家谱，姜姓的起源主要有如下几支：炎帝神农氏、伯夷之后、齐太公姜尚裔孙、古部族名和外族的改姓。

（一）炎帝居姜水，以水为姓

姜，本指姜水。《说文》："姜，神农居姜水，以为姓。从女，羊声。"

关于"姜水"地望，自古以来主要有两种说法：一种是《水经注》作者郦道元说的"姜水"即"岐水"（岐水，在今陕西省岐水县西，源出岐山，南向与横水合流，入雍河），在今岐山县、扶风县的交界处。另一种说法，姜水是指今宝鸡市渭水之南的清姜河（原名清涧水）。不过二者都在今陕西省宝鸡市境内，所以宝鸡为炎帝故里。

《帝王世纪》曰："炎帝神农氏，母曰任姒，有蟜氏女登，为少典妃，游华阳，感神而生炎帝于姜水，是其地也。""神农氏姜姓也，母曰任姒，有蟜氏女登，为少典妃，游华阳，有神龙首，感生炎帝，人身牛首，长于姜水。有圣德，以火德王，故号炎帝。初都陈，又徙鲁。又曰魁隗氏，又曰连山氏，又曰列山氏。"

《国语·晋语》引述晋大夫司空季子的一段话："昔少典娶于有蟜氏女，生黄帝、炎帝。黄帝以姬水成，炎帝以姜水成，成而异德，故黄帝为姬，炎帝为姜。二帝用师以相济也，异德之故也。"

传说中的炎帝，号烈山氏（一作厉山氏），又称神农氏，生活在距今5000年前的原始社会后期。他初为岐水支流姜水一带神龙部落首领，后来向东扩张到今河南、山东一带。在部落之间交战中，炎帝被黄帝打败。但炎帝"尝味百草，宣药疗疾，救夭伤之命……"他还发明耒耜等农业工具，促进了农业的发展，鉴于他的伟大贡献，世人把他和黄帝共同尊崇为华夏族领袖。

炎帝生活在姜水边，就以姜为姓。这是姜姓中最早的一支。

（二）伯夷之后

炎帝部族和相邻的黄帝部族互相通婚。炎帝族和黄帝族一同向东迁徙，他们之间联合打败蚩尤部落联盟之后，内部又发生冲突。炎帝的裔孙共工氏，曾与颛顼争夺天下，加上共工治水失败，弄得国灭姓夺，炎帝的子孙被迫改从他姓。到共工氏从（堂）孙伯夷，帝尧时辅佐朝政，掌管礼仪，这一系炎帝子孙得以复兴。帝舜时正式任命他为秩宗，伯夷兢兢业业，恪尽职守。禹代行天子之政时，伯夷尽心辅弼，成为禹的"心吕之臣"（吕，据许慎《说文解字》："吕，脊骨也，象形。"《新唐书·宰相世系》："吕者，膂也，谓能为股肱心膂也。"心吕之臣意即心腹之臣）。为嘉奖伯夷，帝舜晚年赐伯夷恢复祖姓姜，以继承炎帝之后，赐氏为吕，并封他为吕侯，形成吕氏部族。

（三）齐太公姜尚裔孙

伯夷的后代，早年活动于甘青山岳地区，由于崇拜山岳之神，形成了四岳部落。在尧、舜、夏禹时代，四岳成为部落联盟的山岳祭司，也是当时强大的部落之一。当原始社会末期，吕部族由羌人分出，与亲族申部族由甘肃东部东迁。当申人迁至今陕西甘泉县之北的上申川时，吕人同时迁至上申川之北的吕川，即今志丹县东北的杏子河。杏子河发源于靖边县的白子山，东流注于延河，后流入黄河。吕人正是顺着延河河谷，东渡黄河，与申同时迁至今山西中部的吕梁山。今山西乡宁县东南4公里有吕乡废城，这一带正是吕进入山西的落脚点。这里接近舜都蒲坂及夏都安邑，伯夷便在此接受帝舜的赐封，建立侯爵国吕国，世称吕侯。吕人在夏、商时世有其国，后又东迁至汾水中游肥沃的平原，霍邑（今山西霍县西南）今存古吕城遗址。由于长期的迁徙移居，发展繁殖，到殷（商）代末年，姜姓部族在东方所建立的国家已有齐、许、申、吕、纪、州、莱、向等。吕与申，皆为四岳部落之后，属羌人的一支，是姜姓的重要分支。

吕侯的支孙吕尚，姜姓，吕氏（据《竹书纪年·帝系名号归一图》，又称他为臧丈人、吕尚、吕牙、吕望、吕消，人们又从其祖姓称他为姜尚、姜子牙、姜太公）。关于姜尚的身世、遭遇、武功，先秦的许多古籍记载各不相同，使人难辨是非真伪。仅就他的籍贯，就有不同的说法。几年前，陕西省宝鸡市太公钓鱼台管理处曾为研究姜尚的籍贯，从豫南吕姓封地，到古称东海郡的山东郯城，最后来到河南卫辉。他们遍查各地，均未能查到说明吕尚籍贯的史实资料，更未发现任何历史遗迹，而关于姜尚为汲（今卫辉）人，却有多方面的论证依据。因此，姜尚为汲人。

商朝末年，姜尚投奔周部落，在灭商建周中建立了盖世功勋，成为历史上杰出的政治家、军事家。周武王称王天下后，姜尚受封于东夷族齐国故地，仍称齐国，他即是齐太公，都营丘（今山东临淄北）。齐国地处泰山以北，多处近海，地处僻远，发展农业的条件较差，受中原影响较小，东夷人的风俗习惯更为浓厚。齐太公在打败了东夷人莱侯的进攻，安定了封国后，对于东夷人的风俗采取了保留与因袭的态度。齐太公没有强制性地推行周朝的制度和礼仪文化，对于东夷人的传统习俗不是加以革除，而是加以因袭，只是对其君臣之礼略加简化。在经济政策和经济思想方面，齐国重视发展经济，利用靠近大海的条件，因地制宜，在抓好农业的同时，突出商业和手工业的发展，齐民争为渔盐之利，齐文化更多地表现出许多工商社会文化的特点。齐国很快成为经济、军事强国。

周武王灭商后不久便病逝，其子成王姬诵继位。成王年幼，武王弟周公辅政，武王的另外两个弟弟管叔、蔡叔等怀疑周公有夺取王位的意图，对周公极为不满。商王纣子武庚乘机拉拢管叔、蔡叔，又联合东方的徐、奄、薄姑等郡，起兵反周。周公率领大军东征，齐太公参与了平叛。周成王策命齐太公在"东到海，西至河，南至穆陵，北至无棣"（今山东、河南东部、江苏北部、河北南部）的范围内，对五侯九伯有征讨其罪的权力。齐国从此代替天子征讨不服从者，成为东方大国。

姜尚在兴周、灭商、治齐中的杰出贡献，使他成为一个妇孺皆知的历史名人。他被奉为我国的兵家始祖，所著《六韬》包括文韬、武韬、龙韬、虎韬、豹韬、犬韬，是我国最早的兵书之一。《史记·齐太公世家》称《六韬》有很多军事之权衡与奇计，所以后世论述军事及周之暗中权衡，都以姜尚原有计划为宗。唐玄宗曾下令两京及天下各州各建一所太公庙。唐肃宗追封姜尚为武成王，按文宣王孔子庙的规格建立庙宇，很显然他已被尊为与文圣孔子同一级别的武圣。在宋代姜太公又曾被追谥为昭烈武成王，宋仁宗时在武成王庙建立武学，姜尚被尊为武学鼻祖，成了武学的象征。南宋以后，姜尚的武圣地位逐渐被三国时的关公所取代，但在民间，他仍被尊为武将之首。元代刊印的《武王伐纣书》、明长篇小说《封神演义》将民间传说中的姜太公形象固定下来，确立了斩关封神的兵家创始人地位。

齐胡公时，齐国迁都薄姑（今山东博兴县东南）。齐献公时，迁都临淄（今山东淄博市东北），齐国最后定都于此。春秋初年，齐桓公在管仲等辅佐下，曾称霸诸侯，为春秋五霸之首。

齐桓公后的国君和执政大臣不恤民众，治国乏术，昏庸腐朽，新兴封建贵族田氏逐渐掌握齐之政权，最终取而代之。周安王十六年、齐康公十九年（前386），田常的曾孙田和被周王室正式承认为诸侯，田和仍沿用齐国国号，并迁齐康公于海滨。齐康公二十六年（前379），康公病卒，葬于今山东省烟台市芝区山。姜尚建立的齐国至此断绝祭祀，田氏最终拥有齐国。

齐国国君世系为：

齐太公姜尚—子丁公伋—子乙公得—子癸公慈母—子哀公不辰—弟胡公静—哀公同母弟献公山—子武公寿—子厉公无忌—子文公赤—子成公脱—子庄公购—子僖公禄甫—子襄公诸儿—襄公堂弟公孙无知—襄公弟桓公小白—桓公子无诡—桓公子孝公昭—桓公子、孝公弟昭公潘—子齐君舍—昭公弟懿公商人—桓公子惠公元—子顷公无野—子灵公环—子庄公光—庄公异母弟景公杵臼—子晏孺子荼—景公子悼公阳生—悼公子简公壬—简公弟平公骜—平公子宣公积—子康公贷。

姜姓齐国衍生出齐氏、邱氏、丘氏、尚氏、望氏、畅氏、太公氏、将具氏、骆氏、国氏、丁氏、丁若氏、崔氏、乐利氏、癸氏、厉氏、高氏、高堂氏、卢氏、柴氏、东宫氏、士强氏、仲孙氏、齐季氏、子襄氏、东郭氏、大陆氏、移氏、桓氏、庆氏、麻氏、孝氏、懿氏、栾氏、子雅氏、公旗氏、子尾氏、子乾氏、子渊氏、子工氏、子夏氏、雍门氏、闾邱氏、卢蒲氏、卢门氏、灵氏、景氏、翰公氏、公牵氏、公牛氏、曰季氏、晏氏、平氏、左氏、檀氏、左丘氏、闾公氏、闾氏、公纪氏、余邱氏、车门氏、虞邱氏、梁邱氏、即氏、南郭氏、北郭氏、古蒲氏、卢胥氏、善弋氏等，也有部分平民以祖姓姜为姓。

据山东省乳山县徐家乡峒岭村《姜氏族谱》云：田和篡位，变姜齐为田齐，将康公姜贷放逐到海滨康公城（今山东省烟台市芝罘区宫家岛村）。公元前379年，康公姜贷病逝，其子孙散居于芝罘地域。公元前221年，秦始皇东游，"过黄腄，穷成山，登芝罘"。康公子孙怕秦始皇杀戮，东逃通天岭深山（乳山县徐家乡）。公元前210年闻秦始皇崩，姜氏下山择平垣地落居，后代念先祖通天岭隐居地，取名峒岭。后裔又分迁莱西、昌邑、莱州、文登、牟平等县。

（三）以古部族名为姓

姜戎，古族名。古戎人之一。原分布在瓜州（今陕西秦岭北约宝鸡至陇县一带），逐渐东迁。周宣王三十九年（前789）讨伐姜戎，反为姜戎所败。后来，被秦国逼迫，周襄王时，其首领吾离率众迁晋南，归依晋国。周襄王二十五年（前627），姜戎曾与晋联合在殽击败秦国军队。这支戎人后来与华夏族融合，以部族名为姓，为姜姓。

（四）改姓

中国历史上，由于婚姻、仕宦、避祸、避讳等改姓他姓者屡见不鲜。姜姓有一支由桓氏改姓。宋代郑樵《通志》卷二十七《氏族略第三》载：有个叫桓庭昌的，唐肃宗上元年间被批准改姓姜。

（五）少数民族中的姜姓

随着历史的发展和社会的进步，本是汉族姓氏的姜姓，已为众多少数民族所拥有。

羌族是从殷商时期到现代活动在中国西部的民族名。它的名称来自东汉应劭《风俗通》，这反映了羌人最初主要从事畜牧业生产，因而得名。羌的来源，有史可考的，最早见于殷商时的甲骨卜辞。据甲骨文记载，殷商时的羌又叫"羌方"，有两大部落，一个是"北羌"，一个是"马羌"。他们活动的地域甚大，大体在今甘肃省的大部和陕西省的西部。《梁书·武兴国传》云："武兴国本仇池……其大姓，有苻氏、姜姓。"《周书·氐传》："世宗时，兴州人段吒及下辨、柏树二县民反，相就率破皋兰戍。氐酋姜多，复率厨中氏、蜀攻陷落丛郡以应之。"北齐《僧静明等修塔造像》（天保八年）题名中，有姜仲侯等姜姓9人。北宋吐谷浑部中的羌人中有姜姓。今羌族有姓有名，姓在先，名在后，其中有姜姓。

满族姓氏的来源历史悠久，最早的可追溯到洪荒时代图腾崇拜。满族人关后改从汉姓，而将自己原来的姓氏称作关外老姓，清满洲八旗姓姜佳氏全部、章佳氏的一部分，后改为姜氏。清代及近现代，满族姜姓中涌现出不少杰出人士。

从19世纪中叶开始，陆续有较多的朝鲜人从朝鲜半岛迁入，这是中国朝鲜族的主要来源。朝鲜族受汉族文化影响很深，历史上很早就有姜姓。

受汉族影响，侗族有名有姓，姓在先，名在后，其中有姜姓。清咸丰五年（1855），在太平天国革命影响下，侗族农民领袖姜映芳领导侗族农民在贵州天柱县执营关帝庙举行武装起义，提出"打富济贫"和"打倒大户分田地"的口号，转战于天柱、三穗、剑河等地，后与张秀眉领导的苗族起义军合作，起义队伍发展到万余人。同治元年（1862）九月，姜映芳牺牲后，侗族农民领袖陈大陆继领起义兵，坚持斗争长达6年之久。

白族有姓有名，姓在先，名在后，其中有姜姓。

彝族有名无姓，实行父子连名制，其名字由家族名、支名、父名、本名组成。近现代，受汉族影响，彝族也采用汉姓，其中有姜姓。

瑶族有姓在名，姓在先，名在后，其中有姜姓。云南省勐腊县纳么田乡草地、分水岭、会落乡、金厂河乡有姜氏。

藏族中有姜氏。酥州土千户（四川省冕宁县桥乡酥州坝）姜喳，于清康熙四十九年（1710）投诚授职，传子姜启贤、孙姜文富。相传，多须——女吃——雪弹子，生子鲁沽，鲁沽生三子：鲁枯梭雨，为冕宁县金氏、罗氏祖先；麻达乌氏为姜氏、李氏祖先；乌儿枯雨为姚氏、魏氏祖先。

苗族中有姜氏。南孟（今贵州省剑河县南孟）土把总姜福海，乃开泰县人，于清雍正时授职，传孙姜宣化。姜文勤《姜氏族谱》载："太高祖姜春黎于顺治十一年（1654）迁居文斗（今贵州省锦屏县三江乡文斗）。"姜月楼，锦屏县瑶光村人，民国时著名骨科医师。

土家族有姓有名，姓在先，名在后，其中有姜姓。

保安族有姓有名，姓在先，名在后，其中有姜姓。

此外，蒙古族、回族等民族有姜姓。

（本文作者为河南省地方志办公室副调研员）

姜姓与羌族

⊙周书灿　周玗

南朝史学家范晔在《后汉书·西羌传》开篇讲道："西羌之本，出自三苗，姜姓之别也。"以后，唐代学者杜佑在《通典》卷一百八十九《边防五·西戎一·序略》基本照录《西羌传》中的文字："西羌本出三苗，盖姜姓也。"所不同的，杜佑将《后汉书·西羌传》中"姜姓之别也"五个字改为"盖姜姓也"，和《后汉书》相比，《通典》多了一些推测语气，少了一些武断的肯定。显然，从唐代开始，学术界就在不断关注古代文献所记姜姓与羌族之间的关系问题。20世纪以来，随着考古学、民族学的蓬勃发展与古史学研究的不断深入，不少学者就该问题的认识，日渐形成诸多共识。然总的来看，在新的学术背景下，关于姜姓与羌族之间的民族学关联，仍有待于继续作深入探讨。

一、姜姓的起源及早期源流

《国语·晋语四》记载司空季子的一段话："昔少典娶于有蟜氏，生黄帝、炎帝。黄帝以姬水成，炎帝以姜水成。成而异德，故黄帝为姬，炎帝为姜，二帝用师以相济也，异德之故也。"《左传》哀公九年说："炎帝为火师，姜姓其后也。"《世本·氏姓篇》说得更详细："炎帝，姜姓。许、州、向、申，姜姓也，炎帝后。"根据以上材料可知，传说中的黄帝、炎帝所在姬、姜两个姓族长期互为姻亲，黄帝、炎帝分别为以后姬、姜两姓的始祖。

综上可知，至迟在东周时期人们的观念中，炎帝已被"公认"为姜姓的始祖，与此同时，东周时期的文献还屡屡提到炎帝以后从姜姓族衍生出的若干重要支系：

《国语·周语下》:"姜嬴荆芈,实与诸姬代相干也。姜,伯夷之后也;嬴,伯翳之后也。伯夷能礼于神以佐尧者也,伯翳能议万物以佐舜者也。"

《国语·周语下》:昔共工弃此道也,虞于湛乐,淫失其身,欲壅防百川,堕高堙庳,以害天下。皇天弗福,庶民弗助,祸乱并兴,共工用灭。其在有虞,有崇伯鲧,播其淫心,称遂共工之过,尧用殛之于羽山。其后伯禹念前之非度,厘改制量,象物天地,比类百则,仪之于民,而度之于群生,共之从孙四岳佐之,高高下下,疏川导滞,钟水丰物,封崇九山,决汨九川,陂障九泽,丰殖九薮,汨越九原,宅居九隩,合通四海。故天无伏阴,地无散阳,水无沈气,火无灾燀,神无间行,民无淫心,时无逆数,物无害生。帅象禹之功,度之于轨仪,莫非嘉绩,克厌帝心。皇天嘉之,祚以天下,赐姓曰"姒"、氏曰"有夏",谓其能以嘉祉殷富生物也。祚四岳国,命以侯伯,赐姓曰"姜"、氏曰"有吕",谓其能为禹股肱心膂,以养物丰民人也。

《国语·周语中》:齐、许、申、吕由大姜。

显然,根据《国语》的记载,则似乎可推定,传说中的炎帝与共工、伯夷、四岳及以后的齐、许、申、吕等姜姓国族之间有着直接或间接的渊源关系。

然值得注意的,除了以上记载外,《左传》襄公十四年另记载戎子驹支讲给范宣子的一段话:

> 昔秦人负恃其众,贪于土地,逐我诸戎。惠公蠲其大德,谓我诸戎是四岳之裔胄也,毋是剪弃。赐我南鄙之田,狐狸所居,豺狼所嗥。我诸戎除剪其荆棘,驱其狐狸豺狼,以为先君不侵不叛之臣,至于今不贰。

以上戎子驹支讲给范宣子的一段话,揭示出了一条重要的历史信息,那就是春秋时期的姜戎氏乃"四岳之裔胄",若再结合以上分析,则可推定,姜戎氏之远祖亦可追溯至传说中的炎帝。

以上所引古史传说是否具有绝对的真实性,暂且不论,但根据以上记载,则可粗略钩稽出姜姓族发展演变的如下之早期源流:

```
炎帝──共工──┐
          └──伯夷──四岳国──齐、许、申、吕诸国
                     │
                     └──姜戎氏
```

此前，刘起釪先生曾著《姬姜与氐羌的渊源关系》一文①，对传说中的以黄帝为始祖的姬姓族与以炎帝为始祖的姜姓族的源流作过更为系统的分析，刘氏认为，以上姜姓族迄战国秦汉以后分别融入汉、羌、藏各族。由于藏族的历史更为复杂，下文仅就姜姓、姜戎与羌族之间的关系，作较为细致的申论，以期在学术界已有研究成果的基础上，将该问题的研究进一步引向深入。

二、姜戎氏的族姓及战国秦汉后的族属问题

《左传》襄公十四年虽较为明确说姜戎氏乃"四岳之裔胄"，然春秋以后姜戎氏的史迹，中国古代文献却罕有记载。杜预在为姜戎氏自称"四岳之裔胄"一语作注时讲道："四岳之后皆姜姓，又别为允姓。"唐嘉弘先生指出，杜预认为允姓为姜姓之别分者，有一定根据；② 与此同时，唐先生另作推测，亦可能姜、允二戎，为民族学上的"两个半边"，犹如姬、姜二姓之为"两个半边"一样，其远祖本为一族，出自同一个"根"③。唐先生的推测颇具启发性，那就是，科学地解决姜戎氏的姜姓族源及与羌族的关联等一系列繁难问题，仅仅依据有限的文献资料是非常困难的。本文拟在马克思主义唯物史观指导下，广泛搜集文献记载、传说资料，并自觉借鉴民族学的方法理论，试图在前人已有研究成果的基础之上，积极贡献一些未必妥当的观点和见解，以期将该问题的研究不断引向深入。

上古文献及甲骨文、金文资料中的夷、蛮、戎、狄等称谓所指，疑问颇多，争议甚大。尤其是"戎"，顾栋高曾有以下论述："四裔之中，戎种最杂乱难稽，或

---

① 刘起釪：《姬姜与氐羌的渊源关系》，《华夏文明》第2集，北京大学出版社，1989年。
② 唐嘉弘：《春秋时代的戎狄夷蛮》，《中国古代民族研究》，青海人民出版社，1987年，第11页。
③ 唐嘉弘：《春秋时代的戎狄夷蛮》，《中国古代民族研究》，青海人民出版社，1987年，第11页。

三名而为一族,或一种而随地立名,随时易号,至五六而未已。"① 显然,用氏族、部族乃至民族来界定姜戎氏,似均不妥当。综前所论,姜戎氏为"四岳之裔胄",而"四岳"之后显然有融入华夏族的齐、许、申、吕等国族与"饮食衣服不与华同,贽币不通,语言不达"的诸戎之别。关于这一现象,历史学家傅斯年先生解释说:

> 姜之一部分在殷周之际为中国侯伯,而其又一部分到后汉一直是戎狄,这情形并不奇怪。南匈奴在魏晋时已大致如汉人,北匈奴却跑得不知去向。契丹窃据幽云,同于汉化,至今俄夷以契丹为华夏之名,其本土部落至元犹繁。女真灭辽毒宋,后来渡河南而自称中州,其东海的部落却一直保持到现在;虽后来建州又来荼毒中夏,也还没有全带进来。蒙古在依兰汗者同化于波斯,在钦察汗者同化于俄罗斯,在忽必烈汗国者同化于中国,在漠南北者依旧保持他的游牧生活。一个民族分得很远之后,文野有大差别,在东方的成例已多,在欧洲西亚尤其不可胜数了。②

无独有偶,顾颉刚先生亦曾就该问题作过如下论述:

> 称其人曰四岳者,当以其封国包有四岳之地之故。姜戎虽未完全华化,与齐许诸国异,而其为四岳之裔胄,则与齐许诸国同。然则申、吕、齐、许者,戎之进于中国者;姜戎者,停滞于戎之原始状态者也。……由其入居中国之先后,遂有华戎之判别。③

在以上基础上,顾氏积极阐发了著名的"戎夏一元"说。由此推测,姜戎氏应该是姜姓族中入居戎区的一支,其和春秋战国时期完全融入华夏的姜姓族后裔,主要的差异并非反映在血缘和人种方面,而正如《左传》襄公十四年戎子驹支所言,即饮食、衣服、贽币、语言等方面,一言以蔽之曰,戎夏间最根本的差异主要在于文化和礼俗方面。战国以后,姜戎氏的史迹,颇为难寻。从《后汉书·西羌传》"至周贞王八年,秦厉公灭大荔,取其地。赵亦灭代戎,即北戎也。韩、魏稍共稍

---

①顾栋高:《春秋大事表·春秋四裔表》,《皇清经解续编》卷十九下,(清)阮元、王先谦主编《清经解续编》第九册,凤凰出版社,2005年,第683页。
②傅斯年:《姜原》,《国立中央研究院历史语言研究所集刊》第二本第一分,1930年。
③顾颉刚:《九州之戎与戎禹》,《禹贡》1937年第7卷第6~7期。

并伊、洛、阴戎,灭之。其遗脱者皆逃走,西踰汧陇。自是中国无戎寇,唯余义渠种焉"之有关记载,则不难确知,随着民族融合的加速与华夏民族共同体的不断扩大,春秋时期位于晋国境内戎人,绝大多数陆续为韩、魏所并灭而融入华夏族,唯有少数在秦、韩、魏等国的军事力量打击下逃至汧陇以西,秦汉以后逐渐和西部地区的一些少数民族融合。因此,不加分析,武断地将姜戎氏和以后的羌族直接相等同,显然是不科学的。

三、姜姓与羌族关系辨正

南朝史学家范晔在《后汉书·西羌传》中较早记载:"西羌之本,出自三苗,姜姓之别也",此后学术界就姜姓和羌族之间的关系,做出不少探讨。如章太炎较早在《文始五》论及:"羊又孳乳为羌,西戎牧羊人也。……羌又孳乳为姜,《后汉书·西羌传》曰:'西羌,姜姓之别'。其实姜姓本羌,以种为姓,神农盖羌种耳。"[1] 章氏为闻名天下的国学大师,其以上观点在学术界长期产生颇大的影响。

受章氏影响,著名历史学家傅斯年继续对姜与羌之间的关系做类似的论述:"殷墟文字中出现羌字之从人,与未出现从女之姜字,在当时或未必有很大的分别。到后来男女的称谓不同,于是地望从人为羌字,女子从女为姜字,沿而为二了。不过汉晋儒者还是知道羌即是姜的。"[2] 此后,顾颉刚先生又受傅氏影响,亦曰:"姜之与羌,其字出于同源,彼族盖以羊为其图腾,故在姓为姜,在种为羌。"[3] 再往后,马长寿先生说得更为详细:

作为姓氏的"姜"和作为部族名的"羌"二字,在中国古音上是一致的。殷墟文字的"羌",从人,说它是部族,周代史志上的"姜",从女,说它是姓氏。或者说,前者是说他们不同于华夏,后者便说他们与华夏一样,是以姜为姓的。"羌"与"姜"的互通互用,在西晋及刘宋时的司马彪和范晔尚能知其端倪,所以

---

[1] 章太炎:《文始五》,《章氏丛书》第 4 册,江苏广陵古籍刻印社,1981 年,第 159 页。
[2] 傅斯年:《姜原》,《国立中央研究院历史语言研究所集刊》第二本第一分,1930 年。
[3] 顾颉刚:《九州之戎与戎禹》,《禹贡》1937 年第 7 卷第 6~7 期。

都明白指出:"西羌之本,出自三苗,姜姓之别也。"①

以上学者在自觉注意到姜姓与羌族之间存在着一定的关联的同时,也注意到,将姜姓与羌族完全等同,显然仅仅从文字学方面能够寻找到一点点"证据",是缺乏足够的说服力的。如傅斯年另论及:"照《后汉书·西羌传》:'西羌之本,出自三苗,姜姓之别也',则范晔认姜羌为一事。范晔虽是刘宋人,但范氏《后汉书》仅是文字上修正华氏、司马氏的,这话未必无所本。且《西羌传》中所记事,羌的好些部落本是自东向西移的,而秦之强盛尤与羌之西去有关。这段话正和《左传》襄十四年姜戎子的一段话是一类的事。那么,汉代的羌部落中有些是姜氏,看来像是如此。不过羌绝不是一个单纯的名词,必含若干不同的民族。"②马长寿先生亦明确表示,《后汉书·西羌传》言西羌是三苗的后裔,"此说无论在史料上、地理上以及民族语言上都缺乏可靠的证据"。③显然,武断地将姜姓与羌族相等同,存在的疑点甚多。综合前人已有研究,笔者以为,徐中舒先生似乎已将姜姓与羌族之间的关系说清楚了:"羌与姜字皆从羊,他们原是农业与牧羊相结合的部族。羌从羊从儿,这是氏族制在文字中的反映,故《说文》以为羊种。姜从羊从女,这是家族制在文字中的反映。姓是中国家族制的产物,它首先是在羌族中完成的。"④

四、关于夏族与姜炎姓族的渊源关系

长期以来,著名历史学家徐中舒先生力主"夏王朝的主要部族是羌,根据由汉至晋五百年间长期流传的羌族传说,我们没有理由再说夏不是羌"⑤。随着田野考古学资料的日渐丰富和夏史研究的逐步深入,徐先生早已放弃了当年由其首倡的仰韶文化即夏文化说,明确指出,"夏文化的中心地带……就是分布在河南的龙山文化和二里头文化"⑥,但徐先生始终坚持夏族的后裔即以后的羌族这一观点。以后,

---

① 马长寿:《氐与羌》,上海人民出版社,1984年,第92页。
② 傅斯年:《姜原》,《国立中央研究院历史语言研究所集刊》第二本第一分,1930年。
③ 马长寿:《氐与羌》,上海人民出版社,1984年,第90页。
④ 徐中舒:《巴蜀文化续论》,《四川大学学报》1960年第1期。
⑤ 徐中舒:《中国古代的父系家庭及其亲属称谓》,《四川大学学报》1980年第1期。
⑥ 徐中舒:《夏史初曙》,《中国史研究》1979年第3期。

陈梦家先生以为甲骨文中的"羌可能与夏后氏为同族之姜姓之族"①。刘起釪先生则从音韵学方面以证"《广蛴韵》的蛴与姜，皆古羌字的音转，三字古音原同读""有蛴族即羌族"②。综合以上诸家之说，似可认为，和周族类似，夏族历史也有着悠久的源头，可以追溯至遥远的炎帝时代。

上古时期的文献记载透露的信息表明，神农氏是姜炎姓族中最重要的一支。神农氏的传说多为后人附会，大多不能视为可靠的信史。如《易·系辞下》"神农氏作，斫木为耜，揉木为耒"等记载，就遭到徐中舒先生的质疑："如果夏、商以前，我们就有像后来的耒耜耕农，那岂不是我们的农业从最初到现在就没有什么演进？从而我们社会上的一切，也完全在停滞之中。我们的历史，只要有几个朝代的名称，几个帝王卿相的号谥，也就可以表示我们文化之古了？"③ 诸如此类的后起传说还有很多。如《庄子·盗跖》"神农之世，卧则居居，起则于于；民知其母，不知其父，与麋鹿共处，耕而食，织而衣"，《商君书·画策》"神农之世，男耕而食，女织而衣，刑政不用而治，甲兵不起而王"等均包含有不少后人的历史观念。

但值得注意的，《史记·五帝本纪·正义》引《帝王世纪》云："神农氏，姜姓也。母曰任姒，有蛴氏女，登为少典妃，游华阳，有神龙首，感生炎帝。人身牛首，长于姜水。"《帝王世纪》是专述帝王世系、年代及事迹的一部史书，是继司马迁《史记》之后，第二个整理历代帝王世系的历史书典，有很高的史料价值。该书所叙上起三皇，下迄汉魏。内容多采自经传图纬及诸子杂书，载录了许多《史记》及两《汉书》阙而不备的史事，对三皇五帝至曹魏数千年间的帝王世系作了较为详尽的考证和整理，把上古历史推到了"三皇时代"，把中国历史起源提前了数千年，具有很高的史料价值。去除该书所包含的浓郁的"天命观"印记，我们仍然可以获得较为重要的线索：神农氏自有蛴族团的姒姓族分出，姒正为以后夏的族姓，由此可知，夏族与神农氏的确有着较为"直接"的渊源关系。

此外，还应值得注意的，司马迁在《史记·周本纪》中记载，武王克商后，曾

---

① 陈梦家：《殷墟卜辞综述》，中华书局，1988年，第282页。
② 刘起釪：《姬姜与氐羌的渊源关系》，《华夏文明》第二集，北京大学出版社，1990年。
③ 徐中舒：《耒耜考》，《国立中央研究院历史语言研究所集刊》第二本第一分，1930。

"褒封神农之后于焦"。裴骃《集解》引《汉书·地理志》说:"弘农陕县有焦城,故焦国也。"以后郦道元《水经注》、王先谦《汉书补注》均对以上记载表示赞同,由此可见,周武王在今河南三门峡陕州区一带,"褒封神农之后于焦"当有一定的历史依据。金景芳先生进一步解释说,"褒封"与"新封"不同,"褒封"表明前已有封地,今只是褒大之而已①。由此可见,似早在武王克商之前,神农氏后裔已移徙至今豫西三门峡陕州区一带。《汉书·武帝纪》记载,西汉元鼎三年(前114),"徙函谷关于新安。以故关为弘农县。"《汉书·地理志》弘农郡下,颜师古注:"武帝元鼎四年置。西汉弘农郡包括今天河南省西部的三门峡市、南阳市西部,以及陕西省东南部的商洛市。由于其地处长安、洛阳之间的黄河南岸,一直是历代军事政治要地。汉代弘农县、郡得名,似与"褒大"神农的传说有一定的联系。综上所论,神农氏之后从"华阳"到移徙至今豫西三门峡陕州区一带,似乎反映出该族移徙路线大体上是自西而东,显然与有的学者所说"姜戎族西移"②的推论并不一致。

考古学家将以三门峡陕州区三里桥遗址为代表,分布于以渑池为东界的豫西地区、晋西南涑水流域和中条山南麓黄河沿岸及关中东部潼关至华山一带的龙山文化遗存命名为三里桥类型。三里桥类型的年代,大体相当于陶寺文化晚期和王湾文化的中晚期,下限与当地的二里头文化相衔接。由于三里桥类型地处陕、豫、晋三省交界地区,受到了王湾三期文化、客省庄二期文化和陶寺文化的共同影响,因而具有比较复杂的文化内涵。因受资料的局限,三里桥类型的源流问题尚未完全解决。三里桥类型与王湾三期文化在地域上相接,文化面貌有着十分密切的亲缘关系,考古学家推断,"二者属于同一个大的居民集团"③。考古学家同时认为,"尽管三里桥类型显然不能算是早期夏人文化的主体,但是我们却很难将其与夏人早期的文化

---

①金景芳:《〈周礼·大司徒〉〈礼记·王制〉封国之制平议》,《先秦史论文集》,《人文杂志》增刊,1982年。
②江林昌:《由姜与夏的关系看姜嫄族的起源与迁移》,《华夏考古》2000年第3期。
③中国社会科学院考古研究所编著《中国考古学·夏商卷》,中国社会科学出版社,2003年,第58页。

完全割裂开来"。① 考古资料表明，三里桥类型的罐形甑、双耳瓮、爵形器、双腹盆、带耳杯等，都是王湾三期文化中常见的器类。综合以上分析，笔者推测，三里桥类型极有可能为传说中神农氏之后创造的文化。总之，姒姓的夏族在传说中与炎帝神农氏之间有着极为密切的渊源关系，不仅有大量后期传说作为旁证，亦可从田野考古资料方面寻找到有力的支持。

（作者分别为苏州大学社会学院教授、韩国高丽大学社会学系学生）

---

① 中国社会科学院考古研究所编著《中国考古学·夏商卷》，中国社会科学出版社，2003年，第58页。

姜太公后裔姓氏考略

⊙李 乔

西周初年，姜太公因灭商有功，被封于营丘，建立齐国，史称姜齐。到战国时期，姜姓齐国被田氏取代，前后共历二十四代君主，七百余年。姜齐存在的时期是姓氏形成的最重要阶段，加之姜太公以及齐国作为春秋五霸之一的影响，姜太公后裔或以姓为氏，或以国为氏，或以邑为氏，或以地为氏，或以谥为氏，或以字为氏，或以名为氏，或以号为氏，或以族为氏，形成了众多姓氏。

关于姜太公后裔姓氏，多种史籍曾做过梳理，汉王符《潜夫论·志氏姓》列举了齐国之后的国氏、高氏、襄氏、隰氏、士强氏等16个姓氏[1]；唐封演《封氏闻见记》卷四"武监"载：开元十九年（731），京兆曹卢若虚录太公后姜氏、吕氏、尚氏、齐氏、高氏等48姓[2]，刻石太公庙[3]；宋罗泌《路史·炎帝纪》云，姜太公后有丁氏、牙氏、丘氏、尚氏、左氏等139个姓氏[4]；明凌迪知《氏族博考·帝王姓系》谓齐国之后有隰氏、望氏、尚氏、桓氏、懿氏、厉氏等32个姓氏[5]；明王圻《续文献通考·炎帝神农氏之系》（以下简称《通考》）云，姜太公后有丁氏、牙氏、丘氏、尚氏、左氏等141个[6]姓氏[7]。

---

[1] 王符：《潜夫论》，岳麓书社，2008年，第503页。
[2] 实44姓，或漏《潜夫论》所载襄氏、隰氏、士强氏、翰公氏。
[3] 封演：《封氏闻见记》，中华书局，1958年，第32页。
[4] 罗泌：《路史》卷十三《后纪四·禅通纪·炎帝纪下》，文渊阁四库全书本。
[5] 凌迪知：《氏族博考》卷二《氏考上·帝王世系》，文渊阁四库全书本。
[6] 实录142个姓氏，柴氏重复。
[7] 王圻：《续文献通考》卷二百零八《氏族考·氏族源流上·炎帝神农氏之系》，《续修四库全书》影印明万历刻本。

上述史籍共收录艾、白乙、百里、北郭、宾、丙、邴、邴意、柴、畅、赤张、赤章、钜丘、崔、大陆、丁若、丁、东宫、东郭、东门、独孤、铎、盖、高、高堂、亘、公乾（公翰、翰公）、公牛、公齐、公旗、公牵、公皙、公羊、灌檀、癸、国、贺、桓、汲、籍丘、纪、祭公、姜、翰公、将具（将其）、角、捷、井、剧、柯、莱、乐利、李、厉、梁丘、虞丘、灵、卢蒲、卢、陆、间丘（间公）、间、吕、栾、骆、门、明、南郭、南史、年、平、洴、蒲卢、浦、齐季、齐、其、旗、牵、青、庆、丘、壬、若、三苗、尚、绍、佘丘、佘、虵丘、申、申鲜、申章、士强、氏、是、竖、檀、棠、荼、望、威、毋知、西宫、西郭、西乞、析、溪、隰、弦、咸丘、献、襄、孝、谢、许、牙、甗、彦、晏、移、易、裔、懿、营、雍门、右子、于陵、宇文、苑、章仇、章、鄣、彰、掌、指、仲长、诸儿、褚、子工、子公、子功、子囊、子旗、子牵、子乾、子黔、子泉、子剡、子尾、子襄、子雅、子渊、左、左子等157个姓氏。经过考证，吕、申、申鲜、谢、许、纪、莱、百里、白乙、西乞、明、祭公、威、于陵、子剡、弦、竖、三苗等18个姓氏不是姜太公后裔姓氏（限于篇幅，非姜太公后裔姓氏不在此考证），另增加景氏一姓，姜太公后裔实有140个姓氏，下面分类加以介绍。

一、以姓为氏

姜氏。齐国为田氏所灭，子孙分散，以姓为氏。唐林宝《元和姓纂》（以下简称《姓纂》）载："姜，炎帝生于姜水，因氏焉。太公封齐，为田和所灭，子孙分散，后为姜氏。"① 宋郑樵《通志·氏族略》（以下简称《通志》）："姜氏，姓也。炎帝生于姜水，因生以为姓。其后太公封于齐，世与周鲁为婚姻，历二十九世为田氏所灭，子孙分散，或以国为氏，或以姓为氏。"② 《新唐书·宰相世系表》③（以下简称《宰相表》）："姜姓，本炎帝生于姜水，因以为姓，其后子孙变易他姓。尧遭洪水，共工之从孙佐禹治水，为四岳之官，以其主四岳之祭，尊之，故称曰大

---

①林宝：《元和姓纂》附四校记，中华书局，1994年。
②郑樵撰、王树民点校：《通志二十略》，中华书局，1995年。
③欧阳修等：《新唐书》，中华书局，1975年。

岳，命为侯伯，复赐以祖姓曰姜，以绍炎帝之后。裔孙太公望封齐，为田和所灭，子孙分散。"章定《名贤氏族言行类稿》（以下简称《类稿》）："姜，《姓稿》，炎帝生于姜水因氏焉，生太公，封齐，为田和所灭，子孙分散，后为姜氏。"① 邓名世《古今姓氏书辩证》（以下简称《辩证》）亦载："姜，出自炎帝生于姜水，因以为姓。裔孙佐禹治水，为尧四岳之官，以其主山岳之祭，尊之，谓之太岳，命为侯伯，复赐祖姓，以绍炎帝之后。夏商以来，分为齐、许、申、甫四国，世有显诸侯。其居戎狄者，为姜戎氏。田和灭齐，子孙分散。"② 明凌迪知《氏族博考》（以下简称《博考》）亦载："姜氏有二：炎帝生于姜水，因生为姓。其后，太公封于齐，子孙以国为氏，或以姓为氏。"③

二、以国为氏

齐氏。姜太公封营丘建立齐国，子孙以国为氏。《世本·氏姓篇》（以下简称《世本》）："齐氏，炎帝之后。太公望子牙封营丘为齐国，子孙氏焉。"④《姓纂》："齐，炎帝姜姓之后。太公望子牙封营丘，为齐国，因氏焉。"《宰相表》："齐氏，出自姜姓，炎帝裔孙吕尚后封于齐，因以为氏。"《通志》："齐氏，姜姓，四岳之苗裔也，与申、吕、许皆姜姓。四岳佐禹有功，或封于申，或封于吕，故太公谓之吕望，文王得于渭滨，以为太师，股肱周室，相武王克商，封于营丘，即今临淄县是也，或云营丘故城，在潍州昌乐，其地本颛帝之墟……凡二十九世为强臣田氏所篡，子孙以国为氏。"

齐季氏。齐襄公子季奔楚，子孙以国为氏。《世本》："昔齐襄公子季奔于楚，楚遂号为齐季氏。"《广韵》⑤："昔齐襄公子季奔楚，楚遂号为齐季氏。"《姓纂》："齐季，齐襄公子季奔楚，因氏焉。"《通志》："齐季氏，姜姓。齐襄公子季奔楚，

---

① 章定：《名贤氏族言行类稿》，文渊阁四库全书本。
② 邓名世；王力平点校：《古今姓氏书辩证》，江西人民出版社，2006年。
③ 凌迪知：《氏族博考》，文渊阁四库全书本。
④ 秦嘉谟等：《世本八种》，商务印书馆，1957年。
⑤ 周祖谟：《广韵校本》，中华书局，2004年。

因氏焉。"宋王应麟《姓氏急就篇》①（以下简称《急就篇》）："齐季氏，齐公子季奔楚为氏。"

章氏。姜太公支孙封于鄣，其后以国为氏，去邑为章氏。《姓纂》："章，姜姓。齐太公支孙封鄣。《左传》，齐人降鄣，子孙改鄣为章氏。"《通志》："章氏，即鄣国之后也。姜姓，齐太公支孙封于鄣，为纪附庸之国，今密州有古鄣城，为齐所灭，子孙去邑为章氏。"《辩证》："章，出自姜姓。齐太公支孙封国于鄣。《左传》，齐人降鄣，子孙去邑为章氏。"《苏州府志·氏族》："章氏，本出姜姓，太公望之后。"明凌迪知《万姓统谱》②（以下简称《统谱》）："章，齐太公支孙封鄣，因氏。"《类稿》："章，《姓纂》，姜姓，齐太公支孙封鄣。《左传》，齐人降鄣，子孙改为章氏。"元人编次的《氏族大全》③（以下简称《大全》）："章，齐大公支孙封于鄣，其后以国为氏，去邑为章。"

章仇氏。章氏避仇加"仇"为章仇氏。《姓纂》："章仇，齐公族姜姓之后。章弇，其后避仇，遂加'仇'字为章仇氏。"《通志》："章仇氏，姜姓。本章氏，齐公族，汉有章弇，因避仇遂加仇字。"《辩证》："章仇，《元和姓纂》曰，齐公族姜姓之后，本章弇，其后避仇，遂加仇字为章仇氏。"《统谱》："章仇，姜姓，本章氏，避仇遂加仇氏。"另说，章邯居仇山，以姓氏加居地名为章仇氏。《赠东平郡太守章仇府君神道之碑》载："君讳元素……裂襦去国，筮仕于周，世守保章，因官为姓。秦项之际，有雍王章邯，为汉……降处仇山，取因生之旧名，增卜居之新号，章□□□焉。"④

鄣氏。罗泌、王圻皆云姜太公之后有鄣氏。姜太公支孙封于鄣，其后以国为氏，称鄣氏。

彰氏。《通考》：姜太公后裔"支于章者为章氏、彰氏、鄣氏、章仇氏（汉章弇始加仇）、申章氏、赤章氏、赤张氏"。其他史籍未载彰氏来源，或由鄣改彰耶。

---

① 王应麟：《姓氏急就篇》，北京图书馆出版社，2006年。
② 凌迪知：《万姓统谱》，上海古籍出版社，1994年。
③ 佚名：《氏族大全》，文渊阁四库全书本。
④ 周绍良：《全唐文新编》第2部第2册，吉林文史出版社，2000年，第3436页。

申章氏。《姓觿》①："申章,《路史》:齐公族。"罗泌、王圻皆云姜太公之后有申章氏,系以邑为氏。

赤章氏。《姓觿》："赤章,《路史》:楚公族之后。"罗泌、王圻认为姜太公后裔封于章者,其后以邑为氏,有赤章氏,《姓觿》误"齐"为楚。

赤张氏。罗泌、王圻认为姜太公后裔封于章者,其后以邑为氏,有赤张氏。或为赤章氏音转。

三、以邑为氏

井氏。姜太公之后封于井,其后以邑为氏。《世本》:"井氏,姜子牙之后。周有井利、井伯。"《广韵》:"井,姓,姜子牙之后也。"宋邵思《姓解》②:"井,《姓苑》云,姜子牙之后。"《急就篇》:"井氏,姜子牙之后。"《大全》:"井,虞大夫井伯,姜子牙之后也,以字为氏。"邓名世质疑井氏为姜太公之后:"井,虞大夫食邑于井,谓之井伯,后为氏……《广韵》以井氏为姜子牙之后,未知何据?"对此,罗泌反驳说:"井,周有井伯,《广韵》云:子牙后。或云虞公族,非。"张澍同意罗泌的看法,认为"邓说非"③。

艾氏。罗泌、王圻皆云,姜太公之后以封邑为氏,有艾氏。《姓纂》:"艾,《晏子春秋》,齐大夫艾孔之后。"《通志》:"艾氏,《晏子春秋》,大夫艾孔之后。即左传裔款也。艾,亦谓之艾陵,齐鲁境上山。"《急就篇》《大全》《统谱》皆云艾氏为齐大夫艾孔之后。

邴氏。齐大夫食邑于邴,其后以邑为氏。《通志》:"邴氏,邴亦作丙,晋大夫邴豫食邑于邴,因以为氏。齐亦有邴邑,而亦有邴氏。"《辩证》:"邴,出自齐大夫食采于邴,以邑为氏。《元和姓纂》以为晋邴豫食采而得氏。《广韵》以邴音柄,而引去声,皆误矣。"

丙氏。《通志》云:"邴氏,邴亦作丙",称丙氏。《姓觿》:"《姓源》,丙氏,

---

①陈士元:《姓觿·附录札记》,中华书局,1985年。
②邵思纂:《姓解》,中华书局,1985年。
③张澍:《姓氏寻源》,岳麓书社,1992年,第379页。

炎帝之裔，封丙，后为宋邑，因氏。"罗泌、王圻亦云，姜太公之后以封邑为氏，有丙氏。

李氏。丙粲因唐讳改姓李。《新唐书·李元纮传》："李元纮，字大纲，其先滑州人。后世占京兆万年，本姓丙氏，曾祖粲仕隋为屯卫大将军，炀帝使督京师之西二十四郡盗贼，善抚循，能得士心，高祖与之厚，及兵入关，以众归，授宗正卿，应国公，赐姓李。"①

崔氏。齐丁公伋之子叔乙，食采于崔，子孙以邑为氏。《世本》："崔氏，齐丁公伋生叔乙，食采于崔，因氏焉。"《广韵》："崔，姓。齐丁公之子食采于崔，因以为氏。"《姓纂》："崔，姜姓。齐太公生丁公伋，伋生叔乙，让国，居崔邑，因氏焉。"《宰相表》："崔氏，出自姜姓。齐丁公伋嫡子季子让国叔乙，食采于崔，遂为崔氏，济南东朝阳县西北有崔氏城是也。"《姓解》："齐太公孙，食采于崔，因氏。"《通志》："崔氏，姜姓，出齐丁公嫡子。季子让国于叔乙，食采于崔，遂为崔氏。杜预云济南东朝阳县西北有崔氏城是也。"《统谱》："崔，齐太公生丁公伋，伋生叔乙，让国居崔，因氏。"《类稿》："崔，《姓纂》，姜姓，齐太公生丁公伋，生叔乙，让国，居崔邑，因氏焉。"《大全》："崔，齐太公生丁公伋，伋生叔乙，让国，居崔邑，因氏焉。"

宇文氏。罗泌、王圻皆云姜太公之后有宇文氏。西魏、后周赐崔宣猷、崔士谦、崔忄夌皆为宇文氏。

丁若氏。《世本》："丁若氏，齐丁公子懿伯，食采于若，因以为氏。"《通志》："丁若氏，姜姓。《风俗通》，齐丁公子懿伯，食采于若，因氏焉。"《统谱》："丁若，姜姓。《风俗通》：齐丁公子懿伯食采于若，因氏焉。"罗泌、王圻皆云姜太公之后有丁若氏，系以邑为氏。

盖氏。齐大夫食采于盖，子孙以邑为氏。《辩证》："盖，齐邑也。今宜曰，盖氏出自齐大夫食采于盖，以邑为氏。"卢若虚、罗泌、王圻皆云姜太公之后有盖氏。

高氏。姜太公之后食采于高，其后以邑为氏。《广韵》："高，姓。齐太公之

---

① 欧阳修等：《新唐书》卷一二六《李元纮传》，中华书局，1975年，第4418~4419页。

后，食采于高，因氏。"《急就篇》亦曰："高氏，齐太公之后，食采于高，因为氏。"宋晁补之《高元常墓志铭》曰："君高氏，讳元常，字复明，其先齐太公之后，食采于高。"① 元姚燧《高良弼神道碑铭》曰："姜齐之苗，食采于高，地以姓之，其来也遥。"②

高堂氏。齐公族敬仲食采于高堂，其后以邑为氏。《世本》："高堂氏，齐卿高敬仲食采于高堂，因氏焉。"《姓纂》亦云："高堂，《风俗通》，齐卿高敬仲，食采于堂，因氏焉。"《通志》："高堂氏，齐公族也。《风俗通》，齐卿高敬仲，食采于高堂，因氏焉。"《类稿》："高堂，《风俗通》，齐卿高敬仲，食采于高堂，因氏焉。"清朱轼《史传三编·高堂生传》："高堂生，字伯，鲁人。其先齐公族也，齐卿高敬仲食采于高堂，因氏焉。"《统谱》："高堂，齐公族也，齐卿高敬仲食采于高堂，因氏。"③

汲氏。罗泌、王圻皆云姜太公后裔封汲，其后以邑为氏，有汲氏。《姓觿》："汲，《姓源》，齐大夫采邑，因氏。"《路史》："汲，太公居，今汲郡治，汲县有古汲城，在故新乡东北四十八里，有太公泉及庙。"

籍丘氏。《通志》："籍丘氏，齐大夫籍丘子鉏。"《辩证》："籍丘，《左传》，齐大夫籍丘子鉏之后。"《急就篇》："籍丘氏，齐有籍丘子鉏。"罗泌、王圻皆云姜太公之后封籍丘，其后以邑为氏，为籍丘氏。

剧氏。齐大夫食采于剧，其后以邑为氏。《世本》："剧，齐大夫食采于剧，因地为姓。"《姓纂》："剧，齐大夫食采于剧，因地为姓。"《急就篇》："剧氏，齐大夫食采于剧，因为氏。"《类稿》："剧，《姓纂》，齐大夫食采于剧，因地为姓。"《大全》："剧，齐大夫食采于剧，因氏焉。"《统谱》："剧，齐大夫食采于剧，因氏。"《姓觿》："剧，《地谱》云，剧国，齐附庸小国。《姓考》云，齐大夫食采于剧，因氏。"罗泌、王圻皆云姜太公之后有剧氏。

柯氏。罗泌、王圻皆云姜太公之后采于柯泽，其后以邑为氏，称柯氏。《姓

---

① 晁补之：《鸡肋集》卷六十五《墓志铭》，文渊阁四库全书本。
② 李修生主编：《全元文（九）》，江苏古籍出版社，1999年，第703页。
③ 朱轼：《史传三编》卷一《名儒传》，文渊阁四库全书本。

觿》:"柯,《姓考》,齐大夫食采于柯泽,因氏。"《路史》曰:"柯,齐邑,柯泽在郓之东阿。"

梁丘氏。齐大夫食采于梁丘,其后以邑为氏。《世本》:"梁丘氏,齐采邑。"《姓纂》:"齐大夫食采梁丘,因氏焉。"《通志》:"梁丘氏,齐大夫食采梁丘。"明廖用贤《尚友录》①:"梁丘,齐大夫食采梁丘。"罗泌、王圻皆云姜太公之后有梁丘氏。

廪丘氏。齐大夫食邑于廪丘,子孙以邑为氏。《世本》:"廪丘氏,齐大夫廪丘子,其先以所食邑为氏。"《通志》:"廪丘氏,齐大夫廪丘子之后。"《辩证》:"廪丘,齐大夫廪丘子,其先以所食邑为氏。"《姓觿》:"廪丘,《路史》,齐公族之后。"罗泌、王圻皆云姜太公之后有廪丘氏。

卢蒲氏。齐桓公之后食采于卢蒲者,其后以邑为氏。《通志》:"卢蒲氏,姜姓。齐桓公之后。"《急就篇》:"卢蒲氏,姜姓。"《统谱》:"卢蒲,姜姓,齐桓公之后。"卢若虚、罗泌、王圻皆云姜太公之后有卢蒲氏。

卢氏。齐文公之后食采于卢,子孙以邑为氏。《世本》:"卢氏,齐公族高傒,食采于卢,因姓卢氏。"《潜夫论·志氏姓》:"齐之国氏、高氏、襄氏、隰氏……公旗氏、翰公氏、贺氏、卢氏,皆姜姓也。"《姓纂》:"卢,姜姓。齐太公之后,至文公子高,高孙傒食采于卢,因姓卢氏。"《宰相表》:卢氏,出自姜姓。齐文公子高,高孙傒为齐正卿,谥曰敬仲,食采于卢,济北卢县是也,其后因以为氏。《通志》:"卢氏,姜姓,齐太公之后也。齐文公之子高,高之孙傒食采于卢,今齐州卢城是也,因邑为氏。"王圻《续文献通考·同姓异派》:"齐太公后食采于卢,以邑氏。"《统谱》:"卢,齐太公之后,至文公子高之孙傒,食采于卢,因氏。"《类稿》:"卢,《姓纂》,姜氏,齐太公之后,至文公子高,高孙傒食采于卢,今卢县是也,因姓卢氏。"

大陆氏。姜太公之后,食邑于陆乡,因以为氏。《通志》:"大陆氏,姜姓。齐太公之后,食邑陆乡,因号大陆氏。"《辩证》:"大陆,齐太公后,食邑陆乡,因

---

①廖用贤:《尚友录》,齐鲁书社,1995年《四库全书存目丛书》影印明天启刻本。

为大陆氏。谨案,《左传》,齐大夫东郭贾,字子方,食邑大陆,号大陆,子方因氏焉。"《统谱》:"大陆,姜姓,齐太公之后,食邑陆乡,因号大陆氏。"

陆氏。罗泌、王圻皆云姜太公之后有陆氏。《康熙字典》:"《正字通》,齐后有大陆氏,后因姓陆。"① 齐大陆氏之后,有简为陆氏者。

间丘氏。罗泌、王圻皆云姜太公之后封于间丘,其后以邑为氏,有间丘氏。《姓觿》:"《世本》,间丘,齐公族。"卢若虚录姜太公后裔姓氏有间公氏。其他史籍未载。或间丘氏之讹。

间氏。《姓纂》:"间,齐大夫间丘婴之后,或单姓间氏。"《通志》:"间氏,齐大夫间丘婴之后,或单言间氏,从省文也。"罗泌、王圻皆云姜太公之后有间氏。

蒲卢氏。《姓纂》:"蒲卢,姜姓。有蒲卢胥,齐人,善弋射。"《通志》:"姜姓,齐人蒲卢胥,善弋射。"《统谱》:"蒲卢氏,姜姓。"罗泌、王圻皆云姜太公之后有蒲卢氏,系以邑为氏。

青氏。《姓觿》:"青,《姓考》,齐大夫食采青丘,因氏。"罗泌、王圻皆云姜太公之后有青氏,系以邑为氏。

若氏。《姓觿》:"若,《姓源》,齐大夫采邑,因氏。"罗泌、王圻皆云姜太公之后有若氏,系以邑为氏。

佘氏。齐大夫封于佘丘,其后以邑为氏。《姓觿》:"佘,《姓源》,齐大夫后。"罗泌、王圻皆云姜太公之后有佘氏,系以邑为氏。

佘丘氏。齐公族食采于佘丘者,子孙以邑为氏。《姓纂》:"佘丘,齐公族食采佘丘,因氏焉。"《通志》:"佘丘氏,齐公族食采佘丘。"《辩证》:"畲丘,其先齐公族,食采畲丘,因氏焉。"《尚友录》:"佘丘,齐公族食采佘丘,因氏。"《姓觿》:"佘丘,《路史》,齐公族。"《统谱》:"佘丘,齐公族食采佘丘。"

虵丘氏。虵即蛇。《姓觿》:"蛇丘,《路史》,齐公族。"《路史》:"虵丘,音移,封者为氏。泰山虵丘县。"罗泌、王圻皆云姜太公之后有蛇丘氏,系以邑为氏。

檀氏。齐公族食邑于檀城,其后以邑为氏。《世本》:"檀氏,齐公族有食瑕丘

---

① 张玉书等:《康熙字典》,汉语大词典出版社,2002年,1343页。

檀城，因以为氏。"《姓纂》："檀，姜姓。齐公族有食瑕丘檀，因以为氏。"《通志》："檀氏，《姓纂》云，姜姓，齐公族有食瑕丘檀城，因以为氏。然瑕丘，鲁地也，或齐之公族奔于鲁者，受邑乎檀也。"《急就篇》："檀氏，齐公族食采檀城，因为氏。"《统谱》："檀，姜姓，齐公族有食瑕丘檀城，因以为氏。"《类稿》："檀，《姓纂》，姜姓，齐公族有食瑕丘檀城，因以命氏。"《路史》："檀，武王时有檀伯达。《括地志》：瑕丘，檀城，古灌檀也。瑕丘，今隶兖，有檀乡，或作坛。"

又，姜太公为灌檀宰，其后以地为氏，亦有檀氏。《广韵》："檀，姓。太公为灌檀宰，后氏焉。"《姓解》："檀，姓。太公为灌檀宰，其后氏焉。"《辞源》："檀，姓。齐太公为灌檀宰，后以地为氏。"

灌檀氏。姜太公为灌檀宰，其后以地为氏。《广韵》："檀，姓。太公为灌檀宰，后氏焉。"《姓解》："檀，姓。太公为灌檀宰，其后氏焉。"《辞源》："檀，姓。齐太公为灌檀宰，后以地为氏。"罗泌、王圻皆云姜太公后有灌檀氏。

棠氏。齐桓公之后食采于棠，其后以邑为氏。《通志》："棠氏，姜姓，齐桓公之后邑于棠，曰棠公，其后为氏。"《辩证》："棠，出自姜姓。齐大夫棠公食采棠邑，其子无咎随母适崔武子，以棠为氏。"《姓觿》："棠，《姓考》，齐大夫食采于堂，《左传》棠邑无咎是也。"《统谱》："棠，齐桓公之后封邑于棠，其后遂为氏。"《路史》："棠，大夫棠公邑。襄六年，晏弱围棠。预云：国也，今莱之即墨有棠乡，与鲁棠异。"

隰氏。齐庄公之子廖封于隰阴，子孙以邑为氏。《世本》："隰氏，齐庄公子廖，事桓公，封于隰阴，为大夫，以为氏。"《潜夫论·志氏姓》："齐之国氏、高氏、襄氏、隰氏……皆姜姓也。"《通志》："隰氏，姜姓。齐庄公子廖事桓公，封于隰阴，为大夫，故以为氏。杜预云，济南有隰阴县。"《尚友录》："隰，姜姓，齐庄公子廖封于隰阴，为大夫，故以为氏焉。"《统谱》："隰，姜姓，齐庄公子廖封于隰阴，为大夫，故以为氏。"

咸丘氏。罗泌、王圻皆云姜太公之后有咸丘氏，系以邑为氏。《姓觿》："咸丘，《路史》，齐公族之后。"

甗氏。罗泌、王圻认为甗氏为姜太公之后，系以邑为氏。《路史》："甗，齐邑，乃齐宋战处。"《姓觿》："甗，《路史》曰：甗，田齐大夫食邑，因氏。"

移氏。齐公子雍食采于移，其后子孙以邑为氏。《世本》："移氏，齐公子雍食采于移，其后氏焉。"《姓纂》："移，齐公子雍食邑，因氏。"《通志》："移氏，汉有弘农太守移良。"《资治通鉴》"弘农太守移良"胡三省注引《风俗通》曰："齐公子雍食邑于移，其后氏焉。"[①]《辩证》："移，《风俗通》曰：齐公子雍食采于移，其后氏焉。"《路史》："移，《风俗通》，齐公子雍采于移，后为氏。"

营氏。卢若虚、罗泌、王圻皆云姜太公之后有营氏。《姓觿》："营，《姓考》，齐大夫食采营丘，因氏。"

禚氏。罗泌、王圻皆云姜太公之后有禚氏，系以邑为氏。《姓觿》："禚，齐大夫采邑。"《广韵》："禚，齐地名。"《急就篇》："禚氏，齐地名。"

钮丘氏。罗泌、王圻皆云钮丘氏为姜太公之后。《姓觿》："钮丘，《路史》，齐公族。"

析氏。《大全》："析，齐大夫析归父之后。"《姓觿》："《风俗通》，齐大夫析归父之后。《姓源》，炎帝之裔，封于析，后为楚邑。《左传》楚公有析是也，后因氏。"罗泌、王圻皆云姜太公之后有析氏。

四、以地为氏

丘氏。太公封于营丘，支孙以地为氏，称丘氏。《世本》："丘氏，齐太公封于营丘，支孙以地为氏。"《姓纂》："丘，齐太公封于营丘，支孙以地为姓。"《通志》："丘氏，姜姓，太公封于齐，而都营丘，其支庶居于营丘者，遂以丘为氏，其地在今齐州临淄，或云潍州昌乐有营丘故城。"《急就篇》："丘氏，齐太公封营丘，支孙以地为氏。"《类稿》："丘，《姓纂》，齐太公封于营丘，支孙以地为姓。"《大全》："丘，齐太公封于营丘，其后以地为姓。"《统谱》："丘，太公封营丘，以邑为氏。"

东郭氏。齐桓公之后居东郭者，子孙以地为氏。《世本》："东郭氏，齐公族桓

[①] 司马光：《资治通鉴》卷五十《汉纪·孝安皇帝》，中华书局，1956年，第1630页。

公之后也。齐有大夫东郭偃、东郭贾。"《姓纂》："东郭，齐公族桓公之后也。"《通志》："东郭氏，姜姓，齐公族桓公之后也。"《辩证》："东郭，出自姜姓，齐公族大夫居东郭、南郭、北郭者，皆以地为氏。"《尚友录》："东郭氏，姜姓，齐公族桓公之后。"《统谱》："东郭，姜姓，齐公族桓公之后。"

南郭氏。齐桓公之后居南郭者，其后以地为氏。《世本》："南郭氏，出自齐大夫，居国之南郭，因氏焉。"《姓纂》："东郭，齐公族桓公之后也。"《通志》："东郭氏，姜姓，齐公族桓公之后也。"《辩证》："东郭，出自姜姓，齐公族大夫居东郭、南郭、北郭者，皆以地为氏。"《尚友录》："东郭氏，姜姓，齐公族桓公之后。"

西郭氏。《世本》："西郭氏，齐隐者居西郭，氏焉。"《通志》："西郭氏，《姓氏英贤传》云，齐有贤者居西郭，因氏焉。"《辩证》："西郭，《英贤传》云，齐隐者居西郭，氏焉。"《统谱》："西郭，《英贤传》云，齐有贤者居西郭，因氏焉。"《姓觿》："西郭，《路史》，齐公族。"罗泌、王圻皆云姜太公之后有西郭氏。

北郭氏。齐大夫居北郭者，其后以地为氏。《通志》："北郭氏，《左传》，齐大夫北郭子车之后也。"《辩证》："北郭，出自齐，北门之城谓之北郭，大夫居北郭者，因以为氏。"《统谱》："北郭，齐大夫北郭子车之后。"罗泌、王圻皆云姜太公之后有北郭氏。

东宫氏。姜太公之后居东宫而不得立者，其后以地为氏。《世本》："东宫氏，齐东宫得臣之后。"《通志》："东宫氏，东宫得臣，齐大夫也。其后东宫弃疾隐嵩山，年三百岁。"《辩证》曰："东宫，《元和姓纂》曰，东宫弃疾隐嵩山，年三百岁。谨按：此必其先出于列国，世子居东宫而不得立者，其后因以为氏，如大夫之氏于南宫、北宫也。"罗泌、王圻皆云姜太公之后有东宫氏。

西宫氏。《通志》："西宫氏，见《姓苑》。"《辩证》："西宫，《姓苑》《元和姓纂》皆未详。谨按，《左传》郑盗攻执政于西宫之朝，郑人讨西宫之难，则西宫执政所居，以别于太子之东宫，而后世氏焉。"罗泌、王圻皆云姜太公之后西宫氏。《姓觿》："西宫，齐、郑公族均有西宫氏。"

东门氏。卢若虚、罗泌、王圻皆云姜太公之后有东门氏。《通志》："东门氏，姬姓。鲁庄公子公子遂，字襄仲，居东门，号东门襄仲，因氏焉。"《辩证》："东门，出自姬姓。鲁庄公之子遂为卿，居鲁东门，因氏焉。"

雍门氏。齐顷公之子胜居雍门，其后以地为氏。《世本》："雍门氏，齐顷公生子夏胜，以所居为雍门氏。"《姓解》："雍门氏，出自齐顷公之子。生于雍门，因以为氏。"《通志》："雍门氏，齐顷公之子公子胜居雍门，故为雍门氏。"《辩证》："雍门，《世本》，齐顷公生子夏胜以所居为雍门氏。"《统谱》："雍门，齐顷公之子公子胜奔雍门，故以为氏。"

五、以字为氏

公斡氏。《广韵》："《古今人表》，神农之后有公斡，仕齐为大夫，其后氏焉。"《辩证》："公斡，《古今人表》有公斡，仕齐为大夫，后氏焉。"王符、卢若虚作"翰公氏"，为姜太公之后，乃"公翰氏"误倒。罗泌、王圻皆云姜太公之后有公斡氏。《路史》作"公翰"，张澍认为"翰"系"斡"之误。

公牛氏。齐公子牛之后，以字为氏。《世本》："公牛氏，有公牛哀。齐公子牛之后。"《辩证》："公牛，《姓源韵谱》曰，其先齐公子牛之后。"《急就篇》："公牛氏，齐公子牛之后。"卢若虚、罗泌、王圻皆云姜太公之后有公牛氏。

公齐氏。罗泌、王圻皆云姜太公之后有公齐氏。《姓觿》："公齐，《路史》，齐公族。"

公旗氏。齐悼公之子公子旗之后，以字为氏。《广韵》："《战国策》，齐威王时有左执法公旗蕃，《左传》，齐悼子公旗之后。"《姓解》："《左传》，齐悼子公旗之后。"《辩证》："公旗，《世本》，齐威公时有左执法公旗蕃，《姓源韵谱》曰：齐悼子公旗之后。"

又，齐公卿栾施，字子旗，其后以字为氏。《世本》云："公旗氏，齐卿公孙灶之子栾施，字子旗，后以王父字为氏。"

子旗氏。齐惠公曾孙栾施，字子旗，其后以字为氏。《姓纂》："子旗，齐惠公孙栾施①，字子旗，子孙以王父字为氏。"《通志》："子旗氏，姜姓，齐惠公曾孙栾施，字子旗之后也。"《辩证》云："子旗氏，齐惠公孙栾施，字子旗。郑七穆氏丰施亦字子旗，未知何人之后为氏。"注：

旗氏。齐正卿栾施，字子旗，其后以字为氏。《广韵》："旗，姓。齐卿子旗之后。"《通志》："旗氏，《风俗通》：齐卿公孙灶之孙乐施，字子旗，子孙以王父字为氏。"《辩证》："旗，出自姜姓。齐惠公孙灶，字子雅，生栾施，字子旗，后为子旗氏，亦或去子为旗氏。"《急就篇》："旗氏，齐卿子公孙灶子施，子旗之后。"

公牵氏。齐公族公子牵之后，以字为氏。《广韵》："齐公子成之后有公牵氏。"《姓解》："公牵，《世本》：齐公子牵之后。"《辩证》："公牵，《姓解》曰，《世本》：齐公子牵之后有公牵氏。"《姓觿》《续通志》《清通志》记载与此相同。《广韵》"公子成"或为"公子牵"之误。

子工氏。齐顷公之子子工之后，以字为氏。《世本》："子工氏，齐顷公子子工之后。"《姓纂》："子工，《世本》：齐顷公之子子工之后也。"《通志》："子工氏，姜姓。《世本》：齐顷公之子公子子工之后也。"《姓觿》："子工，《姓考》：齐大夫子工铸之后。"

子公氏。《辩证》："子公，《世本》曰：齐顷公子子公之后。"《世本》"子公"作"子工"。子工，又作子公，顷公之子，子成之弟，名铸，其以字为氏，称子公氏。

子功氏。卢若虚、罗泌皆曰姜太公之后有子功氏。姓氏书未载其来源，由罗苹《路史》注"曰子曰公，皆以王父字者"可知，齐公族之后以字为氏有子功氏。

子囊氏。齐大夫子囊带之后，以字为氏。《姓纂》："子囊，《左传》：齐大夫子囊带之后。"《辩证》："子囊，《元和姓纂》曰：《左传》齐大夫子囊之后。"《姓觿》："子囊，《路史》：齐大夫子后。"罗泌、王圻皆云姜太公之后有子囊氏。

子牵氏。罗泌、王圻皆云姜太公之后有子牵氏。《姓觿》："子牵，《路史》：即子栾氏。《左传》：齐大夫子栾坚之后。"

---

① 栾施，字子旗，公孙灶之子，齐惠公曾孙为是。

子乾氏。齐顷公之子公子乾，其后以字为氏。《世本》："子乾氏，齐公子都字子乾之后……以王父字为氏，春秋时有子乾晢。"《通志》："子乾氏，姜姓。《世本》：齐公子都字子乾之后也。"《辩证》："子乾，《世本》曰：齐顷公子子乾之后，以王父字为氏。"《统谱》："子乾，姜姓，齐公子都字子乾之后。"

子泉氏。齐顷公之子公孙湫，字子泉，其后以字为氏。《通志》："姜姓。《世本》：子泉，齐顷公之子公子湫字子泉之后也。"《辩证》："子泉，《世本》曰：齐顷公生子泉湫，因氏焉。《左传》：齐有大夫子泉捷。"罗泌、王圻皆云姜太公之后有子泉氏。《统谱》："子泉姓，子泉，姜姓，齐顷公之子公子湫，字子泉之后。"

子渊氏。齐顷公之子公孙湫，字子泉，其后以子泉为氏，唐时避讳改子渊氏。《世本》："子渊氏，齐顷公之子公孙湫字子渊之后也。"《急就篇》："子渊氏，《左传》：齐子渊捷顷公之孙。"《辩证》："子泉，《世本》曰：齐顷公生子泉湫，因氏焉。《左传》：齐有大夫子泉捷。《新序》说同。谨按：春秋以泉为渊，盖渊、泉通用。案，渊字为泉，系唐避讳改。"《姓觿》："子渊，《左传》：齐子渊捷顷公之孙。"

子尾氏。齐惠公之孙公孙虿字子尾，其后以字为氏。《世本》："子尾氏，齐惠公生子高祈，祈生公孙虿，子尾之后。"《姓纂》："子尾，齐惠公生公子高祁。祁生子尾虿，因氏。"《通志》："子尾氏，姜姓。齐惠公之孙公孙虿字子尾之后也。"《统谱》："子尾，姜姓，齐惠公之孙公孙虿字子尾之后。"

子襄氏。齐惠公之子公子子襄之后，以字为氏。《世本》："子襄氏，齐惠公子子襄之后。"《姓纂》："子襄，《世本》曰：齐惠公子子襄之后。"《通志》："子襄氏，姜姓。齐惠公之子、公子子襄之后也。"《辩证》："《世本》曰：齐桓公子子襄之后。"

子雅氏。齐惠公之孙公孙灶，字子雅，其后以字为氏。《世本》："子雅氏，齐惠公之孙、公子栾坚之子公孙灶（字）子雅之后。"《姓纂》："子雅，齐惠公孙子雅之后，见《英贤传》。"《通志》："子雅氏，姜姓。齐惠公之孙公孙灶，字子雅之后也。"

子黔氏。《通考》云姜太公之后有子黔氏。子黔氏来源，其他史籍未载，或齐景公子公子黔之后。

栾氏。齐惠公之子公子栾之后，以字为氏。《世本》："栾氏，齐惠公子公子栾坚之后。"《通志》："栾氏，齐有栾氏，姜姓，齐惠公之后，惠公子坚，字子栾，是以字为氏者。"《统谱》："栾氏，齐子栾之后，姜姓也，以字为氏。"

庆氏。齐桓公之孙庆克（庆父）之后，以字为氏。《世本》："庆氏，桓公之子无亏之后。无亏生庆克，亦谓之庆父。以字为氏。"《姓纂》："庆，《姓苑》，庆父之后。"《通志》："庆氏，姜姓，齐桓公之子公子无亏之后也。无亏生庆克，亦谓之庆父，名字通用，是亦以字为氏者。"《辩证》："庆，出自姜姓。齐公族大夫庆克，以王父字为氏。"《尚友录》："庆，姜姓，齐庆父之后，以字为氏。"

贺氏。齐公族庆父之后为庆氏，汉时避汉安帝父讳，有改为贺氏者。《姓纂》："贺，姜姓，齐公族庆父之后。庆克生庆封，以罪奔吴。汉末，徙会稽山阴。后汉庆仪为汝阴令，庆普之后也。曾孙纯，避汉安帝父讳，始改贺氏。"《通志》："贺氏，即庆氏也。姜姓，齐桓公之支庶也。自齐庆父之后，皆以庆为氏，至后汉汝阴令庆仪，即庆普之裔也，仪之孙酺，酺子侍中质，避安帝父讳改为贺氏。"《类稿》："《姓纂》，姜姓，齐公族庆父之后。"《大全》："贺，齐公族庆父之后，汉安帝时庆纯为侍中，避安帝父讳改姓贺氏。"《统谱》："贺，姜姓，齐公族庆父之后以字为氏，又东汉侍中庆纯，避安帝讳改为贺氏。"

牙氏。《姓觽》："牙氏，《姓考》，齐公子牙之后。"罗泌、王圻皆云姜太公之后有牙氏。或，姜太公，字子牙，其后抑或有以其字为氏者。

诸儿氏。罗泌、王圻皆云诸儿氏为姜太公之后。《姓觽》："诸儿，《路史》，齐襄公之后。"齐襄公名诸儿，子孙以名为氏。

六、以名为氏

宾氏。齐大夫宾须无之后，以名为氏。《姓纂》："宾，《左传》：宾须无。周宾起为王子朝傅。"《通志》："宾氏，《左传》：齐大夫宾须无。周宾起为王子朝傅。"罗泌、王圻皆云姜太公之后有宾氏。

邴意氏。齐大夫邴意兹之后，以名为氏。《姓纂》："邴意，齐大夫邴意兹之后。"《通志》:"邴意氏,齐大夫邴意兹之后。"《统谱》:"邴意,齐大夫邴意兹之后。"罗泌、王圻皆云姜太公之后有邴意氏。

柴氏。齐文公后裔高柴之孙举以王父名为氏,称柴氏。《世本》:"柴氏,高仲偼裔孙柴,为孔子弟子,后世以柴为氏。"《姓解》:"柴氏,仲尼弟子高柴之后,以为氏。"《通志》:"柴氏,姜姓,齐文公子高之后。高孙偼以王父名为氏,十代孙高柴,仲尼弟子,孙举又以王父名为柴氏。"《辩证》:"柴,出自姜姓。齐卿高恭仲偼裔孙柴,字子羔,为孔子弟子,后世以柴为氏。"《统谱》:"柴,姜姓,齐文公子高之后,后有柴高,子孙以为氏。"

高氏。齐文公子高之孙,以王父名为氏。《世本》:"高氏,齐文公生子高,孙偼为齐上卿,以王父字为氏。"《姓纂》:"高,齐太公六代孙文公子高,孙偼以王父字为氏。"《宰相表》:"高氏,出自姜姓,齐太公六世孙文公赤,生公子高,孙偼为齐上卿,与管仲合诸侯有功,桓公命偼以王父字为氏。"《通志》:"高氏,姜姓,齐太公六代孙文公之子公子高之孙偼以王父名为氏。"《辩证》:"高,高氏,出自姜姓。齐太公六世孙文公赤生公子高,其孙偼为齐上卿,与管仲合诸侯有功,威公命偼以王父字为氏。"《类稿》:"高,《姓纂》,齐太公六代孙文公子高,孙偼以王父字为氏。"《急就篇》:"高氏,齐太公之后食采于高,因为氏,有高偼。"《统谱》:"高,齐太公六代孙文公子高孙偼,以王父字为氏。"《大全》:"高,齐太公六代孙文公子高之孙偼,以王父字为氏。"

又,齐惠公之子公子祈,字子高,其后以名为氏,亦称高氏。《世本》载:"高氏,齐惠公子高祈之后。"《通志》:"又有惠公之子公子祁,字子高之后,亦为高氏。"《急就篇》:"高氏,(齐)惠公孙灶子强亦为高氏。

独孤氏。姜太公后裔高宾赐姓独孤氏。《北史·高颎传》载:"(高颎)父宾仕东魏,位谏议大夫,大统六年避谗,弃官奔西魏,独孤信引宾为僚佐,赐姓独孤氏。"[①] 罗泌、王圻皆云姜太公之后有独孤氏。《路史》罗苹注曰:"周赐高颎父宾为独孤,至隋复。"《通考》注曰:"后周赐高宾为独孤氏。"

[①]李延寿:《北史》卷七十二《高颎传》,中华书局,1962年,第2487页。

溪（傒）氏。齐卿高傒之后，以王父名为氏。《统谱》："傒，齐卿高傒之后。"《姓觽》："傒，《姓考》：齐大夫食邑，因氏。"傒为人名，非食邑。

将具氏。姜太公子将具之后，以名为氏。《世本》："将具氏，齐太公子将具之后。"《通志》云："将具氏，姜姓。《英贤传》，齐太公子将具之后。见《国语》。"《姓觽》："《路史》：齐公族。"《统谱》："将具，姜姓，《英贤传》：齐太公子将具之后。见《国语》。"《路史》《通考》作将其氏，《辩证》亦作"将其"，《英贤传》曰："齐公子将其之后，以字为氏。"姜太公有子将具，"将其"盖"将具"之误也。

角氏。齐顷公之子公子角之后，以名为氏。《姓觽》："《姓考》：齐顷公角之后。"

捷氏。齐顷公之孙公孙捷之后，以名为氏。罗泌、王圻皆云捷氏为姜太公之后。按：齐顷公之孙公孙捷，又称捷、子渊捷、子车，其后或以其名为氏。

骆氏。姜太公后有公子骆，其后以名为氏。《世本》："骆氏，齐太公后有公子骆，以王父字为氏。"《姓纂》："骆，姜姓，姜太公之后有公子骆，以王父字为氏。"《通志》："骆氏，姜姓，姜太公之后有公子骆，子孙以名为氏。"《尚友录》："骆，齐太公子骆之后，以王父字为氏。"《统谱》："骆，齐太公子骆之后，以王父字为氏。"《类稿》："骆，《姓纂》：姜姓，姜太公之后有公子骆，以王父字为氏。"《大全》："骆，姜太公之后有公子骆，其后以王父字为氏。"

年氏。《姓觽》："年，《路史》：齐公族。"罗泌、王圻皆云姜太公之后有年氏。齐僖公之弟夷仲年，名年，字夷仲，其后以名为氏，为年氏。

壬氏。《姓觽》："壬，《姓考》：齐简公名壬，其支庶有壬氏。"罗泌、王圻皆云姜太公之后有壬氏。齐简公，名壬，其后以名为氏，称壬氏。

荼氏。《姓觽》："荼，《姓考》：齐公子荼之后。"罗泌、王圻皆云姜太公之后有荼氏。公子荼，即安孺子，齐景公之子，其后以名为氏，称荼氏。

毋知氏。《姓觽》："毋知，《路史》：齐公孙毋知之后。"罗泌、王圻皆云姜太公之后有毋知氏。公孙毋知，又作公孙无知，齐僖公同母弟夷仲年之子，其后以名为氏，称毋知氏。

易氏。齐大夫易牙之后，以名为氏。《姓纂》："易，《左传》：齐大夫易牙之后。"《姓解》："易氏，《何氏姓苑》：齐大夫易牙之后，以为氏。"《通志》："易氏，齐大夫易牙之后。"《急就篇》："易氏，齐大夫易牙之后。"《统谱》："易，齐大夫易牙之后，即雍巫也。"卢若虚、罗泌、王圻皆云姜太公之后有易氏。

裔氏。齐大夫裔款之后，以名为氏。《辩证》："裔氏，《左传》：齐大夫裔款之后。"《姓觿》："《姓考》，《左传》：齐大夫裔款之后。"罗泌、王圻皆云姜太公之后有裔氏。

苑氏。齐大夫苑何忌之后，以名为氏。《汉荆州从事苑镇碑》："姓氏书皆云，苑氏出于《左传》所载齐大夫苑何忌之后。"《姓解》："苑，《左传》有齐大夫苑何忌。"《姓觿》："苑，《姓考》：齐公族之后。《左传》：齐大夫苑何忌是也。"罗泌、王圻皆云姜太公之后有苑氏。

七、以号为氏

尚氏。姜太公号尚父，其后以号为氏。《世本》："尚氏，吕望为周太师，号尚父。其后以为氏。"《姓解》："《姓苑》：吕尚之后。"《通志》："姜姓，齐太公之后也。太公号太师尚父，支孙因氏焉。"《明贤氏族言行类稿》："尚，《姓纂》：姜姓，齐太公之后，（太公）号太师尚父，其支孙因氏焉。"

望氏。《世本》："望氏，齐太公望之后。"《通志》："望氏，姜姓。《风俗通》：齐太公望之后。"《辩证》："望，《风俗通》云：齐太公望后。《史记》：齐太公见文王曰：吾太公望子久矣。因号太公望，后氏焉。"《统谱》："望，齐太公望之后。"《类稿》："望，《风俗通》云：齐太公望之后。"

八、以族为氏

乐利氏。《世本》："乐利氏，齐胡公支子为乐利氏。"《姓纂》："乐利，齐胡公支子为乐利氏。"《通志·以族为氏》："乐利氏，《姓纂》云：齐胡公支子为乐利氏。"《辩证》《姓觿》记载与此相同。罗泌、王圻皆云姜太公之后有乐利氏。

左氏。齐公族有左右公子，子孙以族为氏。《世本》："左氏，齐公族有左右公子，因以氏焉。"《姓纂》："左，齐氏公族有左右公子，因以氏焉。"《通志》："左氏，姜姓，齐公族有左右公子，因以为氏。"《急就篇》："左氏，齐公族有左丘公子，后为氏。"《统谱》："左，齐公族有左右公子，因氏。"《类稿》："《姓纂》，齐公族有左右公子，因以氏焉。"《大全》："左，齐公族有左右公子，因氏焉。"

左子氏。罗泌、王圻皆云姜太公之后有左子氏。《姓觿》："左子，《路史》：齐公族之后。"

右子氏。罗泌、王圻皆云姜太公之后有右子氏。《姓觿》："右子，《路史》：齐、卫公族并有右子氏。"

九、以谥为氏

丁氏。姜太公子伋，谥丁公，其后以谥为氏。《世本》："丁氏，齐太公子伋，谥丁公，因以命族。"《姓纂》："丁，姜姓。齐太公生丁公伋，支孙以谥为姓。"《通志》："丁氏，姜姓，齐太公生丁公伋，支孙以丁为氏。"《类稿》："丁，《姓纂》：姜姓，齐太公生丁公伋，支孙以谥为姓。"《大全》："丁，齐大公生丁公伋，子孙以王父字为氏。"《统谱》："丁，齐太公生丁公伋，子孙以字为氏。"

癸氏。齐癸公之后，以谥为氏。《世本》："癸氏，齐癸公之后。"《通志》："癸氏，姜姓，齐癸公之后。见《姓苑》。"《辩证》："癸，出自姜姓，齐癸公之后氏焉。"《类稿》："癸，齐癸公之后。见《姓苑》。"《急就篇》："癸氏，《姓苑》：齐癸公后。"

献氏。卢若虚、罗泌、王圻皆云姜太公之后有献氏。《姓觿》："《路史》：齐、晋公族均有献氏。"史籍未载献氏来源，齐献公之后，或有以谥为氏，称献氏者。

厉氏。齐厉公之后，以谥为氏。《世本》："厉氏，齐厉公之后。"《姓纂》："《风俗通》云：齐厉公之后。"《通志》："厉氏，或作姜姓。《风俗通》：齐厉公之后。"

襄氏。《姓觿》："襄，齐大夫食邑。《左传》：齐有襄罢师是也。"罗泌、王圻皆云襄氏为姜太公之后。史籍未有齐大夫食于襄邑的记载，《路史》也未将襄氏归入以邑为氏之列，襄氏或以齐襄公谥号为氏。

桓氏。齐桓公之后，以谥为氏。《世本》："桓氏，齐桓公后也。桓公作伯，支庶用其谥立族命氏。"《后汉书·桓荣传》注引《东观记》曰："荣本齐桓公后也，桓公作伯，支庶用其谥立族命氏焉。"《广韵》："桓，姓，本自姜姓，齐桓公后因谥为氏。"《姓纂》："桓，姜姓，齐桓公之后，以谥为姓。"《宰相表》："桓氏，出自姜姓，齐桓公之后，以谥为氏。"《通志》："桓氏，姜姓，齐桓公之后，以谥为氏。"《急就篇》："桓氏，出姜姓，齐桓公后。桓公作伯，支庶用其谥立族命氏。"

亘氏。齐桓公之后，以谥为氏为桓氏，宋时避讳改姓亘氏。罗泌、王圻皆云姜太公之后有亘氏。《姓觿》："亘氏，《姓考》，齐桓公之后，宋绍兴二年，避钦宗讳改亘。"注：宋钦宗名桓。

孝氏。齐孝公之后，以谥为氏。《世本》："孝氏，齐孝公支孙，以谥为氏。""《广韵》：孝，姓。《风俗通》云：齐孝公之后。"《姓解》《急就篇》《姓觿》记载均同此。《姓纂》："孝氏，齐孝公支孙以谥为氏。"《通志》："孝氏，姜姓，齐孝公支孙之后也。"

懿氏。齐懿公之后，以谥为氏。《世本》："懿氏，本齐懿公之后。"《通志》："懿氏，姜姓。《风俗通》：本齐懿公之后。"《类稿》："懿，《风俗通》：齐懿公之后。"《辩证》："《风俗通》云：齐懿公后。误矣。懿公，桓公子。桓公时已有懿氏。"注：中国姓氏多源，齐懿公之后以谥为氏，或为懿氏的又一来源。

灵氏。齐灵公之后，以谥为氏。《世本》："灵氏，齐灵公之后。"《广韵》："灵，姓。《风俗通》云：齐灵公之后。"《通志》："或曰齐灵公之后，以谥为氏者。"《姓解》《辩证》《急就篇》《姓觿》等姓氏书籍均引《风俗通》文，认为灵氏为齐灵公之后，系以谥为氏。

景氏。齐景公之后，以谥为氏。《世本》："景氏，齐景公之后。"《广韵》："景，姓。齐景公之后。"《通志》"景氏，芈姓，楚公族也"郑樵注曰"景，谥也，楚未之闻。疑齐景公之后盛繁，此为姜姓之族与？"《辩证》："景，出自姜姓，齐景公之后，以谥为氏。景丑、景春皆其裔也。"《资治通鉴》"景范"胡三省注曰：

"景，姓也。《姓苑》云：齐景公之后。"[1]

晏氏。齐公族晏弱之后，以谥为氏。《世本》："晏氏，齐有晏弱，生婴。本齐之公族也。"《急就篇》"晏奇能"颜师古注曰："齐有晏弱，本齐之公族也，号晏桓子。桓子生婴，曰晏平仲，其后遂为晏氏。"《姓纂》："晏，《左传》：晏桓子名弱，齐公族，生婴，字平仲。"《姓解》："晏，《姓苑》云：齐桓公族之号。后有晏桓子，世为卿大夫。"《通志》："晏氏，或云齐公族。"《大全》："晏，齐公族晏弱桓子之后。"《类稿》："晏，《姓纂》，《左传》晏桓子名弱，齐公族也。"《统谱》："晏，齐公族之后。"《姓觽》："齐大夫晏弱桓子之后。"

平氏。齐相晏平仲之后，以谥为氏。《世本》："平氏，齐相晏平仲之后。"《广韵》："平，姓，齐相晏平仲之后。"《急就篇》："平氏，齐晏平仲之后。"罗泌、王圻皆云姜太公之后有平氏。《史记索隐》："晏平仲，名婴，平谥，仲字。父桓子名弱也。"罗泌、王圻皆云姜太公之后有平氏。

十、以官为氏

南史氏。齐国史官南史，其后以官为氏。《世本》："南史氏，出自齐大夫。居国之南，以居为氏，谓之南史氏。"《姓纂》："南史，《左传》齐有南史氏，后因为姓。"《通志》："南史氏，齐有南史氏，其后子孙氏焉。"《辩证》："南史，出自齐大夫，居国之南，以居为氏，谓之南史氏。"南史，齐国史官，孔颖达疏云："南史，是佐太史者，盖小史也，以其居在南，谓之南史耳。"罗泌、王圻皆云姜太公之后有南史氏。

十一、来源不明

畅氏。《世本》："畅氏，出姜姓，齐后。"《姓解》："《陈留风俗传》云：畅氏，与姜同姓，出于齐也。"《辩证》："畅，《风俗通》云：出姜姓，齐后。"《尚友录》："畅，《陈留风俗传》有畅氏。"罗泌、王圻皆云姜太公之后有畅氏。

---

[1] 司马光：《资治通鉴》卷二九二《后周纪·太祖显德元年》，中华书局，1956年，第9517页。

铎氏。《姓觿》："铎,《路史》:齐公族之后。"罗泌、王圻皆云姜太公之后有铎氏。

公晳氏。《辩证》："公晳,《史记》《家语》有孔子弟子公晳哀。邵氏《姓解》以为公析哀。盖晳、析二字相近。而林、邵二家之说,容有一误,今附见之。"《姓觿》："公晳,《姓考》:齐公晳(哀)之后。《通考》云:姜太公之后有公晳氏。"

国氏。《世本》："国氏,齐太公之后,代为上卿。"《广韵》："国,姓,太公之后。"《姓纂》："国,《左传》:齐卿族,国氏,代为上卿。"《通志》："齐有国氏,姜姓,其先共伯,齐之公族也。高氏、国氏世为齐上卿,盖天子所以命相齐者,故曰有天子之二守国、高在。"《急就篇》："国氏,齐太公之后。世为上卿,有归父佐弱夏。"《统谱》："国,齐卿族国氏,代为上卿。"

门氏。《姓觿》："门,《路史》:齐公族之后。"罗泌、王圻皆云姜太公之后有门氏。

洴氏。《姓觿》："洴,《路史》:齐公族。"罗泌、王圻皆云姜太公之后有洴氏。

其氏。罗泌、王圻皆云姜太公之后有其氏。《姓觿》："《路史》:齐公族之后。"《统谱》："其,地名,见《姓苑》,以地为氏。"

牵氏。《姓觿》："牵,《路史》:齐、宋公族均有牵氏。"卢若虚、罗泌、王圻皆云姜太公之后有牵氏。

绍氏。《急就篇》："绍氏,见《姓苑》。《韩子》:宋有绍绩昧。"卢若虚、罗泌、王圻皆云姜太公之后有绍氏。

士强氏。《姓觿》:"《路史》:齐侯之裔有士强氏。"《姓氏寻源》:"士强氏,《路史》云:齐后有士强氏。"罗泌、王圻皆云姜太公之后有士强氏。

氏氏。《通志》"是氏"条下云:"本氏氏,齐大夫之后也。"《姓觿》:"氏,《路史》云:齐公族之后。"罗泌、王圻皆云姜太公之后有氏氏。

是氏。东汉北海人氏仪改氏氏为是氏。《三国志·吴志·是仪传》:"是仪,字子羽,北海营陵人也。本姓氏,初为县吏,后仕郡,郡相孔融嘲仪,言氏字民无上,可改为是,乃遂改焉。"《姓纂》:"是,《吴志》云:是仪本姓氏,孔融嘲仪曰:氏字民无上,乃改为是,因姓是焉。"《通志》:"是氏,本氏氏,齐大夫之后也。《吴志》：北海氏仪，本姓氏，孔融嘲之曰，氏者民无上，可改为是，遂改焉。"《急就篇》："氏氏，吴是仪本姓氏，孔融嘲曰，民无上，乃改为是。"《类稿》："是，《姓纂》：齐大夫之后也。《吴志》：氏仪本姓氏，孔融嘲仪曰：氏者民无上，可改为是，因姓是焉。"《统谱》："是，齐大夫之后，本氏氏，改为氏。又是仪本姓氏，改为是。"

彦氏。《姓觿》，"彦，《姓源》：齐大夫后。"罗泌、王圻皆云姜太公之后有彦氏。

掌氏。《姓觿》："掌，《路史》：齐公族之后。"卢若虚、罗泌、王圻皆云姜太公之后有掌氏。

仲长氏。《通志》："仲长氏，见《纂要》文。"《姓觿》："仲长，《路史》：齐公族之后。"卢若虚、罗泌、王圻皆云姜太公之后有仲长氏。

公羊氏。《通考》云姜太公之后有公羊氏。公羊氏来源，其他史籍未载，不知《通考》何据。

浦氏。卢若虚录姜太公后裔姓氏有浦氏。《姓纂》："浦，晋《起居注》有尚书令浦选。"《通志》："浦氏，晋《起居注》有尚方丞浦选。宋有员外郎浦延熙。"

指氏。卢若虚录姜太公后裔姓氏有指氏。其他史籍未载。

上述140个源于姜太公的姓氏，虽然有的今天已不再使用，但也有像高、丁、卢、姜、崔、邱、贺、齐、左、骆等当今人口较多的姓氏，姜太公在中华姓氏史上具有重要的地位。

（本文作者为河南省社会科学院中原文化研究所研究员）

汉唐间姜姓名门望族简述

⊙徐玉清

姜姓既是古老的姓氏，又是战国时诞生的姓氏，其迁徙繁衍由来已久。这些外迁的姜氏族人自强不息，逐渐衍生了一个个的名门望族，成为姜姓发展史上的亮点。本文依据相关史料，对汉朝至唐朝间姜姓名门望族进行粗线条的描述和梳理。

一、广汉等望族

先秦时期，姜姓活动的地区主要在其祖居地甘肃和姜姓重要封国齐国（今山东北部）。秦汉时，姜姓在函谷关（在今河南灵宝境内）以东地区已形成大族。两汉时，姜姓已迁往今四川、江苏境内。

东汉时，广汉（今四川省广汉市北）人姜诗是当地有名的孝子，姜诗妻子庞氏非常善良，侍奉婆母比他还孝顺。姜诗母好饮长江水，庞氏经常步行六七里路汲长江水，以供应婆母。有一次庞氏在汲水途中，正遇大风，回家迟了一会，姜母口渴难耐，口出怨言，姜诗不明就里，为此责备庞氏，并将她逐出家门。受了委屈的庞氏就寄居邻居家，昼夜纺织，将换来的钱购买美食佳肴托邻居母亲送给婆母。时间长了，婆母了解到事实真相后，感到非常惭愧内疚，立即让姜诗将庞氏接回，夫妻重新团圆。庞氏赡养老母更加谨慎细心了。姜诗的儿子（乳名安安）后来因为去远处取水溺死了，庞氏怕婆母感到哀伤，不敢向她说出实情，而推托说儿子因为外出求学了所以不在。姜母嗜食鲙鱼，姜诗与妻子庞氏经常努力劳作，以满足母亲的愿望。姜母年纪大了，食量很小，一次又吃不完，他们将鲙鱼做好后，喊上邻居母亲与母亲共食。有一天，姜诗的住处附近忽然有喷泉，味道有如长江水；泉中每天出现一对鲤鱼，可供两位老人改善生活。有的人说，这都是姜诗夫妇孝敬老人所致。赤眉军的游兵散勇们经过姜诗家，都快速离开，他们说："惊动大孝子必然会触怒鬼神的。"当时年成不好，这些赤眉军余众就留下米肉给姜诗。姜诗认为这是不义之财，接受之后把米肉埋掉。由于姜诗的孝行，其家乡没有受到赤眉军的袭扰。汉明帝时，姜诗被推举为孝廉，受任郎中，官至江阳（今泸州）县令，死于任上。由于姜诗有德政，江阳当地乡民为其立祀纪念。

姜诗死后，汉明帝下诏为其立祀，彰扬这一门三孝。在其生活的雒县汛乡（今德阳市旌阳区孝泉镇）修建了"姜孝祠"（姜孝祠是姜氏家庭的祠堂，又有姜诗庙、姜太公祠、孝感庙、孝子祠、孝感祠等多种称呼），世世代代受到当地老百姓的敬仰和祭祀。到宋徽宗崇宁年间，姜诗被赐封为"东汉至孝广文王"。

姜家孝道的故事，以《涌泉跃鲤》为名被收入到元代人郭居敬编录的《全相二十四孝诗选集》（俗称《二十四孝》），成为我国流传甚广的孝道故事，也成为我国进行传统孝道文化教育的典型范例。历史典籍《东观汉记》《后汉书》《太平御览》《华阳国志》等记载了东汉末年孝子姜诗、姜妻庞氏和儿子姜安安姜家一门三位孝子。"一门三孝"，影响深远。历代表彰孝行，隋代将姜诗故里阳泉县改名为孝水县，唐代改称姜诗镇，宋代改名孝泉镇，姜诗庙改为孝感庙。元代将其子姜安安读书送米孝行列为全国二十四孝之一。其地孝泉镇今为省级历史文化名镇。姜太公祠墓至今犹存，现建德孝城，占地100余亩，每年清明节，都隆重举行祭祀姜太公的扫墓活动，每年农历八月二十八是姜太公的诞辰，都举办"感天大孝祭"活动，每年秋季举办孝文化节活动，参观旅游者达数十万人次。

两汉之间，彭城郡广戚（今山东省微山县）姜氏是名门望族，东汉末年有名士姜肱。

姜肱（97~173），字伯淮。姜肱祖父曾任豫章太守，父亲曾任任城国相（相当于郡太守）。他与弟弟仲海、季江都因孝道闻名于世，兄弟三人团结友爱。虽然他们兄弟三人各自娶了妻子，可是不忍分开了睡，所以他们做了很大的被子，兄弟三个人一同睡，史称"姜肱大被"。有一次，姜肱与弟季江一同到郡府里去，晚上碰着了强盗要杀他们。他们兄弟二人都抢着赴死，强盗也就把他们俩都释放了，只抢了一些衣服和金钱去。到了郡府，别人看见姜肱兄弟都没有了衣服，问姜肱这是什么缘故。姜肱就用别的话来支开了，终究不肯说明路上碰着强盗这一回事。强盗们得知了，很感激，并且很懊悔，就到了姜肱那儿，叩头谢罪，把以前抢去的物件，统统归还了他们。

姜肱博通"五经"，并通晓星象谶纬术，前来求学的多达三千多人。朝廷元老重臣争相征召他去当官，他都谢绝了。他的两个弟弟也效仿他，以耕读为业。汉桓帝时，姜肱与名士徐穉一同被朝廷征召，姜肱没有理睬。汉桓帝派画工到彭城描绘姜肱的像，姜肱躺在暗处，以被子捂着头，声称正在患病，不能见风。画工无法下笔，悻悻回朝。汉灵帝时，中常侍曹节等把持朝政，杀太傅陈蕃、大将军窦武，捕杀李膺、杜密、范滂等名士百余人，兴起第二次党锢之祸，为了装潢门面，曹节又要借重姜肱等，以表示自己重视人才。姜肱发誓不与阉竖为伍，避居外地多年。熹平二年（173）终于家，享年77岁。其弟子陈留人刘操等追慕其盛德，共同立碑称颂。

东汉末年，宦官专权，政治腐败，引发了张角领导的黄巾大起义。这一时期，群雄逐鹿，战火纷飞，社会动荡不安，加上灾荒连年不断，人口流动频繁。为躲避战乱天灾，中原地区姜姓与其他姓氏一样不断向四方迁徙，主要是向南方投奔孙吴和向西南进入四川投靠刘备所建立之蜀汉。

西晋末年，皇室发生内讧，演变为八王之乱，战火燃遍中原，中原受到空前惨烈的破坏，经济崩溃。中原人民为躲避战乱而大规模向南方迁徙，形成中国历史上影响深远的移民潮流。这次中原大迁民，从永嘉初年（307～313）一直持续到东晋末年，中原大族约有百家相率而奔，并有大批百姓跟随过江，先后达百万人，这其中有姜姓。姜产之，祖居北方，后渡江南下，为南朝宋南彭城（今江苏镇江）人。前废帝时为细铠主，与阮佃夫杀前废帝，拥立湘东王刘彧为帝，是为宋明帝，姜产之受封为汝南县侯。历任晋平王骠骑中兵参军、龙骧将军、南济阴太守。泰始三年（467）率军北伐，兵败战死。追赠为左军将军。北魏时，汉中（郡治在今陕西汉中东）姜氏有些知名。姜永，善弹琴，有文学之才。后随南朝梁将夏侯道迁投奔北魏，任员外郎、梁州别驾，官至汉中太守。姜永弟姜漾，秉性孝顺，在汉中很有名声。仕于南朝，死于建邺（今南京）。

唐朝时，魏郡（郡治在今河北大名）姜氏还有些名声。《旧唐书·良吏传》记载了姜师度的事迹。

姜师度，魏郡人。中明经（当时科举考试的一个科目）。唐中宗神龙年间，累升至易州刺史兼御史中丞，河北道监察兼支度营田使。他行使职权时勤勤恳恳，又心灵手巧，构思奇妙，尤其擅长兴修水利。他易州任职时，在蓟门北面，挖掘沟堑，将它灌上水，以防备奚、契丹等少数民族袭扰。他将东汉末年曹操修筑的旧渠进行整治，沿渤海边修通，取名平虏渠，用以漕运粮食，减轻当时海上运输的艰难。到五代时，仍然在使用这条运粮通道。不久，朝廷加授他银青光禄大夫官衔，升任大理卿（主管司法的最高长官），后又调任司农卿（主管农业等方面的最高长官）。

唐玄宗开元初年（713），姜师度调任陕州刺史。陕州地当二京（西安、长安）交通要冲，州西有太原仓控制两京水陆运输，当时经常从仓库运送大米到黄河边，然后装船运走，在来回装运过程中，势必造成一些损失。姜师度到任后，修筑地道，从仓库直接运送米到船上，为此节省数万的费用。开元六年（718），姜师度升任河中府尹。在这以前，安邑（今山西夏县）盐池逐渐乾涸，姜师度到任后，派兵开拓，疏决水道，设置盐屯，使公私获利甚厚。在任同州刺史时，又利用朝邑、河西二县交界的前人开凿的水利设施，引雒水及黄河水灌溉，引种水稻，面积达两千余顷，在此设置屯田所十余个，收获以万计。为嘉奖姜师度，朝廷特加授金紫光禄大夫衔，不久调任将作大匠。

开元十一年（722），姜师度病逝，享年七十余岁。先前，太史令傅孝忠喜欢观察天象。京城人流传着这样一句话："傅孝忠两眼看天，姜师度一心穿地。"姜师度喜好兴修水利，每到一地任职，必然发动百姓挖沟修渠，虽然当时也增加了百姓一些负担，但收效长远。

唐代还有宋州（今河南商丘）姜氏。这支姜氏有姜抚，是个方士（古代好讲神仙方术，从事巫祝术数的人），自称精通仙人不死之术，隐居不出。唐玄宗开元末年被人引荐入宫，授银青光禄大夫，号冲和先生。后来，因教玄宗及大臣服常春藤及旱藕,被右骁卫将军甘守诚识破。他惧怕治罪,推托说要到牢山寻求仙药,慌忙逃跑。

唐高宗总章二年(669),泉(州)漳(州)间"蛮獠"(亦称"山越")啸乱,高宗诏令光州固始(今属河南)人陈政为岭南行军总管,率领府兵3600名,将士123员,前往七闽百粤交界之绥安县,相视山源,开屯建堡,"以靖寇患"。陈政率部入闽,由于北方将士不服水土,生病乃至病亡者较多,战"蛮獠"难胜,便退保九龙山(今闽南九龙江上游),奏请朝廷增兵。朝廷命陈政兄陈敷、陈敏率固始58军校增援。陈政母魏氏,足智多谋,与陈政子陈元光随军同行。行至浙闽一带,瘟疫流行,陈敷、陈敏及儿子先后病故。魏氏、陈元光率部与陈政会合。仪凤二年(677),陈政去世,陈元光以鹰扬将军代父领兵,从九龙山打到潮州,经过大小百余次战斗,基本平定"啸乱"。闽粤在隋唐以前的中原人看来是蛮荒的绝域,从陈元光率部入闽后,闽粤进入了大开发时期。《漳州府志》和《云霄县志》称陈元光父子在闽粤"开千百世衣冠文物",他们受到闽南人民、朝廷及朝廷派往闽南做官的大员的共同尊崇,闽南有陈元光庙宇100多座,陈元光被奉为"开漳圣王",陈政被尊为"王爹公"。随着闽粤得到开发,中原人大批南下,这其中有姜姓。

中国历史的动乱时期,往往也是中原人民大举南迁的阶段,唐朝中期的安史之乱后,规模和影响甚巨的北人南徙局面再度出现。黄河中下游的河南、山东、陕西为主要迁出地,北方游民顺江而下,迁入长江流域,甚至一直迁到福建广东两省。唐末战乱中,中原人大举南迁。唐僖宗光启元年(885),寿州人王绪率农民起义军攻占光州,固始(今属河南)东乡人王潮、王审知三兄弟奉母董氏率光、寿二州兵士5000余人,由固始南下入闽。王审知安定闽中后,"中土士族以闽峤僻左右,可以避世,故多依焉。衣冠之胄与编户杂处"。这其中包括姜姓在内的固始人。由于地缘之故,南下投奔王审知的当不在少数。当然,在此之前,也有一些姜姓人零星南徙。

二、天水姜氏汉唐望族

从汉代到唐代,天水姜姓一直是天下姜姓繁衍、发展的中心,扮演着播种机的角色。

1. 天水姜氏的由来

天水姜氏的始祖是姜尚，他是吕侯的支孙，姜姓。吕氏（据《竹书纪年·帝系名号归一图》又称他为臧丈人、吕尚、吕牙、吕望、吕消，人们又从其祖姓称他为姜尚、姜子牙、姜太公），在灭商建周中建立了盖世功勋，成为历史上杰出的政治家、军事家。

周武王统一天下后，大封同姓宗族和异姓功臣谋士。姜尚受封东夷族齐国故地，仍称齐国，他即是齐太公。齐国为侯爵，都营丘（今山东临淄北）。齐国地处泰山以北，多处近海，地处僻远，发展农业的条件较差，受中原影响较小，东夷人的风俗习惯更为浓厚。齐太公在打败了东夷人莱侯的进攻，安定了封国后，对于东夷人的风俗采取了保留与因袭的态度。齐太公没有强制性地推行周朝的制度和礼仪文化，对于东夷人的传统习俗不是加以革除，而是加以因袭，只是对其君臣之礼略加简化。在经济政策和经济思想方面，齐国重视发展经济，利用靠近大海的条件，因地制宜，在抓好农业的同时，突出商业和手工业的发展，齐民争为渔盐之利，齐文化更多地表现出工商社会文化的特点。齐国很快成为经济、军事强国。

齐胡公时，齐国迁都薄姑（今山东博兴县东南）。齐献公时，迁都临淄（今山东淄博市东北临淄北），齐国最后定都于此。春秋初年，齐桓公在管仲等辅佐下，曾称霸诸侯，为春秋五霸之首。

齐桓公后的国君和执政大臣不恤民众，治国乏术，昏庸腐朽，新兴封建贵族田氏逐渐掌握齐之政权，最终取而代之。周安王十六年、齐康公十九年（前386），田常的曾孙田和被周王室正式承认为诸侯，田和仍沿用齐国国号，并迁齐康公于海滨。齐康公二十六年（前379），康公病卒，葬于今山东省烟台市福山区东北四十里的芝罘山。姜尚建立的齐国至此断绝祭祀，田氏最终拥有齐国。

姜姓齐国衍生出齐氏、邱氏、丘氏、尚氏、望氏、畅氏、太公氏、将具氏、骆氏、国氏、丁氏、丁若氏、崔氏、乐利氏、癸氏、厉氏、高氏、高堂氏、卢氏、柴氏、东宫氏、士强氏、仲孙氏、齐季氏、子襄氏、东郭氏、大陆氏、移氏、桓氏、庆氏、麻氏、孝氏、懿氏、栾氏、子雅氏、公旗氏、子尾氏、子乾氏、子渊氏、子工氏、子夏氏、雍门氏、闾邱氏、卢蒲氏、卢门氏、灵氏、景氏、翰公氏、公牵氏、公牛氏、臼季氏、晏氏、平氏、左氏、檀氏、左丘氏、闾公氏、闾氏、公纪氏、余邱氏、车门氏、虞邱氏、梁邱氏、即氏、南郭氏、北郭氏、古蒲氏、卢胥氏、善弋氏等，也有部分平民以祖姓姜为姓。

姜姓齐国虽亡，姜姓子孙散居齐、鲁之间，形成大族。秦朝统一天下，为消除函谷关以东原六个诸侯国的反抗势力，采取迁徙六国贵族于关中的办法。汉朝建立后，为加强中央集权，从汉高祖到汉武帝，不断迁徙关东地区贵族、大族于关中。原在齐国生活的姜姓也在迁徙之列，定居天水。天水是姜姓祖先曾经生活的地方，西迁的姜姓族人如鱼得水，不断开拓发展，衍生成当地望族。

2. 汉唐间天水姜氏著名家族

（1）姜维家族

姜维（202~264），三国时期蜀国后期主将，字伯约。天水冀县（今甘肃甘谷东）人。他自幼就想猎取功名。曾任三国魏天水郡上计掾、州从事，因父亲姜冏曾为天水郡功曹（汉代郡太守和县令下有功曹史，简称功曹，相当于郡守和县令的总务长，除掌管人事外，还参与郡、县政务），在与羌、戎等少数民族武装作战中，为保护郡将，战死疆场，魏帝赐封姜维为中郎，参与本郡军事。建兴六年（228），蜀丞相诸葛亮北伐，军向祁山，当时天水太守马遵正外出视察，姜维和功曹梁绪、主簿（汉代中央及郡县官署中均设置此职，以典领文书，办理事务）尹赏、主记梁虔等随行。马遵得知蜀军忽然到来，而天水郡所属各县纷纷响应，他怀疑姜维等有二心，连夜逃到上邽。等姜维发觉，动身追赶时，已经迟了，上邽城门紧闭，不让姜维进去。姜维等又回到冀县，冀县也不接纳他，不得已只得归降蜀汉。诸葛亮任命为丞相府仓曹掾，加授奉义将军官衔，封当阳亭侯。诸葛亮在给留在成都丞相府任长史的张裔、参军蒋琬等的信中称赞他是凉州上等人才，深通兵法，才略过人。此人忠于汉朝，而又才能过人，若教授他军事，必定为国家栋梁之材。姜维后又任中监军、征西将军。

诸葛亮死后，姜维回到成都，任右监军、辅汉将军，统领诸军，晋封为平襄侯。延熙元年（238），大将军蒋琬驻军汉中，姜维随行。蒋琬升任大司马后，任命姜维为司马，多次率偏师西进攻击曹魏。延熙六年（243），姜维任镇西大将军，凉州刺史。延熙十年，任卫将军，与大将军费祎一同执掌朝政。曾率兵出陇西、南安、金城，与魏大将军郭淮、夏侯霸等战于洮西。姜维自认为熟悉西部风土民情，又对其才乾非常自负，好多次提出大举兴兵伐魏，认为若诱使羌、胡诸部为蜀汉所用，陇西之地就可为蜀汉所有。而费祎则认为："我们比起丞相（指诸葛亮）的才乾差得太远，丞相尚且不能平定中原，何况我们呢！既然不能成功，倒不如保卫和治理好国家，让百姓安居乐业，敬守宗庙社稷。平定中原，统一天下，兴复汉朝这样的功业就留待后世贤能之士，不能希图侥幸而一举定胜败。如若失败，后悔就来不及了。"每次姜维兴兵伐魏，费祎只给他不到一万人的兵力。姜维常常觉得不能如愿，有负丞相重托。

蜀汉延熙十年（247），费祎病逝。第二年，蜀汉后主刘禅加授姜维督中外军事之职，从这时起他执掌蜀汉大权。延熙十九年（256），姜维又任大将军。他为完成丞相诸葛亮兴复汉室的遗愿，不顾部将张翼"国小民劳，不宜黩武"的劝告，多次伐魏。延熙十八年（255），北出狄道，大破魏雍州刺史王经于洮西，曹军死者万计，但姜维随后即遭挫折，连年无功，人民负担沉重，怨声四起。大臣谯周曾著《仇国论》，以肇建之国代指曹魏，因余之国代指蜀汉，说明众寡不敌，讥刺蜀汉不自量力。其时宦官黄皓弄权，右大将军阎宇与黄皓朋比为奸，黄皓暗中活动，准备以阎宇取代姜维。姜维本是他国降人，在朝廷根基本来就薄弱，连年出兵攻魏屡战屡败，朝廷上下怨声载道，乃长期驻守沓中（今甘肃舟曲西北），不敢回成都。

景耀六年（263），魏大举伐蜀，姜维坚守剑阁，阻击魏将钟会大军不得前进，致使钟会萌生退兵之意。后魏将邓艾攻取阴平，由景谷道长驱直入，在绵竹击败诸葛瞻（诸葛亮之子）部，攻陷成都，后主刘禅被迫率蜀汉文武百官投降邓艾。姜维得后主刘禅敕令投降，为挑起邓艾与钟会之间的矛盾，他率军归降钟会。钟会摆出一副胜利者的姿态，傲慢地问："你为什么姗姗来迟？"姜维神色坚毅流泪回答："今日来降就已经很快了。"钟会厚待姜维，与姜维出则同车，坐则同席。姜维了解钟会图谋据蜀自立后，觉得可以乘乱从中谋利。次年，他鼓动钟会囚禁了邓艾，起兵反魏，自己准备伺机恢复蜀汉。可惜魏将士兵变，姜维与钟会一起为乱兵所杀。

晋朝人陈寿著《三国志》时称，姜维的子孙也死于乱军之中。而据《新唐书·宰相世系表》：姜维是有后代的，或许这是姜维部下乘乱将姜维后代保护起来，才使这支姜氏得以延续。为了躲避仇敌杀害，姜维子孙悄悄定居上邽，到北魏末年方才有些声望。姜明，北魏末年任兖州刺史，封天水郡公。姜明子姜远，北周时历任荆州、秦州刺史，封朝邑县公。

姜宝谊，秦州上邽（今甘肃天水）人，姜远子。姜宝谊在隋朝时游历太学，学业上没有成就，就弃文从武。曾任左翊卫，积功升任膺扬郎将，后随李渊镇守太原。李渊在太原起兵反隋，姜宝谊任左统军，攻下西河、霍邑。李渊建立唐朝，姜宝谊因功封永安县公，右武卫大将军。他受命进攻刘武周，遭伏击，被俘，后设计逃脱。与裴寂在汾州一同抵御刘武周悍将宋金刚时，裴寂弃军逃走，姜宝谊再次被刘武周擒获。李渊得到姜宝谊再次被俘的消息，知道他决不会投降，必定要遇害，禁不住流下眼泪，派人给姜宝谊家送去钱粮。姜宝谊在临死前大呼："臣无罪，有负陛下重托。"李渊平定刘武周后，下诏迎回其灵柩，予以厚葬，追赠为左卫大将军、幽州总管，追谥为刚。

姜恪，姜宝谊子。唐高宗总章元年（668）因战功擢升为左相，当时画家阎立本为右相，时人称之为"左相宣威沙漠，右相驰誉丹青"。咸亨元年（670），姜恪受诏任凉川道行军大总管，讨伐吐蕃。咸亨二年（671），任侍中，翌年病故。由于《旧唐书》和《新唐书》均无姜恪传，其事迹不详。

姜恪还有一个弟弟叫姜协，字寿。喜好书法，擅长篆、籀。历任燕然都护、夏州都督，封成纪县公，追谥为威。姜协的裔孙有不少人当官。

据姜姓家谱：姜维子孙后迁居江南。余姚（今属浙江）《姜氏世谱》（清人姜联福纂修，1854年余姚敬胜堂刻本）记载：这支姜氏奉三国名将姜维为始祖。始迁祖为姜绍夫，宋元之际自嵊县（今属浙江）迁居余姚咸池之南。他有四个儿子，长子姜继盛，定居故里，其他人分迁各地。姜继盛后代又分为东西两房，东房裔孙、姜绍夫十二世孙姜联玉，在明末从余姚姜家渡迁居鄞县（今浙江省宁波市）盐梅乡姜家陇。

（2）姜俭家族

北魏时，天水姜氏有姜俭和姜素兄弟在朝任职。

姜俭，字文简。父姜昭，北魏时自平宪司直，累升至兖州安东长史兼高平太守，死于营构都将任上。姜俭年轻时精明强乾，非常勤奋。自徐州车骑田曹参军起家，转任太尉外兵参军。北魏孝昌年间，齐王萧宝夤为开府、西部行台、大都督，率军入关镇压莫折念生、万俟丑奴起义军，引姜俭为幕府中属吏，参与军机谋略。姜俭自认为遭遇知己，遂竭诚奉献其才智。萧宝夤任雍州刺史，仍请姜俭为开府从事中郎兼长安县令。萧宝夤在关中的军事行动进展得并不顺利，胜败相继，连年不休，他惧怕朝廷猜疑，就起兵反魏，自称皇帝。姜俭被任命为左丞，受到信任。后萧宝夤败亡，姜俭被杀，年仅39岁。姜俭的表兄武功人苏湛原来也在萧宝夤麾下，萧宝夤流露出有反朝廷之意后，苏湛坚决请求辞职离开。苏湛为姜俭感到惋惜，认为凭他的才乾，可致富贵，然而所托非人，终致祸害。

姜俭弟姜素，东魏末年，为中散大夫。

（3）姜謩家族

天水上邽姜氏姜謩家族自北魏至唐显赫。

姜謩祖父姜真，北魏时任北魏南秦州刺史。姜謩的父亲姜景，北周时任梁州总管，封建平郡公。

姜謩（？~627），隋大业末年任晋阳县长，唐公李渊任太原留守，非常器重姜謩。当时隋朝已分崩离析，姜謩觉察李渊有夺取天下之志，而且必能成就帝王之业，就事先与李渊搞好关系。大业十三年（617），李渊等起兵反隋，建大将军府，任命姜謩为司功参军。李渊引兵西进，姜謩受命率军平定霍邑、绛郡，监督大军顺利渡过黄河。李渊大军攻入隋京城长安（今陕西西安），拥立隋炀帝杨广子代王杨侑为帝，改年号为义宁，遥尊隋炀帝为太上皇，李渊任大丞相、唐王，姜謩因功任相国兵曹参军，封长道县公。

当时割据金城（今甘肃兰州）的薛举率军进攻秦、陇地区（今陕西、甘肃等地），威胁关中，而姜姓在天水等地有影响，李渊就派姜謩到陇西地区进行招抚工作，并受命临机处置。姜謩临出发前，对前来送行的李渊说：现今海内百姓思得明主,而您是众望所归,应当及早称帝。我已经年老了,如果能一睹新朝气象,就死而无憾了。一席话,说得李渊心花怒放。姜謩与窦轨率兵西出散关,攻下河池、汉阳两郡。在长道,与薛举大军遭遇,由于窦轨轻敌,姜謩部大败。李渊得到他失利的消息,下令他率军还朝,任员外散骑常侍。唐朝初年,薛举败亡后,唐高祖李渊任命姜謩为秦州刺史,临行前召见他说:"古人崇尚衣锦还乡,如今我就将你的故乡的最高军政长官授予给你,来报答你追随我的功劳。此地是古凉州之地,屡经战乱,近来颇为荒凉阻塞,你到任后要有谋略,将当地治理好。"姜謩到任后,安抚百姓,当地百姓非常高兴又能过上太平日子,那些为生计所迫打家劫舍的也前后归顺,当地局势很快得到稳定。不久,姜謩调任陇州刺史。

武德七年(624),姜謩因病离职,贞观元年(627)去世,朝廷追赠为岷州都督,追谥为安。

姜行本(?~643),名确,字行本,以字显名于世。姜謩子。唐太宗贞观年间任将作大匠。唐太宗修筑九成、洛阳二宫,让他担任总负责,他勤勤恳恳,圆满地完成了任务,令唐太宗非常满意,赏赐他丰厚的礼物。唐太宗游历各地,每次都由姜行本随侍在旁。后调任屯卫将军。唐太宗选调天下勇猛矫健之士,组成精锐武装,号称"飞骑",警卫京城及宫殿,并担任太宗出游时的卫队,由姜行本统领飞骑。

后来,姜行本担任行军副总管,与总管侯君集率军西出长安,讨伐高昌。大军经伊州,行至距柳谷百余里的地方,姜行本在此依山建造攻城器械。此处有东汉时班超所撰纪功碑,记载将军窦宪率军击溃匈奴的事迹,姜行本磨去碑上文字,另外撰文并刊刻宣扬大唐国威后离去。高昌王在唐朝优势兵力下被迫投降,唐太宗得到后颁发玺书进行慰劳。姜行本因功受封为金城郡公,受赐财物150段,奴婢70人。贞观十七年(643),唐太宗决定进攻高丽,姜行本予以劝阻,太宗没有采纳。在随太宗行军途中,姜行本遇到高丽军冷箭射击,当即毙命。

姜行本任职以来兢兢业业,无论寒暑时节,没有丝毫懈怠,深得唐太宗赏识。此外,他对建筑工艺非常精通,朝廷大型建筑工程,一般都要咨询他后才能确定。对于姜行本的猝然离世,唐太宗非常悲痛,赋诗悼念他,下令追赠为左卫大将军、郕国公，追谥为襄，并令将姜行本葬在昭陵附近。

姜行本一家受到唐皇室优待。姜行本子姜简袭封爵位，唐高宗永徽年间官至安北都护。姜简子姜晞袭封爵位，唐玄宗开元初年官至左散骑常侍。

姜柔远，姜謩孙，姜简弟。长相出众，善于言辞。武则天当政时官至左鹰扬卫将军，摄（代理）地官尚书、通事舍人，内供奉。

姜皎（？～722），姜謩曾孙，姜柔远子。武则天长安年间累升至尚衣奉御，当时潞王李隆基在藩邸，很喜欢姜皎。姜皎觉察李隆基气度非凡，就竭力效忠。唐玄宗李隆基即位后，将任润州长史的姜皎征召入朝，出任殿中少监。玄宗多次在卧室内召见姜皎，令其去掉君臣礼节，设私宴款待他，两人经常在一起击毬、斗鸡，玄宗经常称姜皎为姜七而不直呼其名字。玄宗又经常赏赐给姜皎宫女、名马及数不胜数的珍宝。有一次，玄宗与姜皎在殿庭院中玩耍，见到一棵名贵的树，姜皎随口称赞了一句，玄宗立即派人将这棵树移植到姜皎家中。唐玄宗即位之初，他的姑母、武则天女儿太平公主试图把持朝政，准备发动政变谋害他。玄宗事先得到密报，先发制人，下诏诛杀了太平公主及其心腹党羽，全盘控制了局势。在这场政治斗争中，姜皎在旁协助，功劳很大，玄宗提拔他为殿中监，封楚国公，享有400户的租税。玄宗还下诏褒扬姜皎的功劳。

然而，在封建社会中，伴君如伴虎。姜皎与玄宗过于亲近，很快就给他带来祸害。姜皎后任太常卿，监修国史，其弟姜晦又历任御史中丞、吏部侍郎，兄弟二人都在朝担任要职，这就引起朝臣的非议。侍中（宰相）宋璟对玄宗提出：姜皎兄弟权势过大，所享受的恩宠太过，影响不好，请陛下稍微抑制一下他们的权势。开元五年（717），唐玄宗下诏，让姜皎回归乡里，让其自娱自乐，颐养天年；又调姜晦为宗正卿，去其实权。不久，玄宗又令姜皎复职为秘书监。人一旦得意便有些忘形，姜皎为了显示与玄宗关系密切，竟将他们在宫中私下谈话内容泄露出去，这就给了政敌攻击的口实。濮王李峤乘机弹劾姜皎，唐玄宗非常生气，下令中书省和门下省处理此事。李峤是玄宗王皇后妹夫，中书令（宰相）张嘉贞根据王皇后哥哥王守一的意思，加重处置此案，奏请将姜皎杖罚后流放到岭南，侍中源乾曜也没有进行干预。玄宗下诏，免去姜皎死罪，杖罚后流放钦州。姜皎带伤出发，行至汝州

(今属河南)即病亡,时年五十余岁。姜皎亲信及旧属受牵连被贬谪、死亡者数人,当时朝臣都认为这是一个冤案,中书令张嘉贞、侍中源乾曜作为宰相,对这件事的处理得有失公正。后来,唐玄宗念及姜皎往日的功劳,下令将其遗体运回,以朝廷礼节重新安葬,并派宦官到其家问候。开元十五年,玄宗追赠姜皎为泽州刺史。天宝七年(748),又追赠姜皎为吏部尚书,并享有200户租税,由姜皎子姜庆初袭封楚国公。

姜庆初,姜暮五世孙。玄宗天宝初年,宰相李林甫当政,他是姜皎的外甥,由于他的影响,姜庆初才得以当官并袭封父亲爵位。有一次,李林甫向玄宗提出:姜庆初当年刚出生时,陛下曾答应让他娶公主为妻。后来,由于姜皎的案子,姜庆初沦落乡里二十多年。如今陛下既不再追究姜皎之罪,还望陛下能厚待姜庆初。天宝十年,玄宗就将刚刚丧夫的新平公主嫁给姜庆初。新平公主非常贤惠淑雅,钟情文墨,玄宗非常喜欢这个女儿。玄宗子唐肃宗、肃宗子唐代宗时,公主也受到厚待,姜庆初因此受到宠幸。按照旧制,驸马都尉多不授予正式职务,唐代宗永泰年间,特授予姜庆初太常卿。但姜庆初在修筑建陵时,误毁与之相连的山冈,唐代宗大怒,按大不恭敬罪,赐死。

姜晦,姜暮曾孙,姜皎弟。他始任蒲州参军,历任高陵、长安县令。开元初年先后任御史中丞、吏部侍郎等职,在主持科举考试时,公正无私。后因姜皎案件,被贬为春州司马,死于海州刺史任上。

(4)姜太公辅家族

天水姜氏衍生出九真(郡名。公元前3世纪末,南越王赵佗设置,公元前111年西汉灭南越国,九真郡属汉朝管辖。辖境相当今越南清化全省及义静省东部地区。三国吴以后辖境渐小。隋灭南朝陈以后废除)姜氏。姜神翊,唐时任舒州刺史,他的孙子姜太公辅,即是唐德宗时宰相。

姜太公辅(? ~805),爱州(州名。南朝梁普通四年即523年,设置交州。治所在移风即今越南清化西北,隋代移治九真即今越南清化。辖境约相当今越南清化附近一带,五代后地属交趾)日南(今越南清化)人。中进士,任校书郎。在制策科考试中成绩优秀,任左拾遗、翰林学士。他很有才华,非常有见识,唐德宗每次召见时，都能提出一些有益朝政的建议，由此受到德宗器重。

建中二年（781），当幽州卢龙节度使朱滔协助另一节度使田悦祸乱朝廷时，曾用密信联络闲居京城的哥哥朱泚，被人发现。姜太公辅就向德宗提醒要防备朱泚，如若他不忠于朝廷，不如将他乾掉。唐德宗没有同意。建中四年（783），泾原节度使姚令言率兵东征路过京师长安（今陕西西安），因朝廷无犒赏，军士哗变，拥立朱泚为帅。德宗仓皇之间逃往奉天（今陕西乾县）。在逃亡途中，姜太公辅再次提出要赶紧搜捕朱泚，德宗这才认为他的话有道理，但实际上已经无法做到了。这时，朱泚叛变的消息传来，宰相卢杞仍然认为朱泚不可能背叛朝廷，并以全族百口为朱泚担保。姜太公辅认为朱泚不值得信赖，要加强防备，朱泚兵果然叛变。德宗认为姜太公辅临危不乱，很有见识，提升他为谏议大夫、同中书门下平章事（宰相）。

然而，姜太公辅的宰相职务来得快，去得也快。德宗长女唐安公主在逃亡途中病故，唐安公主温顺贤惠，深得德宗喜爱。她的猝然弃世，使德宗陷入悲痛之中，下令厚葬。姜太公辅却认为，唐军不久就会收复京城，公主必须归葬，这时兵荒马乱之际，丧事应当从俭。这本是一项合理建议，但是，失去理智的唐德宗盛怒之下，竟大发雷霆，对翰林学士陆贽抱怨姜太公辅辜负圣恩，哗众取宠，并且认为提拔他当宰相是一个失误，他的才能根本无法胜任。尽管陆贽再三进行劝阻，无奈唐德宗一意孤行，下诏免去姜太公辅宰相之职，任太子左庶子（东宫属吏）。姜太公辅为母亲服丧期满后，又任右庶子，长期不得升职。陆贽任宰相后，姜太公辅因与他有翰林学士的旧谊，多次向陆贽请求调任他职。这时，陆贽才暗中告诉他："你的事不好办，宰相窦参已就你升职之事多次向陛下提出，但皇上就是不同意，而且还对窦相不满。我再给你说情也是白搭。"姜太公辅这才知道他已经把德宗得罪苦了，弄不好还有性命之忧。他上疏德宗，请求辞官出家当道士，过了好长时间没有消息。姜太公辅再次提出要求，德宗召见他，询问他为什么要当道士，姜太公辅不敢将陆贽的话说出来，只推说是听窦参告诉他有关情况。德宗本来对姜太公辅就有成见，见他又勾结执政大臣，立即将他贬为泉州别驾。唐顺宗即位，起授姜太公辅为吉州刺史，但他不久病故。唐宪宗时，姜太公辅被追赠为礼部尚书。

《旧唐书》本传说公辅"才高有器识,每进见言事,德宗多从之"。《新唐书》本传也说"公辅有高材,每进见,敷奏详亮,德宗器之"。然而,因谏阻唐德宗厚葬公主事,被德宗骂为"卖直取名",屡次贬官,最后客死泉州。唐代文学家柳宗元称姜太公辅"以奇策取相位。好谏诤,免",一语道破了姜太公辅得相位与被免的原因。宋泉州太守、名士王十朋有凭吊姜太公辅诗两首,其一:"姓名端合上麒麟,当世哪知相是真。遗冢尚余封马鬣,孤忠曾记犯龙鳞。三巴流落知音士,九日迢遥避世人。精爽不迷祠宇后,俨然唐室旧冠巾。"

姜太公辅在泉州居住十四年,筑室于南安县九日山麓长隐。这时,会稽人秦系亦隐居九日山。两人时相过从,徜徉山水,酒诗唱和,友情甚笃。秦系又与姜太公辅志趣相投,公辅死后为之营葬,料理后事。公辅葬于南安九日山东麓,后人称"姜相墓",山称"姜相峰",山上有"姜相台"。墓碑题"唐相国忠肃姜太公封茔",墓周围有拱墙,墓前有祭台,列介士(石将军)、石梅、石狮、石马、石羊各一对,唯石将军已在1994年被盗。1983年,姜太公辅墓被泉州市政府列为市级文物保护单位。当公辅还在泉州别驾任上时,泉州民众即自动建筑二公亭于东郊,以纪念公辅及泉州刺史席相出游之地。后来,南安县建有姜太公祠和姜秦祠(与秦系合祀)。广西钦州十字街有平章坊,系为纪念姜太公辅而建,但至清道光年间已废。

生活在中国的姜太公辅后裔不少,大部分居住在今福建省石狮市,每年清明节,姜氏后裔都聚集九日山给其先祖扫墓。在越南的姜太公辅故乡清化省安定县定成乡,则建有"姜相祠",公辅被封为上等福神而受到祭祀。状元祠今尚存,属于越南国家文化遗产保护单位。祠横匾题"状元祠",门联云:"风雨已摧公主塔,海云长照状元祠。"姜氏后裔每年都举行隆重的祭祀活动。

姜太公辅所撰作品大都亡佚,遗存至今的只有一赋一策,即《白云照春海赋》和《对直言极谏策》,均收录于《全唐文》卷四四六。

姜太公辅还有一个弟弟叫姜复,曾任比部郎中。

综上所述,姜姓显名于汉,兴盛于唐。唐朝姜姓有两位杰出人士出任宰相,姜太公辅虽任相仅半载，但建中三年（782）朱泚之乱，其能识未叛之先，提醒唐德宗预作防范，又察觉凤翔将领不稳之兆，使皇帝脱离危险处境，其睿智谋略，令后人钦敬。

（本文作者为河南省地方史志办公室副调研员）

唐代姜姓名人考略

⊙张玉霞

"姜"姓历史悠久，本自炎帝神农氏之后，裔孙太公望封齐，为田和所灭，子孙分散，或以姓为氏。汉初，姜氏以关东大族徙关中，遂居天水，后形成天水郡望。唐代，姜姓名人辈出，多出自天水姜氏。以往关于唐代姜姓名人的梳理不够细致，人物也有遗漏，本文不揣浅陋，对唐代的姜氏人物稍作梳理，以求教方家。

一、唐代姜姓名人的基本状况

姜姓历代均名人辈出。姓氏书中列出的姜姓名人，上古时期有姜嫄，周代有姜太公，汉有姜肱、姜诗，蜀有姜维，唐有姜太公辅、姜恪、姜謩、姜师度、姜宝谊，明代有姜曰广，等等。

宋代邵思《姓解·八一·羊部》："姜嫄，帝喾妃，生弃。一云，太公本居于姜水，后乃为氏焉。汉有姜肱。蜀有姜维。唐有姜太公辅。"

《古今姓氏书辩证·十阳》："汉初，姜氏以关东大族徙关中，遂居天水。蜀大将姜维。裔孙明，居上邽。明裔孙恪，相唐高宗。九真姜氏：公辅相德宗。广汉姜诗，事母至孝，后汉时人。"

宋代王应麟《姓氏急就篇·上》："（上略）唐姜謩、姜太公辅、姜师度、姜宝谊、姜恪。"

《新唐书·宰相世系表》："汉初，姜氏以关东大族徙关中，遂居天水。蜀大将军平襄侯维，裔孙明，世居上邽。姜氏宰相二人恪、公辅。"

《氏族典·二九八》："《唐书·宰相世系表》：'姜氏宰相二人：恪、公辅。'姜诗：以妻庞孝姑闻。见《后汉书·列女传》。姜维，字伯钧，镇西大将军、录尚书事，蜀亡被杀。见《蜀志》本传。姜曰广：新建人，崇祯吏部右侍郎。福王立，与高宏图协心辅政，马士英擅权，乞休归，后投水死。见《明外史》本传。"

查阅两《唐书》，出现有 20 余个姜姓人名，除了上面提到的姜太公辅、姜恪、姜謩、姜师度、姜宝谊之外，还有姜远、姜协、姜行本、姜简、姜柔远、姜晞、姜皎、姜晦、姜庆初、姜孟京、姜洽、姜如芝、姜嗣宗、姜抚、姜岑、姜德本、义福等。两《唐书》有传的是姜謩，附行本、简、晞、柔远、皎、庆初。还有姜太公辅、姜师度。此外，《旧唐书》神秀传附有义福传，《新唐书》有姜抚传、姜宝谊传。

以两《唐书》为基本依据，整理之后，大概能看出唐代姜姓名人的基本情况：众多姜姓名人出自天水姜氏；许多姜姓名人并不孤立，彼此之间有着密切联系；不乏豪门大族，也出有宰相、将军、良吏、高僧、孝友。唐代姜姓名人让人印象深刻的是：一大豪门姜謩家族，两位宰相姜恪、姜太公辅，均出自天水姜氏，此外还有良吏姜师度、高僧义福，也都让姜姓的历史文化内涵更加丰富。

二、一大豪门姜謩家族

姜謩出身天水望族，《旧唐书·姜謩传》载："姜謩，秦州上邽（今天水）人。祖真，后魏南秦州刺史。父景，周梁州总管、建平郡公。"姜謩在隋朝末年为晋阳长，当时唐高祖留守太原，二人"深自结纳"。后来，随高祖平霍邑，拔绛郡，监督大军济河，平京城，安抚陇右，下河池、汉阳，累功拜秦州刺史，又转陇州刺史。贞观元年（627）卒，"赠岷州都督，谥曰安"。家族基本情况详见下表。

```
姜真──→姜景──→姜謩────────→姜行本
              （梁州总管建平郡公）（左卫大将军邻国公）
                                        ↓
        长子姜简（安北都护）        次子姜柔远（左鹰扬卫将军）
              ↓                               ↓
        姜晞（左散骑常侍）    长子姜皎（楚国公）  次子姜晦（吏部侍郎）
                                        ↓
                              子姜庆初（太常卿楚国公）
```

姜謩儿子确，字行本，以字显。武德八年（625），水部郎中任中，请于陇州开五节堰引水通运①。贞观中为将作大匠，总领修九成、洛阳二宫，又拜左屯卫将军。高昌之役时（640），为行军副总管，出伊州，距柳谷百里，依山造攻械，增损旧法，械益精。战有功，回朝后进封金城郡公。贞观十七年（643），随唐太宗征高丽，至盖牟城，中流矢，卒。"太宗赋诗以悼之，赠左卫大将军、邻国公，谥曰襄，陪葬昭陵。"

姜行本的长子姜简，尚太宗女襄城公主②，永徽中，官至安北都护。姜简子姜晞，开元初为左散骑常侍。

姜行本次子、姜简弟柔远，武则天时，至左鹰扬卫将军、摄通事舍人、内供奉。

姜柔远的长子姜皎是姜謩家族中又一位被封为国公的人物。姜皎在唐玄宗还是藩王时，就与之交厚。唐代人吕道生撰的《定命录》③里记载有姜皎与时为临淄王的玄宗皇帝结缘的故事，十分生动。唐玄宗即位，拜姜皎为殿中少监，深得玄宗喜欢。喜欢到什么程度？《旧唐书·姜謩传》载："数召入卧内，命之舍敬，曲侍宴

---

① 刘昫：《旧唐书》卷四十九，《食货志下》，中华书局，1975年，2113页。
② 欧阳修等：《新唐书》卷八十三，《诸公主传》载："襄城公主，下嫁萧锐。性孝睦，动循矩法，帝敕诸公主视为师式。有司告营别第，辞曰：'妇事舅姑如父母，异宫则定省阙。'止葺故第，门列双戟而已。锐卒，更嫁姜简。永徽二年（651）薨，高宗举哀于命妇朝堂，遣工部侍郎丘行淹驰驿吊祭，陪葬昭陵。丧次故城，帝登楼望哭以送柩。"
③ 吕道生：《定命录》，《太平广记》。

私,与后妃连榻,间以击球斗鸡,常呼之为姜七而不名也。兼赐以宫女、名马及诸珍物不可胜数。玄宗又尝与皎在殿庭玩一嘉树,皎称其美,玄宗遽令徙植于其家,其宠遇如此。"因协赞谋议窦怀贞等潜谋逆乱,功拜殿中监,封楚国公,实封四百户①。开元十年(722),秘书监楚国公姜皎坐泄禁中语,中书令张嘉贞陷之,诏免殊死,"杖之六十,配流钦州,死于路"。② 亲厚坐谪死者数人,世以为冤。后来,玄宗"思皎旧勋,令递其柩还,以礼葬之,仍遣中使存问其家"。开元十五年(727),追赠泽州刺史。

姜皎的弟弟姜晦,又写作姜海,历御史中丞、吏部侍郎,兄弟当朝用事。姜晦在御史中丞任时,曾为巡边使,将副都护张知运收缴的弓矢等兵器悉数还给当地民众,使之有抗敌之具。③ 开元初,国马益耗,请以诏书市马六胡州,率得马三千,署游击将军,诏可。④ 为吏部侍郎时,废除了各种请托,示无防限,然处事精明,私相属诿,罪辄得,皆以为神。始,晦革旧示简,廷议恐必败,既而赃贿路塞,而流品有叙,众乃伏。哥哥姜皎被流放,姜晦亦左除宗正卿,贬春州司马,徙海州刺史。⑤

姜皎的儿子姜庆初,袭封楚国公。天宝十载(751),尚玄宗女儿新平公主,授驸马都尉。新平公主惠淑,娴文墨,帝贤之,历肃、代朝,恩礼加重,庆初亦得幸。按照旧制,驸马都尉多不拜正官,代宗永泰元年(765),特拜庆初太常卿。大历二年(767),任建陵使时,误毁连冈,代宗怒,下吏论不恭,被赐自尽。⑥《旧唐书·李林甫传》中记载姜皎的儿子:"太常少卿姜度,林甫舅子,度妻诞子,林

---

① 另据《旧唐书》卷八,《玄宗本纪》的记载,其实封户数要大得多:"(神龙四年)姜皎银青光禄大夫工部尚书,封楚国公,实封五百户……姜皎殿中监,仍充内外闲厩使,加实封二百户。……(九月丁卯)特进王仁皎为开府仪同三司。"

② 刘昫:《旧唐书》卷八,《玄宗本纪》,中华书局,1975年,184页。

③ 刘昫:《旧唐书》卷一百九十四,《突厥传上》,中华书局,1975年,5173~5174页。

④ 欧阳修等:《新唐书》卷五十,《兵志》,中华书局,1975年,1338页。

⑤ 欧阳修等:《新唐书》卷九十一,《姜謩传》,中华书局,1975年13794页。

⑥ 刘昫:《旧唐书》卷十一,《代宗本纪》,中华书局,1975年,287页。

甫手书庆之。"此姜度与姜庆初不知是否同一人。

姜皎的女儿嫁给了韦坚。韦坚家族也不可小觑，韦坚，京兆万年人。父元珪，先天中银青光禄大夫，开元初兖州刺史。韦坚姐姐为故惠宣太子妃，妹妹为皇太子妃。①

姜皎的外甥是大名鼎鼎、玄宗时权倾一时的宰相李林甫。李林甫是唐朝宗室，长平王李叔良曾孙。他精通音律，深受舅父姜皎的宠爱。开元二十四年（736），李林甫接替张九龄，升任中书令（右相），后进封晋国公，又兼尚书左仆射。天宝十一年（753）十一月，李林甫病逝，追赠太尉、扬州大都督。李林甫担任宰相十九年，是玄宗时期在位时间最长的宰相。②

姜謩家族繁荣昌盛百余年，姜謩、行本父子为唐王朝的建立和政权稳固做出了不小的贡献，爵至国公，至曾孙姜皎，与玄宗相识于微时，恩宠隆盛，再次有国公之爵，且弟兄子女也富贵异常。不过，终究逃不过盛极即衰的命运。史家这样评论："姜謩恩信，有能官之誉；行本勤济，多克敌之功。皎虽故旧，恩幸不伦，虽嘉贞致冤，亦冒宠自掇，岂非无德而禄，福过灾生之验欤！"

三、两位宰相姜恪、姜太公辅

姜恪相高宗，于总章元年（668）拜相，"姜恪检校左相，司平太常伯阎立本守右相"③。在这之前的麟德二年（665），姜恪已兼司戎太常伯、永安郡公，同东西台三品。④ 咸亨元年（670）姜恪为凉州道行军大总管，以伐吐蕃。二年（671），姜恪为侍中，阎立本为中书令。⑤ 三年（672）二月己卯，姜恪卒于河西镇守。⑥ 姜恪历任将军，立功塞外，以战功擢左相。与其对掌枢密的右相阎立本，唯善于图

---

① 刘昫：《旧唐书》卷一百五，《韦坚传》，中华书局，1975 年，3222～3223 页。
② 刘昫：《旧唐书》卷一百六，《李林甫传》，中华书局，1975 年，3235～3240 页。
③ 欧阳修等：《新唐书》卷三，《高宗本纪》，中华书局，1975 年，67 页。
④ 刘昫：《旧唐书》卷四，《高宗本纪上》，中华书局，1975 年，86 页。
⑤ 欧阳修等：《新唐书》卷三，《高宗本纪》，中华书局，1975 年，70 页。
⑥ 刘昫：《旧唐书》卷五，《高宗本纪下》，中华书局，1975 年，96 页。

画，并无宰辅之器。当时人们就有"左相宣威沙漠，右相驰誉丹青"①之嘲。

姜恪也出身天水望族。据《新唐书·宰相世系表》记载，姜恪的父亲是姜宝谊。姜宝谊，《新唐书》有传：秦州上邽（今天水）人。其父远，北周为荆秦二州刺史、朝邑县公。姜宝谊初为鹰扬郎将，从唐高祖督导太原。后来，随高祖下西河、霍邑，累功爵永安县公，历右武卫大将军。武德二年（619），任太原行军总管②，于雀鼠谷（在今山西介休境）逐刘武周将领黄子英，兵败被害。贼平之后，"诏迎其柩，赠左卫大将军、幽州总管，谥曰刚"③。据《新唐书·宰相世系表》，姜远是蜀大将姜维之后："蜀大将军平襄侯维，裔孙明，世居上邽（今天水）。"姜明，为"后魏兖州刺史，天水郡公"。姜明的儿子即为姜远。姜宝谊次子，姜恪的弟弟姜协，"字寿，善篆籀。历燕然都护、夏州都督，封成纪县侯，谥曰威"④。

姜太公辅相德宗，于建中四年（783）拜相，"谏议大夫姜太公辅以本官同中书门下平章事"，至兴元四年（787）罢相，"谏议大夫平章事姜太公辅为左庶子加剑南节度使"，贞元八年（792）作为右庶子的姜太公辅又被贬为泉州别驾。⑤顺宗立，拜吉州刺史，未就官卒。公辅在泉州，与诗人秦系交厚，"见系辄穷日不能去，筑室与相近，遂忘流落之苦"。公辅死后，妻子均不在身边，是秦系"为营葬山下"。⑥至宪宗朝元和元年（806），赠"礼部尚书"。⑦

姜太公辅的籍贯，《旧唐书》说"不知何许人"，《新唐书》说是"爱州日南（今越南）人"⑧，爱州属九真郡，"九真姜氏，本出天水"⑨。进士及第为官，授左

---

① 刘昫：《旧唐书》卷七十七，《阎立本传》，中华书局，1975年，2680页。
② 刘昫：《旧唐书》卷五十七，《裴寂传》，中华书局，1975年，2287页。
③ 欧阳修等：《新唐书》卷八十八，《姜宝谊传》，中华书局，1975年，3741页。
④ 欧阳修等：《新唐书》卷八十八，《姜宝谊传》，中华书局，1975年，3741页。
⑤ 刘昫：《旧唐书》卷十三，《德宗本纪下》，中华书局，1975年，375页。
⑥ 欧阳修等：《新唐书》卷一百九十六，《秦系传》，中华书局，1975年，5608页。
⑦ 刘昫：《旧唐书》卷十四，《宪宗本纪上》，中华书局，1975年，415页。
⑧ 欧阳修等：《新唐书》卷一百五十二，《姜太公辅传》，中华书局，1975年，4831页。
⑨ 欧阳修等：《新唐书》卷七十三，《宰相世系表》，中华书局，1975年，2965页。

拾遗，召入翰林为学士，转为京兆尹户曹参军。德宗好文，姜太公辅自卑品苍黄之中登辅相，是由于他的几次进见。第一次：劝德宗为免养虎为患诛朱泚，德宗不从。第二次：不久之后泾原师乱时，劝德宗带着朱泚一起走，德宗仓促不及听。第三次：德宗欲驻凤翔倚张镒，公辅说非万全之策，德宗亦记桑道茂言，于是往奉天。第四次：德宗在奉天，凤翔乱，卢杞奉迎乘舆，公辅曰："王者不严羽卫，无以重威灵。今禁旅单寡而士马处外，为陛下危之。"德宗采纳了他的建议，悉内诸军。泚兵果至，如所言。德宗"乃擢公辅谏议大夫、同中书门下平章事"。① 公辅罢相，也是因为他的进言，德宗要厚葬唐安公主，公辅却建议薄葬，德宗认为他"卖直取名"，用心不善，迁为左庶子。史家有言："公辅一言悟主，骤及台司；一言不合，礼遽疏薄。则加膝坠泉之间，君道可知矣！"② 又有言："德宗猜忌刻薄，以强明自任，耻见屈于正论，而忘受欺于奸谀。故其……谓姜太公辅为卖直，而不能容。"③

四、良吏姜师度

姜师度，魏州（今河北大名北）人。擢明经，调丹陵尉、龙岗令，有清白称。神龙初，迁易州刺史兼御史中丞，为河北道监察兼支度营田使。师度勤于为政，又有巧思，颇知沟洫之利。始于蓟门之北，涨水为沟，以备奚、契丹之寇。又循魏武旧渠，傍海穿漕平虏渠，以避海艰运粮，至今利焉。寻加银青光禄大夫，累迁大理卿。景云二年（711），转司农卿。

开元初，迁陕州刺史。州西太原仓控两京水陆二运，常自仓车载米至河际，然后登舟。师度遂凿地道，自上注米于舟，便至水次，所省万计。拜太子詹事。于柳城筑营州城。六年（718），以蒲州为河中府，拜师度为河中尹，令其缮缉府寺。

---

① 欧阳修等：《新唐书》卷一百五十二，《姜太公辅传》，中华书局，1975 年，4832 页。
② 刘昫：《旧唐书》卷一百三十八，《姜太公辅传》，中华书局，1975 年，3789 页。
③ 欧阳修等：《新唐书》卷七，《德宗本纪》，中华书局，1975 年，219 页。

先是，安邑盐池渐涸，师度发卒开拓，疏决水道，置为盐屯，公私收利不赀。徙同州刺史，又于朝邑、河西二县界，就古通灵陂，择地引雒水及堰黄河灌之，以种稻田，凡二千余顷，内置屯十余所，收获万计。嘉其功，加金紫光禄大夫，寻迁将作大匠。①

明年，左拾遗刘彤上言："请置盐铁之官，收利以供国用，则免重赋贫人，使穷困者获济。"疏奏，诏户部侍郎强循与师度并假御史中丞，与诸道按察使计会，以收海内盐铁。其后颇多沮议者，事竟不行。

师度以十一年（723）病卒，年七十余。师度既好沟洫，所在必发众穿凿，虽时有不利，而成功亦多，所就必为后世利。先是，太史令傅孝忠善占星纬，时人为之语曰："傅孝忠两眼看天，姜师度一心穿地。"或曰："孝忠知仰天，师度知相地。"传之以为口实。②

五、高僧义福

"大智禅师"义福，姓姜氏，是禅宗六祖之一、北宗禅创始人神秀的高足。义福的籍贯，一说是潞州铜鞮人，或说是上党人，均属今山西长治。初止蓝田化感寺，处方丈之室，凡二十余年，未尝出宇之外。后隶京城慈恩寺。梵行精修，相好端洁，缙绅士庶，翕然归依。开元十一年（723），从玄宗往东都，途经蒲、虢二州，刺史及官吏士女，皆赍幡花迎之，所在途路充塞。檀施巨万，皆委之而去。开元二十年（732）卒，有制赐号"大智禅师"。葬于伊阙之北，送葬者数万人。中书侍郎严挺之为制碑文。③

唐人笔记里关于义福临终前行事的记载十分神异：

忽一旦召其学徒，告己将终。兵部侍郎张均、中书侍郎严挺之、刑部侍郎房

---

① 刘昫：《旧唐书》卷四十九，《食货志》，中华书局，1975年，2107页。
② 刘昫：《旧唐书》卷一百八十五下，《姜师度传》，中华书局，1975年，4817页。
③ 刘昫：《旧唐书》卷一百九十一，《义福传》，中华书局，1975年，5111页。

琯、礼部侍郎韦陟,常所礼谒,是日亦同造焉。义福乃升座,为门徒演法,乃曰:"吾没于是日,当以诀别耳。"久之,张谓房曰:"某宿岁饵金丹,尔来未尝临丧。"言讫,张遂潜去。义福忽谓房曰:"某与张公游有数年矣,张有非常之咎,名节皆亏。向来若终法会,足以免难,惜哉!"乃携房之手曰:"必为中兴名臣,公其勉之。"言讫而终。及禄山之乱,张均陷贼庭,授伪署;房琯赞两朝,竟立大节。①

严挺之撰文、史惟则书并篆额的《大智禅师碑》亦名《义福禅师碑》,是著名唐隶碑刻之一。史惟则,名浩,字惟则,广陵(今江苏扬州)人。玄宗时至殿中侍御史,人称史御史。宋陈思《书小史》称其隶书"迫近钟书,发笔方广,字形俊美亦为时重。又善篆籀、飞白"。

《义福禅师碑》唐开元二十四年(736)立,高345厘米,宽114厘米。大部分保存完好,碑阳三十二行,行六十一字。额三行九字。碑阴较碑阳后五年,即开元二十九年(741)刻。亦史惟则书,隶书二十七行,行九字。碑末附宋淳化、宣和,金大定、贞祐,明弘治年间题名。此碑书法苍劲庄严、颇具骨力。赵明诚评此碑说:"老劲庄严,此书骨力参以和缓之致。"清孙承泽等推为开元第一。

此碑现存西安碑林,北京图书馆藏有拓本。这是姜姓非常非常重要,可是又常常被忽略的宝贵文化遗存。

六、唐代的其他姜姓名人

出现在《新唐书》中的将军姜德本,格外引人注目。《新唐书·高丽传》载:唐太宗欲征高丽,"于是,北输粟营州,东储粟古大人城。帝幸洛阳,乃以张亮为平壤道行军大总管,常何、左难当副之,冉仁德、刘英行、张文干、庞孝泰、程名振为总管,帅江、吴、京、洛募兵凡四万,吴舸五百,泛海趋平壤。以李勣为辽东

---

① 郑处诲:《明皇杂录》,中华书局,1994年。宋人所撰《太平广记》记载与此同。

道行军大总管，江夏王道宗副之，张士贵、张俭、执失思力、契苾何力、阿史那弥射、姜德本、曲智盛、吴黑闼为行军总管隶之，帅骑士六万趋辽东"①。

稍加注意，便会发现，与姜德本并列的张士贵、张俭、执失思力、契苾何力、阿史那弥射、曲智盛、吴黑闼等，都不是一般人物：张士贵，左领军大将军，封虢国公、勋国公，陪葬昭陵；张俭，唐高祖从外孙，营州都督，加金紫光禄大夫，封皖城郡公；执失思力，归州刺史，胜州都督，封安国公；契苾何力，镇军大将军，封郕国公、凉国公，追赠辅国大将军、并州大都督，陪葬昭陵；曲智盛，曲文泰之子，曲氏高昌的末代国王，任唐朝左武卫将军，封金城郡公；阿史那弥射，左卫大将军、昆陵都护、兴昔亡可汗，统辖咄陆五部；吴黑闼，洪州都督，陪葬昭陵。个个战功显赫、彪炳史册。而关于姜德本，却再查不到更多的资料，这颇让人疑惑。

仔细查阅，又发现天水望族、岷州都督姜謩的儿子左卫大将军、郕国公姜行本，不仅名字与姜德本一字之差，同样也战功显赫："高昌之役时（640），为行军副总管……战有功，回朝后进封金城郡公。"同时也有随唐太宗征高丽的经历，贞观十七年（643），太宗征高丽，"行本从至盖牟城，中流矢卒"。而且，姜行本死后的待遇，比上述诸位也丝毫不差："太宗赋诗以悼之，赠左卫大将军、郕国公，谥曰襄，陪葬昭陵。"

于情于理，有充分理由相信：姜德本与姜行本为同一人，德本为行本之误。唐代的其他姜姓名人还有不少，出现在两唐书中的，简述如下。

蜀客姜发。《旧唐书·白居易传》载：罢刑部侍郎时，颍川陈孝仙与酿酒法，味甚佳；博陵崔晦叔与琴，韵甚清；蜀客姜发授《秋思》，声甚淡。此《秋思》，想必是当年"蔡邕五弄"之西曲"灌木吟秋，曰秋思"。琴曲虽已湮灭，幸有白居易七言《弹秋思》传世："信意闲弹秋思时，调清声直韵疏迟。近来渐喜无人听，

---

① 欧阳修等：《新唐书》卷二百二十，《高丽传》，中华书局，1975年，6189页。

琴格高低心自知。"想来，蜀客姜发也该是弄琴之高人。

术士姜抚。《新唐书·姜抚传》载：

姜抚，宋州（今河南商丘）人。自言通仟人不死术，隐居不出。开元末，太常卿韦縚祭名山，因访隐民，还，白抚已数百岁。召至东都，舍集贤院。因言："服常春藤，使白发还鬓，则长生可致。藤生太湖最良，终南往往有之，不及也。"帝遣使者至太湖，多取以赐中朝老臣。因诏天下，使自求之。宰相裴耀卿奉觞上千万岁寿，帝悦，御花萼栖宴群臣，出藤百奁，遍赐之。擢抚银青光禄大夫，号冲和先生。抚又言："终南山有旱藕，饵之延年。"状类葛粉，帝作汤饼赐大臣。右骁卫将军甘守诚能铭药石，曰："常春者，千岁虆也。旱藕，杜蒙也。方家久不用，抚易名以神之。民间以酒渍藤，饮者多暴死。"乃止。抚内惭悸，请求药牢山，遂逃去。

孝友姜崛。《新唐书·孝友传》载："唐受命二百八十八年，以孝悌名通朝廷者，多闾巷刺草之民，皆得书于史官。万年王世贵……乐平（今江西景德镇）谢惟勤、沈普、姜崛……皆数世同居者。天子皆旌表门闾，赐粟帛，州县存问，复赋税，有授以官者。"

此外，还有判官姜孟京①、"八关十六子"姜洽②、云南录事参军姜如芝③、郎将姜嗣宗④、军将姜岑⑤等。

---

①刘昫：《旧唐书》卷四十一，《地理志》载，德宗贞元五年（789），判官姜孟京与崖州刺史张少逸并力收复琼州（今海南）。
②刘昫：《旧唐书》卷一百六十七，《李逢吉传》载，敬宗时，李逢吉大权独揽，妒贤伤善，广结党羽，"朝士代逢吉鸣吠者，张又新、李续之、张权舆、刘栖楚、李虞、程昔范、姜洽、李仲言，时号八关十六子。又新等八人居要剧，而胥附者又八人，有求于逢吉者必先经此八人，纳赂无不如意者"。
③刘昫：《旧唐书》卷一百九十七，《南诏蛮传》载，玄宗天宝十载（751），剑南节度使鲜于仲通率兵出戎、巂州，云南王阁罗凤遣使与云南录事参军姜如芝俱来谢罪，请还其所房掠。
④欧阳修等：《新唐书》卷一百八《刘仁轨传》载，裴炎下狱，仁轨留守京师，郎将姜嗣宗以使来，因语炎事，且曰："炎异于常久矣。"仁轨曰："使人知邪？"曰："知。"及还，表嗣宗知炎反状不告。武后怒，拉杀之。
⑤欧阳修等：《新唐书》卷二百十四，《藩镇传》载，唐武宗会昌三年（843），昭义节度使刘从谏病逝，他的侄子刘稹秘不发丧，自领军务，并遣将姜岑请医于朝。朝中来使，第一批被刘稹打发走了，第二次方知道刘从谏已死多日。武宗怒，稹所遣姜岑、梁叔文、梁叔明三辈，皆杖死京兆府。

综上，唐代的众多姜姓名人都出自天水姜氏，包括昌盛百余年的姜謩家族、宰相姜恪家族。唐代的姜姓在社会生活的各个领域均有建树，出有2位宰相，有战功显赫、加封国公的大将军，有善沟洫、利及公私、福泽后世的良吏，有威德皆为时人所重的禅法高僧，有风雅弄琴之高人，有朝廷旌表门闾的孝友，当然也有欺世盗名的骗子。这些均丰富了姜姓的历史文化内涵，是姜姓发展历史上不可或缺的一环。

（本文作者为河南省社会科学院历史与考古所副研究员）

姜姓的历史与文化

⊙袁义达

姜姓是中国人口排第五十五位的姓氏，尤盛于鲁苏和东北地区。当今姜姓人口大约占了全国人口的0.39%，总人口大约在550万。

一、姜的名义和图腾

姜，是一种家畜。古时候用羊作牺牲，为祭祀神灵和祖先的供品。引申为吉祥，是一象形字，像羊头和四足、尾之形。在甲骨文中"姜"与"羌"构形相仿，都是与羊有关的特殊字，是以羊为图腾的氏族，后来称之为羌人。《说文》注解：男羌为羌，女羌为姜。可见姜的本义是女性羌人，这"姜"作为中国最古老的姓来说，也反映了上古时期姓氏起源于母系社会的一种痕迹。姜人长期滞留过或定期放牧的地方、河流就称为姜地、姜水，最终出现姓氏"姜"。

二、姜姓的起源与演变

姜姓出自神农氏。相传少典娶有蟜氏女生炎帝，号烈山氏，亦即神农氏。炎帝生于姜水，在今陕西岐山县西，因以水命姓为姜。炎帝裔孙伯夷，号太岳，虞夏之际辅佐禹治水有功而封于吕，今河南南阳西。伯夷是吕国的开国始祖，侯爵，复赐姓姜，以奉炎帝之祀。吕国历经夏商周三朝，商朝末，其后裔吕尚，也称姜子牙、太公望，辅佐周文王灭商，周初封于齐，为周朝东部的重要诸侯国。夏商以来，炎帝的姜姓后裔在西周初有齐、吕、许、申等十几国。因姜姓源自西北高原，留于陕西宝鸡、陇县一带入戎狄的史称姜戎，后来逐渐东移，到春秋中期迁晋南，附晋。

齐国是姜姓后裔中最强大的一支，到战国中期，为田氏所灭，子孙分散，有以国为氏是齐氏，或以姓为氏是姜氏。姜姓的历史在五千年以上，作为氏则始于齐国灭亡之后，至少也有2300多年。

三、外族基因的融入

另支姜姓出自外族的改姓。进入汉晋南北朝之后，北方战争纷乱、政权更迭频繁、中原百姓南逃、外族入居华北。外族基因融入北方汉民中的事件不断地发生，北方姜姓中融入外族的血液主要发生在西汉以后，最重要的事件有：南北朝梁国的武兴姜氏为氏族大姓；北魏的雍州蜀族也有姜姓；北宋吐谷浑部中的羌人中也有姜姓；清朝满洲人有姜姓，世居沈阳，其先来自汉民，入旗满化，清朝中逐渐又汉化成为东北地区的姜姓汉族，另有清满洲八旗的姜佳氏族全部、章佳氏族一部集体改姓姜氏。因此，当代汉族姜姓的成分中由外族加入的数量可能远远超过了原炎帝后裔姜姓的数量。姜姓是中国最古老的姓氏之一，也是融入外族成分最多的姓氏之一。

四、历史上姜姓的分布和迁移

先秦时期，姜姓活动的地区主要在甘肃和山东地区。秦汉时，姜姓在河南灵宝的函谷关以东已经发展为大族，遂以关东大族向西迁徙充实关中，之后在天水形成著名姜姓望族。三国和南北朝时，姜姓已经在秦川陇、鲁皖苏浙地区蔓延开来，但其人口重心仍在陕西和山东。唐宋时姜姓进入闽粤地区。清朝时东北地区，由于山东的移民和满洲八旗的全面汉化以及汉姓使用，东北地区姜姓发展迅猛，异军突起。最终形成西部四川、东部山东、东北三大块姜姓聚集区。

宋朝时期，姜姓大约有10万人，约占全国人口的0.13%，排在第一百一十位以后。在全国的分布主要集中于山东、浙江、河南、广东，这四省姜姓大约占姜姓总人口的80%，其次分布于山西、安徽、江西、江苏等省。山东为姜姓第一大省，居住了姜姓总人口的43%。全国形成鲁豫、苏浙、广东三大块姜姓人口聚集区。

明朝时期，姜姓大约有26万人，约占全国人口的0.27%，为明朝第七十九位姓氏。宋、元、明 600 年全国人口平均增长率是 20%，姜姓人口增长远远超过全国人口增长速度。在全国的分布主要集中于浙江、山东、江苏，这三省姜姓大约占姜姓总人口的 58%，其次分布于陕西、福建、江西，这三省的姜姓又集中了 19%。浙江省的姜姓人口约占姜姓总人口的 26%，为姜姓第一大省。全国的姜姓人口从北向东南迁移，姜姓中心由北向东南漂移，全国形成了浙苏、山东两大块姜姓人口聚集中心。

五、当代姜姓的分布

当代姜姓的人口已达到 550 万，为全国第五十五位大姓，大约占全国人口的 0.39%。从明朝至今 600 年中姜姓人口由 25 万增到了 550 万，增长了 21 倍，姜姓人口的增加速度远高于全国人口的增加速度。宋朝至今 1000 年，姜姓人口呈直线上升的态势。在全国的分布目前主要集中于山东、辽宁、黑龙江、江苏、吉林五省，大约占姜姓总人口的 50.1%。其次分布于河南、安徽、浙江、河北、四川、湖北、湖南，这七省又集中了姜姓人口的 28.5%。山东是姜姓第一大省，约占姜姓人口的 16.1%。全国形成了东部鲁苏豫、东北三省两块姜姓聚集地区。在 600 年期间，姜姓人口流动的程度和方向与宋元明期间有很大的区别，由东南部向华中、华北、西部的回迁十分强劲，而且向东北的移民成为重要的流向。

按人口数排列顺序	姜姓族群在全国（包括港澳台地区）2892 个县区中的分布	姜姓有效总人数 5242764
1	山东省海阳市	47560
2	浙江省江山市	40128
3	山东省乳山市	34701
4	山东省平度市	34427
5	辽宁省庄河市	32216
6	山东省莱阳市	31935
7	辽宁省普兰店市	30618

续表

按人口数排列顺序	姜姓族群在全国（包括港澳台地区）2892个县区中的分布	姜姓有效总人数 5242764
8	湖南省宁乡县	30409
9	辽宁省瓦房店市	28390
10	山东省即墨市	25960
11	山东省临沂市兰山区	25464
12	江苏省海门市	24860
13	吉林省德惠市	22907
14	江苏省沭阳县	22487
15	山东省莱西市	22031
16	山东省龙口市	21432
17	吉林省农安县	21181
18	山东省烟台市牟平区	21152
19	山东省昌邑市	20602

该表内数据来自中华伏羲文化研究会华夏姓氏源流研究中心与公安部全国公民身份证号码查询服务中心合作的全中国姓氏数据库（包括2008~2010年间的港澳台地区全部人口）。

六、姜姓的传统文化

郡望和堂号：姜姓的郡望主要是天水。姜姓的重要的堂号有稼穑、渭滨。"稼穑"堂号典出神农。传说神农氏教民种庄稼，种庄稼古称稼穑，神农氏以姜为姓，为怀念神农的功德，故以此为堂号。"渭滨"堂号典出姜子牙。商末，姜子牙胸怀大志隐居于渭河边上，垂钩钓鱼，等待英主。周文王遍访贤良，在渭河边上遇到了姜子牙，并请他担任宰相，姜子牙助周灭商，开创了周家八百年基业，后人为此以渭滨为堂号。

姜姓的重要楹联有五副：

孝征跃鲤，迹洄牧羊。

平江保障，白石清歌。

出郊祀禖，帝妃履武；永巷待罪，周后称贤。

孤忠天植，缵茂绩于伏龙；大孝神俘，幻奇灵于跃鲤。

天序有伦，自昔一衾常棣乐；水源在渭，于今远派竹林香。

家训格言：姜宸英，清浙江慈溪人，工诗能文，精书法，尤其妙行草书。70岁高龄时考上进士，官授编修和顺天考官。他以自身的经历和毅力要求子女，会学习，持久学习，到老还得学习。其《与子侄论读书》一文是最有代表性的，他强调："读书不须务多，但严立课程，勿使作辍，则日积月累所蓄自富，且可不致遗忘。"

目前国内外的图书馆和其他单位正式公布收藏了姜姓族谱163部。

七、名人分布和宗族先贤

《中国人名大辞典》收入了姜姓历代名人119名，占总名人数的0.26%，排在名人姓氏的第八十二位；姜姓的著名文学家占中国历代文学家总数的0.15%，排在并列第一百一十五位；姜姓的著名医学家占中国历代医学家总数的0.28%，排在并列第七十一位；姜姓的著名美术家占中国历代美术家总数的0.27%，排在并列第七十五位。

历史上姜姓的重要人物有：西周大臣、齐国始祖姜尚（姜子牙）；三国蜀汉大将军姜维；唐朝宰相姜太公辅、姜恪；南宋词人兼音乐家姜夔，名将姜才；明朝画家姜立纲；清朝文学家姜宸英；当代化学工程学家姜圣阶，中医学家姜春华，语言学家姜亮夫，出版家兼翻译家姜椿芳。

八、姜姓血型

姜姓人群的血型分布总的是：O型占30.9%，A型占27.9%，B型占31.4%，AB型占9.8%。

（本文作者为中华伏羲文化研究会副会长、华夏姓氏源流研究中心主任，研究员）

太公生平形象研究

姜太公出身之梳理

⊙王震中

我们现在所说的"姜太公",是秦汉以后的称呼。在先秦时期,姓、氏有别,女子称姓,男子称氏不称姓。《左传》隐公八年说:"天子建德,因生以赐姓,胙之土而命之氏。"这是说,姓是因生而得,与血缘有关系;氏与土地封地有关系,是一个社会政治单元。对于姓、氏的这一区别,《通志·氏族略序》说:"氏所以别贵贱,贵者有氏,贱者有名无氏……姓所以别婚姻,故有同姓、异姓、庶姓之别……三代之后,姓氏合而为一,皆所以别婚姻,而以地望明贵贱。"因此,先秦时期,太公望有多种称谓,但都不冠以"姜"字,如《孟子》称"太公望",《战国策》《荀子》《鬼谷子》《离骚》称"吕望",《天问》称"师望"。《孙子》称"吕牙",《吕氏春秋》称"吕太公望",《史记》称"太公望""师尚父""吕尚""太公尚",等等。然而,太公望又确实是姜姓。秦汉以后,由于姓氏混一,也就是混姓于氏,姓氏之别消失,因此《史记·齐太公世家》说:"(太公)本姓姜氏,从其封姓,故曰吕望。"这里,把作为姓的姜与"氏"连称作"姜氏",以及把作为氏号的吕与"姓"联系在一起,都属于姓氏混一的结果。

关于太公望的出身问题,《史记·齐太公世家》说:"太公望吕尚者,东海上人。其先祖尝为四岳,佐禹平水土甚有功。虞夏之际封于吕,或封于申,姓姜氏。夏商之时,申、吕或封枝庶子孙,或为庶人,尚其后苗裔也。本姓姜氏,从其封姓,故曰吕尚。"对于司马迁所谓"太公望吕尚者,东海上人"的说法,学术界有赞成者,也有质疑者。较早提出,而且影响也比较大的质疑者是傅斯年。20世纪

30年代，傅斯年发表《大东小东说》①和《姜原》②两文，提出"太公封邑在吕"。在《大东小东说》一文中，傅斯年说："综合经传所记，则知太公封邑在吕也……传记称齐太公为吕望，《书·顾命》称丁公为吕伋。此所谓吕者，当非氏非姓。男子不称姓，而国君无氏。此之父子称吕者何谓耶？准以周世称谓见于《左传》等书者之例，此父子之称吕，必称其封邑无疑也。然则齐太公实封于吕，其子犹嗣吕称，后虽封于齐，当侯伋之身旧号未改也。"傅斯年的意思是说，太公望的出身是吕国。

关于吕国的地望，傅斯年根据《史记·齐太公世家》说太公先祖，"尝为四岳"；《国语·周语下》说共工氏之后，"祚四岳国，命以侯伯，赐姓曰姜，氏曰有吕……申、吕虽衰，齐、许犹在"；以及《诗·大雅·崧高》"崧高维岳，峻极于天。维岳降神，生甫及申。维申及甫，维周之翰"等文献，他指出申、吕的地望在今河南南阳一带。

《诗·大雅·崧高》只是告诉人们，吕国于周宣王时期同申国一道被分封至今河南南阳一带。因吕国在周代之前就已存在，所以，南阳的申、吕之国有可能是徙封，而非申、吕的原初之地。为此，杨筠如提出："吕的初封，或者还是晋国吕锜所食之吕邑，现在山西河东的地方""申、甫（甫就是吕）、许三国之封，大概都为抵御楚人，应当在宣王'荆蛮来威'以后"。③

王玉哲也认为早期的吕国在山西霍太山一带。其论证逻辑是：《国语》所说的齐、许、申、吕均出自四岳，而这个"四岳"在《左传》中又写作"太岳"。例如，《左传》隐公十一年说："夫许，太岳之胤也。"庄公二十二年说："姜，太岳之后也。"这是因为《说文解字》中籀文的"太"或"大"，与战国时的"四"字形极相近，"大概古原作'太岳'，后因形近而讹为'四岳'。太岳一地，确知在今山西境"。这就是《禹贡》所说的位于山西南部的河东"太岳"，今名霍太山。《诗·大雅·崧高》："崧高维岳，峻极于天。维岳降神，生甫及申。维申及甫，维

---

① 《中央研究院历史语言研究所集刊》第二本第一分，1930年。
② 《中央研究院历史语言研究所集刊》第二本第一分，1930年。
③ 杨筠如：《姜姓的民族与姜太公的故事》，《古史辨》第二册，上海古籍出版社，1982年。

周之翰……"《毛传》谓:"崧,高貌,山大而高曰崧,岳,四岳也。"此乃"赞美太岳山之高大灵异,故能生吕、申等国。这又是姜姓最初应当是山西中南部的部族的最好说明。姜姓的齐、许、申、吕等国源于山西霍太山一带,但春秋以前,他们的主要族众早已迁出山西。当然在他们迁徙时,可能有部分遗民仍留在山西境。春秋时晋人有吕甥、吕相,地名有吕乡、吕城(霍县附近)。建国于山东的齐国,原出自吕国,如其始祖太公望曰吕望,其子丁公曰吕伋(《尚书·顾命》亦有吕伋),还是用最早居地名为氏。大概他们自商末就住在山西,周武王平定天下,又重封之。周人灭商,吕尚出力大,于是从山西太岳山区的吕国,改封到山东的营丘。吕国的另一支族,则到周宣王时才从山西南迁到河南的南阳一带。"① 王玉哲认为太公望在就封齐国之前的国度是吕国,这一点和傅斯年的观点是一样的,但他不同意傅斯年《大东小东说》谓齐初封在今河南南阳,后乃迁营丘,而是主张姜姓的吕最初在山西,周初姜吕有一支分封在山东,即齐国。另一支在宣王时从山西徙封河南,即吕国。笔者以为,南阳的吕国也许可以称为徙封,但吕的出现或者说吕国最初的建立,不是周王分封所致,它应该是夏商时期就已存在的古国,只是到周代被纳入周王朝的体系而已,所以,对于早期的吕国而言,与其称作"初封",不如称作早期吕国,是一个早期的邦国。尚需指出的是,太公望在成为文王师之前,其国度即出身,应该是吕国,但吕国是吕国,齐国是齐国,齐国并非从吕国徙封而成,说"建国于山东的齐国,原出自吕国",是不对的。齐国的建国是因太公望在帮助周文王和周武王推翻商朝的过程中立有大功而首封的,太公望并非先封于吕而后徙封于齐。齐国建立后,吕国依旧存在。西周青铜器中的吕王鬲、吕王壶还表明,吕国国君有沿用其以前在国内称王的旧俗。

  吕国乃四岳之后裔,而关于四岳所在地,顾颉刚提出在西方。他说:"姜和姬本是西方的两大民族,又世为婚姻,所以周祖后稷之母为姜嫄,公亶父之妻为姜女,太王之妻为周姜(亦称太姜),武王之妻又为邑姜。姜姓民族既在西方,所以他们的祖先四岳或太岳也必在西方。我们可以说:四岳是西方的山,它是姜姓民族

---

① 王玉哲:《中华远古史》,上海人民出版社,2000年,第452~455页。

的发祥地。《职方》中汧山名岳，恐即四岳的原地。《禹贡》中的霍山名岳，恐是姜戎归晋，把这山名带过去了。"① 沿袭这一思路，任伟、李玉洁也主张太公望的出身和姜姓部族兴起都在陕西。② 为此，任伟举出1972年在甘肃灵台西岭西周墓出土的吕姜簋，③ 以及相传出自陕西的吕季姜醴壶，④ 证明"吕国即在西北"。吕姜簋铭文"吕姜作簋"中的"吕姜"是出嫁女之自称，"吕"为父家氏名，"姜"为父家族姓。吕季姜醴壶铭文曰："吕季姜作醴壶，子子孙孙永宝用。"铭文中的"吕季姜"也是出嫁女之自称，"季"为排行名。据此，任伟说："可见姜姓族必起源于西土，吕尚也必为西土之人。"⑤

在太公望出身的诸说中，还有一说另辟蹊径。这就是西晋太康十年（289年）汲县（今河南卫辉市）令卢无忌所撰《齐太公吕望表》，提出太公望是汲人。由于卢无忌是以太公裔孙的身份撰写《齐太公吕望表》，因而其影响很大。但是，岑仲勉在《元和姓纂校记》中认为："卢氏此派本改姓者，撰文者乃以拟范阳，盖已数典忘祖矣。"袁义达、张诚《中国姓氏·群体遗传和人口分布》一书中也说："范阳卢氏是卢姓的望族，范阳即今河北定州，原姓雷，音近而改姓卢。"⑥ 据此，韩玉德在《姜太公》一书中说："汉晋南北朝时期，北方战争纷乱，政权更迭频繁，中原百姓南迁，外族入居华北，逐渐与汉族融合，改姓者蔚为时尚。如此说来，这位自称'太公裔孙'的汲县令卢无忌，也是一个数典忘祖、改祖移宗的雷氏改姓者的后裔。一个连自己的祖先都不能清楚的人，又如何相信他对太公里籍的判断呢？"⑦

目前，坚持说太公望为"东海上人"者，主要是山东的一些学者。例如，韩玉

---

① 顾颉刚：《州与岳的演变》，王熙华编选《顾颉刚选集》，天津人民出版社，1988年，第315页。原载于1933年8月《史学年报》第5期。
② 任伟：《西周封国考》，社会科学文献出版社，2004年，第48~54页。李玉洁：《齐国史》，新华出版社，2007年，第64~68页。
③ 《甘肃灵台西周墓》，《考古》1976年第1期。
④ 宋为霖：《吕季姜醴壶》，《文物》1982年第10期。
⑤ 任伟：《西周封国考》，社会科学文献出版社，2004年，第54页。
⑥ 袁义达、张诚：《中国姓氏·群体遗传和人口分布》，华东师范大学出版社，2002年，第486页。
⑦ 韩玉德：《姜太公》（齐鲁历史文化丛书），山东文艺出版社，2004年，第15页。

德《姜太公》一书，依据《吕氏春秋·首时》说太公望是"东夷之士"；《后汉书·郡国志》西海注引《博物志》说："太公吕望所出，今有东吕乡。"宋人罗泌《路史·国名记》："太公乃出东吕。吕，莒也。"罗苹注引《博物志》解释说："海曲城东有东吕乡东乡里，太公望所出也。"海曲为今山东日照，与莒县毗连。可见，今日主张太公望为"东海上人"的人们，也是通过今日照境内的"东吕乡"以及"吕，莒也"等理由，来具体落实太公望的出身的。

综上所述，太公望乃西周之前、商末吕国之人，这是诸说的共识。但夏商时期的吕国，即早期的吕国，究竟在何地，尚未有定论。笔者认为，只有依靠考古发掘，若能发现商周时期的吕国都邑遗址或吕国墓地，再结合文献和青铜器铭文，这一问题才会得到解决或取得突破性的进展。

（本文作者为中国社会科学院历史研究所副所长、研究员）

姜太公名号居里考辨

⊙卫绍生

姜太公，司马迁称之为齐太公。以其辅佐周文王、周武王有功，封于齐地营丘，遂为周朝齐国开国之祖。《史记·齐太公世家》对姜太公有简略记载。但是，仔细梳理一下，有关姜太公的历史文献并不是很多，以至于人们对其名讳居里等多语焉不详。兹据有限的文献资料，对姜太公名讳居里考述于后。不当之处，尚祈方家教正。

一、关于姜太公的姓氏

姜太公的姓氏本来不应该成为一个问题。既称姜太公，则其姓姜本无可疑。《国语·晋语》载："昔少典娶于有蟜氏，生黄帝、炎帝。黄帝以姬水成，炎帝以姜水成。成而异德，故黄帝为姬，炎帝为姜。二帝用师以相济也，异德之故也。"炎帝生于姜水，因以为氏。大禹之时，姜姓祖先为尧四岳之官，因辅佐大禹有功而赐姓姜。所以，姜姓源出于炎帝应无异议。从姓源上讲，姜太公姓姜也是无可争辩之事。然而，《史记·齐太公世家》则称姜太公为"太公望吕尚"，是则姜太公又为吕姓也。姜太公为何又姓吕呢？是因为姜氏祖先为四岳之官时，因辅佐大禹有功，封于吕地，其中一枝封于申地。吕与申皆在今河南南阳市境，吕在今南阳市西（《新唐书·宰相世系表》以为在今新蔡），申在今南阳市。此时姜姓祖先虽封于吕地和申地，但仍姓姜氏。夏商之时，姜姓枝繁叶茂，出现了非嫡长封于吕申之地的情况。再往后繁衍，其子孙多数已非贵族，有的则降为庶人。姜太公就是封于吕地的姜氏后人。所以，司马迁说齐太公"本姓姜氏，从其封姓，故曰吕尚"。① 三国谯周《古史考》对姜太公由姜姓而为吕姓，也有简略记载："（太公望）姓姜名牙，炎帝之裔，伯夷之后。掌四岳有功，封于吕。子孙从其封，姓吕。尚其后也。"② 据此可知，称姜太公，是就姓源而言；而后人称姜太公为吕尚，是就其以封地为姓而言。

《新唐书·宰相世系表》对姜姓源流世系有清晰地描述："姜姓本炎帝，生于姜水，因以为姓。其后子孙变易他姓。尧遭洪水，共工之从孙佐禹治水，为四岳之官。以其主四岳之祭，尊之，故称曰大岳，命为侯伯，复赐以祖姓曰姜，以绍炎帝之后。裔孙太公望封齐，为田和所灭，子孙分散。汉初，姜氏以关东大族徙关中，遂居天水。蜀大将军平襄侯维裔孙明，世居上邽。"③ 宋人邓名世《古今姓氏书辩证》承袭《新唐书》之说而又有所补充：

> 出自炎帝，生于姜水，因以为姓。裔孙佐禹治水，为尧四岳之官，以其主山岳之祭，尊之，谓之太岳，命为侯伯，复赐祖姓，以绍炎帝之后。夏商以来，分为齐、许、申、甫四国，世有显诸侯。其居戎狄者，为姜戎氏。田和灭齐，子孙分散。④

这里简略地介绍了姜姓源流支系，却没有言及姜姓先祖封于吕地。姜氏先祖封于吕地，是姜姓发展演变中一件非常重要的事件。可以说，正是由于姜姓封于吕地，才有了以国为姓的吕姓，而周初封于齐地的吕尚，其姓氏正是从封于吕地的姜姓而来。一些述说姜姓起源的文献，不言姜姓封于吕地，情有可原。但若论及吕尚姓氏之所出，就不能不涉及封于吕地的姜姓了，不然的话，就无法解释姜尚即吕尚了。

吕姓虽出自姜氏，但根据记载，吕氏有五支，而只有封于吕地且以国为姓的吕姓为姜姓之后。明人凌迪知《万姓统谱》之《氏族博考》载："吕氏有五。姜姓之

---

① 《史记》卷三十二《齐太公世家》。
② 《史记》卷三十二《齐太公世家》司马贞《索隐》引。
③ 欧阳修等：《新唐书》卷七十三下《宰相世系表》。
④ 邓名世：《古今姓氏书辩证》卷十三"姜"。

后，以国为氏。又，晋有吕氏，出于魏氏；又，叱丘氏、副吕氏、叱吕氏，并改为吕。"① 诸吕之中，只有"姜姓之后，以国为氏"之吕与姜太公有关；而出于魏氏之吕氏，应是出现于战国初年韩赵魏三家分晋之后的吕姓；至于其他几家吕姓，则属于由他姓改为姓吕，与姜姓就更加没有关系了。

二、姜太公的名号问题

说起名号，姜太公的名号也许是中国古代名号最多最复杂的一个。粗略统计一下，竟然多达二十多个，如师尚父、太公尚、太公、太公涓、太公望、吕太公望、周望、姜望、吕望、师望、姜尚、姜太公、姜牙、姜老、姜子牙、姜太公、吕尚、吕牙、吕渭、飞熊，等等。这些名号虽然复杂，但细分一下，主要出自三个系统：一是由周文王、周武王对姜太公的尊称或赐号而来，如太公望、师尚父、飞熊，太公尚、太公望、吕太公望，以及周望、师望、姜望、吕望等，系从师尚父和太公望演化而来；二是从姜太公为炎帝后裔的姓源而来，如姜尚、姜太公、姜牙、姜老、姜子牙、姜太公等；三是因姜氏在夏商两代曾经封于吕地，以封地为姓，如吕尚、吕望、吕牙、吕渭、吕太公等。兹按三个系统，对其中最具代表性的名号约略而论之。

太公望。此说最早见载于《史记·齐太公世家》，该文开篇便是"太公望吕尚者"。从司马迁的记述中可以看出，太公望是号，吕尚则是名字。太公望之号是周文王所赐：

西伯将出猎，卜之，曰："所获非龙非彨，非虎非熊。所获霸王之辅。"于是周西伯猎，果遇太公于渭之阳，与语，大说，曰："自吾先君太公曰：当有圣人适周，周以兴。子真是邪！吾太公望子久矣。"故号之曰太公望，载与俱归，立为师。

按照司马迁的解释，周文王准备出猎，夜有所梦，将遇霸王之辅。周武王在渭水之阳遇到了姜太公，通过与之交谈，以为遇到了先君太公所希望的人物，可以让

---

①凌迪知：《万姓统谱·氏族博考》卷二《同源异派第一》。

周朝振兴，于是就同车载回，赐其号为太公望。这一称号中的"太公"，是指周朝先君太公；"太公望"是说吕尚就是先君太公所希望得到的盖世奇才。后人把"太公望"之"太公"理解为齐太公，把"望"理解为齐太公之名，于是就有了吕望、姜望、周望、师望、吕太公望等称呼。这些称呼都和"望"字相联系，以至于许多人都以为"望"是吕尚的又一名号。而司马迁所说的"太公望吕尚者"，指的是有太公望称号的吕尚这个人，而不是说齐太公吕望。如果说"太公望"指的是齐太公吕望，那就与下文所说的周文王"故号之曰太公望"自相矛盾了。所以，除"太公望"外，其他各种与"望"相联系的一些称呼虽然也在一定程度上流传，但实际上大多属于讹传或传讹。至于飞熊，则与"非虎非熊"之卜辞相关。

师尚父。在先秦文献中，姜太公又称为师尚父。《诗经·大雅·大明》讲到武王伐纣之事时写道："牧野洋洋，檀车煌煌。驷騵彭彭，维师尚父。时维鹰扬，凉彼武王。肆伐大商，会朝清明。"这里所说的师尚父，是周武王对姜太公的尊称。西汉刘向以为，师尚父就是师之、尚之、父之的意思。《史记·齐太公世家》在讲到周武王九年欲东伐以观诸侯之事时，也称齐太公为师尚父。唐人司马贞以为尚父是官名，他说："武王号为师尚父，则尚父官名。"① 此说与刘向《别录》解释的师之、尚之、父之大相径庭。倘如此说，姜太公就仅仅是所谓的帝王师了，这样就大大降低了姜太公的历史文化地位，与姜太公在西周初年的历史贡献不符。司马贞之说值得商榷。尚父亦作尚甫，是君主尊礼大臣的一种称号。《诗经》毛亨传云："尚父，可尚可父。"郑玄笺："尚父，吕望也。尊称焉。"② 在中国古代，大臣有尚父称号者，前有姜太公，后有董卓、郭子仪、李辅国等。《新唐书·郭子仪传》："德宗嗣位，诏还朝，摄冢宰，充山陵使，赐号尚父。"此外，还有亚父、仲父等尊号，也是君主对大臣的尊称。苏轼以为，"阿衡伊尹之号，犹曰师尚父云尔，师其官也，尚父其号也"，③ 亦可为一说。

吕尚。先秦文献已多有称吕尚者，如《荀子》中曾两次提到吕尚，《战国策·

---

① 《史记·齐太公世家》司马贞索隐。
② 《毛诗注疏》卷二十三《诗经·大雅·大明》。
③ 苏轼：《书传》卷七《汤誓第一》。

齐策》有"周文王得吕尚，以为太公；齐桓公得管夷吾，以为仲父"之说。① 在《秦策》中，范雎对秦王也提到了吕尚。② 司马迁《史记·齐太公世家》继承前人之说，称之为吕尚，并言："其先祖尝为四岳，佐禹平水土甚有功。虞夏之际封于吕，或封于申，姓姜氏。夏商之时，申吕或封枝庶，子孙或为庶人。尚其后苗裔也，本姓姜氏，从其封姓，故曰吕尚。"刘向《说苑》有"吕尚聘，而天下知商将亡，而周之王也"之说。③ 是则先秦两汉时期，吕尚之名较为流行。由于吕尚本姓姜，故又称姜尚。又由于吕尚乃齐国开国之君，故又称太公尚。④ 一说"尚名也，变名为望。是太公本名尚，因望久而改名望也"。⑤ 吕尚又称吕望，是自"太公望"之号而来，并非吕尚期待有所作为太久而改名为望。

吕牙。此说最早见载于《孙子》，其文云："昔殷之兴也，伊挚在夏；周之兴也，吕牙在商。故明君贤将，能以上智为间者，必成大功。此兵之要，三军之所恃而动也。"⑥ 谯周《古史考》则称姜牙："（太公望）姓姜名牙，炎帝之裔，伯夷之后"。司马贞对谯周之说作了进一步解释："按，后文王得之渭滨，云'吾先君太公望子久矣'，故号太公望。盖牙是字，尚是其名。"⑦ 考前代文献，多有称姜太公为姜牙者。初唐陈子昂有"姜牙皓眉，实逢其良。投剑指挥，奄有八荒。周有天下，七百余年"之语，⑧ 孟郊有"姜牙佐周武，世业永巍巍"之句。⑨ 唐代以后，也有称姜牙为姜子牙者，如唐代诗人方干有诗云"姓名未及陶弘景，髭鬓白于姜子牙"，⑩ 李咸用诗有"不知姜子牙，何处钓流水"之句。⑪ 欧阳修等《新唐书·宰相世系表》亦称："吕尚，字子牙，号太公望。"明人凌迪知《万姓统谱》于"姜"

---

① 《战国策》卷十三《齐策六》。
② 详《战国策》卷五《秦策三》。
③ 刘向《说苑》卷八《尊贤》。
④ 详《史记·三代世表》"齐"。
⑤ 黄中松《诗疑辨证》卷五《维师尚父》。
⑥ 《孙子·用间第十三》。
⑦ 《史记·齐太公世家》司马贞索隐。
⑧ 《唐文粹》卷六十七陈子昂《昭夷子赵氏碣颂并序》。
⑨ 《全唐诗》卷三百七十三孟郊《感怀》。
⑩ 《全唐诗》卷八百八十五方干《山中》。
⑪ 《全唐诗》卷六百四十四李咸用《寓意》。

姓下首列"周姜子牙"。而在明人许仲琳的神魔小说《封神演义》中，姜太公则是姓姜名尚字子牙，为昆仑山玉虚宫阐教元始天尊的徒弟，受师尊之重托，下山辅佐明主，代为封神。从第十五回"昆仑山子牙下山"开始，至第九十九回"姜子牙归国封神"，姜子牙始终在践行师尊之托，代为斩将封神。所以，一部《封神演义》，实际上就是姜子牙斩将封神的故事。由于《封神演义》在民间广有影响，所以民间多称姜太公为姜子牙，而吕牙或姜牙则很少有人知道。

姜太公。此说在民间广为流行，如讲述姜尚垂钓渭滨的歇后语"姜太公钓鱼，愿者上钩"，就以姜太公来称姜尚。检索文献，姜太公之称最早出自东汉末徐干的《中论》：

> 又有不因众誉而获大贤，其文王乎？畋于渭水边，道遇姜太公，皤然皓首，方秉竿而钓。文王石而与之言，则帝王之佐也，乃载之归，以为太师。姜太公当此时贫且贱矣，年又老矣，非有贵显之举也。其言诚当乎贤君之心，其术诚合乎致平之道。文王之识也，灼然若披云而见日，霍然若开雾而观天。斯岂假之于众人哉？①

名列建安七子之一的徐干长于书论。他这段话是说周文王善于识才，他不需要假借众人之誉，却能够在言谈之间发现姜太公的过人之处，且不因姜太公老迈贫贱而以之为帝王师。比较而言，在官方文献中，称姜尚为姜太公或姜子牙者较少，而在民间，称师尚父、太公望、姜尚、吕尚者较少，而称姜太公或姜子牙的情况则比较普遍。

三、姜太公居里在何处

姜太公的居里，自战国以来，就有不同说法。概括起来，主要有东夷之士说、东海上人说、琅琊海曲说和河内汲人说。

东夷之士说。此说见载于《吕氏春秋》："太公望，东夷之士也。"② 先秦时期，

---

①俞绍初辑校《建安七子集》附录徐干《中论》之《审大臣第十六》，中华书局，1989年，第304～305页。

②《吕氏春秋》卷十四《孝览行》之《首时》。

人们习惯上称黄河流域下游的居民为东夷。但夏商周三代都邑经常发生变化，而所谓的"东夷"，往往是相对于都邑所在地而言。西周都邑为丰镐（今西安市长安区），故亦有以崤函之东为东夷者。所以，东汉高诱在为《吕氏春秋》作注时，这样解释"东夷之士"："太公望，河内人也。于周丰镐为东，故曰东夷之士。"① 河内在丰镐之东，姜太公为河内人，故称"东夷之士"。按照高诱的解释，所谓"东夷之士"说，实为河内说。河内即河内郡，两汉时期辖怀、汲、河阳、山阳等18县。遗憾的是，高诱仅说姜太公为河内人，而没有具体说明是河内某县人。这就为后人留下了诸多想象空间。

东海上人说。此说见载于《史记·齐太公世家》："太公望者吕尚，东海上人。"此处所称东海，当是东海郡。查《汉书·地理志》，东海郡辖38县，并无"上"这个地方。按照司马迁叙述人物籍贯的惯例，通常是直接称县名，如"陈胜者，阳城人也"。如果县下有乡或里，则径直言及乡里，如"老子者，楚苦县厉乡曲仁里人也"。如果人物籍贯在郡国治所，则径称郡国，如"孙子武者，齐人也"。既然"东海"后有"上"字，则"上"或是地名。但如前所说，东海郡当时没有"上"这个地方。所以，可能的解释是，"上"作"海上"讲，"东海上人"则可解释为"东海郡海上的人"，也就是东海海滨或海岛上的人。但据《孟子》所言，伯夷辟纣，居北海之滨；太公辟纣，居东海之滨。② 若如此说，则姜太公曾经为躲避纣王居于东海之滨。姜太公既是为躲避纣王而避居东海之滨，只能说明姜太公在东海之滨居住过，而不能说明姜太公是东海人。所以，"东海上人"当与孟子所说的"居东海之滨"相同或相近，而不是指姜太公就是东海"上"那个地方的人。

海曲东吕说。宋代地理学家乐史在《太平寰宇记》中写道："汉曲海县城在县东北六十里，属琅琊郡，有盐官。《博物志》曰：此地有东莒乡东莒里，太公望所出也。"③ 此说为海曲说最有力的证据。元代学人梁益《诗传旁通》直接引乐史说：

---

① 《吕氏春秋》卷十四《孝览行》之《首时》高诱注。
② 《孟子·离娄上》。
③ 乐史：《太平寰宇记》卷二十四《莒县》。

"《博物志》：曲海城有东吕乡东吕里，太公望所出也。"① 于钦《齐乘》亦引乐史说为证，持海曲东吕说："海曲城。莒州东百六十里地有东吕乡，太公望所出。"② 其实，海曲东吕说并非出自张华《博物志》，而是出自唐人李吉甫的《元和郡县志》：

> 汉海曲县，在县东一百六十里，属琅琊郡。有盐官地，有东吕乡东吕里，太公望所出也。③

对比宋元人所引《博物志》，大多是从《元和郡县志》中节录或转录而来。有关节录或转录则是各取所需，甚至出现了转录错误的情况，如乐史《太平寰宇记》把海曲城误为"曲海城""东一百六十里"转录成"东北六十里"；梁益转录《太平寰宇记》随乐史之误，亦把海曲城误为"曲海城"。这些失误不仅把本来清楚的事情给搞糊涂了，而且表明有些学者根本没有作过实地考察，只是以讹传讹。海曲东吕说的出现，是为了把司马迁的"东海上人"说坐实。但司马迁说得太模糊，又无可依凭，于是就在所谓的"东海"之地找到了海曲城东吕乡。姜姓先祖曾经封于吕地，其后人以封地为姓。东吕虽非姜姓先祖封地之吕，但毕竟有个"吕"字可以附会上去。殊不知，姜姓先祖所封之吕地，皆在今河南境内，与东海郡、琅琊郡都没有什么关系。东吕乡既与姜姓先祖的封地没有关系，则其作为姜太公出生地的可能性也就微乎其微了。

河内汲人说。东汉学人高诱在《吕氏春秋》"东夷之士"注中，仅说姜太公河内人，而没有说明姜太公是河内什么地方人。而在《淮南鸿烈》"太公之鼓刀"注中则明言"太公，河内汲人"，④ 直接点明了姜太公是河内汲人。而据北朝郦道元《水经注》，至迟在东汉顺帝时，姜太公为河内汲人说已经广为流行。其"清水"注云：

> 城东门北侧有太公庙，庙前有碑，碑云：太公望者，河内汲人也。县民故

---

① 梁益：《诗传旁通》卷三。
② 于钦：《齐乘》卷四。
③ 李吉甫：《元和郡县志》卷十二《密州·莒县》。
④ 刘安：《淮南鸿烈》卷十三《氾论训》。

会稽太守杜宣白令崔瑗曰：太公本生于汲，旧居犹存。君与高国同宗，太公载在经传。今临此国，宜正其位，以明尊祖之义。于是，国老王喜、廷掾郑笃、功曹邠勤等咸曰："宜之。"遂立坛祀，为之位主。城北三十里有太公泉，泉上又有太公庙，庙侧高林秀木，翘楚竞茂，相传云太公之故居也。晋太康中，范阳卢无忌为汲令，立碑于其上。①

这段记载透露出几个非常重要的信息。其一，姜太公为汲人，汉顺帝时，汲县令崔瑗已立太公庙碑记之。崔瑗字子玉，崔骃之子，汉顺帝时为汲县令。当时，姜太公故居犹存，故曾任会稽太守的县民杜宣以"太公本生于汲，旧居犹存"，且崔瑗与"高国同宗"为由，建议崔瑗"宜正其位，以明尊祖之义"。炎帝为姜姓，崔姓源出炎帝，与姜太公同宗。而国老王喜、廷掾郑笃、功曹邠勤也认为应该立碑。于是，崔瑗就建立太公庙，并立碑记之。其二，姜太公旧居在汲县城北三十里，位于太公泉之上，那里有太公庙，庙旁高林秀木，郁郁葱葱。其三，汲县太公庙东汉时有二，一在县城东门北侧，一在城北三十里姜太公旧居处。东门北侧太公庙前有崔瑗所立太公碑。其四，西晋太康年间，范阳人卢无忌为汲县令时，在那里立碑记之。由此可以得出这样的结论：至迟在东汉顺帝时，姜太公为汲人在当时已经成为一种共识，且已在其故居和县城立碑记之。

卢无忌所立《晋太公碑》，立于西晋太康十年（289）三月。宋赵明诚《金石录》记载，其文略云："太公望者，此县人。大晋受命，四海一统。太康二年，县之西偏有盗发冢，而得竹策之书。书藏之年，当秦坑儒之前八十六岁。今以《晋书·武帝纪》考之，云咸宁五年，汲郡人不准掘魏襄王冢，得竹简小篆古书十余万言，藏于秘府。与此碑年月不同。……碑又云：其纪年曰康王六年，齐太公望卒。参考年数，盖寿一百一十余岁，而《史记》亦不载。"② 此碑据汲冢书对姜太公卒年作了补正，明确记载姜太公卒于周康王六年，享年110多岁，弥补了《史记》之缺憾。赵明诚是著名的金石学家，密州诸城（今山东诸城）人。倘其对汉顺帝时

---

① 郦道元：《水经注》卷九"清水"。
② 赵明诚：《金石录》卷二十"跋尾十"。

《太公庙碑》和《晋太公碑》所记姜太公为汲人有不同看法,当有所辨之。既无辨识,当是对姜太公汲人说无异议。

高诱虽曾明言姜太公是河内汲人,但不言何据。结合东汉顺帝时汲县令崔瑗所立太公庙碑,可以推断,高诱"太公,河内汲人"的记载不是凿空之论,而是有所依凭。他否定司马迁的"东海上人"说,而力主河内说,依据之一可能就是汉顺帝时崔瑗所立《太公庙碑》。而晋武帝太康十年汲县令卢无忌所立《晋太公碑》,不仅进一步肯定了姜太公是河内汲县人,而且还据汲冢书明确记载了姜太公的卒年(康王六年)和享年之数(110余岁)。此外,三国谯周"吕望常屠牛于朝歌,卖饭于孟津"之说,① 也可间接证明姜太公是汲县人之说。汲县位于朝歌和孟津之间,距离朝歌更近一些。居于汲县的姜太公在潦倒之时,为生存计而奔波于朝歌和孟津之间,在当时的交通条件下,也是可能的。

姜太公是汲人说,在后世广有影响。宋人罗泌《路史》采《水经注》之说,称"太公望,河内汲人也"。他综采前人之说,指出:"其为人也,博闻而内智。盖亦尝事纣矣,纣之不道,去而游于诸侯,退居东海之滨。闻文王作兴,翻然起曰:'吾道信矣。'或曰傺七十余主而不遇,人皆曰狂丈夫也。文王猎而得之。嗟夫!风云之会,不约而合,岂繁俗所窥哉?"② 明人凌迪知《万姓统谱》于姜姓姜子牙下明言"汲人"。③ 清代著名学人顾炎武也主张姜太公为汲县人,他说:"太公,汲人也。闻文王作,然后归周。"④ 从后世影响来看,姜太公是汲人说,是最具影响力也最为可信的一种说法。

(本文作者为河南省社会科学院中原文化研究所所长、研究员)

---

① 见《史记》卷三十二《齐太公世家》司马贞索隐。
② 罗泌:《路史》卷三十三《太公舟人说》。
③ 凌迪知:《万姓统谱》卷五十"七阳·姜"。
④ 顾炎武:《日知录》卷六《太公五世反葬于周》。

姜太公与河南

⊙李立新

在中国历史上，商周之际是继"成汤革命"之后的又一次社会大变动。在这个风云际会的时代，造就并涌现出了大批纵横捭阖、叱咤风云的人物。姜太公就是这样一位开创历史新局面的伟大人物。姜太公一生极具浓厚的传奇色彩，有关他的姓名叫法很多，有吕尚、姜尚、尚父、姜子牙、吕牙、太公望、齐太公、师尚父、涓、飞熊以及俗称的姜太公等。姜尚是今河南卫辉市人，这里距离商都朝歌的所在地（今河南淇县）不远，所以他对于牧野一带的地理环境非常熟悉，这使他在牧野大战中虎步鹰扬，大展雄威，辅佐周武王一举灭掉商纣王，开创了一个崭新的时代。而河南，既是他的故里所在，也是他的终葬之地，更是其建功立业之所。

一、故里在卫辉，文献言之凿凿

关于太公故里的问题，有许多说法，如冀州说、许州说、南阳说、淄博说、西羌说、日照说、卫辉说等，其中犹以河南卫辉说和山东日照说影响较大。从目前所见到的文献与考古材料来看，河南卫辉说最具说服力，也最接近历史的真实。下面是一组相关的文献材料：

汉高诱注《吕氏春秋·首时》篇云："太公望，河内人也。"

西晋汲郡出土的《竹书纪年》载：姜太公为"魏之汲邑人"。

晋汲令卢无忌《齐太公吕望表》（见《金石萃编》卷三十二）：

齐太公吕望者，此县人也。遭秦燔书，史失其籍。至大晋受命，吴会既平，四海一统。太康二年，县之西偏有盗发冢，而得竹策之书。书藏之年，当秦坑儒之前八十六岁,其《周志》曰:"文王梦天帝服玄禳,以立于令孤之津。帝曰:'昌,赐汝望……文王梦之之夜,太公梦之亦然。其后文王见太公而訓之曰:'而名为望乎?'答曰:'唯,为望。'文王曰:'吾如有所于见汝?'太公言其年月与其日,且尽道其言,'臣此以得见也'。文王曰:'有之!有之!'遂与之归,以为卿士。"其《纪年》曰:"康王六年,齐太公望卒。"参考年数,盖寿百一十余岁。先秦灭学而藏于丘墓,天下平泰而发其潜书,书之所出正在斯邑,岂皇天所以章明先哲,著其名号,光于百代,垂示无穷者矣!于是,太公之裔孙范阳卢无忌自太子洗马来为汲令。般溪之下旧有坛场,而今堕废荒而不治。乃咨之硕儒,访诸朝吏,佥以为太公功施于民,以劳定国,国之典祀,所宜不替。且其山也,能兴云雨。财用所出,遂修复旧祀,言名计偕,镌石勒表,以章显烈,俾万载之后有所称述。其辞曰:'于铄我祖,时惟太公。当殷之末,□德玄通。上帝有命,以锡周邦。公及文王,二梦惟同。上帝既命,若时登庸。遂作心膂,寅亮天工。肆伐大商,克咸厥功。建国胙土,俾侯于东。奋乎百世,声烈弥洪。般溪之山,明灵所托。升云降雨,为膏为泽,水旱疠疫,是禳是祭。来方禋祀,莫敢不敬。报以介福,惠我百姓。天地和舒,四气通正。灾害不作,民无夭命。嘉生蕃殖,□□远迸。迄用康年,稼穑茂盛。凡我邦域,永世受庆。春秋匪解,无陨兹令。'太康十年三月丙寅朔十九日甲申造。"

另有《授堂金石跋》载:"碑云太公此县人也……而太公既生居是土,迫近朝歌之墟,不堪其困,后避居于东。则汲固其邑里,海曲乃流寓耳。"

北魏汲郡太守穆子容《太公碑记》云:

　　太公姓吕名望,号曰尚父。尚氏之兴,元出姜氏。公望以辅翼流咏,子平以礭素致谣。卯金握玄,冠盖鳞次;典午统宇,轩冕波属。或秉文入朝,或用武出讨;儒默交映,勋庸相趂。大魏东苞碣石,西跨流沙,南极班超之柱,北穷窦宪之志。高祖孝文皇帝,龙飞代都,凤翔嵩邑,澄清人士,品藻第望。尚氏合宗,还见礼擢九等旧制;不失彝序,方知圣贤之门,道风必复,功爵之后,学识还昌。太公胤孙尚诏及尚天宝、尚世懋、尚子仕、尚方显、尚景恪、尚遵明、尚裴香、尚显敬、尚四归、尚叔乐、尚汉广、尚崇等，器业优洽，文义淹润。慨卢忌置碑僻据山阜，崔瑗刻石不枕康衢。遂率亲党，更营碑祠以博望之亭，形胜之所。西临沧谷，东带汦川；周秦故道，燕赵旧路。构宫镌石，以当平显。庶使文范之貌不独百城，有道之美讵假千石。凡斯盛事，理忍含豪，余以虚薄，再忝郡任。民情和款，见托为文。率尔弹翰，弃辞收理。其辞粤：

迢迢岳胤，蔚蔚姜枝。积德不已，继踵方羲。发将允执，纣遂昌披。托梦异□，即熊非罴。功著牧野，迹自崏岐。既伸帷幄，仍兼铤麾。佐命周室，开邑齐土。北控赵燕，南临邹鲁。一匡九合，悬车束马。位极三事，勋高万古。葬忍晋温，魂悲汉祖。忻哉尚圣，遗魂可怙。言归故乡，降神巫咒。从厝汦水，筑室望岫。庭栽异木，井依余鸷。迭觞竞奉，歌钟迭奏。风雨节宣，华夷用富。恩被系子，庆传曾胄。

北魏郦道元《水经注·清水》：

（清水）又东过汲县（在今河南卫辉市西南20里处）北，县故汲郡治，晋太康中立。城西北有石夹水，飞湍浚急，人谓之磻溪，言太公尝钓于此也。城东门北侧有太公庙，庙前有碑，碑云："太公望者，河内汲人也。"县民故会稽太守杜宣白令崔瑗曰："太公本生于汲，旧居犹存。"君与高、国同宗，太公载在《经》《传》，今临此国，宜必正位，以明尊祖之义。于是国老王喜、廷掾郑笃、功曹邠勤等，咸曰宜之。遂立坛祀，为之位主。城北三十里有太公泉，泉上又有太公庙，庙侧高林秀木，翘楚竞茂，相传云："太公之故居也。"晋太康中，范阳卢无忌为汲令，立碑于其上。太公避纣之乱，屠隐市朝，遁钓鱼水，何必渭滨，然后磻溪？苟惬神心，曲渚则可，磻溪之名，斯无嫌矣。"

北宋乐史《太平寰宇记·卫州·汲县》："太公庙在县西南二十五里。《水经注》云：'汲城东门北侧有太公庙，庙前碑云：太公望，河内汲人也。'又有太公泉。"

南宋罗泌《路史·发挥·太公舟人说》："太公望，河内汲人也。"

清王昶《金石萃编》："去汲县治二十五里，崇岗巇崿，林木丛茂，有泉潝然，其下距泉复二里许，相传吕太公墓在此，故名其泉为太公泉，土人即其地建庙以祀焉。……郦氏《水经注》亦云太公河内汲人，正与碑合。公墓在汲，良可信也。"

清乾隆五十三年德昌等纂修的《卫辉府志》载："太公吕尚，汲人，少穷困，敏而智，老而屠牛朝歌，赁于棘津，避纣居东海之滨，闻文王善养老，迁于渭滨隐渔钓，文王出猎，遇之于渭水之阳……周初封国于齐，都营丘，死葬于卫。"

清李超孙《诗氏族考·人表考》："尚父姓姜名望字子牙，号太公，又名涓。《易林》曰'姜望'，《抱朴子》曰'姜太公'，亦曰'姜老'，河内汲人，封于齐。"

日本学者泷川资言《史记会注考证》引梁玉绳曰："《吕氏春秋·当染》《吕氏春秋·首时》注，《淮南子·氾论》注，《水经注》九，并言太公河内汲人。"

《吕氏族谱·先祖世代流传》（潮州吕氏宗族理事会编）："始世祖，子牙公讳尚号太公望武成王。妣马氏大夫人，生一子伋，女邑姜为武王后，居汲郡。"

上述十二条文献言之凿凿，确为太公故里卫辉说之证明。

二、大隐于市，活动于朝歌一带

姜尚不仅是河内汲人，而且曾赁于棘津、卖饮孟津、屠牛朝歌。这些经历使他对朝歌及其周围地区非常熟悉，为以后他在牧野大战中指挥周军大获全胜埋下了伏笔。

赁于棘津。姜子牙曾在商都朝歌附近的棘津生活过一段时间。棘津古又称石济津，是近朝歌的一个重镇，在今河南省延津县东北。在这里，姜尚举目无亲，衣食无着。为了糊口，他在棘津先后"卖食"或"求售与人为佣"，甚至做"迎客之舍人"。《韩诗外传》："吕望行年五十，卖食棘津，年七十，居于朝歌。""太公望少为人婿，老而见去，屠牛朝歌，赁于棘津，钓于磻溪，文王举而用之。""吕望行年五十，卖食棘津，年七十，居于朝歌。"《说苑·杂言》："太公田不足以偿种，渔不足以偿网，治天下有余智。……吕望行年五十卖食于棘津，行年七十屠牛朝歌，行年九十为天子师，则其遇文王也。"《太平寰宇记》："太公行年五十，卖食于棘津。"《说苑·尊贤》："太公望，故老妇之出夫也，朝歌之屠佐也，棘津迎客之舍人也，年七十而相周，九十而封齐。"

卖饮孟津。姜尚在棘津不得机遇，于是沿河西上，到了孟津（在今河南省孟津县东北）。孟津也称盟津，更近朝歌，人众物阜，繁华富庶过于棘津。孟津地处商、周的交通要道，是商王朝的军事重镇，战略地位十分重要。在孟津，姜尚照样摆摊卖饭食，一为糊口，二为结识四方人物，但卖饭生意不久也以亏本歇业。《孔子集语》："吕望行年五十，卖食于孟津；行年七十，屠牛朝歌；行年九十，为天子师，则其遇文王也。"谯周《古史考》："吕望尝屠牛于朝歌，卖饮于孟津。"

屠牛朝歌。孟津不遇，姜尚到了朝歌（今河南淇县东北）。朝歌作为当时商王朝的都城，是天下邦国的共主所在，八方人物萃聚。初到朝歌，姜尚依然做些小生意，后主要以屠牛为业。《楚辞·离骚》："吕望之鼓刀兮，遭文王而得举。"《楚辞·天问》："师望在肆，昌何识？鼓刀扬声，后何喜？"《淮南子·氾论训》："文王两用吕望、召公奭而王。……夫百里奚之饭牛，伊尹之负鼎，太公之鼓刀，宁戚之商歌，其美有存焉者矣，众人见其位之卑贱，事之污辱而不知其大略，以为不肖。及其为天子三公，而立为诸侯贤相，乃始信于异众也。"《盐铁论·地广》："必将以貌举人，以才进士，则太公终身鼓刀，宁戚不离饭牛矣。古之君子，修道以立名，修身以俟时；不为穷变节，不为贱易志；惟仁之处，惟义之行。"《盐铁论·论贤》："骐骥之挽盐车，垂头于太行，屠者持刀而睨之。太公之穷困，负贩于朝歌也，蓬头相聚而笑之。当此之时，非无远筋骏才也，非文王、伯乐，莫之知贾也。"《鹖冠子·世兵》："君子不惰，真人不息，无见久贫贱据简之。伊尹酒保，太公屠牛，管子作草，百里奚官奴，海内荒乱，立为世师，莫不天地善谋，日月不息，乃成四时。"《尉缭子·武议》："太公望年七十，屠牛朝歌，卖食盟津。过七年余而主不听，人人谓之狂夫也。及遇文王，则提三万之众，一战而天下定，非武议安得此合也？故曰：良马有策，远道可致；贤士有合，大道可明。"《资治通鉴·汉纪十八》："是故伊尹勤于鼎俎，太公困于鼓刀，百里自鬻，宁子饭牛，离此患也。及其遇明君，遭圣主也，运筹合上意，谏诤即见听；进退得关其忠，任职得行其术，剖符赐壤而光祖考。故世必有圣知之君，而后有贤明之臣。"

三、牧野鹰扬，建功于新乡

姜尚钓于磻溪，周文王愿者上钩，出猎时发现垂钓的姜尚，渭水访贤成为千古佳话。姜尚佐文王，首务于修德以求昌，时兴甲兵以图强，迁国都自岐山下至丰邑，已经形成了天下三分之二的诸侯国亲附西周的局面。周国逐渐强大起来，和商分庭抗礼，形成商、周对峙，为武王灭纣的胜利创造了必备条件。周武王即位，以姜尚为太师。对于姜尚，武王特别倚重，对他言听计从，不仅继文王之后而师之，而尚之，并像尊敬文王那样亦父之。所以史家称美说："师尚父"之号兼有师之、尚之、父之三重意义。在牧野大战中，姜尚不仅在战前排除各种疑虑，坚定了周武王的决心，在大战中作为前敌总指挥还身先士卒、冲锋陷阵，为牧野大战的胜利立下了不可磨灭的功勋。

武王即位后，就积极筹划伐商大计，首先东征以观察诸侯之人心向背。《史记·齐太公世家》："文王崩，武王即位。九年，欲修文王业，东伐，以观诸侯集否。师行，师尚父左杖黄钺，右把白旄以誓，曰：'苍兕苍兕，总尔众庶，与尔舟楫，后至者斩！'遂至盟津。诸侯不期而会者八百。"可以看出，姜尚是这次灭商演习的总指挥。诸侯纷纷建言讨伐商纣，武王、姜尚以"时机未到"班师而还。这一时期，姜尚辅佐武王写成了著名的讨伐商纣的檄文誓诰《泰誓》。

又过了两年，纣王杀死了王子比干，囚禁了箕子，迫使微子逃走，少师、太师奔周。姜尚认为时机已到，要武王立即发兵伐纣。武王听从姜尚的劝教，立即起兵。《史记·齐太公世家》"武王将伐纣，卜龟兆，不吉，风雨暴至。群公尽惧，唯太公强之劝武王，武王于是遂行。"《通典》一百六十二《推人事破灾异》有更为详细的记述："武王伐纣，师至汜水牛头山，风甚雷疾，鼓旗毁折，王之骖乘惶震而死。太公曰：'用兵者，顺天之道未必吉，逆之不必凶。若失人事，则三军败亡。且天道鬼神，视之不见，听之不闻，智将不法，而愚将拘之。若乃好贤而能用，举事而得时，则不看时日而事利，不假卜筮而事吉，不祷祀而福从。'遂命驱之前进。周公曰：'今时逆太岁，龟灼言凶，卜筮不吉，星变为灾，请还师。'太公怒曰：'今纣刳比干，囚箕子，以飞廉为政，伐之有何不可？枯草朽骨，安可知乎!'乃焚龟折蓍,援枹而鼓,率众先涉河,武王从之,遂灭纣。"

《韩诗外传》曰:"武王伐纣,到邢丘,轭折为三,天雨三日不休,武王惧,召太公而问之曰:纣未可伐乎,太公曰:不然,轭折为三者,军当分介为三也,天雨三日者,欲洒吾兵也。"

《荀子·儒效》:"武王之诛纣也,行之日以兵忌,东面而迎太岁,至汜而汜,至怀而坏,至共头而山隧。霍叔惧曰:'出三日而五灾至,无乃不可乎?'周公曰:'刳比干而囚箕子,飞廉、恶来知政,夫又恶有不可焉!'遂选马而进,朝食于戚,暮宿于百泉,厌旦于牧之野。鼓之而纣卒易乡,遂乘殷人而诛纣。"

《太平御览》五七三引《大周正乐》:"武王兴师伐纣,伯夷、叔齐拔剑叩马曰:'父死不葬而争天下,非孝也;执贽而事之,举兵而伐之,非义也。'武王以告太公望。太公曰:'循大行者不顾细礼,立大功者不恤后怨!'遂克殷诛纣于牧野。于是天下晏然,万民欢欣,武王援琴而鼓之。"

在灭纣的过程中,由于遇到不少艰难困苦,并出现了一些不祥之兆,武王等人动摇了灭纣的信心,甚至出现了犹豫和狐疑。正是由于姜太公的杀伐决断,坚定了武王的决心,最终赢得了灭纣的胜利。

为了进一步凝聚军心,坚定信念,鼓舞士气,周武王在商都朝歌郊外牧野举行战前誓师大会,命诸侯士兵捧土筑台,是为同盟山(位于今获嘉县城),作《牧誓》并昭告诸侯,历数商纣四条罪状,即:听信妇言;不重视礼仪祭祀;不任用贵戚旧臣;重用小人。然后发出誓言:"今予发惟恭行天之罚。今日之事,不愆于六步、七步,乃止齐焉。勖哉夫子!不愆于四伐、五伐、六伐、七伐,乃止齐焉。勖哉夫子!尚桓桓如虎、如貔、如熊、如罴,于商郊弗迓克奔,以役西土,勖哉夫子!尔所弗勖,其于尔躬有戮!"至今获嘉县还遗存有同盟山、武王庙、诸侯演武场、诸侯井、周武王饮马池、姜太公校阅台等相关古迹。

对商纣决战中,武王命姜尚率百名勇士出阵挑战。《史记·周本纪》载:"武王使师尚父与百夫致师,以大卒驰帝纣师。""殷商之旅,其会如林"(《诗·大雅·大明》)的纣军营垒动摇了,本来"皆无战之心"的奴隶大军临阵纷纷倒戈,他们"心欲武王亟入",故"皆倒兵以战,以开武王"(《史记·周本纪》)。在牧野之战中，姜太公身先士卒，冲锋陷阵，《诗经·大雅·大明》描绘了姜尚在牧野之战中的雄鹰一样的英武形象："牧野洋洋，檀车惶惶，驷骠彭彭。维师尚父，时维鹰扬。凉彼武王，肆伐大商，会朝清明。"而纣王见大势已去，返身回走，逃上鹿台，穿上金缕玉衣，自焚而死。《史记·齐太公世家》载："明日，武王立于社，群公奉明水，卫康叔封布采席，师尚父牵牲，史佚策祝，以告神讨纣之罪。散鹿台之钱，发钜桥之粟，以振贫民。封比干墓，释箕子囚。迁九鼎，修周政，与天下更始。师尚父谋居多。"

作器于周武王十三年的《天亡簋》有"天亡右王"之句，据学者考证"天亡"即"太望"，指姜太公，铭文真实地记录下了姜尚保佑武王灭商兴周的功绩。在整个伐纣灭商的战役中，姜尚发挥了关键的作用，功业至伟。

四、遗迹累累，陵墓在卫辉

姜太公去世之后安葬在何地，也有几种说法：河南卫辉、陕西咸阳和山东临淄。其中，以河南卫辉说最值得信从，原因在于古人有归葬故里的固习。《金石萃编·卷二十五》有详细考证："按去汲县治西北二十五里，崇冈峣崿，林木丛茂，有泉潋然。其下距冈复二里许，相传齐太公吕望墓在此，故名其泉为太公泉。土人即其地建庙，以祀焉。考裴骃引《皇览》云：'太公墓在临淄城南十里。'郑元注《檀弓》则云：'太公望受封于齐，留为太师，五世之后归葬于齐。'郦氏《水经注》亦云：'太公，河内汲人。'正与碑合，公墓在汲，良可信也。"

卫辉市留下了一系列姜太公的遗迹，从一个侧面证实这里是姜太公的故里和终葬地。试举几例如下。

太公故里。在卫辉市西北12.5公里太公泉村，现为太公泉镇镇政府驻地。太公泉原名姜塬，太公隐居故里垂钓，曾掘得一泉，后人称之"太公泉"，村名遂易太公泉村。太公泉发源于太行山，水流10余里，潜流入地，称作太公河，又名磻溪钓鱼沟。《水经注》载：汉时在此建有太公祠，崔瑗为之立碑。晋太康十年（289）又立《太公吕望表碑》于祠下，今已不存。东魏武定八年（550），汲郡太守穆子容在汲县城内又为之建祠立碑，后几经重修，碑刻已毁。

太公墓。位于卫辉市太公镇吕村西1公里的黄土岗上。《金石萃编》载："去汲县（今卫辉）治北三十里，崇岗峻岩，林木丛茂，有泉然。其下距泉复二里许，相传吕太公墓在此，故名其为太公泉，土人即其建庙以祀焉。"乾隆《河南通志》：在卫辉"府城西北太公泉，尚昔避纣居东海之滨，后徙渭滨，封国于齐，归葬于此"。该墓墓前今仍保留有清康熙二十年（1681）所立"姜太公茔葬处"碑，新立有"姜太公吕尚之墓"碑，新修有青石甬道，以及仿汉阙门。

太公庙。依文献记载与实地考察，卫辉的太公庙有五处。一是太公泉村太公庙。《水经注》载，其创修于东汉永建年间（126～132），晋代汲县县令崔瑗所重修，并立有太公庙碑，碑云："太公本生于汲，故居犹存。"明代督修正殿五间，清代复修并以石碑明示这里为"太公故居"。现存之太公庙为1924年中州名儒李敏修解囊重修，占地1.2公顷，建筑面积315平方米。现存建筑坐北朝南，分二进院落，首进有山门与围墙，次进为二门，东西配殿各3间，正殿内有太公塑像。总占地达1.2公顷，建筑面积315平方米，为中州名儒李敏修于民国初年复修；二是卫辉市区老城熟肉火街北头太公庙，今尚存；三是汲县故县治所所在地、今卫辉市孙杏村镇汲城村东门北侧太公庙，乾隆《汲县志》载其建于汉代；四是卫辉市区老城西门月城内太公庙；五是卫辉市区八里屯村太公庙。三庙今已无存。

太公殿。在卫辉市的一些庙宇中，专列有太公殿。如市区西北十里乾隆庙北侧，附设有太公殿，今尚存。坐北朝南，为两进院，正殿内塑有吕尚像，壁画为"太公钓鱼"和"文王拉纤"。太公庙东半公里处为太公祠，大殿面阔五间，进深三间，周围古柏苍郁，碑碣林立。另一处为市区老城西关马市街的玄帝庙内建有太公殿（今已无存）。

太公祠。位于卫辉市太公泉村，其初创于东汉，原有大殿五间、配殿三间，石坊、山门以及古柏等，后毁。现仅复建姜太公祠大殿三间，并供奉太公铜像一尊。

太公钓鱼台。位于卫辉市太公泉镇太公泉村西。《水经注》称其为"石夹水"又名溪，传为"太公钓鱼处"。现仍保留有较大水面，并保留有清乾隆时毕沅所立"太公钓鱼处"碑。2002年夏，在池水旁新建有"太公钓鱼"铜铸塑像，并于同年太公诞辰日举办了"首届太公文化节"。

牧野战场。位于卫辉市西北,为姜尚向商纣挑战,歼敌立功之处。据《卫辉市志》载:"今汲县地区(即卫辉市城区)东北至上乐村乡的闵夭村一线沿卫河以北,北至今淇县南郊,这个东西狭长的地带,即古之牧野地。"也就是牧野之战的战场。在这里,姜子牙集中显示了自己的军事指挥才能和机智的胆略与气魄。

(本文作者为河南省社会科学院中原文化研究所副所长、研究员)

姜太公故里考

⊙陈建魁

一

关于姜太公的出身,《史记·齐太公世家》记载:"太公望吕尚者,东海上人也。其先祖尝为四岳,佐禹平水土甚有功。虞夏之际封于吕,或封于申,姓姜氏。夏商之际,申、吕或封枝庶子孙,或为庶人。尚其后苗裔也。本姓姜氏,从其封姓,故曰吕尚。吕尚盖尝穷困,年老矣,以渔钓奸周西伯。"

从文中可知,姜太公的先祖在文明时代将启之时为四岳,因治水之功被封于吕。关于吕之地望,以下还要谈到。而对于姜尚为何方人士,《史记》的说法是"东海上人"。

《吕氏春秋》也谈到吕尚的出身:"太公望,东夷之士也。"《战国策》则说:"太公望,齐之逐夫,朝歌之废屠,子良之逐臣,棘津之售不庸。"屈原辞赋《惜往日》中也说"吕望屠于朝歌兮"。

综上,关于姜尚的出身,最早的资料中重要的有两条,即吕尚为"东夷之士""东海上人"。

东夷,为东方少数民族的称呼,其地在今山东和江苏北部一带;而东海上,由是指东海郡内靠海较近的地方。此即《孟子·尽心上》所谓"太公辟纣,居东海之滨"。就是回到家乡躲避纣的迫害。

司马迁著《史记》,"不虚美,不隐恶",其所说"东海上"是有固定区域的,在当时也不会引起歧义。《史记·秦始皇本纪》记载,秦始皇三十五年(前212),"立石东海上朐界中,以为秦东门"。意思是,秦始皇东巡,在东海郡离海较近的朐县界内立石留念。朐县,古县名。秦置,治今江苏省连云港市西南锦屏山侧,属东海郡。而东海郡也是在秦代始置的。东海郡在秦代又称郯郡,始置年代已不可考。秦始皇灭楚国后,于楚国东部之地置陈郡、薛郡。《元和郡县图志》谓秦时分薛郡置郯郡,治所在郯县。后改称东海郡,领12县:郯县、襄贲、兰陵、缯县、朐县、下邳、凌县、淮阴、盱眙、东阳、广陵、堂邑。东海郡在秦汉之际曾称郯郡,其时辖地在今山东省郯城一带,治所在郯城县北部。武帝元鼎三年(前114),分东海郡南部数县置泗水国。西汉时东海郡辖地在今山东费县、山东临沂、江苏赣榆以南,山东枣庄、江苏邳州以东和宿迁、灌南以北一带地区,也就是今山东省临沂市南部与江苏省东北部一带,属徐州刺史部。东汉、三国魏置东海国。

司马迁为西汉人,其著《史记》,述刻石于"东海上朐界中"而不说东海郡朐界中,说明这种说法在当时不会引起别人的误解。《说苑》亦有"立石阙东海上朐山界中,以为秦东门"[1]之语。

《御定内则衍义》载:"齐女徐吾者,东海上贫妇人也。"[2]《艺文类聚》也说:"《列女传》曰:齐女徐吾者,东海上贫妇人。"《左传纪事本末》载:"椒丘诉者,东海上人也,为齐王使于吴。"[3]《太平御览》中也提到这个壮士菌丘诉,说他是"东海上人也,为齐王使于吴"[4]。是知东海上为齐国之区域。[5]

太公为东海上人之说为后人引用,如《资治通鉴外纪》:"太公望吕尚者,东海上人,四岳伯夷之后,姜姓吕氏。"[6]《绎史》:"《史记》太公望吕尚者,东海上人。"[7]

---

[1]《说苑》卷二十,文渊阁四库全书本。
[2]《御定内则衍义》卷五,文渊阁四库全书本。
[3]《左传纪事本末》卷五〇,文渊阁四库全书本。
[4]《太平御览》卷四三七,文渊阁四库全书本。
[5]《艺文类聚》卷八〇,文渊阁四库全书本。
[6]《资治通鉴外纪》卷二,文渊阁四库全书本。
[7]《绎史》卷一九,文渊阁四库全书本。

至于太公为东海何地之人，也有多种说法。《荀子·君道篇》曰："（文王）举太公于州人而用之"。对于"州人"的解释，《荀子》杨倞注引《韩诗外传》作"舟人"；清人俞樾也持此说，他解释说："太公身为渔父而钓于渭滨，故舟人也。舟、州，古字通。"当代学者王献唐先生则认为："在齐国东现在的安丘县境，还有一个淳于国，又单叫淳，也单叫州，淳、州为声转，淳于是复音，通为一事。因为州为姜姓，见《世本·姓氏篇》、桓公五年《左传》疏引。据《通志·氏族略》，淳于也是姜姓。因此，姜太公应是山东安邱人。"①《后汉书·郡国三》云"琅邪国有西海县"，注引《博物记》云："太公吕望所出，今有东吕乡。又钓于棘津，其浦今存。"《路史·国名记甲》云："太公乃出东吕，吕，莒也。"也有学者认为，"州人"就是指太公的原籍在州。章诗同《荀子简注》云："州，古国名。姜太公原为州国人"。② 州国亦为姜姓，在东吕之北。姜太公的祖上可能长时间迁到州国居住而被称为"州人"。

二

关于姜尚为汲（今河南卫辉）人的说法较为晚出，东汉、西晋时始有此说。

《吕氏春秋·当染篇》高诱注曰："《水经注》九《清水》：'汲县城西北三十里有太公泉，泉上有太公庙。庙侧高材秀木，翘楚竞茂，相传姜太公故居也。'"《水经注》还记载说，汲城东门外侧有太公庙，庙前有碑云："太公本生于汲，旧居犹存。"

西晋太康十年（289）汲县县令卢无忌也立碑曰："齐太公吕望者，此县人也。"

北宋乐史的《太平寰宇记》也说："汲县太公庙在县西南二十五里。"

《万姓通谱》云："姜子牙，汲人，年八十余，避纣居北海滨，闻西伯善美老，乃之周，文王出猎，遇于渭水之阳，载归，立为师，称曰尚父，佐武王伐纣，以安

---

① 王献唐：《山东古国考》，齐鲁书社1985年。
②《荀子简注》，上海人民出版社，1974年，第134页。

天下，授以丹书之戒，封于齐。"①

清人王昶在其《金石萃编》中说："去汲县治西北二十五里……有泉渝然，其下距泉复二里许，相传齐太公吕望墓在此。故名其泉为太公泉，土人即其地建庙以祀焉。"

《河南通志》"卫辉府"条载曰："周吕尚，字牙，尝居东海，《史记世家》作东海上人。其先为四岳，佐禹平水土有功，封于吕。本姓姜，从其封姓曰吕。年七十，屠牛朝歌，久之去，隐于磻溪。周西伯出猎，遇之，与语，大悦，曰：'自吾先君太公，望子久矣。'故号太公望，载归。后佐武王克商，又号师尚父，封于齐。"②

上引材料，时代最早者为汉代高诱。他说，汲县太公泉相传有太公望故居，并没有说是太公故里。而《水经注》除提到太公为汲人外，还同时转引《史记》之说："司马迁云，吕望，东海上人也。老而无遇，以钓于周文王。又云，吕望行年五十，卖食棘津，七十则屠牛朝歌，行年九十，身为帝师。皇甫士安云，欲隐东海之滨，闻文王善养老，故入钓于周。今汲水城亦言有吕望隐居处。"按《水经注》文中意思，似以汲县为太公隐居之地，而对于太公之时籍，倾向于司马迁的说法。

《广川书跋》罗列众说，并详述其出处："康王六年，齐太公卒，盖寿一百一十余岁。《史记》谓东海上人，西伯与语，大说，曰：自吾先君太公，望子久矣。故号之曰太公望。又曰：吕尚，处世，隐海滨。西伯拘羑里，散宜生、闳夭素知而招吕尚言。吕尚所以事周虽异，然要之为文武师，盖不得其详，乃广征异说。其谓东海上人，则得于孟子。其先君望子，则得于墨子。至拘羑里，则战国辩士之论也。灼龟而得兆立以为师，今纬书有之，曾不知诸侯无太师而东海时避纣尔。则得以为卿士，其说是也。诗曰：维师尚父，则知为武王师也。"③

河南卫辉市现今还保留许多有关姜子牙的史迹，如太公泉、太公台、太公墓、太公庙等。距卫辉城西北12.5公里有太公泉镇，传为姜子牙的故里。据《水经注》

---

①《万姓通谱》卷五〇，文渊阁四库全书本。
②《河南通志》卷六九，文渊阁四库全书本。
③《广川书跋》卷六，文渊阁四库全书本。

等书记载，汉时在此建有太公祠，汲县县令崔缓为姜太公立碑。西晋太康十年（289）汲县县令卢无忌又立《齐太公吕望表》碑于祠下。东魏武定八年（550），汲县太守穆子容又在汲县城内为太公建祠立碑。今卫辉市西南山彪村西有太公台，为周武王所筑。相传在周武王伐纣时，曾拜姜子牙为师尚父于此。

三

《史记》记载太公望的祖先伯夷封于吕，而这个吕国在何地，也是众说纷纭。有学者指出，西周之前，曾先后有两个吕国：一个是大禹时封的吕国，即太公先人的吕国；另一个是周穆王（前976～前922）时封的吕国。此言甚是。两者始封的时间相距千年。那么，两个吕国分别封于何地？哪个才是太公祖先伯夷的封国呢？

说吕国而南阳者，《史记·正义》引《括地志》云："故吕城，在邓州南阳县西三十里，吕尚先祖封。"

北魏郦道元《水经注》记载："梅溪又经宛西吕城东。《史记》曰：吕尚，先祖为四岳，佐禹治水有功，虞夏之际，受封于故吕，故因氏为吕尚也。徐广《史记·音义》曰：吕在宛西（即南）。"

《春秋大事表》："南阳府……故吕城在府城西三十里"①

《通鉴地理通释》："故吕城在邓州南阳县西四十里。"②

《明一统志》："吕城，在府城西三十里，虞夏时封吕望先祖于此，今名董吕村。"③

《大清一统志》："吕城，在南阳县西南三十里，周穆王时封吕侯于此。《国语》史伯曰：当成周者，南有申吕。《水经注》：梅溪迳宛西吕城东。《括地志》：故吕城在南阳县西三十里。王应麟《诗地理考·郡国志》：汝南新蔡有大吕亭，故吕侯国。欧阳忞《舆地广记》：广州新蔡县，故吕国。今以《左传》考之，楚有申吕，时新蔡属蔡，非楚邑，当以宛县为正。《元一统志》：今南阳县西有董吕村，即古城。"

---

① 《春秋大事年表》卷六上，文渊阁四库全书本。
② 《通鉴地理通释》卷六，文渊阁四库全书本。
③ 《明一统志》，卷三〇，文渊阁四库全书本。

上面的引文，有的说南阳的吕城为周穆王时所封的吕国。然而，南阳宛县之吕城是否为伯夷的封国？

《竹书纪年·西周地形都邑图》载："吕在新蔡北。"同书《周平王后地形都邑图》载："吕在南阳西。"这表明，西周初的吕国在新蔡，就是周穆王封的吕国在南阳。公元前688年，南阳的申、吕为楚所灭。

据史载，新蔡还有一个吕国，公元前656年为宋所并。这个吕国不是南阳的吕国。

据《新唐书·宰相世系表》《通志·氏族二》《史记·陈涉世家》等文献记载，南阳吕侯国佐周灭商有功，周穆王封于吕城，身负防御南蛮重任。而这时候在新蔡的古吕国侯已为周王室的司寇。对于这个吕国，也有不少记载：

《后汉书·郡国志》："汝南郡新蔡有大吕亭。"刘昭《注补》："新蔡，《地道记》曰：故吕侯国。"

《元和郡县图志》卷九《河南道五》"新蔡"条："古豫之域，春秋时为蔡、江、黄、道、柏、胡、蓼、沈、顿、项、息、房、吕十三国之地……新蔡县，西北至一百五十里，本汉旧县，古吕国也。"

《新唐书·宰相世系表》："吕氏出自姜姓。炎帝裔孙为诸侯，号共工氏，有地在弘农之间，从孙伯夷，佐尧掌礼，使遍掌四岳，为诸侯伯，号太岳。又佐禹治水有功，赐姓曰吕，封为吕侯。……其地蔡州新蔡是也。历夏、商，世有国土，至周穆王，吕侯入为司寇，宣王时改'吕'为'甫'，春秋时为强国所并，其地后为蔡平侯所居。吕侯枝庶子孙，当商周之际，或为庶人。吕尚字子牙，号太公望，封于齐。"

《太平寰宇记》："新蔡县在汝宁府东南一百八十里，六乡，古吕国也。"

《舆地广记》："新蔡县，古吕国。春秋时，蔡平侯自上蔡迁此，故曰新蔡。"

《山西通志》："吕氏出自姜姓，炎帝裔孙，为诸侯，号共工氏，有地在弘农之间。从孙伯夷佐尧掌礼使，遍掌四岳为诸侯伯，号太岳，又佐禹治水有功，赐氏曰吕，封为吕侯。吕者膂也，谓能股肱心膂也，其地蔡州新蔡是也。历夏商，世有国土，周穆王时吕侯入为司寇，宣王时改吕为甫，春秋时为强国所并，而周武王时吕尚号太公望，封于齐"。①

《通志》："吕氏，姜姓，侯爵，炎帝之后也。虞夏之际受封为诸侯，或言伯夷佐禹有功，封于吕，今蔡州新蔡即其地也。历夏商不坠。至周穆王，吕侯入为司寇，或言宣王时改吕为甫。然吕甫声相近，未必改也，故又有甫氏出焉。吕望相武王，吕姜为卫庄公妃，其时吕国犹存故也。吕望封齐之后，本国微弱，为宋所并，故宋有吕封人惧、吕封人华豹。"②

《读史方舆纪要》："新蔡县，在府东百五十里，东北至陈州项城百二十里，古吕国，春秋蔡平侯徙都于此，故曰新蔡。又大吕亭亦在县北。《续汉志》云：故吕国也。"

《大清一统志》："大吕亭，在新蔡县东。《后汉书·郡国志》新蔡县有大吕亭。"

《河南通志》："新蔡县吕国。春秋时蔡平侯徙都于此，故曰新蔡。"

《春秋左氏传地名补》："按续志汝南新蔡县有大吕亭，注引《地道记》曰：故吕侯国。《水经注》：新蔡县东青陂之东对大吕亭，西南有小吕亭。"

从历史文化遗迹看，蔡平侯在吕都城基础上重建的春秋故城垣遗址，至今仍然依稀可辨。故城内原有宫殿、庙宇、作坊、冶炼等遗迹，城东门里则挖出新石器晚期的石器、陶器、骨器，如石斧、石箭、骨槌、草木灰和夏文化层，这些或为吕国遗迹。

综上，太公故国为吕国，其地在今河南新蔡；太公故里为东海上，其地在今山东东部沿海一带；太公故居在汲县，即今河南卫辉太公泉镇，此地是太公长期活动和居住地，也是太公事业的缘起地，此地周围的许多地方都留下了太公屠牛、贩浆和钓鱼的足迹。

(本文作者为河南省社会科学院历史与考古研究所副研究员)

---

①《山西通志》卷六四，文渊阁四库全书本。
②《通志》卷二六，文渊阁四库全书本。

浅论姜太公故里的历史地理交集
⊙石小生

关于姜子牙，也就是太公望吕尚的出生地和故里，历来说法不一，其中比较有影响的有四种。一是冀州说。此说源于东汉人刘向编写的《列仙传》（卷一）："吕尚，冀州人。生而内智，预知存亡，避纣乱，隐辽东二十年。西适，隐于南山，钓于卞溪……"二是东海许州说。此说法源于明代许仲琳撰写的《封神演义》："此人乃东海许州（也就是现在的许昌）人氏，姓姜，名尚，字子牙，别号飞熊。"三是东夷（山东）说。此说源于司马迁《史记》："太公望吕尚者，东海上人。"东晋张华《博物志》："太公望出于东吕乡东吕里。"战国秦相吕不韦的《吕氏春秋》说："太公望，东夷之士也。欲定一世而无其主，闻文王贤，故钓于渭以观之。"此说认定的太公故里在今山东日照。四是河内汲县说。此说源于北魏郦道元撰写的《水经注》："汲城东门北侧有太公庙，庙前有碑云：太公望河内汲人。又有太公泉。"《竹书纪年》也说，姜太公为魏之汲邑人。另外，太公泉的太公庙碑刻《吕望表》称："齐以太公吕望者，此县人。"汲县，即今天的河南省卫辉市。

这里边，第一说的"吕尚，冀州人"与河内汲县说没有太大的矛盾，因汲县古代也属冀州。第二说因源于《封神演义》，不足信。所以，现在主要的争议就是东夷说（山东日照）和河内汲县说（河南卫辉）。

当然，在诸多史料中，《史记·齐太公世家》应该是记述最详、最权威的，司马迁对于姜太公故里的相关描述是这样的："太公望吕尚者，东海上人。其先祖尝为四岳，佐禹平水土，甚有功，虞夏之际封于吕，或封于申，姓姜氏。夏商之时或封枝庶子孙，或为庶人。尚其后苗裔也。本姓姜氏，从其封姓，故曰吕尚。"《孟子》里也有"太公辟纣,居东海之滨"的记载。

上述诸多记载乍一看很是让人凌乱,从中原、冀州、东海到西岐,姜子牙的足迹几乎踏遍了今天的大半个中国。但是,一个人的出生地和故里只能有一处,所以,我们只有认真梳理上述历史地理记载,找出其交集之地,才有可能对破解这个难题。

对上述史书出现的历史地名,我们按时间顺序排列如下:

与姜太公故里研究第一个有关的历史记载是司马迁《史记》所云"其先祖尝为四岳",而四岳的先祖又是共工。所以,共工和四岳生活的地区是我们梳理姜子牙故里首先应该参考的。

共工,为氏族名,又称共工氏,是炎帝后裔,姜姓,为中国古代神话中的水神,掌控洪水。中国上古奇书《山海经》中记载,共工与火神祝融不合,因"水火不相容"而发生惊天动地的大战,最后以共工失败而怒触不周山结局。而真实共工是颛顼时代一个比较强大部族的首领,活动在今河南省辉县市一带。辉县远古时期为共工氏部族居地,夏属冀州之域,殷商系畿内地,周称凡国、共国,现今辉县市还有共国故城遗址,属全国重点文物保护单位。而今卫辉市与辉县紧邻,太公泉在远古时期应该属于共工的活动范围。

四岳是共工的从孙,有说为四人,有说为一人。我认同四岳为一人。《左传·庄公二十二年》:"姜,太岳之后也。"太岳即为四岳,也有一些学者认为太岳即嵩山。

再其后,司马迁在《史记》中又说:"虞夏之际封于吕,或封于申。姓姜氏。"《国语·周语下》载:"昔共工弃此道也……共工之从孙四岳佐之(伯禹)……祚四岳国,命以侯伯,赐姓曰姜,氏曰有吕。"姜太公的先祖四岳被封为吕侯,复赐以祖姓姜,以续炎帝香火。姜,以姓为氏,这也就是《史记》所载姜子牙"姓姜氏"的由来。此吕国地在嵩山,后代迁移,商朝时在陕西。商朝末年,吕国成为周人的同盟,吕国帮助周武王打败商王纣的同盟军越戏方。周武王为奖赏吕人的功劳,建立周朝后续封吕侯,地在今河南宛地,即今南阳市一带。此吕国春秋之际亡于楚。国族子孙一支迁于湖北蕲春,一支迁于今河南之东的新蔡县复为吕国,以继国祀，为楚国附庸，史称东吕，以区别于南阳之吕。后东吕被宋国所并，继而又沦为陈的属地，陈被楚灭，其地归楚。

这里需要指出的是，南梁人刘昭在注《后汉书·郡国志》时，转引西晋张华所著《博物记》里的话："太公吕望所出，今有东吕乡。"而所谓的东吕乡，只要稍加剖析就会明白，它是"东莒乡"（因地在莒县之东）之误。今山东在历史上只有莒国而没有吕国。莒国是春秋战国时期的一个子爵诸侯国，《通志·氏族略》谓其为"嬴姓，少昊之后也，周武王封兹舆其于莒，今密州莒县是也。"据《世本》记载，莒自纪公以下为己姓，故《左传》莒女称戴己、声己。莒国建国于西周初年，《汉书·地理志》谓莒传"三十世为楚所灭"，后归齐。由此可见，莒国或者"东吕乡"与姜子牙先祖所封的姜姓申、吕之国没有任何关系。现在一些书籍、文章所言"莒国（又名吕国，是伯夷的分封国，属于现在的山东省日照市）的附属国"的观点没有任何根据。吕国是姜姓，莒国是嬴姓和己姓，不可能为一国。又吕国是侯爵国，莒国是子爵国，地位也相差甚大。两国是春秋时期同时存在的不同的诸侯国，吕国最东迁于今新蔡县，亡于宋，此后再无东迁之记载，吕、莒之间没有任何交集。何况古代吕、莒是完全不同的两个字，不能因为字形相近就望文生义，强扯在一起。

而申国是姜姓伯爵国。《左传·隐公元年》曰："郑武公娶于申，曰武姜。"《国语·周语中》："齐、许、申、吕由大姜。"韦昭："四国皆姜姓。"申国原在陕西省平阳，周穆王西巡时，叔齐子孙协助有功，封侯爵，称为西申国，被秦国灭亡。周宣王时，为了加强对南方局势的控制，封妻舅申伯于河南省南阳谢邑，后被楚文王所灭，此为南申国。此后又有东申国，在河南省信阳市，楚国的附庸国。申伯世为西周王朝卿士，文武兼备，辅佐周宣王有功，被当时的西周贤相仲山甫称赞为："崧高维岳，峻极于天。惟岳降神，生甫及申。"申、吕两国是关系密切的两个姜姓国，地位较高，吕高于申。大多时候两国辖境相邻。而今山东只有莒国而没有申国，莒国的地位甚至低于申国，足见莒国非吕国也！

所以，姜子牙先祖共工、四岳，以及所封的吕国、申国都在夏商周三代的中原地区，其距离中岳嵩山以及河内汲县都比较近。所以，无论是吕国还是申国都不可能封在边远的东海之滨，那里只有莒国，而没有与姜太公相关联的吕国和申国。

当然，我们不能否认史书记载姜子牙的史料中还有很重要的两个地名，即东夷和东海。司马迁《史记》载："太公望吕尚者，东海上人也。"《孟子》里有"太公辟纣，居东海之滨"。《吕氏春秋》说："太公望，东夷之士也。"

先看东夷。《说文解字》对"夷"的解释是："夷，东方之人也。从大从弓。"据说东夷人最早发明弓箭，擅长射箭。距今4600至3300年的龙山文化时期，东夷骨刻文中已经发现了类似人背弓形的"夷"字。东夷，是我国古代汉人对东部各民族的统称，有淮夷、莱夷、鸟夷、岛夷、嵎夷等。大致分布在今安徽省、山东省、江苏省北部、河南省东部、河北省南部一带。这个范围，今山东省当然包括在内，而且是东夷部落的核心地区。而今河南省卫辉市在商都朝歌的西南，列入东夷则实在有些勉强。当然，卫辉古属冀州，而冀州在先秦许多史书中也曾经被列入东夷范围。例如《尚书·禹贡》记载两河之间的冀州有鸟夷（一作岛夷，字形近似致误）；《孟子·离娄下》说："舜生于诸冯，迁于负夏，卒于鸣条，东夷之人也。"文中的诸冯、负夏和鸣条，据有关专家考证地望都在当时的冀州。而地处河内的今卫辉市，《汉书·地理志》说："河内曰冀州。"西汉刘向在《列仙传》里也说过："吕尚，冀州人。"加上古代弓箭的发明人张挥也是生活在距河内东北不远的今濮阳县。这样看来，姜子牙为东夷人之说虽然更有利于东夷核心地区的今山东省，但将河内汲县列入东夷亦无不可。

接着，我们再看一下东海。东海在先秦时期也是一个很宽泛的地区，今山东省、河北省、江苏省的东部地区都曾经被古人称为东海。秦统一天下后，于楚国东部之地置陈郡、薛郡。《元和郡县图志》谓秦时分薛郡置郯郡，治所在郯县，领12县。西汉时期改称东海郡，下辖37县。这个地区，今山东日照、莒县当然包括在内，而河内汲县是无论如何也不能列入这个东海郡的范围之内的。

不过，关于东海还有另外一种解释。可以这么说，在先秦时期，中原地区，尤其是西岐的周人，没有几个人真正见过大海，在许多史书中，"海"并非指海洋，而是指大湖，即《说文解字》的"天池也，以纳百川者"。直到今天，我国西北地区的民众还是将大的湖泊称为"海"，如青海、洱海、尕海等。同时"海"在古代又指环绕中原物产富饶的地区。例如《尚书·禹贡》有"江汉朝宗于海。又环九州为四海。"《尔雅·释地》具体解释为"九夷，八狄，七戎，六蛮，谓之四海。此引申之义也。凡地大物博者，皆得谓之海"。由此看来，"四海"就是环绕中原周边较为偏远广阔的四个地区。"九夷"就是东海，八狄就是西海，七戎就是北海，六蛮就是南海。所以，东海也可以理解成东夷、东方或者大的湖泊，非专指咸水海洋东海或者西汉东海郡。

这样看来，关于姜子牙的故里在历史地理资料史料的梳理中就产生了一个不可调和的矛盾：姜子牙出生以前的先祖活动地区都在中原，与今山东省的东海没有任何关联。虽然"东夷""东海"的范围可以各执一词，但把《史记》明确记载的"东海上人"和处于内陆的河内汲县相提并论也是极为勉强的。那么，这个矛盾怎样梳理呢？

其实，这个问题在史书中记述得也很清楚。《孟子》里有"太公辟纣，居东海之滨"。东汉人刘向《列仙传》（卷一）也有"吕尚，冀州人。生而内智，预知存亡，避纣乱，隐辽东二十年。西适，隐于南山，钓于卞溪……"很明显，姜太公"避纣乱"是其一生中一个重要转折。

纣，后世称商纣王，是商朝最后一个君主，都于沫，改沫邑为朝歌（今河南省淇县）。与今卫辉太公泉相距不过30公里。按司马迁《史记》记载，姜太公始祖在"夏商之时或封枝庶子孙，或为庶人。尚，其后苗裔也"。那么，何为庶人？《左传·昭公三十二年》曰："三后之姓，于今为庶。"意即虞、夏、商三代帝王的后代，到今天成了平民。所以，可以肯定炎帝、共工之后的姜子牙在商代末期家道贫寒，已沦为庶人。

庶人，泛指无官爵的平民、百姓。周代统治者居住在国中（城内）及国郊，称为国人。国人中的上层为卿、大夫、士，下层为庶人。大部分庶人居于城郊，耕种贵族分给的土地，享有贵族给予的政治军事权利，如参加国人大会、参与军事活动、充当徒卒（步兵）等，也承担沉重的义务，如服兵役、缴纳军赋等。此外，青年庶人还负担一定的劳役。《史记》的记载与民间传说姜子牙年轻时曾在商都朝歌宰牛卖肉，又到孟津（今河南孟津县东北）做过卖酒生意的故事是相吻合的。此时的姜子牙虽贫寒，但胸怀大志，勤苦学习，始终不倦地研究、探讨治国兴邦之道，因他博学多闻，曾为商纣做事。但因看到商纣无道，姜子牙就离开了朝歌，赴东夷游说列国诸侯，未得知遇之君，最终西行归依周西伯。

《史记》关于姜子牙商末为庶人的记载对确认姜子牙故里很重要，关于纣的相关历史地理记载非常清楚，商都朝歌就在今天的河南淇县，和汲县（卫辉）是邻县。太公泉就在淇县摘星台西南方向大约30公里的地方。这个距离恰恰在先秦时期认定的庶人生活在"郊"的范围之内。《尔雅》："邑外谓之郊，郊外谓之牧，牧外谓之野。""邑"，一般指城邑、都邑、采邑，如通都大邑、通衢大邑等，朝歌就是商代通都大邑。"郊"，《周礼》曰："距国百里为郊。"《周礼》杜子春注云："五十里为近郊"。《白虎通》亦云："近郊五十里，远郊百里。"由此可以肯定，姜子牙之所以"避纣"，是因为他此前生活在距纣很近的地方，庶人居于城郊，而今太公泉恰恰又在朝歌近郊附近。而"居东海之滨"只能在"太公辟纣"之后，不可能在此之前。"居东海之滨"是其"辟纣"后出走的地方，而不是他出生在那里而后来到纣的朝歌城内。可以这么说，"太公辟纣"的记载已经直接将"东海之滨"是姜子牙的出生地或者故里的可能性排除在外。这样我们就可以清楚地解释为什么在姜子牙"辟纣"之前，所有的相关历史地理资料都不包括今山东省的"东海"。而"辟纣"之后的相关历史地理记载才与今山东日照有所交集。

由此，我们在梳理与姜子牙相关的历史地理资料中是不是可以得出这么一个结论：

姜子牙的先祖共工、四岳生活在以嵩山为中心的中原地区，到了姜子牙相近的时期，家境沦落为庶人，近祖移居商都朝歌近郊的河内汲县太公泉。姜子牙出生在那里，而后在朝歌一带谋生。后"辟纣"离开故里，到东方东海一带游历，最后至岐山渭滨遇西伯昌。因姜子牙是东方人士，又从东方而来，所以，被人称为"东海上人"。所以，河南卫辉太公泉应该是姜子牙故里，是他前半生生活的地方（关于太公泉的姜子牙故里的相关史料，《水经注》记载得非常清楚，在此不再重复）。而"东海""东夷""渭滨"则是他后半生曾经生活和建功立业的地方。时间不同、空间不同，是前后两个时期、两个地方，不能混为一谈，也不应该存在什么争议。

最后我还想再分析一下这个"东海上人"究竟何指。我认为并非传统观点所说的"东海之滨的人",这样的解释恐怕不能令人信服。因为"上"不是一个地名,历史上没有"上"这个地方。同时,"上"也不能解释为海滨或者西岸,更不能解释为在大海之上。所以,我认为这个"上"应该按照许慎《说文解字》的观点:"上,高也。"又《广韵》:"君也。太上极尊之称。"《蔡邕·独断》曰:"上者,尊位所在。但言上,不敢言尊号。"对于"上人",古人多指道德高尚的人。如贾谊《新书·修政语下》:"闻道志而藏之,知道善而行之,上人矣;闻道而弗取藏,知道而弗取行也,则谓之下人也。""上人"与"下人"是对应的。另外,"上人"又指居于上位的人,即君主。马王堆汉墓帛书《十六经·正乱》也有"上人正一,下人静之,正以侍(待)天,静以须人"的记载。

如果从这个角度解释,司马迁《史记》记载的"东海上人"就不是一个地名,而是强调姜太公的身份。《史记》中,以身份后缀传记人物的也有不少。如"吕不韦者,阳翟大贾人也""颍阴侯灌婴者,睢阳贩缯者也"。所以,姜太公这个"东海上人"我们也可以理解成姜子牙西行至周,遇西伯昌。对西伯昌而言,东方、东夷、东海是一个遥远而无法细分的宽泛地域,西伯昌身居西夷、西海,称由东方而来的姜子牙为"东海上人",即东方而来的"道德高尚、学识渊博的人"也在情理之中。其实,《吕氏春秋》称呼的就是他的身份,"太公望,东夷之士也"。"东夷之士"与"东海上人"是一个意思,但"东夷之士"是绝对不能解释成"东海之滨"的。

(本文作者为河南省姓氏文化研究会副会长)

认同与传承：古汲三碑所见姜太公故里史实考略

⊙杨　亮　霍德柱

姜太公即姜尚，史称太公望、吕尚、吕望，俗称姜太公、姜子牙，为炎帝之后，本为姜姓，因先祖伯夷随禹平水土有功，受封吕侯，赐姓姜，封于吕地，为吕氏始祖，后世从其封氏，故又称吕尚。他是活跃于商周时期的历史伟人，一方面辅佐周武王克商，取得牧野大战的胜利，成为西周的开国元勋；另一方面，受封于齐，辛勤耕耘，为齐国文化之滥觞。所以，他是中国古代一位影响久远的杰出的韬略家、军事家与政治家，正史有传，民间有演义传说，被尊为"百家宗师"。

姜太公主要生活在商周之际，虽说誉隆千古，名垂后世，但千年风云，陵谷变迁，加之史料缺失，谬讹纷纭，有关其籍贯、生平、成就、后裔等争议颇多。对于三代人物，若没有重大的考古发现，围绕在他们身上的迷雾将始终存在。唯其如此，我们更应该加强现有史料的梳理、甄别、挖掘、研究，以期去伪存真，最大限度地感知人物的本来面貌和思想。

在研究姜太公故里的史料中，"汲县三碑"应处于举足轻重之位，其因有三：一、比之传世文献来讲，金石文献具有传承的稳定性；二、此三碑从汉代到北朝，是时代较早的民间存留的姜太公史料；三、此三碑皆在汲县，相互之间又有传承关系，反映了汲人对姜太公文化的认同与传承。但金石难懂，释读不易，金石学家多注重著录和考异，不大愿深入其中，剖析其政治生态、文化内涵；再加上碑石漫漶、残破和丢弃，后世研究者能深入其中者就更少了。下文欲一一细研，以期奠定构建太公文化之基石。

崔瑗碑

崔瑗（78~143），字子玉，河北安平人，崔骃之子。关于其生平，《后汉书》所记甚详："早孤，锐志好学，尽能传其父业。年十八，至京师，从侍中贾逵质正大义……与扶风马融、南阳张衡特相友好。初，瑗兄章为州人所杀，瑗手刃报仇，因亡命。会赦，归家。家贫，兄弟同居数十年，乡邑化之……岁中举茂才，迁汲令……汉安初，大司农胡广、少府窦章共荐瑗宿德大儒，从政有迹，不宜久在下位，由此迁济北相。……高于文辞，尤善为书、记、箴、铭……爱士，好宾客，盛修肴膳，单极滋味，不问余产。居常蔬食菜羹而已。家无担石储，当世清之。"①崔瑗大致于汉顺帝时迁汲县令，"在事数言便宜，为人开稻田数百顷。视事七年，百姓歌之"。②汲县地处太行山东麓，地势低洼，水流众多，崔瑗因势利导，教民种稻，功莫大焉，故士民以"天降神明君，赐我仁慈父"③歌之。不仅如此，崔瑗还善于教化一方，其修葺太公庙，刻石立碑即其一。关于此事的经过，最早见于《水经注》：

> （清水）又东，过汲县北。县，故汲郡治，晋太康中立。城西北有石夹水，飞湍濬急，人亦谓之磻溪，言太公尝钓于此也。城东门北侧有太公庙，庙前有碑，碑云：太公望者，河内汲人也。县民故会稽太守杜宣白令崔瑗曰：太公本生于汲，旧居犹存。君与高、国同宗，太公载在《经》《传》，今临此国，宜正其位，以明尊祖之义。于是国老王喜、廷掾郑笃、功曹邠勤等咸曰：宜之。遂立坛祀，为之位主。④

郦道元是在考察清水源流的过程中莅临汲县太公庙的，他的记述相当准确可信。此太公庙位于城东门北侧，崔瑗刻石在庙前。他用大段文字详细叙述了此碑的由来及汉朝时重修的经过，语言古朴，形象生动，以郦道元记述的严谨和审慎，此

---

① 范晔：《后汉书》卷五二《崔骃列传第四十二》，中华书局，1965年，第1722~1723页。
② 范晔：《后汉书》卷五二《崔骃列传第四十二》，中华书局，1965年，第1724页。
③ 徐汝瓒修，杜崐纂：《汲县志》卷七，清乾隆二十年刻本。
④ 郦道元著，陈桥驿校正：《水经注校正》卷九《清水》，中华书局，2007年，第226~227页。

段文字中关于太公里籍以及对祭祀太公的记载，应该是来源于崔瑗碑的。由此可知，"太公望者，河内汲人也"之句应是该碑首句，此论断至少在汉顺帝时已经存在。崔瑗早年苦读，学问渊博，治汲七年，熟悉汲县故事，他的论断应该语出有据；同时，杜宣的"太公本生于汲，旧居犹存"及"君与高、国同宗，太公载在经传"，说明在当时"太公生于汲"已为公论，不仅汲地有太公旧居，而且还有大量的太公后裔生存于此。所以，太公是汲人，汲地自古就有太公遗迹、太公后裔；至于《汲冢书》发现之后，又一次确证太公是汲人，那已是百年以后的事情了，只不过是又加了一条有力的佐证而已。

据东魏武定八年（550）穆子容《修太公祠碑》："崔瑗刻石，不枕康衢。"可见，直至东魏，崔瑗刻石犹存世间。崔瑗善文，其《南阳文学颂》（《河南通志》卷七十七）、《河堤谒者箴》（《河南通志》卷七十七）、《关都尉箴》（《陕西通志》卷九十）等古雅深沉，见识高远，为人称道。想来吊祭太公之作也应震烁古今，可惜原石已毁，古拓不存，已无法目睹该碑之原貌了。幸有郦道元的片言只语，尚能安今人之思！

崔瑗善书。晋朝卫恒认为"崔氏甚得笔势，而结字小疏"[①]，南朝袁昂认为："崔子玉书如危峰阻日，孤松一枝，有绝望之意。"[②] 庾肩吾《书品》列崔瑗书法为"上之中"。《淳化阁帖·历代名臣法帖》收有崔瑗的《贤女帖》，成为崔瑗唯一传世作品。他的《草书势》是现存最早的书法论文之一，历来为人所称道。不知本碑是否为崔瑗所书，若为崔瑗亲书，此碑之书法价值将为世所重。可惜，郦道元、穆子容语焉不详，使之成为诱人的谜题。

卢无忌碑

卢无忌碑即《齐太公吕望表》，又称《吕望表》《太公望表》，西晋太康十年（289）三月十九日刻。石连额高五尺四寸，广三尺一寸。碑阳20行，每行30字，

---

①陈思：《书苑菁华》卷三《书势》，晋卫恒著四体书传并书势，钦定四库全书本。
②张彦远：《法书要录》卷二《梁袁昂古今书评》，文渊阁四库全书本。

有竖行界格。碑阴 21 行。字有漫漶，碑额隶书"齐太公吕望表"。此石原存河南汲县太公庙，明万历时移至府治，后丢失。清朝乾隆五十一年（1786），黄易获上段于河南卫辉府署，乾隆五十六年（1791）年下段出现，藏于河南汲县县学。现已失，新乡平原博物院存拓，拓后附两则题记，记述该碑迁徙之过程。

卢无忌，范阳人，曾以太子洗马任汲县县令。正史无传。

按，"表"乃墓表，犹墓碑。因其竖于墓前或墓道内，表彰死者，故称。明徐师曾认为："按墓表自东汉始，安帝元初元年立《谒者景君墓表》，厥后因之。其文体与碑碣同，有官无官皆可用，非若碑碣之有等级限制也。"① 清恽敬《与李爱堂》："惟是墓表之法，止表数大事，视神道碑、庙碑体不同，视墓志铭体亦不同。墓志铭可言情，言小事，表断不可。"② 姚华《论文后编·目录中三》："至与墓碣式同而名异者，有墓表，如吕宪；有墓专，如房宣。表则树于墓外，专或藏于墓中。"③ 可见，墓表肃穆庄重，叙述大事，用语严谨，堂皇雍容。本文即此，下列碑文及题记：

齐太公吕望者，此县人也。□□□□，失其□□。大晋受命，□□□□，四海一统。太康二年，县之西偏有盗发冢，而得竹策之书。书藏之年，当秦坑儒之前八十六岁。其《周志》曰："文王梦天帝服玄禳，以立于令狐之津。帝曰：'昌，赐汝望。'文王再拜稽首，太公于后亦再拜稽首。文王梦之之夜，太公梦之亦然。其后文王见太公，而訓之曰：'而名为望乎？'答曰：'唯，为望。'文王曰：'吾如有所于见汝。'太公言其年月与其日，且尽道其言，臣此以□□也。文王曰：'有之，有之！'遂与之归，以为卿士。"其《纪年》曰："康王六年，齐太公望卒。"□考年数，盖寿百一十余岁。先秦灭学而藏于丘墓，天下平泰而发其潜书，书之所出正在斯邑，岂皇天所以章明先哲，著其名号，光于百代，垂示无穷者矣！于是太公之裔孙范阳卢无忌自太子洗马来为汲令，磐溪之下旧有坛场，而今堕废，荒而不治。乃咨之硕儒，访诸朝吏，金以

---

① 吴纳、徐师曾：《文章辨体序说、文体明辨序说·墓表》，人民文学出版社，1962 年。
② 恽敬：《大云山房文稿·大云山房文稿言事》卷二《与李爱堂》，商务印书馆，1936 年，第 358 页。
③ 姚华：《论文后编·目录中三》，人民文学出版社，1959 年。

为太公功施于民，以劳定国，国之典祀，所宜不替。且其山也能兴云雨，财用所出，遂修复旧祀，言名计偕，镌石勒表，以章显烈，俾万载之后有所称述。其辞曰：

于铄我祖，时惟太公。当殷之末，口德玄通。上帝有命，以锡周邦。公及文王，二梦惟同。上帝既命，若时登庸。遂作心膂，寅亮天工。肆伐大商，克咸厥功。建国胙土，俾矦于东。奋乎百世，声烈弥洪。殷溪之山，明灵所托。升云降雨，为膏为泽。水旱疠疫，是禳是榮。来方禋祀，莫敢不敬。报以介福，惠我百姓。天地和舒，四气通正。灾害不作，民无夭命。嘉生蕃殖，口口远迸。迄用康年，稼穑茂盛。凡我邦域，永世受庆。春秋匪解，无陨兹令。

太康十年三月丙寅朔十九日甲申造。

（题记一）碑经断裂，卧弃府庙隙地，汲学训导李元沪请置学宫，用备金石家口录。时嘉庆己未秋月也。

（题记二）震按，今郡城西北三里余太公祠有魏武定八年碑，列此表于前，兹其初刻也，尤宜宝惜。因从季父移置学署。清嘉庆四年八月朔，密邑李震跋。

《齐太公吕望表》是天下名碑，在太公文化研究、汲冢书研究、晋朝碑刻及书法艺术研究等诸多方面有着重大的影响。

本表"齐太公吕望者，此县人也"，是一个十分重要的论断，也是一个极具争议的论断。之所以置于首句，可见作者之郑重其事、斩钉截铁。作者撰写此文时，"崔瑗碑"是存在的，故此论断的句法、语气、用语极似"崔瑗碑"，说明作者可能受到了"崔瑗碑"的影响，直接继承了"崔瑗碑"的观点。关于该表的竖立情况，最早见于史册的还是《水经注》：

城北三十里有太公泉，泉上又有太公庙。庙侧高林秀水，翘楚竞茂，相传云太公之故居也。晋太康中范阳卢无忌为汲令，立碑于其上。纣之乱，屠隐市朝，遁钓鱼水，何必渭滨然后磻溪？苟惬神心，曲渚则可，磻溪之名，斯无嫌矣。[1]

---

[1] 郦道元著，陈桥驿校正：《水经注校正》卷九《清水》，中华书局，2007年，第227页。

"崔瑗碑"位于"城东门北侧太公庙""卢无忌表"位于"城北三十里太公庙",地理方位甚明。郦道元到达太公泉,见到"高林秀水,翘楚竞茂",记载"相传云太公之故居也",故居历千年风雨,肯定不复旧貌,故用"相传",并不是怀疑"齐太公吕望者,此县人也"的真实性。郦道元读卢无忌之表,肯定了纣乱之时太公"屠隐市朝,遁钓鱼水"的基本事实,认为"渭滨""磻溪"之争没有意义,因为"苟惬神心,曲渚则可"。同时,根据郦道元的记载,当时的太公泉附近既有磻溪、太公庙、太公墓,又有众多的太公故事、祭祀风俗,已经从物质到精神形成了比较完整的太公文化系统。以现今太公泉镇的古迹分布、风物传说流衍比照之,大致不差,说明该地太公文化的传承有序,博大精深。另外,清代金石学家武亿在其著作《金石三跋》中对此表亦有考证,节录如下:"《水经注》言:县民故会稽太守任(作者按,当作杜)宣白令崔瑗曰:太公生于汲,旧居犹存。任(作者按,当作杜)宣所征,去古未远,当得其实。而太公既生居是土,迫近朝歌之墟,不堪其困,然后辟居于东,则汲固其邑里,海曲乃流寓耳。碑溯其始,而阎氏辄诋为误,不亦甚欤。"[1] 这不仅从历史传承层面肯定了汲县是太公故里,而且也否认了几乎被认为事实的《史记》中的"东海上人"的说法。[2]

"卢无忌表"记载了中国文化史上的一次重大发现——《汲冢书》的出土。西晋武帝时在汲郡的一座战国古墓中发现并出土了一批竹简古书,关于其具体的出土时间,有咸宁五年(279)、太康元年(280)、太康二年、太康八年等四种说法。本表明确提出"太康二年"。本表的写作时间是"太康十年三月十九日",距离"太康二年"不远,即使卢无忌没有亲历此事,所记也应不差。我们无法肯定卢无忌是否见过《汲冢书》的原竹简,但他作为"太公之裔孙",又身为汲郡县令,一定是从竹简中得到了准确的资料,才做出"齐太公吕望者,此县人也"的论断的。若竹简中论述与自己的观点相忤,他是断不会引用竹简作为论据的。

---

[1] 武亿:《授堂遗书》第七册《金石三跋》《金石一跋》卷三,授堂藏版,道光癸卯年重刊。
[2] 李白凤先生对于《史记》太公"东海人也"的说法也持否定态度:姜尚(太公)或称"东海人也",大约也是他的后裔攀附高门的事,这和《国语·周语下》"我姬氏出自天鼋"是如出一辙的。所以,姜太公又称吕尚,吕亦姜姓。见《东夷杂考》,《鱼族考》,河南大学出版社,2008年,第36页。

研究本表时，我们对卢无忌所引用的论据（"梦验"之事）常常有一种"鸡肋"之感，食之无味，弃之可惜。对此，鲁迅《中国小说史略》第二篇《神话与传说》中的论述很有道理：

> 汉应劭说，《周书》为虞初小说所本，而今本《逸周书》中惟《克殷》《世俘》《王会》《太子晋》四篇，记述颇多夸饰，类于传说，余文不然。至汲冢所出周时竹书中，本有《琐语》十一篇，为诸国卜梦妖怪相书，今佚，《太平御览》间引其文；又汲县有晋立《吕望表》，亦引《周志》，皆记梦验，甚似小说，或虞初所本者为此等，然别无显证，亦难以定之。……是知此种故事，当时不特流传人口，且用为庙堂文饰矣。其流风至汉不绝，今在墟墓间犹见有石刻神只怪物圣哲士女之图。晋既得汲冢书，郭璞为《穆天子传》作注，又注《山海经》，作图赞，其后江灌亦有图赞，盖神异之说，晋以后尚为人士所深爱。然自古以来，终不闻有荟萃熔铸为巨制，如希腊史诗者，第用为诗文藻饰，而于小说中常见其迹象而已。①

鲁迅肯定了卢无忌是从《周志》中得到了一些有关太公的珍贵史料的，不能因为晋朝"庙堂文饰"之流风就否定《汲冢书》的价值。"神异之说，晋以后尚为人士所深爱"，故卢无忌在论述太公籍贯时就引用了"皆记梦验，甚似小说"的部分，这是当时"庙堂文饰"的时尚所致，这丝毫无损《汲冢书》的记史之功。

另外，我们还应该关注文中"太公功施于民，以劳定国"的论述。"功施于民"点出了太公辅佐周武革命的出发点和最终意图，"以劳定国"突出了太公治理封地时坚忍不拔、执着前行的精神和气度，两者结合，正是"太公精神"的完美呈现。

"卢无忌表"属晋隶。汉隶追求高华奇古，东汉以至三国，人们追求笔画的雕琢、字形的妍丽，汉隶的雄厚之气渐弱。到了晋朝，承汉末之遗势而顺进之，书法大家多精隶书，方整近于魏隶，但用笔、结字近于程式化，缺乏创变之意和自然之趣。虽然如此，"卢无忌表"上承汉魏古隶，下启唐代真楷，不失一方名刻。此碑

---

① 鲁迅：《中国小说史略·神话与传说》，上海古籍出版社，1998年，第9~10页。

明末已中断，后佚，新乡平原博物院存有古拓，细研此拓，结体匀整而舒展，笔法严谨而妍雅，波磔特粗，与细匀齐整的横画形成强烈对比，风韵接近《礼器》《史晨》。刘熙载《艺概·书概》："晋隶为宋、齐所难继，而《孙夫人碑》及《吕望表》，尤为晋隶之最。"①

穆子容碑

"穆子容碑"即《修太公吕望祠碑》，又称《东魏修太公祠碑》。东魏武定八年（550）四月十二日，时任汲郡太守穆子容撰文并正书。高五尺九寸，广三尺二寸。23行，行42字。碑前"晋太康十年三月丙寅朔十九日甲申，卢无忌依旧修造"，先录无忌文9行，"盖晋碑已泐，子容书之于石也"②，后12行为穆子容文。原碑存河南汲县太公庙，后佚，新乡平原博物院藏拓。下部漫漶严重，许多字已无法辨识。下列碑文及碑阴：

晋武帝太康十年三月丙寅朔十九日甲申，卢无忌依旧修造。

齐太公吕望者，此县人也。遭秦燔书，史失其籍。至大晋受命，吴会既平，四海一统。太康二年，县之西偏有盗发冢，而得竹策之书。书藏之年，当秦坑儒之前八十六岁。其《周志》曰："文王梦天帝服玄襄，以立于令狐之津。帝曰：'昌，赐汝望。'文王再拜稽首，太公于后亦再拜稽首。文王梦之之夜，太公梦之亦然。其后文王见太公，而訓之：'名为望乎？'答曰：'唯，为望。''吾如有所于见汝。'太公言其年月与其日，且尽道其言，'臣此以□□也'。文王曰：'有之，有之！'□与之归，以为卿士。"其《纪年》曰："康王六年，齐太公望卒。"参考年数，盖寿百一十余岁。先秦灭学而藏于丘墓，天下平泰而发其潜书，书之所出正在斯邑，岂皇天所以章明先哲，著其名号，光于百代，垂示无穷者乎！于是太公之裔孙范阳卢无忌自太子洗马来为汲令，磻嵠之下旧有坛场，而今堕废，荒而不治。乃咨之硕儒，访诸朝吏，佥以为太公

---

① 刘熙载：《艺概·书概》，上海古籍出版社，1978年。
② 王昶：《金石萃编》，新文丰出版公司，石刻史料新编第1辑第01册第558页。

功施于民，以劳定国，国之典祀，所宜不替；且其山也，能兴云雨，财用所出。遂修复旧祀，言名计偕，镌石勒表，以章显烈，俾万载之后有所称述。

太公姓吕名望，号曰尚父。尚氏之兴，元出姜氏。公望以辅翼流咏，子平以礵素致谣。卯金握玄，冠盖鳞次；典午统宇，轩冕波属。或秉文入朝，或用武出讨；儒默交映，勋庸相趁。大魏东苞碣石，西跨流沙，南极班超之柱，北穷窦宪之志。高祖孝文皇帝，龙飞代都，凤翔嵩邑；澄清人士，品藻第望。尚氏合宗还见礼擢，九等旧制不失彝序。方知贤圣之门，道风必复；功爵之后，学识还昌。太公胤孙尚诏及尚天宝、尚世懋、尚子牧、尚子仕、尚方显、尚景恪、尚遵明、尚裴香、尚显敬、尚回归、尚叔乐、尚汉广、尚崇等，器业优洽，文义淹润。慨卢忌置碑僻据山阜，崔瑗刻石不枕康衢，遂率亲党更营碑祠以博望之亭、形胜之所。西临沧谷，东带洑川；周秦故道，燕赵旧路；构宫镌石，以当平显。庶使文范之貌不独百城，有道之美讵假千石。凡斯盛事，理忍含豪。余以虚薄，再忝郡任；民情和款，见托为文；率尔弹翰，弃辞收理。其辞粤：

迢迢岳胤，蔚蔚姜枝。积德不已，继踵方羲。发将允执，纣遂昌披。托梦异□，即熊非罴。功著牧野，迹自豳岐。既伸帷幄，仍秉铖麾。佐命周室，开邑齐土。北控赵燕，南临邹鲁。一匡九合，悬车束马。位极三事，勋高万古。葬忍晋温，魂悲汉祖。忻哉尚圣，遗魂可怙。言归故乡，降神巫咒；从厝洑水，筑室望岫。庭栽异木，井依余甃；迭觞竟奉，歌钟迭奏。风雨节宣，华夷用富。恩被系子，庆传曾胄。

通直散骑常侍、聘梁使、平东将军、中书侍郎、恒州大中正、修左史、汲郡太守穆子容山行之文。

大魏武定八年四月庚辰朔十二日辛卯建造

（碑阴第一列）郡中正尚静年。汲郡中正、督汲县事、行南□武县尚□□。司州□□从事尚□□、尚世和、尚□□、尚□明、尚功□、尚苌兴、尚令、尚□□、尚永欢、尚嗣业、尚显□、尚元遵。长乐太守石阳子尚钦。故板授钜□太守尚□□。

（第二列）板授□□太守尚冯。故板授河北太守尚□。故板授长乐太守尚珠。故前兼郡功曹尚次年。故人尚次惇。板授荥阳太守尚求祖。板授顿丘太守尚沉流。板授北平县令尚云龙。平朔将军、□□县令、□□镇将尚金龙。板授建兴太守尚戬。板授乐安太守尚光。板授恒农太守尚龙□。板授汲郡太守尚阳生。板授颍州太守尚羽真。板授武德太守尚□〔阙〕。将军都督〔阙〕。

（第三列）板授□□郡□郡太守尚秀。故板授武德汲郡太守尚静光。故板授东太守尚神龟。故板授城高太守尚道。故板授蔡阳太守尚兰椿。故行参军尚道光、尚迥。板授荥阳太守尚法□辅。□府长流参军督新县事尚□□。板授河内太守尚□□。板授河间太守尚□前。除□昌太守尚□。板授长县令尚买成、尚宝洪。补郡功曹尚□。板授武德、河内二郡太守尚□成。板授汲县尚海□。板授武德太守尚始兴、尚定成、尚高□。宁朔将军员外奉车都尉尚显文。襄威将军翊阳戍主尚龙威、尚延和。扬武将军尚世□。

（第四列）板授汲县令尚金虎。板授汲县令尚元祥、尚定业、尚□。□尚季□、尚僧□、尚元始。板授高邑县令尚合洛、尚□□。□□将军督新安尚□□、尚敬□、尚祖延、尚显贵、尚□□、尚□□、尚平□、尚安□、尚静满、尚文禧、尚盆生。

（第五列）□□将军奉朝请尚□、尚□让、尚□□、尚珽、尚世□、尚伯保、尚市奴。

穆子容（？～551），字山行，代（今山西大同）人。魏司空亮从子。历通直散骑常侍聘梁使、平东将军、中书侍郎、恒州大中正、汲郡太守。入齐为司农少卿。《北史·穆崇传》："（崇）子子容，少好学，无所不览。求天下书，逢即写录，所得万余卷。"[1]

正史的记载平淡无奇，其实穆子容撰写此碑时，正经历着忧惧、痛苦的心理煎熬。此碑立于东魏武定八年（550），东魏政权摇摇欲坠，孝静帝禅位于权臣高欢之子高洋，东魏灭亡，北齐建立。东魏的统治区域大致在河北、山西、河南一带，汲

---

[1] 李延寿：《北史》卷二〇《穆崇传》，中华书局，1974年，第739页。

郡属国家门户和战略要地。穆子容为汲郡太守，掌握着一方军政实权。国朝更迭后，穆子容离开汲郡，任司农卿，有明升暗降之嫌。天保二年（551），穆子容因事激怒北齐荒淫皇帝高洋，被虐致死。《北史》记载："（高洋）沉酗既久，转亏本性。怒大司农穆子容，使之脱衣而伏，亲射之。不中，以橛贯其下窍入肠。"① 凶残血腥，世所罕见。所以，本碑虽然只是记载重修太公祠的情况，但深处风雨飘摇之际，作为手握重兵的地方大员不可能不借咏叹太公精神而影射时事，抒发情怀！作者赞扬姜太公的"既伸帷幄，仍秉铤麾"之才和"位极三事，勋高万古"的业绩，希望秉"尚圣"之"遗魂"，使得天下"风雨节宣，华夷用富"，使得人民幸福安康，字里行间富有忧国忧民之情！这才是本碑的思想价值所在。

值得注意的是，该碑的形制特异。前9行照录"卢无忌表"，说明作者十分看重"卢无忌表"，赞同其观点，其首句"齐太公吕望者，此县人也"以及对太公精神"功施于民，以劳定国"的阐述，作者是赞同的。后边才是正文，重在渲染太公后裔之兴旺以及修祠立碑的经过，多用华丽辞藻，文辞优美。

文中提出了"尚氏之兴，元出姜氏"的观点，并且罗列了历史上的尚氏名人。不过，据王昶考证，"稽之正史，唐以前无一尚姓入传者，即此碑碑阴所列尚氏子姓八十余人亦无一人载入《魏书》《北史》者，故事迹无可考也"②。唯其如此，碑中正文对尚氏历史名人成就的渲染及碑阴题名官职的罗列，为我们研究太公后裔的繁衍发展提供了重要的素材。东魏、北齐之际，太公泉一带尚生活着如此多的太公后人，可见"太公精神"之光照后世。

本碑的书法价值极高。正书，丰厚雄浑之气扑面而来。康有为《广艺舟双楫》："《穆子容》得《晖福》之丰厚，而加以雄浑。"③ 并且认为，颜真卿的颜书出自本碑，"鲁公专师《穆子容》，行转气势，毫发毕肖，诚嫡派也"④，而世上学颜体者，不知其远胄，故难得其真传。

---

① 李延寿：《北史》卷七《齐本纪》，中华书局，1974年，第261页。
② 王昶：《金石萃编》，新文丰出版公司，石刻史料新编第1辑第01册第560页。
③ 崔尔平：《广艺舟双楫注》卷四《体系第十三》，上海书画出版社，1981年，第157页。
④ 崔尔平：《广艺舟双楫注》卷四《体系第十三》，上海书画出版社，1981年，第157页。

综上所述,"汲县三碑"是构建太公文化、宣扬太公精神的基石。它们虽属不同时代,但都贯穿着基本的历史事实,即太公是汲县人,太公遗迹遍布汲郡,太公传说自成体系,祭祀太公之风源远流长,太公后裔繁衍昌盛。每一次修葺,都有着复杂的社会背景,都蕴含着丰富的文化内涵,都意味着太公文化的进一步充实和丰厚。虽然仅仅重在记述重葺的经过,但对太公精神的肯定和宣扬构成了碑刻的基本格调。如"崔瑗碑"之"宜正其位,以明尊祖之义""卢无忌碑"之"太公功施于民,以劳定国""肆伐大商,克咸厥功。建国胙土,俾侯于东。奋乎百世,声烈弥洪""穆子容碑"之"佐命周室,开邑齐土。北控赵燕,南临邹鲁。一匡九合,悬车束马。位极三事,勋高万古",无不是对太公功绩的宣扬及太公精神之解民倒悬、执着坚韧的渲染。

太公身处殷商末期,朝政腐败糜烂,忠臣遭受屠戮,人民流离失所,太公顺应时代发展潮流,辅佐明主,"功施于民",利用革命的方式方法覆灭殷商,兴建西周,为后世树立了利用革命的方式完成朝代更替的模式,具有文化原型的意义。同时,在完成伟大壮举的过程中,太公面对着诸多困难表现出了丰富的智慧和坚韧的毅力,为后人树立了个人道德品质上的高标杆。另外,太公不仅能推翻一个腐朽的旧世界,而且能建设一个崭新的未来。他是齐文化的开创者,其因地制宜的务实精神使得齐国大治,奠定了战国时期齐国称霸天下的基础。这些才是太公文化的核心所在。

(本文作者分别为河南大学文学院副教授、比干文化研究院副研究员)

姜太公的丰功伟绩及其后裔文化述论

⊙杨东晨

姜子牙是一位晚年得志的传奇人物,也是一个助武王灭殷的功臣,更是一个开创齐国的君主。《封神榜》小说,又将姜子牙塑造为封神的天神,广泛流传于世。详细考述姜太公的身世遭际、生平事迹和丰功伟绩,有助于人们更好地了解太公文化,传承太公精神。

一、姜太公的身世遭际

1. 姜姓与吕姓的由来

姜姓出自远祖炎帝。《国语·晋语》云:"昔少典娶于有蟜氏,生黄帝、炎帝,黄帝以姬水成,炎帝以姜水成,生而异德,故黄帝为姬,炎帝为姜。"炎帝后裔姜子牙之姓,是沿袭了炎帝后裔西岳(又称四岳)一支的姓氏。大约在尧舜时期,四岳部落的支裔由今陕西渭水流域迁徙到了晋南。《元和郡县图志》载:"霍邑西南十里有吕乡。"遂在吕乡(属于今山西霍州市)逐渐形成吕国。天长日久,国人便以国名吕为姓氏。

2. 姜太公的故里

姜太公是被周文王拜为太师后的称号,又称太公望,故里有多说。其中《史记·齐太公世家》载:"太公望,东海上人""或曰,吕尚处士,隐海滨"。《集解》引《吕氏春秋》云:"东海之士。"《孟子·离娄》云:"太公辟纣,居东海之滨。"可见东海是其避难或隐居之地,非故里。

郦道元《水经·清水注》曰:"汲城西北亦谓之磻溪(在今河南省卫辉市西南

10公里处)。城东门北侧有太公庙,庙前有碑,碑云:'太公望者,河内汲人也。'城北三十里有太公泉,泉上有太公庙。庙侧高林秀木,翘楚竞茂,相传为太公之故居,被称为'流俗附会'。"《吕氏春秋·首时篇》高诱注曰:"太公望,河内人也,于周丰、镐为东,故曰东夷之士。"则今河南省卫辉市确实为姜太公的故里。至于作为吕国宗室的吕尚之祖辈,何时从故里(今山西霍州市)迁于汲城,则认识和说法不一。我倾向于商代中期说。吕尚的父辈、祖辈名字,已无法考证。夏、商、周三代时,只有王公贵族的子弟才能入学读书,习六艺。吕尚能够入学读书、习武、学兵法,说明其出身是高贵的。邓名世《古今姓氏书辨证》卷二三"吕"条云,姜太公"盖吕侯枝(支系)孙"。民间流传姜太公出身贫寒,不识字,实为一种误解。

3. 吕望怀才不遇而招致贫困

吕尚是一个博学之人,尤擅长军事,离家赴朝歌(今河南淇县),入商朝做官,欲辅佐纣王。纣王无道,不重用尚。吕尚气愤,离开朝歌,到中原他国游历,均得不到重用,导致生活贫困。《史记·齐太公世家》云:"太公博闻,尝事纣。纣无道,去之。游说诸侯,无所遇。"年迈、穷困的吕尚仍不悔心,艰难生活,等待时机。《韩诗外传》载:太公望"屠于朝歌,天热肉败"。《尉缭子》载:"太公望年七十,屠牛朝歌,卖食孟津(今属河南)。"《战国策·秦策》载:太公望"朝歌之废屠"。《史记·齐太公世家》"索隐"谯周云:"吕望尝屠牛于朝歌,卖饮于孟津。"《水经·河水注》云:"张甲河右读,东径广川县故城西。又东径棘津亭南,徐广曰:棘津在广川。司马彪曰:县北有棘津城,吕尚卖食之困,疑在此也。刘澄之云:谯郡鄡县东北有棘津亭,故邑也,吕尚所困处。"

4. 吕尚垂钓遇文王

《史记·齐太公世家》"正义"引《括地志》云:"兹泉水源出岐州岐山县西南凡谷。《吕氏春秋》云:'太公钓于兹泉,遇文王。'郦元云'磻溪中有泉,谓之兹泉。泉水潭积,自成渊渚,即太公钓处,今人谓之凡谷。石壁深高,幽篁邃密,林泽秀阻,人迹罕及。东南隅有石室,盖太公所居也。水次有磻石可钓处,即太公垂钓之所。其投竿跪饵,两膝遗迹犹存,是有磻溪之称也。其水清冷神异,北流十二里于渭'。《说苑》云：'吕望年七十钓于渭渚，三日三夜鱼无食者，望即忿，脱其衣冠，上有农人者，古之异人，谓望曰：子姑复钓，必细其纶，芳其饵，徐徐而投，无令鱼骇。望如其言，初下得鲋，次得鲤，刺鱼腹得书，书文曰：吕望封于齐。望知其异。'"《水经·渭水注》云："磻溪，水出南山（今秦岭）兹谷，《吕氏春秋》所谓太公钓兹泉也，盖太公所居。水次平石钓处，即太公垂钓之所，其地在斜谷北源之西。"《读史方舆纪要》卷五十五"凤翔府宝鸡县"载："县东南八十里有磻溪谷，岩谷深邃，磻溪石及石室在焉，太公垂钓处也。北流入岐山县南，为璜河入于渭水。"周原（归属今陕西岐山县）出土的甲骨文中有"渭渔"二字，专家认为就是记载吕尚垂钓遇文王之事的。王宇信《西周甲骨探论》说："文王将渭滨遇姜尚作为大事记载在甲骨上，也充分证明这一点。"不过，在这里应该指出的是，吕尚以钓鱼的方式期盼遇见文王，并非如今日说的那么容易，他不仅在磻溪数次静心等待，而且还在渭水流域的其他地方等待。《水经·渭水注》载：郁夷县（今陕西陇县西）及霸陵县（今西安市灞桥区）北的灞水，均有磻溪及滋水，亦是姜太公的钓鱼处。这些地名、水名，当是吕尚将今宝鸡市陈仓区的磻溪、兹泉水名带入的。他历经千辛万苦，才遇到了文王。唐代人胡曾的《渭滨》诗云："岸草青青渭水流，子牙曾此独垂钓。当时未入非熊兆，几问斜阳叹白头。"唐代人权德舆的《渭水》诗云："吕叟年八十，磻然持钓钩。意在静天下，岂维食营丘。师臣有家法，小白犹尊周。日暮驻政策，爰滋清渭流。"前两句诗说明吕尚在渭水滨的磻溪垂钓时，已经年迈。唐代人李白的《梁甫吟》诗亦云："君不见朝歌屠叟辞棘津，八十西来钓渭滨。"《史记·齐太公世家》云："西伯将出猎，卜之，曰'所获非龙非彲（螭），非虎非罴；所获霸王之辅'。于是周西伯猎，果遇太公于渭之阳，与语大说，曰：'自吾先君太公曰：当有圣人适周，周以兴。子真是邪？吾太公望子久矣。'故号之曰'太公望'，载与俱归，立为师。"《索隐》司马贞按曰："后文王得之渭滨云：'吾先君太公望之久矣'，故号太公望，盖牙是字，尚是其名，后武王号为师尚父也。"相传姜太公钓鱼时用的是直钩，很难钓住鱼。他每天去钓鱼，口中不断重复地自言自语说："短杆直线守磻溪，这个机关那个知；只钓当朝君与臣，何尝意在水中鱼。"见者无不感到惊讶而可笑。久之，传到周文王处，文王知老叟非等闲之辈，才带从人去磻溪访寻，见而喜，同车载归，拜为太师。严格说，当时称"西伯昌"较为确切。

上述可知，吕尚，字牙，又叫吕望，又以其祖先四岳之姓称姜尚、姜牙，加古代尊称的"子"字而叫"姜子牙"，姜太公、师尚父系文王、武王对吕尚的称号，齐太公是封立于齐国后的称号。

二、姜太公助周灭殷的事迹考述

吕望（尚）被周文王拜为"师"后的事迹，有的认为是在其未遇西伯昌以前，有的认为是在遇西伯昌之后，当以后说为是。因他对朝歌纣王室的事务熟悉，又到过中原等诸侯国，故向西伯昌请求以庶民身份潜入殷王畿地区探听消息，暗中为灭商做准备。

1. 吕尚入畿内地和朝歌考

西伯昌国日益强盛后，引起商纣王的猜忌，崇侯国（在今陕西户县）君"虎"乘机谗害，纣王便囚西伯昌于羑里（今河南汤阴县）。西伯国大臣恐怕纣王害死国君"昌"，便急招诸贤议事。《史记·齐太公世家》云："周西伯拘羑里，散宜生、闳夭素知而招吕尚。"太公望闻西伯昌被纣王囚禁的消息后，立即悄悄返回周原，和大臣们商议营救之事，"三人者为西伯求美女奇物，献之于纣，以赎西伯"。《史记·周本纪》载："崇侯虎潛西伯于殷纣曰：'西伯积善累德，诸侯皆向之，将不利于帝。'帝纣乃囚西伯于羑里。闳夭之徒患之，乃求有莘氏美女，骊戎之文马，有熊九驷，他奇怪物，因殷嬖臣费仲而献之纣。"《正义》引《括地志》云："古莘国城在同州河西县（今陕西合阳县）南二十里。《世本》云莘国，姒姓，夏禹之后，即散宜生等求有莘美女献纣者"；"骊戎故城在雍州新丰县（今西安市临潼区）东南十六里，殷、周时骊戎国城也"。张守节按："骏马赤鬣缟身，目如黄金，文王以献纣也。"《括地志》又云："郑州新郑县（今河南新郑市），本有熊之墟也。"张守节按："九驷，三十六匹马也。"这36匹骏马寻得地不在"新郑"（当时为殷朝王畿地，不允许西伯国去搜求骏马），而是西迁之有熊氏（后立国）国故地，"上邽"（今甘肃天水市麦积区）。

有莘氏国美女，骊戎国文马，有熊氏国骏马及奇珍异宝，是怎样通过贿赂殷纣王宠臣费仲献于纣王的呢？《史记》无载。实际上是由熟悉殷王室情况并与费仲同朝为过官的吕尚先去朝歌活动，打通费仲的关节，并秘密做看守西伯昌的吏卒的工作，然后由散宜生、闳夭等公开入殷纣王离宫朝歌，由费仲引荐献美女、骏马、宝物给纣王的。楚国大夫屈原《离骚》云："吕望之鼓刀兮，遭周文而得举。"周拱辰《离骚草木史》云："散宜生、南宫适、闳夭学于太公，太公奇三子之为人，遂酌酒切脯结契焉。其后屠牛朝歌，卖浆棘地""鼓刀一语，开周家八百年灵运"。屈原的《天问》云："师望在肆，昌何识？鼓刀扬声，后何喜？"王逸注曰："言吕望鼓刀在列肆，文王亲往问之，吕望对曰：下屠屠牛，上屠屠国。文王喜，载与俱归。"西伯昌遇吕尚是在磻溪（今宝鸡市陈仓区）钓鱼处，这次在朝歌"列肆"见打扮为屠夫的吕尚，显然是在西伯昌被纣王释放之后。《鬼谷子·午谷》对吕尚三次到殷朝离宫朝歌和王畿地（首次是做官，二、三次是做秘密的工作，即今之间谍）事记载甚明："吕尚三入殷朝，三就文王，然后合于文王。"《史记·齐太公世家》亦云，将美女、奇物献于纣王后，"西伯得以出，反（返）国"。由此足证三位大臣，尤其是太公望（三臣之师）的贡献之大。

2. 太公望辅佐周王灭殷事迹考

太公望、散宜生、南宫适、闳夭等人保护西伯昌西返国后，驻休于程（今陕西咸阳市东）。为避免纣王疑心而加害，他们表面上更加尊敬殷纣王，佯装毫无作为，暗中却施行仁政，笼络民心，在邻近的诸侯国中威望更高，致使西方的诸侯国之间有纷争时，不去求纣王评判而求西伯昌。如虞国（在今山西平陆）、芮国（在今山西芮城县）为领土问题发生争执后，本应东去朝歌由纣王断案，但却到西伯国求公断，为周地淳朴的民风而自惭，从此互相谦让，争讼平息。邻近的诸侯国君闻此事，均向往周属诸侯国，称赞西伯昌必为明君。大臣们为了团结更多的邻国，便上书请求西伯昌称王。后来，周王昌以纣王的名义率军讨伐犬戎（今甘肃庆阳以西），攻克密须国（今甘肃灵台县一带），讨伐耆国（今山西黎城），击败邘国（今河南沁阳市），击灭崇侯虎国，一路胜利高歌，并营修了都城（今西安市长安区沣水西），由周原（今陕西岐山县）迁都于丰京。这些丰功伟绩的取得，是周王国军民奋斗的结果，也是君臣一心的结果，其中以文王师太公望的功劳最大。《史记·齐太公世家》云："周西伯昌之脱羑里归，与吕尚阴谋修德以倾商政，其事多兵权与奇计，故后世之言兵及周之阴权皆宗太公为本谋。周西伯政平，及断虞芮之讼，而诗人称西伯受命曰文王。伐崇、密须、犬夷，大作丰邑。天下三分，其二归周者，太公之谋计居多。"古代的军事家凡言兵事，均奉太公望为鼻祖，并以太公名义著兵书《六韬》。

3. 太公望被周武王尊为"师尚父"而灭商建周

《史记·周本纪》云："西伯盖即位五十年。其囚羑里，盖益《易》之八卦为六十四卦。诗人道西伯，盖受命之年称王而断虞芮之讼。后十年而崩，谥为文王。改法度，制正朔矣。追尊古公为太王，公季为王季，盖王瑞自太王兴。"大计均是周文王与太公望等大臣商议而定。武王继位后，"言吕尚所以事周虽异，然要之为文、武师"，尊为"师尚父"，拜周公旦为辅，召公、毕公为臣，继承和发扬文王的事业。

武王九年，兴兵东进，观察殷纣王的反应和诸侯国的倾向，以决定是否灭殷朝。大军东行前，师尚父任统帅，左手持黄钺，右手持白旄向众将士做誓师动员，激发出将士们的昂扬斗志，疾进至盟津（今河南洛阳市北的孟津县黄河渡口），参加会盟者有 800 个诸侯国。各国的国君均向武王说：可以灭商纣王。武王认为伐纣的时机还不成熟，决定返师，由太公望作《泰誓》以诰。返回丰京后，太公望又助武王营筑新都城镐京（沣水东的今长安区镐京村一带），以适应日渐强大的周王国之需要。过了两年，殷纣王更加孤立，诸侯多叛，灭亡殷的时机成熟。《六韬逸文》记载："周武王将伐纣，问太公曰：'今引兵深入其地，与敌行阵相守，被敌绝我粮道，又越我前后，吾欲与战则不敢，以守则不固，而为之奈何？'太公曰：'夫入敌地，必案地形势胜便处之，必依山陵险阻水草为固，谨守关隘塞。敌若卒去不远，未定而复反，彼用其士卒，若太急则后不至，后不至则行乱，而未及阵，急击之，以少克众。'"《说苑》又载：武王又问太公："吾欲不战而知胜，不卜而知吉，使非其人，为之道乎？"太公曰："有道，王得众人之心，以图不道，则不战而知胜矣；以贤不尚，则不卜而知吉矣；彼害之，我乐之，虽非吾民，可得而使也。"武王听后，更加坚定了灭纣王的决心。于是周武王于十一年率大军东进，在牧野（今河南新乡市）与殷纣王军决战，败殷军，纣王自杀，斩其头，取得胜利。次日，武王一行入朝歌，宣布西周建立。《史记·周本纪》云："武王立于社，群公奉明水，卫康叔纣布采席，师尚父牵牲，史佚策祝，以告神讨纣之罪。散鹿台之钱，发钜桥之粟，以振贫民。封比干墓，释箕子囚。迁九鼎，修国政，与天下更始。师尚父谋居多。"是说，太公望在助武王灭纣中又建立了新的功勋。

周灭殷朝后，太公奉武王之令，又率军东征淮夷、徐夷、莱夷及奄、齐、郯、薄姑等17国，使其先后归服。其进军的前哨阵地已达吕城（今江苏徐州）、吕梁洪（今江苏铜山县东南25公里处）。《逸周书·世俘解》云："大公望命御方来，丁卯，望至，告以馘俘。"注云："太公受命追御纣党方来。"东夷殷的同盟国在周王军队打击下，均表示归服，成为周的属国。

综上可知，太公望在辅佐周文王平定西方、巩固后方根据地，以及向东北进军、控制殷朝西北地区中，贡献突出；在辅佐周武王灭殷建国、巩固新政权的过程中又功勋卓著。他德高望重，备受朝野尊敬，堪称西周时期举足轻重的思想家、政治家及军事家。

三、姜太公的丰功伟绩及姜姓后裔文化

一般来说，推翻旧王朝后，新建立的王朝往往就要论功封赏，进行权力再分配，以巩固新政权，西周王朝亦不例外。

1. 封于营丘而开创齐国

《史记·周本纪》：周武王"封功臣谋士，而师尚父为首封。封尚父于营丘，曰齐"。《解集》引《尔雅》曰："水出其前而左曰营丘。郭璞曰：'今齐之营丘，淄水过其南及东。'"《正义》引《水经注》曰："今临菑城中有丘云。青州临淄县古营丘之地（今山东省淄博市旧临淄城），吕望所封齐之都也。营丘在县北百步外城中。《舆地志》云秦立为县，城临淄水，故曰临淄也。"师尚父之所以被周武王封于营丘，原因有三：一是吕尚在文王时曾避纣王疑杀隐居于东海之滨，对东夷地区情况熟悉；二是吕尚谋略高，军事能力强，灭纣王后在征服东夷诸国中又树立了

威望；三是吕尚善于施行"恩威并重"策略，能团结夷人稳定营丘地区的形势，维护刚刚建立的周王政权。《史记·齐太公世家》记载：因形势紧张，"武王已平商而王天下，封师尚父于齐营丘"，让其立即就封国。太公望带亲从"东就国，道宿行迟。逆旅（即由东方向西方的行人）之人曰：'吾闻时难得而易失。客寝甚安，殆非就国者也。'太公闻之，夜衣而行，黎明至国。莱侯来伐，与之争营求。营求边莱。莱夷人，会纣之乱而周初定，未能集远方，是以与太公争国"。《史记·货殖列传》记载：营丘"地近渤海，地潟卤，少五谷，而人民寡"。《汉书·食货志》亦载："潟卤之田，不生五谷也。"《盐铁论·轻重篇》亦载："昔太公封于营丘，辟草莱而居焉。地薄人少。"足见当时齐地殷王朝的旧势力还比较大，而当地人民常受战争之难，生活较苦，民心不稳，形势十分严峻。

太公望依据当地的实际情况，没有用武力强制推行西周的制度，而是善待华夷各族人民，大力发展渔业、盐业、商业，弥补当地不生五谷之缺，改善和提高人民生活，受到民众的欢迎和爱戴。《史记·齐太公世家》云："太公至国，修政，因其俗，简其礼，通商工之业，便渔盐之利，而人民多归齐，齐为大国。"正当齐国逐渐走向好转之时，西周又产生了新的内忧外患，再次考验着吕尚。《史记·齐太公世家》记载说："及周成王少时，管蔡作乱，淮夷畔周，乃使康公命太公曰：'东至海，西至河（指今山东西北部黄河以东），南至穆陵（今山东临朐县南穆陵关），北至无棣（今属山东），五侯九伯，实得征之。'齐由此得征伐，为大国。都营丘（今山东淄博市）。"齐太公吕尚便以周王的名义率军征伐叛乱的东夷国，扩土至今山东莒县以东。《路史·国名纪甲》载："而太公乃出东吕。吕，莒也。"罗苹注引《博物志》云："曲海城有东吕乡、东吕里，太公望所出也。《寰宇记》：密之莒县东百六十里曲海城。"曲海城在今山东日照东吕乡。齐太公留军队及部分吕人驻守于"东吕乡"，自己率军返回国都营丘。这样一来，便有文献记载说吕尚为东海之滨东吕乡（实为其征战时停留的地方）人，实误。据《史记·周本纪》载：周公的大军平定管、蔡之乱与武庚叛军后，"召公为保，周公为师，东伐淮夷，残奄，迁其君于薄姑"，以支援齐、鲁二国。偃姓、盈姓等17个东夷国被灭或南徙后，齐、鲁两国才真正统治了东夷地区。齐太公吕尚开创了齐国，为营丘地区经济、文化的发展，各民族的融合，周文化的向东方传播做出了重大贡献，并为齐国日后成为"春秋五霸""战国七雄"之一的辉煌奠定了坚实的基础。

2. 齐太公后裔继续经营齐国

吕尚活了百余岁，病逝后，先后由其子孙丁公吕伋、乙公、癸公、哀明公等人继位。由于吕尚对西周的建立和巩固有大功，又德高望重，故从周成王至周夷王，均特许齐国相继执政的"五位国君"（即齐太公至献公）归葬于镐京附近的周文王陵园内，以示尊荣。《史记集解》引《周礼》曰："太公封于营丘，比及五世，皆反（返）葬于周。郑玄曰：'太公受纣，留为太师，死葬于周。五世之后乃葬于齐。'《皇览》曰：'吕尚冢在临淄县城南，去县十里。'"由此可知，吕尚在营丘建立齐国后，称齐太公，兼任王室太师职，他和儿子、孙子、曾孙、玄孙（吕山）五代人，均归葬于今陕西长安区丰镐村附近。今山东淄博市旧临淄城南的"吕尚冢"，是齐国人修建的"衣冠冢"，以示纪念。河南卫辉市城北的姜太公墓，亦是纪念性质之墓。

齐哀公不辰执政时国力渐强，引起周夷王猜忌，齐国相邻的纪诸侯国国君乘机上书诬告哀公不轨，夷王怒，杀哀公，将尸体煮成肉汤赐予诸侯国国君饮，以警告图谋不轨的国君。自此以后，齐国地位日下，直至齐桓公立为国君，在贤相管仲等人的辅佐下，才再次称霸于中原，成为天下强国。但齐桓公四十三年（前643）去世后，五个儿子相继为君，齐国再次陷入内政不稳、朝政更迭、国力日衰的境地。齐康公十九年（前386），周安王承认并册封田和为齐侯，驱逐姜姓康公于海滨。齐康公二十六年（前379）在海滨流放地病逝，吕尚的齐国绝封，齐国成为陈姓后裔田姓的国家。《史记索隐述赞》曰："太公佐周，实秉阴谋。既表东海，乃居营丘。小白致霸，九合诸侯。及溺内宠，衅锺虫流。庄公失德，崔杼作仇。陈氏专权，厚货轻收。悼、简构祸，田、阚非俦。渢渢余烈，一变何由？"高度概括了吕姓齐国的兴亡史。太史公司马迁也总结说："吾适齐，自泰山属之琅琊，北被于海，膏壤二千里，其民阔达多匿知，其天性也。以太公之圣，建国本，桓公之盛，修善政，以为诸侯会盟，称伯，不亦宜乎？洋洋哉，固大国之风也。"他不仅盛赞了吕尚建立齐国的功绩，颂扬了齐桓公吕小白的称霸伟业，而且还指出田齐威王的强齐国正是来自吕姓之泱泱大国。由此可见，吕尚及其子孙对齐地社会的发展是有巨大贡献的。

3. 吕尚后裔封立的章国和井伯国

吕尚被周武王封于营丘后，在征伐扩土中吞并了黄帝后裔任姓章国，周王室遂封吕尚的裔孙于章国故地（今山东省东平县东鄣城集），为"子"爵国。邓名世《古今姓氏书辨证》云："章与谢，本皆任姓，周始以封太公之支子。"这个"支子"，指的是太公望的裔孙。又云："东平无盐东北有章城，古章国，齐人降之。"《通志·氏族略》记载：西周时，姜太公的裔孙分封于鄣邑（今山东章丘市），为纪国的附庸。《公羊传》《谷梁传》又记载说：东平无盐东北的章城（今山东县东鄣城集）是纪国的邑城或其附庸城。对此该如何理解呢？《春秋地理考实》云："纪，小国，不得附庸也。此因昭（公）十九年传有纪鄣而误也。纪鄣，莒邑，与此鄣一地。"林宝《元和姓纂》亦载："章，姜姓，齐太公封章，《左传》齐人降鄣，子孙改为章氏。章子，齐威王将。"这里的"齐太公封章"，是指太公的后裔所封章国之后，姜姓改章姓在章国被同姓、同宗的齐国吞并（前664）之后，章子为将的齐国，已是田姓的齐威王之时，且章与鄣古通用。章国故民中有的还被安置在今山东章丘——章丘山一带。从这些论述中可知：太公望的裔孙封的章国在今山东东平县，后迁于江共赣榆县，亡国后迁于今山东章丘市，后又形成邱（丘）姓。

周王室为表彰太公望的赫赫功绩，还封其后裔于今宝鸡市陈仓区的夏、殷之姜姓井伯国故地，以表示对吕尚祖先的尊奉和对吕尚旧居地磻溪的纪念，并守奉姜姓的祖坟和太公望垂钓圣地。《广韵》曰："井，姜姓，子牙之后也。"其地域有今宝鸡市陈仓区渭水两岸、凤翔北山以南、迁阳县以东的地区。西周初年与散伯国争地的"井伯国"就指的姜太公的这个后裔伯国。传至周穆王时，国君井伯"利"曾入王室任太祝。《穆天子传》云："周有大夫井利。"《井伯盉》铭文载："佳三月初吉，丁亥，穆王在下减居，穆王乡（飨）丰（醴）即井伯公固师，师从王伐犬戎。"井伯、井公利，均是利的称号。张筱衡先生考证：《穆天子传》中赞扬辅佐穆王西征的"井利"，也是指的井伯利，由此可见井伯国在西周史上的地位之高。

齐太公及其后裔分布地较广，后以国名、地名、人名等为姓，形成许多姓氏家族。《姓氏考略》载："尚氏，周太师尚父之后，望出京兆（今西安）、清河（今属河北）、上党（今山西长治）。"郑樵《通志·氏族略》云："尚氏，姜姓，齐太公之后也。太公号太师尚父，因氏。"《万姓通谱》云："战国有尚新，后汉有高士尚长，唐有尚衡。"《风俗通》云："厉氏，齐厉公之后，汉有魏郡太守厉温。"齐太公后裔有高姓、柴姓等。《广韵》曰："高，齐太公之后，食采于高，因愉为氏。"《通志·氏族略》云："柴氏，姜姓，齐太公子高之后，高孙奚以王父名为氏，十代高柴，仲尼弟弟子，孙举，又以王父名为氏。"又云："桓氏，齐桓公之后，以谥为氏。"《姓氏考略》云："卢氏，齐文公之了高，高之孙傒，食采丁卢，因邑为姓。"《元和姓纂》云："齐太公后有公子路，子不以王父字为氏，望出内黄（今属河南省）、会稽（今浙江绍兴）。"《路史》云："年，齐太后有年氏。"《卢若虚刻石记》云："浦，太公之后有浦氏。"《姓氏考略》云："邱（丘）氏，齐太公封营丘，支孙以地为氏。望出吴兴（今浙江吴兴县南）、河南（今洛阳）。"太公后裔井国、章国之后裔有井姓、章姓及丘姓等，井氏后成为扶风郡（相当于今陕西关中西部）的大姓和望族。

综上所述，姜太公出身吕国名门，生于今河南卫辉市，为饱学之士。但因其生不逢时，不被商纣王重用，流落于市井或民间，穷困潦倒。年七八十岁时遇到求贤若渴的周文王，被拜为太师，成为文王的重臣。周武王继位（前1046）后，他同周公、召公等又辅佐其灭殷建周，立下大功。武王去世，成王年幼，周公当国，东方旧势力叛乱。周公立即率大军平叛，又派太公望攻打齐地反叛势力，创建齐国。春秋战国时期，齐为大国、强国。齐国亡后，又形成不同的姓氏，丰富了姓氏文化，促进了民族的团结和统一。姜太公是永远值得纪念、歌颂的历史人物，其后裔形成的约近20个姓氏家族，也丰富了中华民族及其姓氏文化。作为太公故里的河南卫辉，无疑是世界华人寻根拜祖的神圣宝地。

（本文作者为陕西历史博物馆研究馆员、陕西人民政府参事室研究员、中华伏羲文化研究会副会长）

姜太公形象的综合考察

⊙薛瑞泽　许智银

姜太公作为商周之际的重要历史人物，对后世有着广远的影响。从世俗的传说到史乘的真实记述，姜太公的形象充满了传奇。这其中有作为政治家的姜太公，也有从事经商活动的商人姜太公，还有被神化了的姜太公。综合考察姜太公形象的多样化，有助于我们认识商周之际社会变化境遇下姜太公多彩的人生。

一、作为工商业者的姜太公

姜太公善于经商的形象是在商朝末年开始形成的。

早年的姜太公被司马迁描述为"穷困"和"年老"。[1] 作为"东海上人"，《吕氏春秋·孝行览》曰："太公望，东夷之士也。"生长于斯地的吕望对当地的风土人情以及自然环境非常了解，所以他从事工商业经营的地域主要是在黄河中下游地区。

关于姜太公早年"屠牛朝歌，卖食盟津"的经历，从先秦到明清的历代典籍中多有记述。先秦时期，有多部典籍曾提到姜太公经商的经历。《尉缭子》卷二《武议》云："太公望年七十，屠牛朝歌，卖食盟津。过七年余而主不听，人人谓之狂夫也。"《鹖冠子》卷下《世兵》曰："太公屠牛。"陆佃曰："《传》曰：'太公少贫，卖浆，值天凉；屠牛卖肉，值天热而肉败。'"[2] 这两部典籍的记载表明，姜太

---

[1]《史记》卷三十二《齐太公世家》云："吕尚盖尝穷困，年老矣，以渔钓奸周西伯。"
[2] 黄怀信：《鹖冠子汇校集注》，中华书局，2004年，第275页。

公在步入老年之后曾有在朝歌、盟津等地经商的经历，但这种经商并不顺利，"卖浆"遭遇"天凉"，杀牛卖肉遭到"天热而肉败"，可见姜太公出身于屠夫，靠做小买卖而生活。这一小工商业者的形象及买卖不顺的遭际，其实是为了彰显姜太公艰苦砥砺意志，而最终遇到周文王走向发达的奇特道路。

到了汉代，更多的史籍中出现了借先代之口描述姜太公经商的情况。韩婴《韩诗外传》卷七第六章云："吕望行年五十，卖食棘津，年七十屠于朝歌，九十乃为天子师，则遇文王也。"同书卷八第二十四章载冉有答鲁哀公云："太公望少为人婿，老而见去，屠牛朝歌，赁于棘津，钓于磻溪，文王举而用之，封于齐。"① 这里提到了姜太公年轻时为他人女婿，年老之后被赶走。除了朝歌为商都之外，棘津（今河南省延津县东）、磻溪（一名璜河，今陕西省宝鸡市东南）都在黄河中下游地区，姜太公为了生存在各地经商显示了从东海之滨到关中地区经商的便利。刘向《列女传》卷六《辩通传·齐管妾婧》管仲妾婧曾经说："昔者太公望年七十，屠牛于朝歌市，八十为天子师，九十封于齐。"② 管仲妾婧通过姜太公坎坷的人生经历，展现了他最终走向为太子师并得以封地的人生巅峰历程。刘向《说苑》卷八《尊贤》邹子说梁王云："太公望故老妇之出夫也，朝歌之屠佐也，棘津迎客之舍人也。"卷十七《杂言》云："吕望行年五十卖食于棘津，行年七十屠牛朝歌。"《史记》卷三十二《齐太公世家》司马贞《索隐》引蜀汉士人谯周曰："吕望尝屠牛于朝歌，卖饮于孟津。"这些记述都反映了姜太公早年的商贩经历，与早期的记述有相同的作用。姜太公晚年由经商到为天子师，再到封地于齐，看似没有任何联系，但他辗转不同地区以求生存、求知遇的经历，则显现了社会动荡年代智识阶层的不懈追求。

汉代之后，历代关于姜太公早年经商的经历仍然为人们津津乐道。李白《梁甫吟》："君不见，朝歌屠叟辞棘津，八十西来钓渭滨。"秦观《司马迁论》："吕尚困于棘津。"明人彭汝让《木几冗谈》曰："太公少贫，卖浆，值天凉。屠牛卖肉，

---

①韩婴著、许维遹校释：《韩诗外传集释》，中华书局，1980 年，第 244 页，第 296 页。
②刘向编撰，张涛译注：《列女传译注》，山东大学出版社，1990 年，第 203 页。

值天热,而肉败。士之未遇如此。"① 虽然是一颗明珠但未遇明君,只能自沉下沦,事事不顺。清阮葵生《茶余客话》卷十八《覆水难收》录《鹖冠子》注:"太公少婿马氏,老而见去。卖浆孟津不售,改图贩面,值大风。屠牛朝歌,天热肉败。"这些记述使姜太公经商的形象更加丰满,体现了后人对姜太公身处逆境而坚持不懈地追求报效社会的人生境界的肯定,同时也为周文王慧眼识才,发现并任用他做了铺垫。

二、作为政治家的姜太公

早期的经商经历只是姜太公的谋生手段,他并非甘愿长期居于沉沦之地,借助经商,他在不断地寻求政治上的上升路径。

梳理《史记》卷三十二《齐太公世家》关于姜太公的事迹,可以弄清他进入政坛的过程。关于姜太公辗转各地并最终为周文王发现重用的历史,《史记》记述了三种说法。其一为社会群体中广泛传播的"姜太公钓鱼,愿者上钩"的传说。《齐太公世家》云:

> 吕尚盖尝穷困,年老矣,以渔钓奸周西伯。西伯将出猎,卜之,曰"所获非龙非彲,非虎非罴;所获霸王之辅"。于是周西伯猎,果遇太公于渭之阳,与语大说,曰:"自吾先君太公曰'当有圣人适周,周以兴'。子真是邪?吾太公望子久矣。"故号之曰"太公望",载与俱归,立为师。

这段材料记述了姜太公归附周文王的过程是双向的:一方面是姜太公在渭水之滨用"渔钓"的方式干谒周文王;一方面是周文王通过占卜的方式,预测到此次出猎将"获霸王之辅"。双向的互动使周文王与姜太公相遇,并最终谱写了中国历史上一段知人善任的佳话。关于这一用人佳话,《六韬》卷一《文韬·文师》云:

> 文王将田,史编布卜曰:"田于渭阳,将大得焉。非龙、非彲,非虎、非罴,兆得公侯,天遗汝师,以之佐昌,施及三王。"文王乃齐三日,乘田车,驾田马,田于渭阳。卒见太公,坐茅以渔。文王劳问之曰:"子乐渔邪?"太公

---

① 彭汝让:《木几冗谈》,中华书局,1985年,第7页。

曰：" 臣闻君子乐得其志，小人乐得其事。今吾渔，甚有似也，殆非乐之也。"文王曰："何谓兵有似也？"太公曰："钓有三权：禄等以权，死等以权，官等以权。去钓以求得也，其情深，可以观大矣。"

这里所胪列的仅仅是周文王在渭水之滨与姜太公对话的一部分，其一通过这件事情只能说周文王在渭水之滨巧遇姜太公，并获得了有关治国的方略，其意义远大于垂钓和田猎本身。其二为姜太公不被殷纣王及其他诸侯所用，最终投奔周文王麾下。"太公博闻，尝事纣。纣无道，去之。游说诸侯，无所遇，而卒西归周西伯"。这种说法说明在商朝末年，姜太公曾经进入商都朝歌，辅佐殷纣王。因为看到殷纣王荒淫无道，才弃其而去。前文所说的"屠牛朝歌"应当是辅佐殷纣王前后的事情。他随后"游说诸侯，无所遇"，这说明他的政治理想并未赢得太多诸侯的响应，最终归附到周文王旗下。其三为姜太公被西周招去营救周文王。"吕尚处士，隐海滨。周西伯拘羑里，散宜生、闳夭素知而招吕尚。吕尚亦曰'吾闻西伯贤，又善养老，盍往焉'。三人者为西伯求美女奇物，献之于纣，以赎西伯。西伯得以出，反国"。周文王被殷纣王囚禁在羑里，为了营救周文王，周文王的大臣召姜太公，而姜太公也闻知周文王是德行高尚的人，就归附西周，并用计赎回周文王。虽然《史记》所记载的姜太公进入商周之际政坛的渠道有多种说法，但最终都是姜太公归附周文王，司马迁所说的"言吕尚所以事周虽异，然要之为文、武师"，这应当反映了历史的真实。

姜太公归附周文王后，与从羑里脱身的周文王共同谋划灭商大计。《史记》卷三十二《齐太公世家》云："周西伯昌之脱羑里归，与吕尚阴谋修德以倾商政，其事多兵权与奇计，故后世之言兵及周之阴权皆宗太公为本谋。"《史记》所记载的周文王时期姜太公的政绩，主要是为周文王出谋划策，通过"修德以倾商政"，在西周实现内政稳定的同时，达到倾覆商王朝的政治目的。在其所控制的地区之内所实行的一系列仁政，也引起了周边地区诸侯国的仰慕，"断虞芮之讼"可以说是史家最为赞誉的一件事。《史记》卷四《周本纪》云：

西伯阴行善，诸侯皆来决平。于是虞、芮之人有狱不能决，乃如周。入界，耕者皆让畔，民俗皆让长。虞、芮之人未见西伯，皆惭，相谓曰："吾所争,周人所耻,何往为,只取辱耳。"遂还,俱让而去。诸侯闻之,曰"西伯·盖受命之君"。

通过行仁政影响到了周边的诸侯国,使其真心归附周人,不能不说是周文王采纳姜太公计谋的高明之处,通过诸侯国对比殷纣王与周文王的为政优劣,凸显周文王乃"受命之君"。在树立行仁政的同时,周文王采纳了姜太公的剪除殷纣王封国的策略,"明年,伐犬戎。明年,伐密须。明年,败耆国。殷之祖伊闻之,惧,以告帝纣。纣曰:'不有天命乎?是何能为!'明年,伐邘。明年,伐崇侯虎。而作丰邑,自岐下而徙都丰"。周文王所讨伐的各诸侯国都属于殷纣王的属国,其地理坐标从中原到关中都有,犬戎是活动在泾渭流域戎人的一支;密须,姞姓,族源地在甘肃灵台县西五十里百里乡;耆国即黎国,在今长治市西北;邘,即于、盂,在今沁阳市西北邘邰村东;崇,在今陕西西安市长安区西北沣河西岸。丰也在长安区西北沣河西岸。从周文王所灭的犬戎,到殷纣王的诸侯国,表明崛起的周人开始对外拓展,而其中发挥重要作用的就是姜太公,因而有"伐崇、密须、犬夷,大作丰邑。天下三分,其二归周者,太公之谋计居多"。这是对外攻占殷纣王的土地,实现了"天下三分,其二归周者"的战略目标,逐步壮大了周的力量。

周武王即位后,以姜太公为代表的谋士群体对于灭商大业发挥了重要作用。"武王即位,太公望为师,周公旦为辅,召公、毕公之徒左右王,师修文王绪业。"[①] 为了检验所控制下的诸侯是否真心归附,周武王在即位九年后,"欲修文王业,东伐以观诸侯集否"。此时,姜太公已经具备了崇高的地位,处于师尚父的地位,并"左杖黄钺,右把白旄以誓",当大军到达盟津时,"诸侯不期而会者八百诸侯"。经过此检验,周武王确定了追随诸侯的同心,在回师之后,"与太公作此《太誓》"。两年后,周武王在殷纣王变本加厉的情况下,准备兴师讨伐。然而经过占卜显示不吉,又遇暴风雨骤至,追随周武王的群臣都感到害怕,"唯太公强之劝武王,武王于是遂行"。在灭商之后,周武王采纳了姜太公的谋略,在社举行了告神仪式,"武王立于社,群公奉明水,卫康叔封布采席,师尚父牵牲,史佚策祝,

---

[①]《史记》卷四《周本纪》,第120页。

以告神讨纣之罪"。此后周武王所采取的"散鹿台之钱，发钜桥之粟，以振贫民。封比干墓，释箕子囚。迁九鼎，修周政，与天下更始"等一系列新政措施，"师尚父谋居多"。还有评价姜太公说："发扬蹈厉，太公之志也。"《正义》云："言此是太公志耳。太公相武王伐纣，志愿武王之速得，自奋其威勇以助也。"① 从姜太公为周武王出谋划策稳定天下形势来看，其所具有的政治谋略远超同侪。

  姜太公的政治远见不仅在灭商兴周的过程中发挥了重要作用，即使在周武王分封他到齐国后，他所采取的建国方略，也显示出不落窠臼的非凡智慧。周初天下大分封是在周武王"已平商而王天下"之后，为了奖赏跟随的有功人员，乃"封功臣谋士""师尚父为首封，封尚父于营丘，曰齐"。当时姜太公的封国是诸侯国疆土面积最大的，"太公于齐，兼五侯地，尊勤劳也"②。姜太公被封之地是其出生和长期生活的地方，他对这里的风土人情颇为了解，所以他到封国之后，采取了不同于鲁国的治国方略，③"太公至国，修政，因其俗，简其礼，通商工之业，便鱼盐之利，而人民多归齐，齐为大国"。姜太公根据齐国特殊的客观环境，制定了发展工商经济，利用鱼盐之利而强国的目标，应当说是符合实际情况的。在"管蔡作乱，淮夷畔周"，新生的周政权面临危机的时刻，周成王令召康公命太公曰："东至海，西至河，南至穆陵，北至无棣，五侯九伯，实得征之。"授予姜太公征伐权，使周王朝在平定管蔡之乱中赢得了东方地区的稳定。而齐国获得了独有的军事行动权利，"齐由此得征伐，为大国"。

  姜太公从一个小商人逐步进入西周政坛，在西周初年夺取政权、巩固政权中发挥了积极的作用，展现出一个政治家独有的政治风采。正是以姜太公为代表的谋士群体团结围绕在周文王、周武王周围，才使周武王实现了灭商大计，也使周成王即位之初，面对管蔡之乱，朝廷内部猜忌迭起的状态，能够实现政权的巩固。

---

① 《史记》卷二十四《乐书》，第1229页。
② 《史记》卷十七《汉兴以来诸侯王年表》，第801页。
③ 《史记》卷三十三《鲁周公世家》云："鲁公伯禽之初受封之鲁，三年而后报政周公。周公曰：'何迟也？'伯禽曰：'变其俗，革其礼，丧三年然后除之，故迟。'太公亦封于齐，五月而报政周公。周公曰：'何疾也？'曰：'吾简其君臣礼，从其俗为也。'及后闻伯禽报政迟，乃叹曰：'呜呼，鲁后世其北面事齐矣！夫政不简不易，民不有近；平易近民，民必归之。'"

三、作为文化巨擘的姜太公

作为一代奇人，姜太公不仅在政治上有所作为，同时也留下了影响及于后人的文化形象。虽然姜太公的文化形象极其丰富多彩，在后世产生广泛影响的大约有以下几类。

其一，姜太公的先师形象。姜太公曾经做过"文、武师"，周文王在渭水之滨与姜太公相遇后，"载与俱归，立为师"，周武王即位后，姜太公被尊为"师尚父"。这在后世被认为是姜太公"以亲闻道于文王也，岂有不平日师资太公之才德，而徒以一旦飞熊（姜太公道号）之形象乎？则卜载归之说，史迁无谓也……《诗》述武王牧野之战曰：惟师尚父，时维鹰扬。则太公持以韬略，为武王兵师，迁未详也"①。可见从《诗经》时代已经确立了姜太公的先师地位。明朱长祚曾说："历稽前代，惟周之太公望，尊为尚父，此千古以来，未曾有之封号。"② 明陆容说："宜以文、武、周公为先圣，太公望、召公奭为先师。"③ 姜太公有如此高的声望，被尊为"尚父""先师"，应当是人们心理的真实表述，正因为如此，后世凡有成名者大多尊重姜太公，后人还有附会范蠡曾以姜太公为先师。如刘向《列仙传》卷上《范蠡》就说范蠡"事周师太公望"。虽然被后世看作"其可笑如此"④。但无疑表达了人们的美好愿望。尊师重道历来被认为是优秀的传统，从先秦到明清对于姜太公先师地位的认定无疑具有表率作用。

其二，为妻所弃成为后世话题，进一步凸显了姜太公的丰满人生形象。《战国策·秦策五》姚贾谓秦王曰："太公望齐之逐夫，朝歌之废屠。"这大约是较早关于姜太公被妻所逐的记载。刘向《说苑》卷八《尊贤》邹子说梁王曰："太公望故老妇之出夫也，朝歌之屠佐也，棘津迎客之舍人也。"对于姜太公被妻所逐，清俞正燮作了详细考证："按：娶妻，故有出妇。赘婿，则有出夫。太公汲人，避纣于

---

① 罗璧：《罗氏识遗》卷十《梦卜》。
② 朱长祚：《玉镜新谭》卷三《尚公》。
③ 陆容：《菽园杂记》卷十四。陈全之《蓬窗日录》卷四《释奠》亦云："宜以文、武、周公为先圣，太公望、召公奭为先师。"
④ 王士禛：《古夫于亭杂录》卷六《王乔》。

东海为赘婿,又被出耳。"① 他还从姜太公被妻所逐考察了齐地的风俗:"逐夫、出夫者,以赘女家,故为妇所逐所出。若娶妇则无逐夫出夫之事。知赘婿风已古。或齐巫儿婿造此故实,以相夸耀。"② 可见姜太公被妻所逐是齐地古老的风俗。后人还推测姜太公被妻所逐的原因,明敖英《东谷赘言》卷下云:"或问古来亦有夫为妻弃者乎? 予曰:'太公望为妻所弃,耄故也。'"敖英认为姜太公被妻所逐的原因是年老所致。至于说姜太公被妻所逐的影响,后人多是同情姜太公,而谴责其妻的薄情寡义,宋王楙《野客丛书》卷二十八《覆水难收》云:"案姜太公妻马氏,不堪其贫而去。及太公既贵,再来,太公取一壶水倾于地,令妻收之,乃语之曰:'若言离更合,覆水定难收。'"明张岱缀辑《夜航船》卷四《考古部》"马前覆水"云:"太公望妻马氏,弃夫而去,后见太公富贵求归,命收覆水。"此种现象在汉代有朱买臣被其妻所弃,故而张岱感慨曰:"妻弃夫,人知朱买臣,而不知太公望。"为了表达其妻在事主发达之后的悔意,《鹖冠子》注:"太公少婿马氏,老而见去。……武王伐纣封侯,道遇妇人,其前妻也,再拜求合。公取盆水覆地,令收之,惟得沙泥。公曰:'若言离更合,覆水定难收。'妇人抱恨而死,今有马母冢云。"③ 覆水难收的典故无疑为了教育人们应当具有远见卓识,不能因为眼前的逆境而放弃最起码的道德追求。

其三,对于姜太公崇高地位的确立,与后世不断拜祭联系在一起。明代皇帝在祭拜历代先贤时,周代有周公旦、召公奭,太公望、召穆公虎、方叔作为"从祀名臣""凡三十二人,列两庑,庑二坛,坛少牢一"④。洪武初年,明太祖在南京鸡鸣山南建历代帝王庙,"以祀三皇五帝、三王、汉高祖、光武、唐太宗、宋太祖、元世祖"。"又诏以历代名臣从祀",其中周代有"周公旦、召公奭、太公望、方叔、召虎"作为从祀。⑤ 清赵吉士《寄园寄所寄》卷六《焚麈寄》亦云:"金陵帝王庙

---

① 俞正燮:《癸巳存稿》卷四《出夫》。
② 俞正燮:《癸巳存稿》卷七《巫儿事证》。
③ 阮葵生:《茶余客话》卷十八《覆水难收》。
④ 郑晓:《今言》卷一。
⑤ 郎瑛:《七修类稿》卷十二《国事类》。

……两庑从祀历代功臣三十七人位次……周公旦、召公奭、太公望、召穆公虎、方叔。"① 虽然从祀的人员略有变化，但姜太公总是位列其中，不能不说其在后人心目中具有很高地位。

（本文作者均为河南科技大学人文学院教授）

---

①朱彭寿：《旧典备征》卷二《历代从祀功臣》云："按顺治十七年所议定者……周臣周公旦、召公奭、太公望、召虎、方叔。"（清）阮葵生《茶余客话》卷四《配享功臣》云："帝王庙配享功臣……西庑第一坛二十人……周公旦、太公望、吕侯（增）、方叔、尹吉甫。"

唐代姜太公文化现象谫论

⊙郭树伟

姜子牙，名尚，一名望，字子牙，俗称姜太公。西周初年，被周文王封为"太师"，辅佐文王，与谋"剪商"，后辅佐周武王灭商，因功封于齐，成为周代齐国的始祖，是中国历史上杰出的政治家、军事家和谋略家。历史上真正的姜太公崇拜现象和姜太公文化研究的兴起主要是在唐代，这里面大致有三方面的原因：首先是唐朝通过设立武成王祭祀制度表达统治者对军功的宣扬和国家的尚武信仰，是姜太公崇拜现象和文化研究兴起的最主要的原因；其次是科举制度背景士人对姜太公"老而愈奋"的功业期望及普通民众对姜太公"拔地而起，坐致青云"的猎奇心理，导致姜太公文化在普通民众层面的研究现象；最后是在唐代中央集权背景下，士人对姜太公"帝王师"身份的文化思考。在这样诸多历史背景下，姜太公崇拜现象和姜太公文化研究形成了第一个历史高潮。

一、唐代的武成王制度与姜太公崇拜的文化现象

姜太公是中国古代杰出政治家、军事家和谋略家。儒、道、法、兵、纵横诸家皆追他为本宗，尊其为"百家宗师"。唐朝开创太公崇拜和武庙祭祀先河，是大唐上下崇武的最主要体现，并兴起了一股以历史或当朝武将为载体的军功崇拜的文化潮流。唐朝武庙最初称太公庙，是源自对姜太公的个人崇拜。姜太公崇拜由来已久，早在春秋时期就有立庙祭祀的文献记载，可是太公正式登堂入庙，由朝廷和官府举行祭礼并上升到国家崇拜是在唐朝。

早在唐初，姜太公只是周文王、周武王祠的陪祀，属于先王祭祀的配角。到了

贞观时期，唐太宗下令将姜太公迁出周王祠单独进行祭拜，在相传是姜太公垂钓处的磻溪（今属陕西宝鸡）另立太公庙。此时的太公庙还属于帝王下诏设立在地方的个人祭祀，与民间自发形成的祭祀明显不同，已有朝廷宣武之意。神龙二年（706），唐中宗在长安、洛阳两京设立太公庙，首在国都开庙祭祀。太公崇拜开始上升到国家行为层面。开元十九年（731）四月十八日，唐玄宗诏令："两京及天下诸州，各置太公庙一所。"① 对此，《新唐书》卷十五《礼乐志五》记载云："始置太公尚父庙，以留侯张良配。中春、中秋上戊祭之，牲、乐之制如文宣。出师命将，发日引辞于庙。仍以古名将十人为十哲配享。"②《大唐开元礼》则分斋戒、陈设、馈享等方面记载了开元时期祭祀姜太公的详细礼仪。由上述史料可见，至唐朝开元年间，太公庙正式在国家和地方普遍设置，祭祀仪礼由朝廷明文规定，一年中在中春及中秋上戊日两祭，牲品及礼乐制度同于孔庙，仪礼以礼官"太常卿、少卿、丞三献"，祝文称"皇帝遣某敢诏告"。而且，国家拜将发兵，出师告捷，也要到太公庙宣告祭奠。由此朝廷确定了武庙作为最高军功崇拜场所的礼度规格。开元十九年正是大唐国礼《大唐开元礼》即将修成之时，次年该礼即颁行天下。作为国家大礼，自当宣扬文武并重，不可偏废之国策。此时朝廷将太公庙上升到国家祭祀，列五礼之吉礼，完善祀典制度，正是宣告崇武之意。太公庙始以张良配享，并置亚圣"十哲"配祀，武庙的祭祀体系自此形成，也标志着唐朝以太公信仰为代表的军功崇拜达到一个高峰。唐玄宗天宝六载（747）正月，朝廷又下诏，诸州乡贡武举人上省遴选，要首先拜谒太公庙。此举如同规定贡举人由科举必拜文庙先圣孔子一般，从国家层面引导并确定武举人为代表的武人崇拜的归宿。由此，唐帝国以太公和武庙打造的军事崇拜中心地位已经形成。

唐肃宗上元元年（760）闰四月，平定安史之乱正处于关键时期，唐廷上下呼唤军功，倡导武风势在必行。唐肃宗以"定祸乱者必先于武德，拯生灵者谅在于师贞"③ 为由，依照孔子封王例，尊封姜太公为"武成王"，是为太公追封"王爵"

---

①王溥：《唐会要》，中华书局，1955年，第435页。
②欧阳修：《新唐书·礼乐志五》，中华书局，1975年，第377页。
③王溥：《唐会要》，中华书局，1955年，第435页。

之始。自此，太公庙正式改称武成王庙，简称武庙，武庙之称自此而来。至此，武庙祭典与所封文宣王的孔子相同，以示文武并重之意。据《旧唐书》记载："追封周太公望为武成王，依文宣王例置庙。"① 孔子被尊奉为文圣，姜太公则尊为武圣，二者并驾齐驱。显然，唐朝以太公和武庙崇拜为载体倡扬当朝的军功崇拜，尚武之风炽烈。此时，武庙的地位在唐代达到顶峰，不仅祭祀人物齐整，阵容强大，而且国家从发兵拜将到武举参拜，从亲署祝文到太尉献祭，可以说武庙受到了举国上下的祭祀崇拜，地位空前。

总之，唐朝武庙是对姜太公为代表的前朝当朝功勋武将的供奉祭祀，并滥觞为军功崇拜的意识潮流。武庙不但寄托了对历朝名将的追思，同时还表现出李唐统治者希望通过祭祀对整个社会的尚武氛围起到有利导向，为命将征兵、征讨平乱而正名，是崇尚武功的产物，又对当朝军功起到一定的刺激作用，以彰显开疆拓土、镇反平叛的国家意志和抱负，引导了崇尚武功的社会潮流。当然，武庙祭祀也有祈祷国泰民安，祈求出征戍边的将士平安告捷之意。唐朝武庙虽然其后经过宋朝的发展，但到了明清时期却成为供奉关羽的庙宇，姜太公黯然退位，确实已是时过境迁。不过在唐朝，朝庭设立武庙之初衷完全是为了表达统治者对军功的宣扬和崇拜，是尚武信仰的强烈表现。

二、皇权背景下的官僚系统关于"帝王师"的文化思考

三代之前，君师政教合一。春秋之际，"五官之学"解体，六经散为百家，即是庄子所说："道术将为天下裂。"六经散落民间，意味着知识不再为贵族所垄断，私学的兴起，渐渐萌生出中国知识分子的最初原型——士。知识分子作为一个独立的社会阶层，不仅仅在于它的知识特征，更在于它成了新教义的创建者和传衍者，从此与社会系统分化而成为具有相对独立性的文化系统，此一相对独立的文化系统的确立，便是对"道"的认同，道亦可说是一种教义，它使知识分子获得更高的精

---

① 刘昫：《旧唐书》，中华书局，1975年，第259页。

神凭借，可以据此批评社会政治系统，或谓孔子曰："子奚不为政？"① 子曰："书云：'孝乎惟孝，友于兄弟，施于有政。'是以为政，奚其为政？"孔子的这段话，可以看作道与势分离的最初象征。在这里，孔子以道自重，强调道对势的影响，并且隐含了道对势的控驭企图。以道自重可以说是世界文化史的一个普遍现象，知识分子因为他们追求的是最终极的真理而常常产生一种"自重"的感觉。道与势的分离，逐渐使知识分子滋生出一种"以道自重，抗礼帝王"的心态，这便是对道的权威性的强调。这种权威性在春秋战国之际，主要表现为道统与政统之间关于师友臣关系的争论，《孟子》中记载了子思与鲁缪公的一段对话并加以发挥说："缪公亟见于子思曰：古千乘之国以友士，何如？子思不悦。曰：古之人有言曰：事之云乎，岂曰友之云乎。子思之不悦也，岂不曰：以位，则子君也，我臣也，何敢与君友也；以德，则子事我者也，奚可以与我友？"② 孟子以刚直著世，道的权威性在他那里发挥得淋漓尽致，此一思想深深影响着后来的中国知识分子，否则我们就无以解释，为什么在严格的纲常背景中，古典小说会屡有"昏君"的概念，会产生那么多"天子呼来不上船"的狂士形象。

古代中国道与势的对抗局限在"君臣"关系之中，其重要的一点，便在于中国"道"的强烈的人间性特点。这样，中国知识分子便和政治发生了面对面的直接关系。要弘道，就必须入世。由于中国的道统缺乏诸如基督教那种完整的组织形态，因而不可能凌驾于政统之上，道的教化功能只有通过国家形式才能得以完成。这样，知识分子就必须走从政的道路，基于道与势的这一现实格局，先秦儒家都曾积极鼓励入仕，比如"学而优则仕，仕而优则学"③，"子墨子曰：姑学乎，吾将仕子"。④ 问题的关节正在于，知识分子一旦入仕，他的独立身份也就随之消失，他是臣，"奴者，臣下之象"。他必须在势的控驭之下进行"教化"工作。这样，道与势的关系便具体转化成"君臣"关系，其中的平衡就变得微妙起来。一方面，在

---

① 杨伯峻：《论语译注》，中华书局，1980年，第20页。
② 杨伯峻：《孟子译注》，中华书局，1960年，第237页。
③ 杨伯峻：《论语译注》，中华书局，1980年，第202页。
④ 孙诒让：《墨子闲诂》，中华书局，1975年，第461页。

"君臣"关系中,道对势的控驭企图受到了事实的障碍;另一方面,儒家又是一个"别尊卑,定名分"的学派,在理论上就限定了士作为道的承担者而高于政治权威的要求,在具体的"君臣"关系中知识分子实际上常常陷入一种两难困境,"枉道从势",固然有悖于道统,但凌驾于政统之上,既为现实所不容,又违背了儒家的"名教"传统。这样在"君臣"范畴中,道与势的关系便完全依靠个人的努力调节。《战国策·燕策》记载了一个有关"师友臣"的理想模式:"燕昭王……往见郭隗先生曰……敢问以国报仇者,奈何?郭隗先生对曰:帝者与师处,王者与友处,霸者与臣处,亡国与役处。……于是昭王为隗筑宫而师之。"① 应该说,在春秋战国之际,的确存在过这样一种模式,鉴于当时的政治局势,诸侯不仅需要得到士的知识才能,更需要得到"道"的精神支持,因此,他们常常对一些知识分子执师友之礼。比如:"魏文侯见段干木,立倦而不敢息。""费惠公曰:吾于子思,则师之矣;吾于颜般,则友之矣;王顺、长息,则事我者也。"② 这种"为帝王师"便成了后世知识分子梦寐以求的政治光荣。它不仅满足了道的权威性要求,同时又避免了君臣之间尊卑关系的伦理冲突。

西周统治初期周武王与姜子牙的关系便成为唐代官僚系统处理君臣关系经常思考的文本。如中唐时期名相权德舆的诗词《渭水》:"吕叟年八十,翻然持钓钩。意在静天下,岂唯食营丘。师臣有家法,小白犹尊周。日暮驻征策,爱兹清渭流。"③ 再如李白的《梁甫吟》:"君不见,朝歌屠叟辞棘津,八十西来钓渭滨。宁羞白发照清水,逢时吐气思经纶。广张三千六百钓,风期暗与文王亲。大贤虎变愚不测,当年颇似寻常人。"④ 姜子牙垂钓渭滨的高逸姿态及出将入相、为帝王师的政治天才是李白浪漫人生的最高典范。诗人在描写姜太公"风云感会"的神奇经历的同时,已将自己的精神理想融入其中了。在这段文字中,我们不仅可以看到一个历史的伟人,而且更能看到一个渴望成为伟人的伟人。权德舆和李白描写姜子牙的

---

① 何建章译:《战国策》,岳麓书社,1992年,第763页。
② 杨伯峻:《孟子译注》,中华书局,1960年,第237页。
③ 彭定球:《全唐诗》,中华书局,1960年,第3650页。
④ 彭定球:《全唐诗》,中华书局,1960年,第250页。

形象，其实寄托了他们自己对"帝师""帝友"的身份期待。

君臣关系严格限制了道对势的控驭企图，但道的无上尊严，却一直是中国知识分子的光荣与梦想，明末吕坤说："故天地间惟理与势为最尊。虽然，理又尊之又尊也。庙堂之上言理，则天子不得以势相夺。既夺焉，而理常伸手于天下万世。故势者，帝王之权也，理者，圣人之权也。帝王无圣人之理则其权有时而屈。然则理也者，又势之所恃以为存亡者也。以莫大之权，无僭窃之禁，此儒者之所不辞，而敢于任斯道之南面也。"① 在中国古代政治生活中，道与势始终处在一种相当微妙的关系之中。由于"君臣"模式的束缚，古代知识分子亦戴着"名分"的枷锁在进行"弘道"的努力。"道"的权威性基本依靠知识分子个人的人格操守、修养和政治才能以及特殊的历史机遇。在这种政治格局中，极易产生"伴君如伴虎"的悲观感叹，而古代的光荣与梦想往往只能在文学中得以虚构地再生。可是"明主"毕竟意味着"弘道"的可能，因此知识分子常常抱璞以待，姜子牙钓于渭水，诸葛亮隐居隆中都意味着某种"等待"，把弘道的全部希望都寄托在"明主"身上，正是中国古代道与势的关系长期演变的实际结果。它的渺茫与偶然，意味着中国知识分子作为道的承担者的全部艰巨性和悲剧性。姜子牙的"帝师"形象成为唐代士人的一种文化偶像，他在磻溪垂钓的"等待"成为唐代士人的一种集体"等待"！

三、科举制度背景下普通士人和基层民众对姜太公的猎奇遐想

《史记》记载"吕尚盖尝穷困，年老矣，以渔钓于周西伯"②，一句"尝穷困"，其间荣枯备极心酸，至于《封神演义》杜撰姜子牙为维持生计，在商都朝歌宰牛卖肉，又到孟津做过卖酒生意。他当过小贩，卖扇子时遇到了连绵阴雨，卖面粉时遇到了大风，命运施给他的是连番的失败。这些都不是无源之水，多多少少都有些真实的根据。首先是"姜子牙传奇"满足了普通民众"拔地而起，坐致青云"的传奇心理，以及期望帝王不拘一格选拔人才的渴望，如李峤的《豹》："车法肇

---

① 吕坤：《呻吟语・谈道》卷一。
② 司马迁：《史记・齐太公世家》，中华书局，1959 年，第 1477 页。

宗周，矍文阐大猷。还将君子变，来蕴太公筹。委质超羊鞟，飞名列虎侯。若令逢雨露，长隐南山幽。"①唐诗人孟郊脍炙人口的《登科后》可视为这种情感的代表作："昔日龌龊不足夸，今朝放荡思无涯。春风得意马蹄疾，一日看尽长安花。"②这是新科进士心花怒放、神采飞扬的生动写照。不难想象，姜太公这位出身贫贱，坐致青云的历史故事给了诗人多少期待和梦想！其次满足了士人"老而愈奋"的功业期望。常建的《太公哀晚遇》："日出渭流白，文王畋猎时。钓翁在芦苇，川泽无熊罴。诏书起遗贤，匹马令致辞。因称江海人，臣老筋力衰。迟迟诣天车，怏怏惜灵龟。兵马更不猎，君臣皆共怡。同车至咸阳，心影无磷缁。四牡玉墀下，一言为帝师。王侯拥朱门，轩盖曜长逵。古来荣华人，遭遇谁知之？落日悬桑榆，光景有顿亏。倏悲天地人，虽贵将何为！"③再如晚唐著名诗人韦庄的《与东吴生相遇》："十年身世各如萍，白首相逢泪满缨。老去不知花有态，乱来唯觉酒多情。贫疑陋巷春偏少，贵想豪家月最明。且对一尊开口笑，未衰应见泰阶平。"④诗题下自注："及第后出关作。"诗人终于登上了梦寐以求的"仙籍"，又与故人相遇，本应当高兴才是，可他想起自己这十年来像水上随风漂泊的浮萍，且已五十九岁，已到暮年，不禁老泪纵横，满腹酸辛。

　　李白是姜太公的崇拜者，其诗歌引用姜子牙次数达 12 次之多。李白的《赠钱征君少阳》写道："白玉一杯酒，绿杨三月时。春风余几日，两鬓各成丝。秉烛唯须饮，投竿也未迟。如逢渭川猎，犹可帝王师。"⑤再如，他在《梁甫吟》中津津乐道于吕尚遇文王，郦食其见刘邦的故事："君不见，朝歌屠叟辞棘津，八十西来钓渭滨。宁羞白发照清水，逢时壮气思经纶。广张三千六百钓，风期暗与文王亲。大贤虎变愚不测，当年颇似寻常人。君不见，高阳酒徒起草中，长揖山东隆准公。入门不拜逞雄辩，两女辍洗来趋风。东下齐城七十二，指挥楚汉如旋蓬。狂客落魄尚如此，何况壮士当群雄！"从姜子牙和郦食其的身上，李白悟到了君臣知遇的哲

---

①彭定球：《全唐诗》，中华书局，1960 年，第 721 页。
②彭定球：《全唐诗》，中华书局，1960 年，第 4205 页。
③彭定球：《全唐诗》，中华书局，1960 年，第 1460 页。
④彭定球：《全唐诗》，中华书局，1960 年，第 8040 页。
⑤彭定球：《全唐诗》，中华书局，1960 年，第 1763 页。

理，他一再幻想如诸葛亮遇到刘备那样，"鱼水三顾合，风云四海生"，或者像宁戚那样，为齐桓公喂牛而终被任用为相。以上风云际会的故事，李白装满了一脑子，他痴痴地幻想着这些充满传奇色彩的故事——变为现实，使他功成名遂，在政治舞台上大显身手。他最崇拜吕尚、管仲、乐毅、范蠡、苏秦、张仪、信陵君、荆轲、张良、韩信、诸葛亮、谢安等人物，尽管他们三教九流，思想各异，主张不同，但在建功立业这一点上有其相似之处，因此，就都成为李白效法的楷模和典范了。李白昼思夜想，希望像姜子牙辅佐周文王，张子房辅佐汉刘邦，诸葛亮辅佐刘玄德一样，做一名流芳百世的辅弼之臣。他快心辅佐皇帝，实现其选贤任能、节用爱民、救济贫困的抱负，以"安社稷""济苍生""解世纷"，使寰宇大定，海内清一。可惜唐玄宗已是昏庸腐朽、亲小人、远贤臣的昏王了，他不可能像周文王、汉高祖那样重用忠臣良将了，所以李白后来只得宣布"安能摧眉折腰事权贵，使我不得开心颜"，毅然决然地与统治阶级一刀两断，彻底决裂了。以上所述，就是李白"成功"的全部内容，那么李白所谓"身退"的含义又是什么呢？李白所说的"身退"，是指政治上功成之后，急流勇退，退出政治生涯，退出争名逐利的官场，从政治舞台上退下来，不再做官，保持名节，保全生命，脱离陷阱，远身避祸。明哲保身，不求立新功，但求再无祸。这就是李白所谓"身退"的具体内容。社会现实常使李白陷于这样一种尴尬的境地：他渴望功名，却知音难遇；他追求自由，却处处压抑；他向往人格平等，却在森严的等级中步履维艰。在这种尴尬的处境中，如果他只是在功名、自由、人格平等的幻想中一味浪漫，那未免失之浅浮；但如果他沉溺于悲愤苦闷之中不能自拔，那又失去了他独特的个性。这使得在很多时候李白把姜子牙引为人生知音！相遇于古人！

这里尚需提及的是磻溪垂钓中"直钩而钓"细节的塑造和缘起。自中晚唐之际始，与姜子牙相关的"直钩"典故突然在诗赋中频频出现，可见此时它已是广布人口。如卢仝《直钩吟》："初岁学钓鱼，自谓鱼易得。三十持钓竿，一鱼钓不得。人钩曲，我钩直，哀哉我钩又无食。文王已没不复生，直钩之道何时行"。[1] 罗隐

---

[1] 彭定球：《全唐诗》，中华书局，1960年，第4383页。

《题磻溪垂钓图》:"吕望当年展庙谟,直钩钓国更谁如?若教生在西湖上,也是须供使宅鱼。"[1] 黄滔《严陵钓台》:"终向烟霞作野夫,一竿竹不换簪裾。直钩犹逐熊罴起,独是先生真钓鱼。"[2] "直钩而钓"本是文人的虚拟,只不过在这里更加突出钓者作为"帝友""帝师"的"无诱于势力"的自我存在和人格独立而已。

(本文作者为河南社会科学院中原文化研究所副研究员)

---

[1] 彭定球:《全唐诗》,中华书局,1960年,第7623页。
[2] 彭定球:《全唐诗》,中华书局,1960年,第8132页。

从姜太公形象的演变看我国古代民间崇拜

⊙徐春燕

姜太公生活的年代距离今天已经有三千多年的历史,他是商朝末年、西周初年辅佐纣王倾商克殷的智囊,是周朝军队的统帅、西周的开国元勋,齐文化的开创者,是为后人敬仰的伟大的政治家、军事家。姜太公还是百姓民间祭祀的诸神之一,全国各地建有不少姜太公庙,"姜太公在此,诸神归位"更是流行于民间的俗语,反映了太公在老百姓心目中崇高的地位。

关于姜太公的事迹,许多古代文献中都有提及,大致可以归纳为入周前的不得志,协助周王建立不世功勋以及受封齐地安邦理政三个阶段。从时间来说,虽然不同史籍对太公入周时的具体年纪众说纷纭,但口径一致的是此时的他年纪已经很大。早年的太公,生活应该是潦倒的。谯周《古史辨》说他"姓姜,名牙,炎帝之裔,伯夷之后,掌四岳有功,封之于吕,子孙从其封姓,尚其后也。"[1] 姜太公虽然是贵族后裔,但是家境应该并不好,遂"少为人婿",大概长时间一事无成,导致"老而见去"[2]。对于被媳妇甩这件事,《说苑》讲得更为直白,"太公望,故老妇之出夫也"[3],言明其是被上了年纪的老婆赶出家门的。至于太公这段时期的窘况,古书中有些零碎的记载,《楚辞》《韩诗外传》言其"屠于朝歌""卖食棘津"。朝歌在今河南淇县,是商朝的都城,太公当年在这里做过屠夫,社会地位不高。棘津在今河南延津县东北故胙城之北,与朝歌相去不远,太公在此地卖过食

---

[1] 司马迁:《史记》卷三十二《齐太公世家》司马贞索隐,中华书局,2005年,第1243页。
[2] 韩婴:《韩诗外传》卷八,文渊阁四库全书本。
[3] 刘向:《说苑》卷一《尊贤》,文渊阁四库全书本。

品,显然生意做得不会太大,应该仅是小贩级别。众所周知,姜太公是"以渔钓奸周西伯"①,早年的他生活并不得意,老了又被妻子抛弃,大概不会整天在河边无所事事,怡情养性,更可信的理由是他以"渔"为业,靠其谋生。也即是说归周之前,太公做过屠夫、小贩,还有可能做过渔夫,但是这几番事业应该都不成功,以至于后人以"田不足以偿种,渔不足以偿网"②对其进行调侃。

机会永远是留给有准备之人的,太公自然不会例外。周文王能够将之收入帐下,说明他不是泛泛之辈。《史记》说"太公博闻,尝事纣。纣无道,去之。游说诸侯,无所遇,而卒西归周西伯",大致可以确认太公在殷朝是做过官的,并且还应该声名在外,但是因为纣王无道,因此宁愿去官潜居,做一个江湖散人。追随周文王后,姜太公开始意气风发,大展宏图。对于这段历史,《史记》记载得非常详细。文王在位时,"与吕尚阴谋修德以倾商政,其事多兵权与奇计,故后世之言兵及周之阴权皆宗太公为本谋"。很快岐周国力大增,许多诸侯国反商归周,拥护西伯为"受命之君",以至于"天下三分,其二归周"。武王即位后,太公继续助其完成灭商大业。九年,举行了声势浩大的孟津会盟,这次会盟是一次军事试探性活动,通过"诸侯不期而会者八百",武王和太公知道民心向背已经转向岐周一方,但是殷商实力依然不容小觑,其内部并未真正土崩瓦解,于是下令还师。又过了两年,就在殷纣王杀害王子比干后,太公认为殷纣王已经众叛亲离、人心尽失,于是说服武王伐纣,并亲自指挥士兵在牧野与殷朝的军队展开激战。这次战役,"殷商之旅,其会如林",双方军事力量对比悬殊,尽管如此,但由于商纣王暴虐无道,士兵纷纷临阵倒戈,周朝大军所向披靡,直捣黄龙,在鹿台纣王被逼自焚。此后太公辅助武王,安抚百姓,终于成就一番伟业。周朝建立后,太公因功受封营丘(今山东淄博东北部),国号齐。作为一国之君,太公在这里充分发挥了其政治才能,先是安定了这里纷乱的局面,修明政治,然后顺应国情,"因其俗,简其礼,通商工之业,便鱼盐之利",使得民心归附,国家富强。此后又奉周成王之命,征伐

---

① 司马迁:《史记》卷三十二《齐太公世家》,中华书局,2005 年,第 1243 页。
② 刘向:《说苑》卷一《杂言》,文渊阁四库全书本。

"东至海，西至河，南至穆陵，北至无棣"的"五侯九伯"，① 经过一系列战争，齐国迅速崛起成为影响力深远的东方大国。

姜太公在周朝位极人臣，被天子尊为太师，此后身份不断变化，逐渐成为民间祭祀的诸神之一，地位崇高，这经历了一个漫长的过程。春秋战国时期太公故事已经流传甚广，但主要是对太公事迹的追忆和赞颂。《战国策》说：

> 太公望，齐之逐夫，朝歌之废者，子良之逐臣，棘津之雠不庸②。

《庄子·田子方》记载：

> 文王观于臧，见一丈夫钓，而其钓莫钓。非持其钓有钓者也，常钓也。文王欲举而授之政，而恐大臣父兄之弗安也；欲终而释之，而不忍百姓之无天也。于是旦而属之大夫曰："昔者寡人梦见良人，黑色而髯，乘驳马而偏朱蹄，号曰：'寓而政于臧丈人，庶几乎民有瘳乎！'"诸大夫蹴然曰："先君王也。"文王曰："然则卜之。"诸大夫曰："先君之命，王其无它，又何卜焉。"遂迎臧丈人而授之政。典法无更，偏令无出。三年，文王观于国，则列士坏植散群，长官者不成德，斔斛不敢入于四竟。列士坏植散群，则尚同也；长官者不成德，则同务也；斔斛不敢入于四竟，则诸侯无二心也。文王于是焉以为大师，北面而问曰："政可以及天下乎？"臧丈人昧然而不应，泛然而辞，朝令而夜遁，终身无闻。

讲述的也应该是太公的事迹，只不过"朝令而夜遁，终身无闻"的结局却与太公大相径庭，可能只是庄子表达自己的政治理想，托古言事的一种方法。《楚辞·天问》中"迁臧就岐，何能依？殷有惑妇，何所讥"，虽然很难理解，但是与郭店楚简《穷达以时》"吕望为臧棘津，战监门来地"相结合，我们很容易想到此处所提到的臧应该即是吕望，也就是太公，《楚辞》中这句话的大意是文王凭梦象或占卜知道姜太公并任之为太师，像这样有才干的人却在不得意时遭到其妇的奚落、讥

---

① 司马迁：《史记》卷三十二《齐太公世家》，中华书局，2005年，第1243、1244、1245页。
② 鲍彪：《战国策校注》卷三，文渊阁四库全书本。

讽，① 这应该算是屈原对太公早年怀才不遇、备受凌辱的感慨。《诗经·大雅·文王之什·大明》谈及太公，说："牧野洋洋，檀车煌煌，驷騵彭彭。维师尚父，时维鹰扬"，赞颂了他统帅三军像雄鹰飞翔一样在牧野与殷商战斗的场面。此外，孔伋在《子思·记问》中有一段记载：

（冉有）问夫子曰："太公勤身苦志，八十而遇文王，孰与许由之贤？"

夫子曰："许由，独善其身者也；太公，兼利天下者也。"

虽然对于太公"兼利天下"的评语是不是孔子所发还有待考证，但是表达了时人对太公的一种至高的赞誉。

秦汉魏晋时期太公形象日益丰满，民间开始将其尊崇为神灵。西汉时期的韩婴在《韩诗外传》中说"太公望少为人婿，老而见去，屠牛朝歌，赁于棘津，钓于磻溪，文王举而用之"，可以看作是对太公前半生提纲挈领的总结。此后，司马迁在写作《史记》时收集了大量关于太公的史料以及传说，并将这些内容在《周本纪》《齐太公世家》与《货殖列传》进行记述。同时代的刘向在《说苑》中评价太公"田不足以偿种，渔不足以偿网，治天下有余智"。可以说，西汉是史学家和文学家们对姜太公人物和事迹进行整理和评述的一个关键时期。此后，随着"汉末又大畅巫风，而鬼道愈炽；会小乘佛教亦入中土，渐见流传，凡此，皆张皇鬼神，称道灵异，故自晋迄隋，特多鬼神志怪之书"② 的盛行，太公也开始逐渐由人向神转化。据西晋时期成书的《博物志》记载，姜太公为灌坛令时，周武王夜梦妇人当道而哭，于是询问她何以哭，妇人回答说："吾是东海神女，嫁于西海神童。今灌坛令当道，废我行。我行必有大风雨，而太公有德，吾不敢以暴风雨过，以毁君德。"其后果然"有疾风暴雨从太公邑外过"。③ 可见此时太公已有神名，并且还是个有德行的神，在神界备受尊重，地位很高。此外，北魏和西晋还有为太公立庙加以祭拜的记载。如郦道元在《水经注》中提到，汲县（今河南卫辉）"城西北有石夹水

---

①代生：《〈楚辞·天问〉所见姜太公事迹考——释"迁臧就岐，何能依？殷有惑妇，何所讥"》，《云梦学刊》2010 年第 2 期。

②鲁迅：《中国小说史略》第五篇《六朝之鬼神志怪书》，中华书局，2010 年。

③张华：《博物志》卷七《异闻》，文渊阁四库全书本。

飞湍浚急，人亦谓之磻溪，言太公常钓于此也。城东门北侧有太公庙，庙前有碑云：太公望者，河内汲人也。县民故会稽太守杜宣白令崔瑗曰'太公本生于汲，旧居犹存，君与高、国同宗，载在《经》《传》。城北三十里有太公泉，泉上又有太公庙，庙侧高林秀木，翘楚竞茂，相传云：太公故居'"①。西晋时期汲县令卢无忌《齐太公吕望之表》碑也记录："齐太公吕望者，汲县人也……于是太公裔孙范阳卢无忌，自太子洗马来为汲令。磻溪之下旧有坛场，而今堕废，荒而不治。乃咨之硕儒，访诸朝吏，佥以为太公功施于民，以劳定国，□之典祀，所宜不替"②。不过需要说明的是，两则记载中提到的崔氏、卢氏都是太公后裔，故而可以理解为魏晋及其之前为太公立碑、立庙并岁时祭祀的应大多为其后世子孙，也就是说在家族内部小范围内进行，尚属于祖先崇拜范畴。

唐宋明清时期，随着太公政治地位的不断变化，太公崇拜逐渐从官方走入民间。唐代尊奉老子，与老子政治思想有着极大一致性的太公政治地位也是不断上升。据《旧唐书》记载："开元十九年，于两京置太公尚父庙一所，以汉留侯张良配飨。天宝六载，诏诸州武举人上省，先拜谒太公庙，拜将帅亦告太公庙。至肃宗上元二年闰四月，又尊为武成王，选历代良将为十哲（配享）。"③《新唐书》和《玉海》也记录："牲乐之制如文宣，出师，命将日引辞于庙，以诸州宾贡武举人准进士行乡饮酒礼，仍以古名将十人为十哲以配享。天宝六载，诏诸州武举人上省先谒太公庙。乾元元年，太常少卿于休烈奏：秋享汉祖庙旁无侍臣，而太公乃以张良配。子房生汉初，佐高祖定天下，时不与太公接，古配食庙廷，皆其佐命。太公人臣也，谊无配享，请以张良配高祖庙。上元元年，尊太公为武成王，祭奠文宣王比，以历代良将为十哲像坐侍，白起、韩信、诸葛亮、李靖、李勣列于左，张良、田穰苴、孙武、吴起、乐毅列于右，以良配后，罢中祀，遂不祭。建中三年，礼仪使颜真卿治武成王庙，请如月令春秋释奠其追封王，宜用诸侯之数，乐用轩县，诏

---

① 郦道元：《水经注》上卷九，贵州人民出版社，2008年，第226页。
② 王昶：《金石萃编》卷二五《齐太公吕望表》，《姜太公资料汇编》下，山东文艺出版社，2007年，第742页。
③ 刘昫：《旧唐书》卷二四，吉林人民出版社，1998年，第596页。

吏馆考定可配享者，列古今名将凡六是私人图形焉。"也就是说，乾元元年，因为于休烈请改张良配享一事，太公地位进一步升格，被追封为武成王，享受同文宣王（即孔子）同等的祭奠规格。

宋代继续崇奉太公，"宋大中祥符元年诏尚父，宜加谥昭武成王，庆历三年诏置武学于武成王庙。"①《文献通考》记载："武学，唐开元间始置太公尚父庙……宋庆历三年诏置武学于武成王庙。"② 明代初年，朱元璋还对太公和孔子一如旧例，但是到洪武二十年发生了变化。"洪武二十年七月，丁酉，礼部奏请如前朝故事，立武学，用武举，仍祀太公，建昭烈武成王庙。上曰：'太公，周之臣封诸侯，若以王祀之，则与周天子并矣。加之非号，必不享也。至于立武学、用武举，是析文武为二途，自轻天下无全才矣'。"③ 其实明太祖废除太公封号的理由非常牵强，这从孔子同为人臣却依然能够享受封号和祭祀就能够体现出来，因此后人推测是由于太祖对孟子的仇恨敌视，恨屋及乌，殃及所至。④ 虽则如此，太公在民间的影响却未削弱，这从隆庆、万历年间成书的《封神演义》中就可以看出来。虽然此时就统治者态度来说，太公武神的地位已经为关羽所取代，但是在该书中太公仍是统领三军，掌控全局，最后又在封神台分封诸神的领袖人物。民间对于太公的崇拜也非常盛行，自唐代以来，很多地方大街小巷的要冲位置，都有刻着"姜太公在此，诸神归位"的砖砌于墙壁，用来降伏鬼妖。逢年过节，家家户户也会将身骑麒麟、背插黄旗、手持神鞭的太公像贴在墙上，以求驱邪镇宅，平安降福。直到现在，除夕夜贴桃符、欢乐纸，挂灯笼以及春节期间扫厕所、破五的习俗都与太公有关。在民间，许多地方上梁时，还要在梁头上贴"姜太公在此，诸神归位"或"姜太公在此，百无禁忌"的红纸，抑或让泥瓦匠在自家新房屋顶上加盖一座小庙，里面供奉着姜太公的神位；山东一些地方安门时贴"安门请到公输子，立户聘来姜太公"，横批为"安门大吉"的红对联；泰山一带对姜太公更是崇拜，传说姜太公就是

---

① 富大用：《古今事闻类聚遗集》卷十五，文渊阁四库全书本。
② 马端临：《文献通考》卷五十七，文渊阁四库全书本。
③《明太祖实录》卷一八三，台北"中央研究院"历史语言研究所校印本，1962 年，第 1534 页。
④ 参见刘彦彦：《历史政治文学——姜子牙形象的演变与文化内涵》，《南开学报》2012 年第 1 期。

"泰山石敢当"。

太公在民间诸神中不仅地位崇高,而且形象丰富,既被人们奉为生活守护神,也被视为渔业、酱醋业、占卜业的行业神,此外还是姜、吕、齐、崔、卢等姓氏的祖先神,许多地方都为其立庙祭祀,究其原因,大概可以归纳为三点:第一是他生前功勋卓著。太公生前侍奉过周文王、武王、成王三代帝王,"迁九鼎,修周政,与天下更始。师尚父谋居多"①,为周朝立下了汗马功劳,被誉为周灭纣第一功臣。首封齐国后,他治国有方,因地制宜,大力发展齐地的工商业,使得这里崛起,他被奉为齐国始祖。他还奉成王之命,征伐反叛的淮夷小国,不仅为巩固边防,保证周朝国泰民安做出了贡献,而且使得齐国短时间内获得了突飞猛进的发展,成为名副其实的东方大国。第二是政治力量的推动。与西方信仰神灵不同,他们认为人类在上帝面前是奴隶,国王也不例外,但是中国传统文化中,最有权威的是皇帝,皇帝不但可以决定为谁建庙施祭,还能排列儒、道、佛的次序。太公生前就被周朝的皇帝誉为"太公尚父",唐代更是追封尊其为武成王,享受同孔子同样的待遇,宋代通过追加谥号的方式,继续对其进行祭拜。在当政者的推崇下,上行下效,民间的姜太公庙、钓鱼庙、齐太公庙也多不胜数。如山西夏县唐代就建有姜太公庙②,明代扬州府兴化县东北四十里还有姜太公庙,"旧名钓鱼庙"③,清代的河南卫辉府(今卫辉市)、陕西凤翔道宝鸡县(今宝鸡市)等还都有姜太公庙的文字记载④。虽然明代以后其武圣人的形象逐渐为关羽所取代,但是在民间仍然具有不容小觑的影响力。第三是他生前事迹丰富。入周前,太公虽然并不得志,但是他从事的行业很多,如做过小买卖、钓过鱼;入周后,他率领三军,征伐殷纣,足智多谋,运筹帷幄,以至于"后世之言兵及周之阴权,皆宗太公为本谋"⑤;为政期间,他修德爱

---

① 司马迁:《史记》卷三十二《齐太公世家》,中华书局,2005年,第1244页。
② 《山西通志》卷一六七《夏县》,文渊阁四库全书本。
③ 《明一统志》卷一二《扬州府》,文渊阁四库全书本。
④ 《河南通志》卷四八《卫辉府》,文渊阁四库全书本;《关中胜迹图志》卷一八,文渊阁四库全书本。
⑤ 司马迁:《史记》卷三十二《齐太公世家》,中华书局,2005年,第1244页。

民，施行仁政，"国之大务，爱民而已"[①]，"散鹿台之钱，发钜桥之粟，以振贫民"[②]，受到百姓爱戴。在其功成名就并被帝王供奉庙后，以前的种种事情也被人们神化，如成为钓鱼业、酱醋业的始祖。总而言之，同民间祭奉的许多历史人物如关羽、老子、妈祖、孙思邈一样，姜太公能从一个逝去时空中的人转变为保护民众平安，接受大众供奉的神，影响深远，既与其生前不同寻常的精神事迹息息相关，也是中国文化的大环境以及后世帝王的尊敬推崇的结果，是一种历史偶然与必然的结合。

（本文作者为河南省社会科学院历史与考古研究所助理研究员）

[①]《太公六韬·文韬·国务》，《群书治要》摘要本。
[②] 司马迁：《史记》卷三十二《齐太公世家》，中华书局，2005年，第1243页。

太公精神文化研究

太公文化思想述略

⊙杨海中

　　太公为周初重要的政治家和军事家。太公曰望，又名尚，因其远祖为炎帝之后，生活于姜水之畔，故姓姜；又因其先祖虞夏之时居于吕地，故亦姓吕；因其为周初分封诸侯时齐国首位领主，故世人尊称其为太公。他一生最为重要的功绩，就在于辅佐西周，出奇制胜，以四万之众击溃商军七十万，一举克商；其后治理封地齐国，为齐国霸业奠定坚实的根基；用兵东夷诸地，皆获全胜；著有《六韬》，开兵家著述之先河。他不仅创立了中国兵学，而且是以德治国之先驱，是中国民本思想的首倡者。由于太公在辅周、灭商、建齐中功勋卓著，才能不凡，"佐天子为圣臣，治邦国为圣君"，成为影响中华民族发展的重要历史人物。

　　太公文化思想内涵丰富，博大精深，但就其核心内容而言，主要表现在治军、治政及发展经济诸方面，即"富国强兵"。可以这样说，太公文化思想是齐文化的重要源头，齐文化是太公文化的传承与衍生、光大与发展。

一、太公之兵学思想

　　太公的兵学思想，除见于《尚书·牧誓》《六韬》等文献外，《史记》及诸子著作中也多有散记，撮其要者有以下数端：

　　其一，重视战争的性质。

　　在军事战略方面，太公非常重视战争的性质。他认为正义的战争一定会战胜非正义的战争，人心的向背在军事上有重要意义。《六韬》开篇《文韬》即对收揽人心工作的重要性有很精到的论述。太公重视伐纣前的动员工作，以此统一联合大军的思想，使军队树立了必胜的信心。同时，也用宣传的方法瓦解殷之军心，从而使得大量前线商军倒戈。

伐商克殷是兴周的关键之举，太公身居六军统帅，深知不可轻举妄动，征伐须得到人民的拥护。为确保军事行动的成功，他与武王曾进行过一次预演检阅：

> 文王崩，武王即位。九年，欲修文王业，东伐以观诸侯集否。师行，师尚父左杖黄钺，右把白旄以誓，曰："苍兕苍兕，总尔众庶，与尔舟楫，后至者斩！"遂至盟津。诸侯不期而会者八百诸侯。诸侯皆曰："纣可伐也。"武王曰："未可。"还师，与太公作此《太誓》。（《史记·齐太公世家》）

这次预演的目的之一，就是要看一下征伐是否得到了八百诸侯的真正拥护，各邦国是否上下一心，听从统一的指挥与调遣。数万雄师出发横渡黄河时，太公左手高擎黄钺，右手挥动白旄，大声发布命令："船长们，快快集合起你的水手和战士，与战舰一起出发，未按时到位者，斩！"于是各路大军奋勇争先，很快就到达了孟津。八百诸侯一致表示，听从调遣，出征伐纣灭商。但太公与武王认为时机尚不成熟，于是决定还师，之后又作了一次誓师性的伐殷动员。武王历数纣王之罪："今商王受，弗敬上天，降灾下民。沉湎冒色，敢行暴虐……商罪贯盈，天命诛之！……民之所欲，天必从之！"（《尚书·泰誓上》）武王强调民心的重要，指出纣王"受罪浮于桀，剥丧元良……亿兆夷人，离心离德"，已遭到了人民的唾弃，同时也遭到了上天的抛弃："天视自我民视，天听自我民听"（《尚书·泰誓中》）。"今商王受，狎侮五常，荒怠弗敬，自绝于天，结怨于民……上帝弗顺，祝降时丧"。因此，他号召各路诸侯认清形势，团结一致，"奉予一人，恭行天罚"，共诛"独夫受"；他鼓励大家说，只要决心坚定，"除恶务本"，而且"尚迪果毅"（《尚书·泰誓下》），奋勇杀敌，就一定会取得克商的完全胜利。

由于天下结成了反殷伐商的大同盟，两年后，太公见时机成熟，一举灭商：

> 居二年，纣杀王子比干，囚箕子。武王将伐纣，卜，龟兆不吉，风雨暴至。群公尽惧，唯太公强之劝武王，武王于是遂行。十一年正月甲子，誓于牧野，伐商纣。纣师败绩。纣反走，登鹿台，遂追斩纣。（《史记·齐太公世家》）

由于殷商时期重鬼神，信卜筮，大军出师之时龟卜不吉，且天象恶劣，所以当群公犹豫不决之时,"唯太公强之劝武王",认为此正恰其时,宜于进军,并请武王再次登台率众誓师。武王从之,意气风发地说:"今予发,惟恭行天之罚……尚桓桓,如虎如貔,如熊如罴,于商郊!"(《尚书·牧誓》)在太公的指挥下,联军人数虽少,但势如破竹,商军望风披靡,加之纷纷倒戈,殷商瞬间崩溃。

太公认为,庶民百姓是正义之师的强大后盾,是兵士之源,关键时刻甚至连农具都可以发挥重要作用,成为置敌人于灭亡之利器。他说:

> 战攻守御之具尽在于人事。耒耜者,其行马蒺藜也;马牛车舆者,其营垒蔽橹也;锄耰之具,其矛戟也;蓑薛簦笠者,其甲胄也干盾也;钁、锸、斧、锯、杵、臼,其攻城器也;牛马所以转输,粮用也;鸡犬,其伺候也;妇人织纴,其旌旗也;丈夫平壤,其攻城也;春钹草棘,其战车骑也;夏耨田畴,其战步兵也;秋刈禾薪,其粮食储备也;冬实仓廪,其坚守也;田里相伍,其约束符信也。里有吏,官有长,其将帅也;里有周垣,不得相过,其队分也;输粟收刍,其廪库也。春秋治城郭、修沟渠,其堑垒也。故用兵之道,尽在于人事也。善为国者,取于人事。(《六韬·龙韬·农器》)

太公之论不仅表现出其军事家之锐利眼光,更表现出其作为政治家的远见与谋略。战争不是每天都有的,但备战不可一日松懈。在太公看来,屯兵于农则是充分利用社会人力资源、物力资源的最好方式。太公提出的寓兵于民、兵农合一的思想,不仅开中国屯兵军事思想之先河,也是民兵思想的首创。

其二,在战术上主张各个击破。

太公认为,成功地运用了各个击破的方法,注意集中较强的兵力夺取局部的胜利,才能积小胜为大胜,即以局部的"全胜"来赢得大局的全胜。因此他强调抢抓战机,速决速胜,在战略上达到以少胜多之目的。其军事行为都处于动态之中,必须采取灵活有变的战略战术,随着时间、地点、天时、敌势等不同而各异。他以鸟之飞翔为喻,说明这个道理:

> 道在不可见,事在不可闻,胜在不可知。微哉!微哉!鸷鸟将击,卑飞敛翼;猛兽将搏,弭耳俯伏;圣人将动,必有愚色。(《六韬·武韬·发启》)

优秀的指挥员要善于见微知著,随机应变。那么,如何应变呢?

武王曰:"两军相遇,彼不可来,此不可往,各设固备,未敢先发。我欲袭之,不得其利,为之奈何?"太公曰:"外乱而内整,示饥而实饱,内精而外钝,一合一离,一聚一散,阴其谋,密其机,高其垒,伏其锐,士寂若无声,敌不知我所备。欲其西,袭其东。"(《六韬·武韬·兵道》)

太公之所以强调各个击破,集小胜为大胜,是由西周的实际情况决定的。西周原本是一小邦国,兵员不多,实力有限,不宜进行持久的大兵团作战,只有以我局部之优势对付敌方局部之劣势,要多打遭遇战并做到速决和速胜,方可由量的积累换取全局的胜利。他说:

善战者居之不挠,见胜则起,不胜则止。故曰:无恐惧,无犹豫。用兵之害,犹豫最大;三军之灾,莫过狐疑。善战者见利不失,遇时不疑,失利后时,反受其殃。故智者从之而不释,巧者一决而不犹豫,是以迅雷不及掩耳,迅电不及瞑目,赴之若惊,用之若狂,当之者破,近之者亡,孰能御之?(《六韬·龙韬·军势》)

太公认为,战术上的速决和速胜,不仅取决于指挥员的正确判断与决心,而且取决于其心理素质的优劣。优秀的指挥员应善于抓战机,果敢坚毅,关键时刻的犹豫不决是作战之大敌。"三军之灾,莫过狐疑"之所以掷地有声,是因为它是无数次的鲜血所换。战机稍纵即逝,万不可懈怠犹豫。否则,不仅失去主动,还会后患无穷,甚至有全军覆没之险。武王伐纣前龟卜不吉,风雨大作,群公皆疑,而太公却力劝武王出征,原因之一就是战机不可贻误。

其三,重视指挥艺术的灵活运用,应以智制胜为上。太公认为,战争千变万化,既是武力的较量,也是智力的竞赛,要认识这一规律,并将各种智谋资源充分运用。对于如何克殷,他提出"全胜不斗,大兵无创"的原则,即不通过武力角逐而获全胜,军队不受任何损失,以智慧不战而屈人之兵,从而达到"无甲兵而胜,无冲机而攻,无沟垒而守"之神效,即所谓的"大智不智,大谋不谋"。(《六韬·武韬·发启》)

其四,重视重型武器的使用。上古之战,均为冷兵器,全凭兵士个人的体力与技艺。在此情况下,战车的使用是一个很大的发明。战车作为重武器,不仅速度快,而且冲撞力极强,但战车也有行动不灵活,不适于山地和阴雨天气之弱点。他指出:步兵作战贵知灵活变化,车战则贵知利用地形,骑兵则贵知走奇道捷径。他总结了对车战不利的十种情况和有利的八种情况要求将领必须切记,指出"将明于十害、八胜,敌虽围周,千乘万骑,前驱旁驰,万战必胜"(《六韬·犬韬·战车》)。如在牧野之战中,他充分利用地势平坦、敌方行阵未定、旌旗扰乱、阵地不坚、士卒疑怯、三军惊恐等有利条件,指挥先锋部队三百辆战车的方阵协同步兵发起猛烈攻击,势如排山倒海,以强力快速摧毁了殷军先头部队之有生力量,这在中国战史上还是第一次。《史记·周本纪》载:"诸侯兵会者车四千乘,陈师牧野。帝纣闻武王来,亦发兵七十万拒武王。武王使师尚父与百夫致师,以大卒驰帝纣师。"周人对太公这种"驰"的战术感到十分自豪,并将其编成了流行歌曲,一时军民传唱不息:"牧野洋洋,檀车煌煌,驷騵彭彭。维师尚父,时维鹰扬。"(《诗经·大雅·大明》)

其五,重视将领的选拔和任用。众所周知,军事策略决定之后,能否理想地、创造性地实现,其关键完全取决于将领。将领素质高,全盘皆活;将领愚笨,则胜算无着。他曾一针见血地对武王说:"兵者,国之大事;存亡之道,命在于将。将者,国之辅,先王之所重也。故置将不可不察也。"对将领素质的要求,他将其概括为"五材""十过"。所谓五材,主要指品德,勇是第一位的,其次为智、仁、信、忠。他说:"勇则不可犯,智则不可乱,仁则爱人,信则不欺,忠则无二心。"此五项是治军的基础。"所谓十过者:有勇而轻死者,有急而心速者,有贪而好利者,有仁而不忍者,有智而心怯者,有信而喜信人者,有廉洁而不爱人者,有智而心缓者,有刚毅而自用者,有懦而喜任人者。"(《六韬·龙韬·论将》)这里所说"十过",主要指将领的心理素质及处事方法上的不足,有些虽属小节,但却能影响大局,贻误大事。因此,对那些有性情急躁、有勇无谋、贪功求利、对敌仁慈、胆小怯懦、轻信他人、刚愎自用等毛病的将领,一定要通过培训使其改过。太公通过深入观察,在选将方面归纳出了十五种必须弄清楚的情况,并分别采用八种方法加以考察,从而区别"贤"与"不肖"。(《六韬·龙韬·论将》)同时,他还从多个方面提出了教育、激励将领不断提高素质的具体措施和方法。

其六，军事剪除与政治怀柔相结合。在军事斗争中，太公很重视另一条战线，这被他称之为"文伐"。所谓"文伐"，就是利用各种非军事的方式方法，通过外交手段，甚至包括收买、离间、女色、打入敌人内部等方式使敌方涣散以至瓦解，从而失去战斗力。《六韬》中有《文伐》一节，太公从十二个方面进行了总结，姑录之于后：

> 文王问太公曰："文伐之法奈何？"太公曰："凡文伐有十二节：一曰因其所喜，以顺其志，彼将生骄，必有奸事；苟能因之，必能去之。二曰亲其所爱，以分其威，一人两心，其中必衰；廷无忠臣，社稷必危。三曰阴赂左右，得情甚深；身内情外，国将生害。四曰辅其淫乐，以广其志，厚赂珠玉，娱以美人；卑辞委听，顺命而合，彼将不争，奸节乃定。五曰严其忠臣，而薄其赂；稽留其使，勿听其事，亟为置代；遗以诚事，亲而信之。其君将复合之。苟能严之，国乃可谋。六曰收其内，间其外；才臣外相，敌国内侵，国鲜不亡。七曰欲锢其心，必厚赂之；收其左右忠爱，阴示以利，令之轻业，而蓄积空虚。八曰赂以重宝，因与之谋，谋而利之。利之必信，是谓重亲。重亲之积，必为我用。有国而外，其地大败。九曰尊之以名，无难其身；示以大势，从之必信。致其大尊，先为之荣；微饰圣人，国乃大偷。十曰下之必信，以得其情，承意应事，如与同生。既以得之，乃微收之。时及将至，若天丧之。十一曰塞之以道：人臣无不重贵与富，恶死与咎；阴示大尊，而微输重宝，收其豪杰。内积甚厚，而外为乏。阴纳智士使图其计，纳勇士使高其气；富贵甚足，而常有繁滋。徒党已具，是谓塞之。有国而塞，安能有国。十二曰养其乱臣以迷之，进美女淫声以惑之，遗良犬马以劳之，时与大势以诱之。上察而与天下图之。十二节备，乃成武事。所谓上察天，下察地，征已见，乃伐之。"
>
> （《六韬·武韬·文伐》）

战争是政治的继续。太公不仅从战争中总结了制胜的经验与规律，也看到了非军事力量的重要，因而从政治、外交、经济、文化、情报等各方面提出了不少有效的服务于军事的辅助手段。太公不愧是一位足智多谋的政治家。

二、太公之治政思想

小邦周灭大邑商决绝偶然，而是长期力量积蓄的结果。在辅佐文王、武王的臣僚中，太公与周公、召公一样，出力最多，为其后克商打下了坚实的基础。《史记》载：

> 周西伯昌之脱羑里归，与吕尚阴谋修德以倾商政，其事多兵权与奇计，故后世之言兵及周之阴权皆宗太公为本谋。周西伯政平，及断虞芮之讼，而诗人称西伯受命曰文王。伐崇、密须、犬夷，大作丰邑。天下三分，其二归周者，太公之谋计居多。（《史记·齐太公世家》）

太公是一位目光远大、韬略满腹、能力超群的政治家。他在治国方面的主张主要表现在以下三个方面。

其一，主张以德治国。

太公不仅善于作战，也善于理政治国。一次，文王向其咨询治国的"至道之言"：

> 文王寝疾，召太公望，太子发在侧。曰："呜呼！天将弃予，周之社稷将以属汝。今予欲师至道之言，以明传之子孙。"

> 太公曰："王何所问？"文王曰："先圣之道，其所止，其所起，可得闻乎？"太公曰："见善而怠，时至而疑，知非而处：此三者，道之所止也。柔而静，恭而敬，强而弱，忍而刚：此四者，道之所起也。故义胜欲则昌，欲胜义则亡；敬胜怠则吉，怠胜敬则灭。"（《六韬·文韬·明传》）

文王病危，当着姬发的面垂询古代圣贤治国的根本之道，以求安邦济世之策，明白国家盛衰之因。太公直言，立国之道在"义"，治政之要在"敬"。"义胜欲则昌，欲胜义则亡；敬胜怠则吉，怠胜敬则灭"。这既是太公对夏桀、殷纣失国原因的总结，也是其辅政实践的总结。太公在治国《六韬》中说："天下非一人之天下，乃天下之天下也。同天下之利者则得天下，擅天下之利者则失天下。"（《六韬·文韬·文师》）从中可知，庶民百工在太公心中占有崇高的位置。

文王后期，周经济发展，社会稳定，以至于感动了周边的小国。据《史记·周本纪》载:"西伯阴行善,诸侯皆来决平。于是虞、芮之人有狱不能决,乃如周。入界,耕者皆让畔,民俗皆让长。虞、芮之人未见西伯,皆惭,相谓曰:'吾所争,周人所耻,何往为?只取辱耳!'遂还,俱让而去。诸侯闻之,曰:'西伯盖受命之君。'"君王修德行善,社会升平,人民安居乐业,到处可以听到人们颂扬文王的歌声。①

其二,主张爱民利民。

一次,文王问"为国之大务",太公回答得非常简洁"爱民而已":

> 文王问太公曰:"愿闻为国之大务,欲使主尊人安,为之奈何?"太公曰:"爱民而已。"文王曰:"爱民奈何?"太公曰:"利而勿害,成而不败,生而勿杀,与而勿夺,乐而勿苦,喜而勿怒。"文王曰:"敢请释其故。"太公曰:"民不失务,则利之;农不失时,则成之;省刑罚,则生之;薄赋敛,则与之;俭宫室台榭,则乐之;吏清不苛扰,则喜之。民失其务,则害之;农失其时,则败之;无罪而罚,则杀之;重赋敛,则夺之;多营宫室台榭以疲民力,则苦之;吏浊苛扰,则怒之。故善为国者,驭民如父母之爱子,如兄之爱弟。见其饥寒则为之忧,见其劳苦则为之悲;赏罚如加于身,赋敛如取己物。此爱民之道也。"(《六韬·文韬·国务》)

这里,太公既回答了"为国之大务"是"爱民",又阐明了"为何爱民",同时还具体说明了"如何爱民"诸问题。他认为,爱民是治国之本,利民是爱民的载体和主要途径。但"爱民""利民"都不能只喊口号,而必须联系实际加以落实。他特别强调安居乐业,不违农时,轻刑减赋,少兴土木,吏治清廉等;强调爱民与否,是检查为政者是否合于义、合于德的试金石。如果"善为国者"能真正做到"驭民如父母之爱子,如兄之爱弟",则必民富国强。

其三,主张尊贤贵法。

不论治国辅政、统兵作战,也不论发展经济或处理外交事务,用人得当与否都

---

① 《诗经》中有不少歌颂周文王的篇什,如《诗经·大雅·大明》:"有命自天,命此文王。于周于京,缵女维莘。长子维行,笃生武王。保右命尔,燮伐大商。"又如《诗经·大雅·皇矣》:"居岐之阳,在渭之将。万邦之方,下民之王。"

是一个很重要的问题。因此，太公非常诚恳地提醒武王在任用人时一定要区别"贤"与"不肖"："王人者上贤，下不肖；取诚信，去诈伪；禁暴乱，止奢侈。"为了使"王人者"做到"上贤下不肖"，太公把"不肖"具体归纳为"六贼七害"，认为对那些伤王之德、不事农桑、任气游侠、犯历法禁、私结朋党、伤王之化、伤王之权、伤王之威、伤王功臣、凌侮贫弱者，必须严厉处罚。对那些无智略权谋、有名无实、徒有其名、虚论高议、贪禄求爵、花言巧语、巫蛊惑民的奸人，不仅不能任用，还要不与其谋，不与其近，并及时揭穿其诡计，撕破其画皮，予以严厉打击和制裁。只有这样，才能使贤者进，正气升，利国利民。① 而要真正做到尚贤，还必须在治国理政中坚持公平公正，赏功罚过，做到"所憎者有功必赏，所爱者有罪必罚"（《六韬·文韬·盈虚》），这样才能使见到听到者心服口服，即使没有听到见到的人也会受到教育。

难能可贵的是，太公不仅指出国君用人要区别"贤"与"不肖"，而且敢于当着文王之面毫不含糊地指出，即使国君，也有贤与不肖之分："君不肖，则国危而民乱，君贤圣则国安而民治，祸福在君不在天时。"他还对古代贤君的标准有自己的看法：

> 帝尧王天下之时，金银珠玉不饰，锦绣文绮不衣，奇怪珍异不视，玩好之器不宝，淫佚之乐不听，宫垣屋室不垩，甍、桷、椽、楹不斫，茅茨偏庭不剪。鹿裘御寒，布衣掩形，粝粮之饭，藜藿之羹。不以役作之故，害民耕织之时。削心约志，从事乎无为。吏忠正奉法者，尊其位；廉洁爱人者，厚其禄。民有孝慈者，爱敬之；尽力农桑者，慰勉之。旌别淑慝，表其门闾。平心正节，以法度禁邪伪。所憎者有功必赏；所爱者有罪必罚。存养天下鳏、寡、孤、独，振赡祸亡之家。其自奉也甚薄，共赋役也甚寡。故万民富乐而无饥寒之色，百姓戴其君如日月，亲其君如父母。（《六韬·文韬·文师》）

由于太公结合实际讲得很深刻，文王听后十分感动，连声赞叹："大哉，贤君之德也！"

---

① 参见《六韬·文韬·上贤》。

三、太公之经济思想

其一，重视农工商并举。

周起源于黄河流经的黄土高原，以农业立国是其发展、强盛的重要原因。然而可贵的是，太公重视农业，却不"抑商"，而是也很重视手工业与商业，将农、工、商视为国家发展的"三宝"。一次，文王与他谈到，最高当政者有时也会有政策失误，原因何在？太公认为主要是用人不当和没有抓好三项经济工作。

文王问太公曰："君国主民者，其所以失之者何也？"太公曰："不慎所与也。人君有六守、三宝。"文王曰："六守何也？"太公曰："一曰仁，二曰义，三曰忠，四曰信，五曰勇，六曰谋：是谓六守。"……

文王曰："敢问三宝。"太公曰："大农，大工，大商，谓之三宝。农一其乡则谷足，工一其乡则器足，商一其乡则货足。三宝各安其处，民乃不虑。无乱其乡，无乱其族。臣无富于君，都无大于国。六守长，则君昌；三宝完，则国安。"（《六韬·文韬·六守》）

这里，太公再一次强调用人要把"德"放在首位。所谓"德"，就是仁、义、忠、信、勇、谋。大臣尤其是关键岗位之握权柄者，必须有高尚的品德，忠君爱国。不具有六种品德的人，不仅不能做好工作，反而会给国家、社会和百姓带来祸患，造成灾难。因而他认为，用人不当，国君就有失去权力与人民的危险。其次，要重视经济发展。文中的"大农，大工，大商"之"大"字，其意为"高度重视"。太公认为，不把农、工、商一齐抓好，一个乡的老百姓就难以丰衣足食，社区就难以安定，国家也就难以稳定，而只有有了足够的财力保证，君、臣、民之关系，国家、社会、地方之关系才能处理得好，国家才能长治久安。"六守长，则君昌；三宝完，则国安"，太公所论极是。

其二，发展经济从实际出发。

太公初封为齐侯时齐国地域并不比鲁国大①，但由于其善于用兵，至封国后又征服了周边殷商旧属地方势力，加之其后受命用兵剿灭蒲姑，成王又将征服之地悉数赐予齐，于是南起穆陵，北至无棣，西起黄河，东至大海，齐国拥有了数千平方公里之土地。②

太公、周公受封齐、鲁之初，周室给他们明确规定的治国方略是"启以商政，疆以周索"（《左传·定公四年》）。太公初次到齐都营丘时，看到这里不仅人口不多，土地也不肥沃，到处是一望无际的盐碱地（《史记·货殖列传》："太公望封于营丘，地泻卤，人民寡"）。基于对齐国资源状况、民力民风的认识，太公到齐地后，并不是先普及周礼，而是从实际出发，把发展经济摆在了重要位置。《史记·鲁周公世家》有一段很生动的记载。太公到任后五个月即返周述职，周公问其如何治理时，太公回答说："吾简其君臣礼，从其俗也。"伯禽代周公至鲁地却是三年后才返周述职。"周公曰：'何迟也？'伯禽曰：'变其俗，革其礼，丧三年然后除之，故迟。'"从中可以看出，齐、鲁两国的治国策略是大不一样的。鲁国侧重于发扬周文化中的"礼"方面的成果，齐国则着眼更长远些，审时度势，以经济强国。其结果是，没有多长时间，两个原来各方百里之国，齐国很快发展到方两千多里，是鲁国的数倍。至齐桓公时齐国之所以称霸，原因是多方面的，但和他上承太公"因其俗，简其礼，通工商之业，便渔盐之利"（《史记·齐太公世家》）之方针是分不开的。由于太公重兵、重农、重商思想深入人心，"劝其女工，极技巧，通鱼盐，则人物归之"，齐国经济很快繁荣起来，不仅地方二千里，带甲数十万，粟如丘山，实力雄厚，而且在政治上也成了"冠带衣履天下，海岱之间敛袂而往朝焉"（《史记·货殖列传》）的泱泱大国，"四方之士，相携而并至矣"（刘向《说苑·尊贤》），成为诸侯国中之最强者。

其三，重视发展城市经济。

---

①《孟子·告子下》："天子之地方千里，不千里，不足以待诸侯。诸侯之地方百里，不百里，不足以守宗庙之典籍。周公之封于鲁，为方百里也，地非不足，而俭于百里。太公之封于齐也，亦为方百里也，地非不足也，而俭于百里。"
②《战国策·齐策一》："苏秦为赵合从，说齐宣王曰：'齐南有太山，东有琅邪，西有清河，北有渤海，此所谓四塞之国也。齐地方二千里，带甲数十万，粟如丘山。'"

太公重视经济发展，实为西周初年之要举，故《史记》除《齐太公世家》予以记述外，在《货殖列传》又予以记载："太公望封于营丘，地潟卤，人民寡，于是太公劝其女工，极技巧，通鱼盐，则人物归之，繦至而辐凑。故齐冠带衣履天下，海岱之间敛袂而往朝焉。其后齐中衰，管子修之，设轻重九府，则桓公以霸，九合诸侯，一匡天下"，并认为太公之举是齐国强大的重要原因。

在太公全面发展经济的思想指导之下，除农业之外，齐国注意利用自己的资源优势，大力发展盐业和冶铁业，并使其很快成为国家的支柱产业。当时，营丘不仅有优质的铁矿，还有煤矿和铜矿。大量的食盐、铁制农具、生活用具以及各种精致的青铜器源源不断地输送到周边许多诸侯国家，同时又换回一定的粮食，齐国由此获利至巨。

渔盐冶铁业的繁荣直接带动其他行业及齐国城市商业的发展。如陶瓷业，在黑陶业长盛不衰的同时，齐地还发明了青釉瓷，不仅制造了品种多样的生活日用品，如青瓷碗、盘、盅等，而且还大量用于建筑，其中淄博窑所产质量之优，为山东原始瓷器之佼佼者。齐国地域广阔，在生产麦、黍、稻的同时，又大力发展桑麻种植，加之"太公劝其女工，极技巧"丝织业很是发达。丝织品不仅质量好，而且品种繁多，有罗、帛、纱、绫、绢、绮、纨、缟、锦等之分；其中仅锦之一项，又细分为归锦、馈锦、制锦、示锦、束锦等。这些丝织品不仅广销各诸侯国，还通过沿海的烟台、蓬莱、海阳、崂山、海阳、斥山等港口远销海外。

商业的发展带动了城市的繁荣，齐国首都临淄至战国时已成为世界最大的都市。据《战国策·齐策》和《史记·苏秦列传》载，城市人口达七万户之多，且市场繁荣。"临淄甚富而实，其民无不吹竽鼓瑟，弹琴击筑，斗鸡走狗，六博蹹鞠者。临淄之涂，车毂击，人肩摩，连衽成帷，举袂成幕，挥汗成雨，家殷人足，趾高气扬。"临淄之繁盛，可见一斑。

齐国从太公立国之日就重视经济发展，农工商三业并举，从而保证了政治、军事、外交具有强大的实力与活力，加之这一国策长期一以贯之，威德并施，故能匡服天下，最终齐国成为春秋五霸之首。

（本文作者为河南省社会科学院原纪委书记、副研究员）

太公望与西周王朝[①]

⊙李玉洁　武思梦

太公望最早当是活动在中原地区的"四岳"之后，以后迁徙到陕西周原地区的姜姓部族首领。在周原地区，姜姓部族与周部族结盟，并世为婚姻。殷商末年，太公望支持周文王、周武王两代周王，在牧野之战中立下了巨大的功劳，被尊为师尚父。当西周王朝取代殷商王朝之后，大封功臣。《史记·周本纪》云："师尚父为首封。封尚父于营丘，曰齐。"师尚父，即太公望始封于齐。太公望受封时，曾得到西周王朝赏赐的镇国宝鼎，是辅助周王室的重要藩国。齐国对东夷地区的反周势力及部族起了镇服的作用，使西周王朝在渤海沿岸和东夷地区有了主动的态势。

一、太公望与姜姓部族发祥地望考略

太公望是姜姓部族的首领，是周天子分封的姜姓齐国的第一代诸侯国君，是姜姓齐国之祖。他辅助周文王、周武王两代国君，推翻了殷商王朝的统治，建立了西周王朝。

关于太公望的出身问题，至西汉时期就已经说不清了。《史记·齐太公世家》记载的第一种说法是："太公望吕尚者，东海上人。其先祖尝为四岳，佐禹平水土甚有功。虞夏之际封于吕，或封于申，姓姜氏。夏商之际，申、吕或封枝庶子孙，或为庶人，尚其后苗裔也。本姓姜氏，从其封姓，故曰吕尚。吕尚盖尝穷困，年老

[①]本文系国家社科基金重大项目"大遗址与河洛三代都城文明研究"（项目编号：13&ZD100）的中期成果。

矣，以渔钓奸周西伯。西伯将出猎，卜之，曰：'所获非龙非彨，非虎非罴，所获霸王之辅。'于是周西伯猎，果遇太公于渭之阳，与语大说，曰：'自吾先君太公曰：当有圣人适周，周以兴。'子真是邪，吾太公望子久矣。故号之曰'太公望'，载与俱归，立为师。"第二种说法是："吕尚处士，隐海滨。周西伯拘羑里，散宜生、闳夭素知而招吕尚。吕尚亦曰：'吾闻西伯贤，又善养老，盍往焉。'三人者为西伯求美女奇物，献之于纣，以赎西伯。西伯得以出，反国。言吕尚所以事周虽异，然要之为文武师。周西伯昌之脱羑里归，与吕尚阴谋修德以倾商政，其事多兵权与奇计，故后世之言兵及周之阴权皆宗太公为本谋。周西伯政平，及断虞、芮之讼，而人称西伯受命曰文王，伐崇、密须、犬夷，大作丰邑。天下三分，其二归周者，太公之谋计居多。"太史公司马迁可能是采纳了一些民间传说，所以其表述比较谨慎，用了"或曰……或曰……"的句式，以表明材料的来源或作者观点。司马迁在这里采取民间传说"太公望吕尚者，东海上人"，这是因为齐国自西周封于齐始，久居东夷地区，战国人经过一些演绎传说，误以为太公望为东方人。

其实西汉时期，太公望的故里是有说法的。如西汉武帝时期的会稽太守杜宣曾对县令崔瑗说"太公本生于汲，旧居犹存"。《水经注》卷九记载：太公望是汲县（今河南省卫辉市）人，"城东门侧有太公庙，庙前有碑。碑云：'太公望者，河内汲人也'"。郦道元《水经注》卷九曰："（清水）又东过汲县北，县，故汲郡治，晋太康中立。城西北有石夹水，飞湍浚急，人亦谓之磻溪，言太公尝钓于此也。城东门北侧有太公庙，庙前有碑，碑云：太公望者，河内汲人也。县民故会稽太守杜宣白令崔瑗曰：太公本生于汲，旧居犹存。君与高、国同宗，太公载在《经》《传》。今临此国，宜正其位，以明尊祖之义。于是国老王喜、廷掾郑笃、功曹邳勤等，咸曰：宜之。遂立坛，祀为之位主。城北三十里有太公泉，泉上又有太公庙，庙侧高林秀木，翘楚竞茂。相传云：太公之故居也。晋太康中范阳卢无忌为汲令，立碑于其上。太公避纣之乱，屠隐市朝，遁钓鱼水，何必渭滨，然后磻溪？苟惬神心，曲渚则可，磻溪之名，斯无嫌矣。清水又东径故石梁下，梁跨水上，桥石崩褫，余基尚存。清水又东与仓水合，水出西北方山。山西有仓谷，谷有仓玉、珉石，故名焉。其水东南流，潜行地下，又东南复出，俗谓之雹水。东南历坶野，自朝歌以南，南暨清水，土地平衍，据皋跨泽，悉坶野矣。《郡国志》曰：朝歌县南有牧野。《竹书纪年》曰：周武王率西夷诸侯伐殷，败之于坶野。《诗》所谓'坶野洋洋，檀车煌煌'者也。有殷大夫比干冢，前有石铭，题隶云：殷大夫比干之墓。所记惟此，今已中折，不知谁所志也。太和中，高祖孝文皇帝南巡，亲幸其坟，而加吊焉。刊石树碑，列于墓隧矣。雹水又东南入于清水。清水又东南径合城南，故三会亭也。以淇、清合河，故受名焉。清水又屈而南径凤皇台东北，南注也。"《水经注》卷九所记载的碑文，当在北魏，甚至在汉代之前，是较为信实可靠的资料。另，唐李吉甫《元和郡县志》卷二十《河北道》"汲县"条、宋代罗泌《路史》、乐史《太平寰宇记》下亦云："太公庙在县西北二十五里。太公，即河内汲人也。"故太公望当是今河南省卫辉人。

据上述文献可以判断，太公望是汲县人，即今河南省卫辉市人，是姜姓部族的首领；活动在殷商王朝的西部，后受商王朝的威逼，向西迁徙，来到周原。太公望与周部族合作，是共同推翻殷商王朝的同盟部族。

在周人创世纪传说中，姜姓部族的女儿姜嫄是周始祖后稷的母亲，这足以说明姜姓部族与周部族是活动在同一地域的姻亲部族。周部族兴起于我国的黄土高原上。周人祖先公刘时，周人居豳（一认为今陕西郇邑县、邠县一带。钱穆先生认为，豳当在今山西汾水流域，与邠通假，意为建在汾水岸边的都邑）；古公亶父时，又率周人离开豳地来到岐山下之周原。是时，姜姓部族与周部族共同居住在周原，故他们才能联合起来征伐殷商，共同推翻殷商王朝。当周公东征后，太公望被封于齐国。《礼记·檀弓上》云："大公封于营丘，比及五世，皆反葬于周。"郑玄注曰："齐大公受封，留为大师，死葬于周。子孙生焉，不忍离也；五世之后，乃葬于齐。齐曰营丘。"唐陆德明《音义》云："君子曰：乐，乐其所自生，礼不忘其本。古之人有言曰：'狐死正丘首，仁也。'"这段话正表明太公望不是"东海上人"。

根据历史的记载和民族学的研究可以推测，太公望是姜姓部族的首领。《国语·周语》记载："炎帝以姜水成""齐、许、申、吕，由太姜。"韦昭注："四国皆姜姓，四岳之后大姜之家。大姜，大王之妃，王季之母。"则姜姓当为"四岳"

之后。那么，姜姓部族应是最早活动在中原地区的"四岳"之后，以后又到姜水流域与周部族结盟的一个部族。《水经注》卷十八载，姜水即岐水，"岐水又东径姜氏城南，为姜水""又历周原下……水北即岐山矣"，则姜姓部族活动在岐山下的周原姜水一带。

姜、羌同声假借，姜姓部族是西北地区羌人的一支。羌人，有学者认为是西北牧羊人的泛称。羌，这个部族自殷商时期就存在了。甲骨卜辞中有许多关于商王在祭祀中以"羌"作为人牲的记载。如：

贞御自唐，大甲、大乙、祖乙百羌百牢。(《佚》873，《续》1.10.7)

甲午，贞乙未酒高祖亥（羌）囗（牛）囗，大乙羌五牛三，祖乙（羌）囗（牛）囗，小乙羌三牛二，父丁羌五牛三，亡它，兹用。(《南明》477+《安明》2452)

上面的祭祀是用羌奴和牛作为"牺牲"，去祭祀殷先王汤、大甲、大乙、祖乙、高祖亥、小乙、父丁等。这些羌奴可能是殷商王朝的战俘。殷商时期，羌人是居住在商王朝西部的一个部落，经常与商王朝发生战争，并且失败。羌族受了商王朝的威逼，向西迁徙。羌人的一支姜姓部族来到黄土高原上，以"羊"为图腾，以游牧为生。随着时间的流逝及社会经济的发展，这支部落在周原姜水一带定居下来。

《诗·大雅·生民》歌颂了有邰氏之女姜嫄履大人迹，无夫感而生后稷的故事。无夫生子原是早期母系氏族的社会现象。后稷是周族的始祖，他无父而生，又名为弃，则属父系社会的意识形态。《史记·周本纪》云："周后稷，名弃，其母有邰氏女，曰姜原。"《正义》云："邰，炎帝之后，姜姓，封邰，周弃外家。"《诗·大雅·生民》云："厥初生民，实维姜嫄。"《鲁颂·閟宫》曰："赫赫姜嫄，其德不回。"则姜姓部族是周部族的母亲部族。

姜姓部族居于有邰地区，从事农业生产。后稷是周部族的始祖，是我国古代传说中的农神。徐中舒先生认为，后稷的农业生产知识是从他的母亲姜嫄，也就是姜姓部族那里继承来的。《史记·周本纪》云：帝尧"封弃于邰，号曰后稷，别姓姬氏。后稷之兴，在陶唐、虞、夏之际，皆有令德。"邰，《索隐》云："即《诗·生民》曰：'有邰，家室是也。邰即斄。'"斄，古同"邰"，古邑名。《正义》引

《括地志》云："故斄城一名武功，城在雍州县西南二十二里，古邰国，后稷所封也。有后稷及姜嫄祠。毛苌云：邰，姜嫄国也。后稷所生。尧见天因邰而生后稷，故因封于邰也。"邰，在今陕西武功县境。

武功县旧县城西北约10公里处的游凤村曾发现一新石器时代遗址。遗址范围东西长约300米，南北宽约400米。遗址东南部的断崖上暴露出有墓葬、窖穴和房屋遗迹。遗址表面散布着许多陶片，多为泥质红陶和夹沙红陶，灰陶、黑陶较少。从陶片上能辨认出器形的生活用具有罐、盆、瓶等；石器工具有斧、锛、刀等。另外，还采集到5件房屋模型，皆圆形建筑。其中一件泥质红陶的房屋模型，尖顶、中空，横椭圆形的门，通高11.2厘米，腹径9.6厘米，底径6.6厘米，门宽4.8厘米，高2.2厘米。自尖顶至墙壁相接处饰有密集排列的粗绳纹，象征屋顶的茅草结构，屋顶以下微向内倾斜，似为半地穴式的房屋。[①]武功县一带曾先后出土过十几批西周青铜器，著名的宣王十八年的驹父盨就出在该县的回龙村。另外，还出土有 散叔簋、楚簋等。武功县密布着新石器时代至铜器时代的遗址，这些遗址和遗物当是姜姓部族和周族的遗存。

姜姓部族是一个文化相当发达的部族，它与周族密迩相近，世代通婚，共同创造了灿烂的周原文化。姜族是周族的姻亲氏族。在周人的创世纪传说中都离不开姜姓部族。周族的始祖后稷传说是姜部族的女儿姜嫄的儿子，周族也可能以母亲部族的传说作为自己的传说。周、姜二族可能是世代通婚的部族。《诗·大雅·绵》云："古公亶父，来朝走马。率西水浒，至于岐下。爰及姜女，聿来胥宇。"这段诗的意思为，周族的首领古公亶父，早晨骑着马沿着豳地西的水边，来到岐山之下，和他的妻子姜女考察营造居室的地址。姜族与周族世代通婚，关系极为密切。

周、姜二族共同生活在周原，世代通婚．亲密共处，在周原地区发展起来。周族首领在古公亶父时已经称"公"，势力逐渐发展壮大；王季时期更加强大，成为西部地区各部族的首领。周文王时，殷商王朝又封之为西伯。周文王随着势力的发展强大，暗中积蓄力量，以做剪商的准备，而这个时期姜族的首领就是太公望。也

---

①西安半坡博物馆、武功文化馆：《陕西武功发现新石器时代遗址》，《考古》1975年第2期。

就是说，当周族首领已称王时，而姜族首领仍像古公亶父时一样称"公"。作为周族的姻亲部落，太公望是周族首领周文王最得力的助手和支持者。

二、太公望在推翻殷王朝中的作用

殷商王朝末年，政治腐败，民不聊生。商朝的最后一个国王殷纣王荒淫残暴。他宠爱美女妲己，在沙丘修苑台宫室，广收狗马奇物、野兽飞鸟置于其中。纣王在宫中饮酒作乐，"以酒为池，悬肉为林；使男女裸，相逐其间，为长夜之饮"①，淫乱不止。殷纣王对所属的诸侯方伯，同样残暴。方伯稍有怠慢怨色，就受到残酷的刑罚。纣王醢九侯，又脯鄂侯。据《括地志》记载："相州滏阳县西南四十五里有九侯城，亦名鬼侯城，盖殷时九侯城也。"在今河南省安阳市境内。《集解》云："野王县有邘城。"②

西伯周文王听说纣王如此残忍，偷偷地叹口气，表示不满。殷大臣崇侯虎向纣王告密，纣王就把西伯囚在羑里（今河南省汤阴县有羑里城，西伯所拘处）。③根据《史记》的记载，大约在这个时期，姜太公、闳夭、散宜生等人，搜罗美女奇物善马以献纣王，纣王最后才赦免西伯。西伯返回周以后，阴行善，境内大治，"耕者皆让畔，民俗皆让长"④，周的力量大大增强。于是周文王伐大戎、密须、耆国、邘城，伐崇侯虎，而作丰邑（今西安市南），从岐山下的周原迁都丰邑。周文王为推翻殷王朝做好了一切准备。

周文王死后，武王即位。古文献记载说，太公望为文、武师。"文、武师"，指的是太公望曾任周文王、周武王两代国君之师。西周时期的"师"与后代的师有不同的含义。这里的"师"，有统帅、将军之意，当然亦有军师、参谋的意思。武王又称之为"师尚父"⑤。在文王、武王时期，太公望为指挥军队的大将军。所谓"师尚父"，是姜太公对周武王而言，武王年幼，太公为其长辈，故周武王视之若

---

①司马迁：《史记·殷本纪》，中华书局，1982年。
②司马迁：《史记·殷本纪》，中华书局，1982年。
③司马迁：《史记·殷本纪》，中华书局，1982年。
④司马迁：《史记·周本纪》，中华书局，1982年。
⑤司马迁：《史记·齐太公世家》，中华书局，1982年。

父,尊称"师尚父"。刘向《别录》云:"师之,尚之,故曰师尚父。"周武王即位后,开始向东征伐,以观察天下诸侯的归向。师尚父云:"苍兕苍兕,总尔众庶,与尔舟楫,后至者斩。"① 天下诸侯不期而会孟津者八百,东征获得巨大的成功。这次东进虽然没有与纣王直接交锋,但对殷纣王构成极大的心理威胁。

八百诸侯的孟津会盟并没有让殷纣王警醒,他的生活反而更加荒淫。为了满足其穷奢极欲的生活,残酷地向方伯诸侯搜刮,引起了诸侯方伯强烈的不满和反叛,甚至连殷商王朝统治最牢固的东夷地区也发生了叛乱。殷王朝的一些正直的大臣进行劝谏,殷纣王根本不听。微子数谏不听,乃与大师、少师相谋,逃离朝歌;王叔比干切谏死争,被纣王剖心;箕子乃佯装狂为奴,被囚禁。殷之贤臣四处逃亡,王朝内部矛盾重重,"如蜩如螗,如沸如羹,小大近丧"②。

周武王与太公望认为伐商的时机已经成熟,于是会合微、庐、彭、濮、庸、蜀、羌、茅等已经归顺周的西方诸侯方伯,东征殷商王朝。在商郊牧野,周武王军队与殷纣王的军队交锋,双方进行了激烈的战争。牧野,《括地志》云:"今卫州城,即殷牧野之地。"清大学士蒋廷锡撰《尚书地理今释》云:"《水经注》云:'雹水东南历坶野,自朝歌以南,南暨清水,土地平衍。据皋跨泽,悉坶野矣。'按:纣都妹土在朝歌北。隋置卫县于此,唐武德时为卫州治,即今之淇县也。牧野当在今淇县南,迤逦以至汲县,故《九域志》谓汲城,亦牧野之地也。"《水经注》所说的"坶野,"即商郊牧野。

《尚书·牧誓》记载:周武王左杖黄钺,右把白旄,对大家发誓:"今予发,惟恭行天之罚。今日之事,不愆于六步、七步,乃止,齐焉。勖哉夫子!不愆于四伐、五伐、六伐、七伐,乃止,齐焉。勖哉夫子!尚桓桓。如虎,如貔,如熊,如罴,于商郊。"周武王认为,自己是在替天行道,代天去惩罚殷纣王,他勉励大家像虎、貔、熊、罴一样,与殷纣王的军队作战。《诗·大雅·大明》载:"牧野洋洋,檀车煌煌,驷騵彭彭。维师尚父,时维鹰扬。凉彼武王,肆伐大商,会朝清

---

① 司马迁:《史记·齐太公世家》,中华书局,1982 年。
②《诗·小雅·荡》,引自《十三经注疏》,中华书局,1980 年。

明。"这段诗描绘了在推翻殷商王朝的牧野之战中太公望的形象：清晨天刚亮，在广大的牧野战场上，用檀木制造的战车非常漂亮，赤毛白腹的马强壮有力，师尚父率领军队威风凛凛，如腾飞的鹰，辅佐周武王与商交战，征伐强大的商王朝。由此可见，周人军队雄壮整齐，太公望威武勇猛。

牧野之战，殷商王朝的军队像树林一样多，"殷商之旅，其会如林，矢于牧野"①，但"纣卒虽众，皆无战心，心欲武王亟入，纣卒皆倒兵以战，以开武王"。②在牧野之战中，殷人的倒戈，使周武王迅速地进入殷都朝歌（今河南省淇县境）。《史记·殷本纪》亦云："周武王于是遂率诸侯伐纣。纣亦发兵距之牧野。甲子日，纣兵败。纣走入登鹿台，衣其宝玉衣，赴火而死。周武王遂斩纣头，县之白旗，杀妲己。"纣王逃跑不及，退至鹿台之上，落了个蒙衣怀玉自焚于火而死的下场。

武王灭商之后，采取了一系列的整治措施。《史记·殷本纪》云："封纣子武庚禄父，以续殷祀，令修行盘庚之政，殷民大说。于是周武王为天子，其后世贬帝号，号为王，而封殷后为诸侯，属周。"《集解》引："谯周曰：'殷凡三十一世，六百余年。'《汲冢纪年》曰：'汤灭夏以至于受二十九王，用岁四百九十六年也。'"《史记·殷本纪》曰："自成汤以来，采于《书》《诗》，契为子姓，其后分封以国为姓，有殷氏、来氏、宋氏、空桐氏、稚氏、北殷氏、目夷氏。孔子曰：殷路车为善，而色尚白。"《索隐》按："《系本》：子姓，无稚氏，作髦氏；又有时氏、萧氏、黎氏；然北殷氏，盖秦宁公所伐亳主，汤之后也。"周族、姜族与其他部族联合，终于推翻了殷商王朝，建立了周王朝，史称西周。《史记·齐太公世家》云："天下三分，其二归周者，太公之谋居多。"太公望在推翻殷王朝的斗争中发挥了巨大的作用，成为西周王朝最可靠最忠实有力的合作者和支持者。

三、周公东征与太公望受封于齐

武王克商以后，因古人有灭国不绝祀的习俗，所以周虽灭商，但仍封纣王之子

---

①《诗·大雅·大明》，引自《十三经注疏》，中华书局，1980年。
②司马迁：《史记·周本纪》，中华书局，1982年。

武庚于殷商故地，以奉殷祀，商也变成周的属国。武王为了防止殷人的叛乱和反抗，又派出"三监"，即武王的弟弟管叔、蔡叔、霍叔等驻守在殷都周围，以监视武庚。当时殷王朝的残余势力还非常强大，武王灭商后，还站在镐京高处，以望商邑，常常夜不能寐。周公问他为什么，他忧心忡忡地说："维天建殷，其登名民三百六十夫，不显亦不宾灭，以至于今，我未定天保，何暇寐！"①武王非常不放心殷商势力的心态，据此可见。

武王克商二年后，因劳心过度，有病而死。其子诵即位，是为成王。但成王年幼，无法应付西周王朝初定天下的复杂局面，于是成王的弟弟周公摄政当国。这样就引起了周公群弟如管叔、蔡叔、霍叔等人的怀疑，认为周公有野心，欲取成王而代之。管叔及周公之群弟在国中制造流言曰："周公将不利于成王。"②管叔、蔡叔、霍叔等又勾结武庚发动叛乱。早就怀着复国野心的武庚与"三监"联合，并策动原来臣属于殷商王朝的故地方国，即广大东夷地区一起发难反周，形势非常危急。

在这种情况下，周公向太公望、召公奭解释了他践天子位的原因："我之所以弗辟而摄行政者，恐天下畔周，无以告我先王太王、王季、文王。三王之忧劳天下久矣，于今而后成。武王早终，成王少，将以成周，我所以为之若此。"③周公从而得到了太公望和召公奭的同情和支持，毅然进行东征武庚的战争。经过三年的努力，杀武庚，诛管叔，放蔡叔，收殷余民，把康叔封于殷商故地，封微子启于宋，以承殷祀。周公又把东征所平服的广大东夷地区分封给周的同姓子弟及异姓姻亲，让他们到这些地区去建立国家，统治那里的人民，即所谓"封建亲戚，以藩屏周"，为周王朝建立起一道屏障，以拱卫西周王朝。《左传·定公四年》云："昔武王克商，成王定之，选建明德，以藩屏周。"《荀子·儒效》云："（周公）兼制天下，立七十一国，姬姓独居五十三人焉，周之子孙苟不狂惑者，莫不为天下之显诸侯。"

西周王朝分封出来的诸侯国主要是姬姓国，如卫、鲁、晋、燕、管、蔡、郕、

---

①司马迁：《史记·周本纪》，中华书局，1982年。
②司马迁：《史记·周本纪》，中华书局，1982年。
③司马迁：《史记·周本纪》，中华书局，1982年。

霍等。另外，还有一些先代王朝之后，如夏后裔杞、商的后裔宋和尧的后裔焦、舜的后裔陈等。异姓姻亲当然是西周王朝的重要力量，特别是姜姓部族，与周族世代通婚，太公望又是武王克商和周公东征时的重要军事将领和谋臣，是西周王朝依赖的栋梁和支柱。因此，西周王朝分封诸侯时，师尚父被封到海岱之间的薄姑旧地，建立齐国，国都营丘（今山东省淄博市境）。

齐国所辖的地域曾是殷商统治的故地，是反周的堡垒。周王朝把太公封于齐，就是为了加强这里的统治。《史记·周本纪》云："于是封功臣谋士，而师尚父为首封，封尚父于营丘，曰齐。"晋杜预《春秋释例》卷九《世族谱》第四十五条云："齐国，姜姓太公望之后。其先四岳，佐禹有功，或封于吕，或封于申；故太公曰吕望也。太公股肱周室。成王封之于营丘，今临淄是也。"

太公望在后世曾被追封为王。《新唐书·肃宗本纪》云：上元元年"追封太公望为武成王"。清秦蕙田《五礼通考》卷一二三云："《唐书·肃宗本纪》：上元元年闰四月乙卯，追封太公望为武成王。《礼乐志》：上元元年，尊太公为武成王，祭典与文宣王比。"文宣王就是孔子，即把对太公望的祭典规模与对孔子等同。《五礼通考》卷一一六云："周文王都酆，以师鬻熊、太公望配。"在祭祀周文王时，以师鬻熊、太公望配享。由此可见太公望在后世地位之高。

太公望受封时，曾得到西周王朝赏赐的镇国宝鼎。《左传·昭公十二年》"楚灵王"条："昔我先王熊绎与吕伋、王孙牟、燮父、禽父并事康王，四国皆有分，我独无有。今吾使人于周，求鼎以为分，王其与我乎？"齐国是辅助周王室的重要藩国，它与卫、晋、鲁等重要的姬姓诸侯国的待遇是一样的。在整个西周、东周时期，齐不仅与西周王室和其他姬姓诸侯保持重要的姻亲关系，而且对东夷地区的反周势力及部族起到了镇服的作用，使西周王朝在渤海沿岸和东夷地区具有把握大局的态势。

（本文作者李玉洁为河南大学历史文化学院教授、博士生导师；武思梦为河南大学历史文化学院研究生）

伊洛地区的姜太公信仰

⊙李海龙

姜太公信仰在伊洛地区（嵩县、伊川、宜阳、巩义）非常普遍，笔者对上述地区姜太公信仰情状做了调研，受到时间限制，还不够深入细致，需要进一步调研。

姜太公信仰在这一地域也有叫太公信仰的，分为三种类型：姜太公文化、道教姜太公信仰、民间的姜太公信仰。在调研中发现，姜太公信仰，在新中国成立前的伊洛地区非常普遍，信众甚多，多数信众观念中还有根深蒂固的迷信成分。新中国成立后，尤其是1952年镇压"反动会道门组织——师爷道"的运动后，直接削弱了这一地区民众对姜太公的信仰。现在的年青一代，受到唯物主义思想影响，尤其是科学观教育潜移默化地改造了青少年思想方式，他们的唯物主义思想居多。另外就是基督教的广泛传播，加之国学衰微，这也挤压着对姜太公的信仰，幸亏有几个版本《封神榜》电视剧，不然知道姜太公是何许人的年轻人就更少了。20世纪80年代后期开始，伊洛地区姜太公信仰状况有所复苏，但是所占该区域的人口比例已经无法甚至长期无法和新中国成立之前或者新中国成立初期相比了。再加上国家宗教政策的某种倾向，也直接减少了大量太公信仰的信众。其实，姜太公信仰的文化价值和社会心理价值很需要挖掘、研究和局部复兴，这在一定范围内也是社会的一种正向的力量。

一、姜太公文化

姜太公是中国文化史上的重要人物，也是道教的民俗信仰之神。他姓姜，名尚，字子牙，祖封吕地，称吕氏，又叫吕尚，也叫吕望，周文王殁，武王称其为

"尚父"。姜太公,汲人,今河南省卫辉市太公镇吕村人。另有东海上人说,有山东、安徽多地之争(其中日照市莒县东吕乡人和安徽临泉县姜寨人之说各有依据)。还有商末冀州人说,陕西宝鸡姜水人说(近代以来的传统说法),河南伊洛人说,这都需要更严谨的考证,确保历史和逻辑的统一。

据说姜太公为避商纣王之乱,隐居辽东三十年,后于周地渭水之滨与周文王相遇,遂为周文王所用,官太师,号为师尚父,成为西周伐纣建国之谋臣,后被封于齐,建都营丘(今山东境内)。古传说他有遗著《太公兵法》《封神榜天书》和《奇门遁甲天书》。姜太公是西周的开国元勋、齐文化的创始人,是许多姓氏,包括邱姓(丘姓)、吕姓、高姓、姜姓、齐姓等共同祭拜的祖先。他在军事、政治、经济思想甚至预测术等方面,都有卓越贡献的历史人物,在中国人心目中的地位无疑就是强大的文化表征符号,尤其是军事,称得上兵家之鼻祖。姜太公是中国历史上一位全智全能的人物,也是传说中"沟通神与人"之间的人物,负有神圣的使命,所以也拥有中国文艺舞台上的"高、大、全"的形象,尤其由许仲琳的《封神演义》的塑造,他成了中国神坛上一位居众神之上的神主。

唐代以后,姜太公开始被列入国家祀典。唐开元十九年(731)敕命:两京及天下诸州各置建姜太公庙一座,以礼配享。这一时期,伊洛地区姜太公信仰活跃起来,姜太公被本地信众附会为伊洛人。唐上元元年(760)追封姜尚为"武成王"。自此以后,姜太公庙已成为民间大庙,加上《封神演义》中姜太公被尊为群神之首,深刻影响了人们的思想,在民间逐渐演化成为最具权威的道教民俗信仰神只。在伊洛地区,姜太公文化表现为姜太公故事和姜太公民间活动仪式。

(一)姜太公文化在伊洛地区有这样一些故事,具有历史文化意义和时代表征

1. 马前泼水。《烂柯山》传奇载有汉代名臣朱买臣马前泼水的故事,故事说:西汉时,书生朱买臣家贫如洗,妻崔氏不耐清贫,坚持要朱买臣休妻,朱妻改嫁到当时的富户人家。后来朱买臣发愤苦读中第,并官至太守的时候,已沦为丐妇的崔氏跪于马前,请求收留。朱买臣命人取了盆水泼在地上,讲如果崔氏将覆水收回盆内,即可收留。崔氏做不到,羞愧自杀。《汉书》朱买臣本传载,朱买臣之妻离异后,与后夫上坟,路遇朱买臣,尚款待酒饭。朱买臣富贵后回乡,奉养前妻及其夫

月余。然而，这个故事演化为姜子牙对妻子马氏马前泼水，形成覆水难收的局面。伊洛人这样解释马前泼水，就是在马氏面前泼水，颇具意思。姜太公成功封神时，马氏被封为"蚊子"（山东故事是马氏被封为厕神，总之都不吉祥，这是因果报应的伦理说教故事）。当然这个故事有多层文化价值可以探讨，从长远和眼前的辩证关系看是一种；从夫妻在封建社会时期的秩序看是另一种，为了维护好夫为妻纲的秩序，就很有教育意义，教育妻子忍耐丈夫，抱定希望；从现代人性思维也具有当代价值。

2. 渭水垂钓。一般人钓鱼，都是用弯钩，钩子挂上鱼饵，然后把它沉在水里，诱骗鱼儿上钩。但是姜太公在渭河磻溪钓鱼很多日子，每次都是用直针垂钓，并且让无钩的钓鱼针线，离水面三尺来高，还自言自语道："愿者上钩来！"哪里有钩啊？樵夫武吉见姜太公这样钓鱼，就劝他说："老先生，像你这样钓鱼，一百年也钓不到一条鱼的！"姜太公说："我宁愿在直中取，而不向曲中求。"他的垂钓不是为了钓鱼，而是要钓王与侯。这个事件传播起来了，正是这样的策划包装，垂钓的故事传到了贤德的西伯侯姬昌那里，姬昌要去看个究竟，这样结识了姜太公。姜太公提出了"三常"之说："一曰君以举贤为常，二曰官以任贤为常，三曰士以敬贤为常。"然而姬昌邀请姜太公去辅佐他的时候，姜太公提出了特别要求，就是要西伯侯独自一人用步辇拉他。姬昌求贤若渴，当然就用车子亲自拉。然而，缺乏体力运动的西伯侯累坏了，他拉出八百步后站下来喘息，姜太公说："就拉到这里吧，你拉我八百步，我送你子孙八百年江山。"西伯侯一听，一步是一年江山，于是坚持又向前迈步，迈出了四步，周代就获得了八百零四年江山。这个故事讲得有鼻子有眼。

姜太公垂钓和周文王步辇拉姜太公的故事对后世文化产生了很大影响，他的"隐以致达"就是表面为隐士，实际为出山做了高明的广告，开了君臣关系如何铺垫好的先河。后世的诸葛亮身卧隆中等待主公，刘备三顾茅庐的故事正是"姜太公钓鱼"的翻版。以致后来有了专门用假隐居沽名钓誉、意图谋取禄位的"终南捷径"之行。这个故事有君臣关系的处理，但是在伊洛地区的关于八百步的附会传播就又有了"宿命论"的一面，也有了"英雄史观"的实质。这些就需要"扬弃"了。

3. 顺应命运，等待时机。姜太公生活在殷商王朝后期，殷纣王暴虐无道，荒淫无度，朝政腐败，民不聊生，怨声载道。心怀奇策的姜尚当然要待时而动。在伊洛地区的故事中，讲姜太公不得志之时，除了会算卦，其他是什么都不会。姜太公卖面故事说他妻子马氏自己在家磨面，让他去集市上去卖，结果铺开面来卖，过来一阵风，面被吹飞了，仰天长叹，鸟屎正好拉到嘴里。让他去卖酒，他的酒居然噎死了人。让他卖水，买水的人喝了塞牙……总之干什么都是失败，最后选择去卖盐，被人发现他的盐里边很多蛆虫。伊洛地区的人说"人在倒霉时候，盐都生蛆，喝凉水都塞牙"，这些典故来源于此。于是，马氏决定休掉百无一用是书生的丈夫——姜太公。姜太公最后实在没法生活了，就在街头卖卦为生。其实街头卖卦为生的是西汉末年成都地区的大学问家严遵（字君平）。姜太公在充分了解到殷商已经无可救药的时候，便来到渭水之滨的周领地，栖身于磻溪，终日以垂钓为事，实际也是调研，以静观世态的变化，待机出山。他发现西伯姬昌，实行勤俭立国，富民有道，社会清明，人心安定，国势日强，四边诸侯望风依附。

姜太公顺应命运，等待时机，坚信天生我材必有用，拥有远大志向的故事也非常有文化启迪价值。一是顺应命运，就要选择恰当的时机，伺机而动。二是冷静面对眼前的困难，不屈不挠，坚持不懈，能够静观事态的发展，客观地掌握形势。三是姜太公怀才不遇时候的状态告诫人们，等待就是机会，坚持就是胜利，不能因为一时屯蹇而一蹶不振，更不能失去生活的信心和勇气。姜太公八十多岁才有机会施展才华，活到一百多岁，由此引出了一句俗话："姜还是老的辣。"

4. 封神故事。姜太公不仅仅是一位韬略家、军事家与政治家。在渭水垂钓遇到明主后，他协助西伯侯、周武王修德理政、兴国安邦，并带领军队驰骋于战场，立下了赫赫战功。《诗经·大雅·大明》这样记载姜尚在牧野之战中的雄姿："牧野洋洋，檀车煌煌，驷騵彭彭。维师尚父，时维鹰扬。"更重要的是由于儒、道、法、兵、纵横诸家皆将他视为本家的重要成功人物，故被尊为"百家宗师"。然而，在民间，封神才是姜太公的头等大事，所以在伊洛地区传说有很多封神的故事和《封神演义》中的不同，比如把自己前妻马氏封为蚊子，把玉皇大帝的位置留给自己,不想被"张天师(张自然,又说张友人)"巧妙夺得,只好让自己坐在人家的梁上,成为住宅平安的保护神,当了另类的"梁上君子"。

(二)伊洛地区的"太公出巡"民间文化活动。在伊洛地区,新中国成立前很多村镇都有"太公出巡"文化活动,由相关的"社"担任,一般是在农历春节前后,有的地方延续到正月十五,或简或繁,不一而足。太公出巡,不外乎是将姜太公从庙堂抬到各个村子转一圈,象征着驱除邪气和鬼怪。有的太公出巡有相当大的规模,有敲锣打鼓,有唢呐奏乐,有上香放鞭炮,还有专门的大旗方阵、仪仗队,旗子上写着大大的"姜"字。太公的轿子也有专门的人负责抬,大轿在路上还得来回晃悠,然后每走一段距离就放鞭炮,过十字路口或者丁字路口,也要放鞭炮,锣鼓声震天响。"太公出巡"在太公泥塑(有的木刻)前边会抬着一只羊,作为祭祀用品,巡视结束后太公塑像返回庙堂中,再分吃掉祭祀的羊肉。出巡的羊是轮到谁家谁家出,提前两年就养羊准备了。

"太公出巡"文化活动带有民间信仰的性质,新中国建立后受到限制,现在规模已经非常小了,不少地方已经绝迹,存在的也是个别有姜太公庙的村子独立自发进行的,抬的活羊也没有了。古时候这一地区还有神农(姜姓)出巡的仪式、火神(一是炎帝为火神,一是殷蛟在这一地区的九皋山修炼成为火神)出巡的仪式。这些活动需要进一步做社会学田野工作,详细挖掘、整理、比较,以发现它们更多的文化价值。

二、道教的姜太公信仰和民间信仰

姜太公庙,简称姜太公庙,早在唐朝时候已经建立了,后来相当多的村镇都有姜太公庙存在。但是一千多年历史的变迁,以及战乱时代的破坏,现在只能在史料中见到当年标准姜太公庙宏大的规模(调研中也发现,历史中有周召共和的故事,很多叫周村的地方,当地人发音都是召村)。村镇姜太公庙在古代还有"校议""乡议"的功能。

1. 道教圣地——洛阳嵩县姜太公庙

洛阳市嵩县田湖镇的姜太公庙,位于"鹤鸣九皋、声闻于天"的九皋山西麓云蒙山中将军寨距离伊川县西边界鸣皋镇不远的地方。九皋山又名鸣皋山，它位于伊川、嵩县、汝阳三县交界处，主峰海拔930多米，自古闻名天下。姜太公庙背靠九皋山，前有伊水荡漾，左望修建于20世纪五六十年代的陆浑水库，碧波万顷，右眺伊阙龙门的美景，三面环山，一谷狭长，将军寨独立山谷尽头之巅。周围五道山梁，犹如五龙匍匐朝奉，西侧的"云蒙山谷"，又是一个鬼谷子的活动可以争议的地名，也是道教圣地。

这里的姜太公庙，当地又称"三清洞"，原庙内有洞三孔。这里有碑文记载，始建于秦，历代多有重修。清末重修后，内有大殿、廊坊、住室三十多间。后逐步将鸿钧道人、元始天尊、灵宝天尊、道德天尊、姜太公、张天师、无生老母、骊山老母等神圣按序设立在三座窑洞或殿堂之内，后因战争被毁。由于历史原因（战争，自然灾害、人为因素），姜太公庙屡建屡废，1913年时又重修三清洞和刘祖十八弟子洞，但因岁月蹉跎，战争连年，民不聊生，姜太公庙一度沦为土匪之穴，庙宇遭严重破坏。新中国成立后庙宇得到了恢复，但是在"除四旧"期间又一次遭到破坏，改革开放后再次得到复建。现在姜太公庙拥有殿堂43座，建筑房屋180间，神像179尊，有道士常驻和探访活动。

相传姜子牙辅佐文王前，在九皋山云蒙山谷静修练功，采集草药给四方百姓治病，药到病除。姜太公为救百姓，周围遍植药草，并焚香施法而将此地泉水变成神水，取水饮之，病疾即可消除，至今这个泉水仍然是信众到来就要品尝甚至痛饮的。古代社会对传染病的控制力量有限，人们就求助神灵，后来人们把姜太公尊奉为驱瘟避邪之神。这里还有传说：商朝纣王之子殷蛟，因不满父王的荒淫虐暴，私逃出宫，闻姜太公之贤，游历千山万水至云蒙山谷，拜访姜子牙，寻求治国之道。

太公祠有姜子牙彩绘圣像，两侧供奉有齐国的第二代国君齐丁公和第十六代国君齐桓公的圣像。祠堂殿壁上的壁画，描述了姜子牙的生平事迹，主要内容有：姜氏封吕、贫困生涯、弃官避纣、著书立说、渭水垂钓、周王授权、孟津会盟、牧野大战、封齐就国、与莱争丘、严罚不训、传子归周。

洛阳姜太公庙除了初一和十五的祭祀活动，还有专门的庙会。在庙会期间，四方百姓要到姜太公庙里烧香礼敬，祈祷姜太公保佑家中岁岁平安。四方百姓不仅仅是十里八乡的，很多都是百里外，甚至几百里外赶过来参加庙会的。庙会期间的义工大多是当地百姓，其实也是自发自费从几十里外赶来的做义工的百姓。

2. 分布在乡村的姜太公庙。调研发现，这一地区到目前还有很多姜太公庙，但是每个姜太公庙并不是对大庙的缩微，而是各具特色的。比如位于伊川县白元乡夹河村的姜太公庙，正殿供奉有姜太公，其左为天师张道陵，其右是明代天师邋遢张（张三丰，道教史上说辽东人，但这个村子有直系传人，以为是陕西迁来）。邋遢张在南阳和湖北等北方地区都非常有名气。这个姜太公庙实则为另类的家庙，因为这个村子的村民基本上都姓张，也都有道教传承。在正殿两边也有壁画故事。正殿西侧是财神殿，这是满足现代人的需要专门新建的，而两边的厢房则是本村百姓的活动场所。然而，就这么一个小小的庙宇，每年的庙会期间也是人山人海，有的专程从一百多里外赶来参加庙会。由此我们也能进一步了解到当地对太公信仰具有广泛深厚的百姓基础。

位于伊川县的鸣皋镇中溪村的姜太公庙也非常有特色，不像嵩县田湖镇的大庙，这个姜太公庙有一点家庙的性质，但也是附近百姓朝拜祈福的认为很灵验的神仙庙。据史料和他们的家谱记载，明洪武二年，即公元1369年，姜遇携带三子姜世魁、姜世标、姜世章由山西洪洞卜居于此，取姜太公垂钓渭水蹯溪之意，定村庄名字为"中溪"（另一说是因有溪流从村中穿过）。中溪村是洛阳市伊川县第一工业名村，有2万余人口，其中有本村户口的人口近万人，80%的村民家里姓姜。中溪村很有传统宗教气息，村中除了姜氏祖茔、姜姓祠堂，还有太公庙、湖光寺、关帝庙、火神庙等。中溪村中传说，姜子牙在西周初年，被周文王封为"太师"（武官名），被周武王尊为"师尚父"，辅佐文王、武王，与谋"剪商"，也曾叫单呼牙，称吕尚，先后辅佐了六位周王，公元前1017年逝世于本村中，寿至139岁。故在今天的中溪村姜太公庙，香火鼎盛。

伊川城关镇大庄姜太公庙。这个村庄郭姓人口占绝对优势，他们每年农历六月十五举办郭氏爷文化庙会，来自周边市县的香客和游客达20万之多。传说郭家这位祖先是姜太公的一个徒弟，所以郭氏爷的庙和姜太公庙在一起。距此不远的洛阳高崖的师爷庙和姜太公庙不在一个庙院内，而是相邻。

伊川县白沙镇姜太公庙，当地又叫姜子牙庙，位于白沙镇白沙村南坡上，二广高速路上行驶就可以看到。庄严的庙门十多年前才修建，老庙早已经不存在，里边的大殿、偏殿在20世纪80年代后由信众捐资修建起来，比起过去的原址小了很多。大型庙会也已经没有了。

宜阳县太公庙，位于宜阳县城南三环。虽然是近年修建的，但地址还是在原址上。宜阳县赵保乡温庄岭上还有一个名为"宜南姜太公庙"的庙宇，具体状况需要去现场查看。

巩义市姜太公庙，位于西村镇车元村。姜太公庙门前一棵柏树开化，大如杯口，在当地颇有口碑。这个庙是一对八十多岁的老夫妻在自家宅基地上修建的，与周边另外几个庙观构成了群庙。另外，在新中国成立前，巩义刘庭芳曾经创立了仙道庙观，也是打的姜太公的旗号，在伊洛地区影响很大，至今还有老人信仰，称其为"刘师爷"。

汝州市太公庙，即九龙山姜太公庙（又名天师庙），位于汝州市东北十五公里许的焦村乡北四公里许的九龙山下，此山自伏牛山蜿蜒而来形似巨龙，其山的周围有老虎山、娘娘山、羊角山、青石岭、红石岭、马鞍岭、黄沙岭、擂鼓台、七星洞等三山六岭、一台一洞，因称九龙山。这里不是伊洛河流域，但是文化上属于伊洛文化区域，北有嵩山，处于嵩阳，西有云蒙山，南有伏牛山，庙内松柏挺拔，香烟缭绕，有三清道祖、天师诸圣，是附近县市登封、伊川、汝阳信众朝圣之所，故也作了了解，列举于此。

三、结语

伊洛地区，加上嵩阳地区，传说（口述历史）早期是神农炎帝活动的地区，神农炎帝是姜姓的源头，也是中国文化最初的重要源头，有很多内容需要挖掘性研究，例如伊川县平等乡的姜沟村，现在全村没有一家姓姜，但叫姜沟，又有很多神农的传说，还有姜太公的传说，村边龙头沟的"中华石龙"及其相关的史前故事等，都可以做田野工作。本文最初设计的文化调查，最初想要对以神农炎帝活动调查，延伸到姜太公文化信仰，但稍微一深入进去，就发现这是个需要经年累月的大项目，只能搁浅了。对这一地区深入做好大量的田野调查，这一点，我们实际上并没有开始。无论神农信仰还是神农后人姜太公信仰，在这一地区的影响，都需要进一步去做调查研究。

（本文作者为郑州航空工业管理学院中国文化与市场经济研究所所长、教授）

《武王伐纣平话》与太公文化精神的传播

⊙杨 波

姜尚是民间传说中人们耳熟能详的传奇人物，也是中国古代文学作品中脍炙人口的人物形象，正史、野史、类书、小说、戏曲等文献中都有关于姜尚助武王伐纣事迹的记载。在众多文献材料中，除《尚书》的《泰誓》《牧誓》《武成》和《史记》的《殷本纪》《周本纪》《齐太公世家》等有相关记载的史书外，元代话本《武王伐纣平话》也是一部比较特殊的文学作品。从文化传播的角度来看，《武王伐纣平话》是姜尚形象从庙堂之圣到民间之神演变过程中的重要环节，是太公文化精神得以传播后世的重要载体。长期以来，学界关于此书的研究主要集中在三个方面：一是对相关历史事实的考察；二是对此书与《列国志传》和《封神演义》关系的探讨；三是对此书思想倾向等方面的研究。而关于姜尚在辅佐武王伐纣过程中彰显出的文化精神则较少论及。本文不揣简陋，略陈己见，以就正于大方之家。

一、《武王伐纣平话》产生的学术背景

鲁迅先生在《中国小说史略·宋之话本》中说过："宋一代文人之为志怪，既平实而乏文采，其传奇，又多托往事而避近闻，拟古且远不逮，更无独创之可言矣。然在市井间，则别有艺文兴起。即以俚语著书，叙述故事，谓之'平话'，即今所谓'白话小说'者是也""说话之本，虽在说话人各运匠心，随时生发，而仍有底本以作凭依，是为'话本'""这类作品，不但体裁不同，文章上也起了改革，

用的是白话，所以实在是小说史上的一大变迁"①。一般来说，"说话"可分为小说（讲述短篇故事）、说经（讲述宗教故事）、讲史（演讲长篇历史故事）、合生（表演故事，有时伴以歌舞）四大类，其中尤以小说和讲史两家最受欢迎。宋元平话继承和发展了前代说唱文学的叙述传统，确立了白话小说这一崭新的文学范式，为后世通俗小说的普及与繁荣打下坚实的基础。《武王伐纣平话》就是在这样的学术背景下产生的，它与《三国志平话》《大宋宣和遗事》《西游记平话》等作品一起，曾经对长篇小说《封神演义》《三国演义》《水浒传》《西游记》产生了直接而深刻的影响，可谓渊源有自、文脉相连。

《武王伐纣平话》别题《全相平话武王伐纣书》《吕望兴周》，是现存宋元讲史话本的重要作品之一。其创作是中国古代文体学发展的必然产物，而其被学界发现和传播则体现出从偶然到必然的发展历程。1926年3月，日本汉学家盐谷温教授在日本内阁文库发现了《全相平话五种》（即《全相平话武王伐纣书》《全相平话乐毅图齐七国春秋后集》《全相平话秦并六国》《全相平话前汉书续集》《全相平话三国志》），首先根据原刻本影印了《三国志平话》，此后又陆续影印了另外四种平话，这些宝贵的文献资料才先后传回中国。1929年，海宁慎初堂陈氏在《古佚小说丛刊》初集印行《三国志平话》，其中《〈古佚小说丛刊〉初集总目题解》述及此书的馆藏和传播情况，称"丙寅三月，盐谷博士以《三国志》付玻璃版影印，始得流传于吾国"。《武王伐纣平话》就这样走进中国学者的视野，此后被多次影印出版。1929年，上海涵芬楼对东京帝国大学影印本《三国志平话》进行了翻印。1955年3月，文学古籍刊行社翻印出版了《全相平话五种》，其出版说明称"元至治年间（1321~1323）新安虞氏刊本全相平话五种，是现在还存见的最早的讲史话本。原书藏日本内阁文库。其中三国志一种，有日本盐古温影印本及我国涵芬楼翻印本；其他四种，有日本仓石武四郎影印本。我社现将涵芬楼翻印本和仓石武四郎影印本并为一集重印"，对此书的刊刻源流交代得非常清楚。1981年1月，豫章书社据以整理出版了《武王伐纣平话》。1990年，钟兆华又完成了《元刊全相平话五

---

① 鲁迅：《中国小说史略》第12篇《宋之话本》，人民文学出版社，1973年，第87、90、287页。

种校注》，由巴蜀书社出版发行。1999年，陈翔华编校的《元刻讲史平话集》由北京图书馆出版社出版。

这些或影印或翻印或整理的话本，为没有机会看到原刊本的读者或研究者提供了可资依据的研究文本，也为姜太公其人其事的传播提供了新的媒介。但由于此期话本尚处于刚刚脱离口头文学的附属地位，还属于刚刚独立的书面文学阶段，文字、情节、人物形象等要素还不够鲜明生动，故而鲁迅先生这样评价其价值："观其简率之处，颇足疑为说话人所用之话本，由此推演，大加波澜，即可以愉悦听者，然页必有图，则仍亦供人阅览之书也。"由于此书现存只有元代建安虞氏刊本，没有其他版本可以参校，更无直接的文献记载可供参考，所以只能从文本本身和作品产生的年代入手，加以简要的分析探讨。

二、《武王伐纣平话》记载的姜尚事迹

《武王伐纣平话》共分上、中、下三卷，围绕两条主线展开故事情节：其一，演绎商周两朝交替历史，纣王因无道不仁，听信谗言，贪图美色，最终导致倾国之祸的过程；其二，演绎西伯侯姬昌和周武王姬发施行仁政，重用以姜尚为首的一大批忠臣义士，最终夺得天下的故事。作为武王伐纣伟业的第一功臣，姜尚的事迹可谓惊天地泣鬼神，所以《武王伐纣平话》中对姜尚的叙述占有相当分量。

1. 奇异的出场

《武王伐纣平话》中姜尚初次出场的身份是位卖卜先生，事见卷中。且看原文：

纣王有一日升殿而坐，有近臣奏曰："臣启陛下，如今街上有一老人鬻卜，有一女子来买卦；先生算道：'此女子不是凡人，系是上界金星也。'女子见道，化金光去了。万民尽看，言道好希。差臣见奇异，特来奏我王。"纣王闻奏，言声道奇："怎有如此阴阳之人？"令左右去宣卖卜先生。

近臣奉圣旨，到于街上，宣召先生。先生见言圣旨，不敢久停，便随使臣来见帝，山呼万岁，躬身而立。皇帝："赐卿平身，免礼。"纣王问曰："卿何姓。"老人曰："臣启陛下，臣是东海郡人，姓姜名尚，字子牙，号为飞熊。"纣王问买卜之事。姜尚奏曰："臣启陛下，有金星当日变为凡人，来买卜，试

探臣阴阳,看合着不合着。被臣课合阴阳识破,便化金光而去了。"纣王闻奏,言曰:"直怎如此有准?"纣王又问曰:"卿当与寡人发一课,看之来意如何?"子牙言好。

纣王便起去屏风,去取下十两黄金,并平天冠、御衣,却转过屏风来,问子牙:"此屏风后是甚?"子牙曰:"是十两黄金、平天冠、御衣也。"纣王称奇,心中大喜,又问:"卿能驱兵用将乎?"子牙奏曰:"臣做韬书,教大王看之。"纣王曰:"依卿所奏。"子牙去殿下,俄尔做成韬书,便呈上纣王。纣王看之大喜。纣王见此人聪明智慧,更为姜尚孝养老母。纣王封姜尚为司户参军,赐宅一区,赏银百两。殿下文武见姜尚大喜,天子置御宴饮之。宴罢,文武皆散。①

姜尚的出场可谓奇矣:一是未见其人,先闻其事。太白金星是中国道教神仙和民间信仰中知名度很高的一位神仙,经常作为玉皇大帝的特殊信使行走人间,在民间影响十分深远。就是这样一位洞察世事、睿智干练、妇孺皆知的传奇神仙,化身为平凡女子去试探姜尚勘断阴阳的能力时,竟然被姜尚识破,只得"化金光去了"。此事见证者太多,"万民尽看,言道好希",引起轰动,故"差臣见奇异,特来奏我王"。当时西伯侯姬昌已被太子殷郊和灵胡嵩救出,从羑里回到西岐,以仁政之德治理属地;而纣王则每日与妲己在鹿台宴饮,以敲胫看髓、荼毒百姓取乐,所以听闻近臣上奏此事后,"言声道奇""令左右去宣卖卜先生"。二是既见其人,又闻其事。姜尚跟随宣召的近臣去见纣王,先行人臣之礼,"山呼万岁,躬身而立",接着向纣王表明自己的籍贯、姓名、字号等,讲述金星化身凡人买卜的经过。当纣王对其表示怀疑,想让姜尚"与寡人发一课"以便亲自验证时,姜尚毫不犹豫地答应了,表明他想要辅佐纣王、为国家建功立业的心迹。三是亲见其人,亲证其事。经过前面两段文字的铺垫,纣王亲自将十两黄金、平天冠和御衣藏在屏风后,被姜尚一口猜中,纣王忍不住"称奇,心中大喜"。当姜尚"去殿下,俄而做成韬书,便

---

① 《武王伐纣平话》卷中,豫章书社,1981年,第37~38页。本文凡征引《武王伐纣平话》处,均依据此版本,简称《武王伐纣平话》,以下于征引文字后直接标卷次、页码,用"( )"标出,不一一赘述。

呈上纣王"后，想要借助姜尚"驱兵用将"的纣王，又是"看之大喜"，便将其封为"司户参军，赐宅一区，赏银百两"，并"置御宴饮之"。姜尚首次亮相，留给众人的印象是"聪明智慧""孝养老母"，这也为他后来离殷辅周埋下伏笔。

2. 奇特的行事

姜尚第二次出场，讲其收榜文捉了黄飞虎，却又不顾大祸临身而放了黄飞虎，奇特的行事风格反映出他崇尚仁义之君、反对不仁无道之君的政治理想。纣王无道不仁，意图强占南燕王黄飞虎之妻耿氏，遭到拒绝后，竟然怒"把耿氏醢为酱，封之一合，令殿使送与昨城县南燕王"（《平话》卷中，第38页）。黄飞虎对纣王的残忍行径十分清楚，得知妻子被杀的实情后，遂集合三万雄兵造反，迅速逼近朝歌。纣王先后派出五员大将并左右将，领兵三万五千人，去捉黄飞虎，都失败被斩，无奈只好在朝门外张榜捉拿黄飞虎。姜尚收榜后，纣王问他用什么办法捉拿黄飞虎，他回答说："臣启我王，用兵五千，用将五人，来日活捉黄飞虎。"（《平话》卷中，第40页）以五位大将和五千士兵去捉拿带领三万雄兵造反的黄飞虎，人数差距之大令人咂舌，姜尚的行事风格令人称奇。而他随后用计成功捉拿黄飞虎的情节，更让人为之叹服。在这次事件中，不能不提及姜尚的母亲所起的独特作用。

姜母是一位有远见卓识且深明大义的母亲，她出场只有两次，却对姜尚奇特的行事风格起到一定的铺垫和昭示作用。姜尚收榜起兵之前，先归宅辞别母亲，说明自己离开的理由。其母所说的一句话，看似简单，实则内涵丰富："吾命老矣，我儿佐主不明，再佐明君有道之主。"身居庙堂的姜尚当时并未听从母亲的劝告，而是"即时点军"，只因"聚将皆足，只有羊刃不至"而暂时耽搁。当他得知羊刃因"母病未痊，供侍母疾"而迟到时，于是教羊刃割肉做羹，"与母食之，果痊安"，使得羊刃感激涕零，声称"若逢飞虎，尽命迎敌"。（《平话》卷中，第40页）后来，姜尚与羊刃定下计策，不费一兵一卒，捉下黄飞虎，因听黄飞虎痛陈纣王暴行及自己造反的原因，"我妻剁为肉酱，教吾食之，更弃子杀妻，信妲己之言，苦害万民之命，以此反来"（《平话》卷中，第40页），不顾费孟的谏言，坚持放了黄飞虎。费孟向纣王汇报了此事，断定"臣谏不从，言君之短行"的姜尚"心内必也反也"，并建议纣王将姜母捉来斩之（《平话》卷中，第41页）。纣王闻奏大怒，令人去捉姜母。为了成就儿子的事业和理想，大义凛然的姜母只是说了一句："我今死矣，我儿必归明主。"接着便毅然赴死了。知子莫若母。姜尚得知费孟带人追杀自己，逃到恩州，夜观天象，"望见巨蟹宫生紫气，下接着西秦地""又穷真命，相侵真主，便往西南去"，一边为母亲死于纣王之手而大哭，一边施行"遗衣驻军计"，假装投水溺死，最终在渔公高逊、姜国舅、太子殷郊帮助下成功逃离殷周辖境，等待与西伯侯姬昌的风云际会。

不唯如此，书中还有多处对姜尚为人处世的态度进行了叙述和描写。比如他"因命守时"，在渭水河岸"直钩钓渭水之鱼，不用香饵之食，离水面三尺"，且自言"负命者上钩来"，耐心等待明君相顾，以实现自己"兴周破纣安天下"的政治抱负；他并未因运命不通，妻子马氏"遂弃索休而去"而气馁，反而"亦不苦留，与休了教去"，表现出大丈夫不拘泥于一时一事的旷达情怀；他帮助大孝的樵夫武吉，用妙计免去不死之难，所谓"伤人武吉当偿命，七日归来知慰亲；渭水河边求得计，果然应卦得存身"（《平话》卷中，第48页），并因武吉引驾求贤而进入精通八卦的周文王姬昌的视野；他不顾"年已八十，未佐明君"的无奈境遇，仍然坚持自己的理想信念，"非钓鱼，只钓贤君"。书中有三首小诗，对姜尚的个人命运和西周的政治命运进行了高度的概括。

其一曰：

谁知老母一身亡，奔走穷途且脱殃。

设若当时投水死，如何周室得荣昌。（《平话》卷中，第42页）

其二曰：

纣随妲己信崇侯，费仲谗言国不修。

剖孕蛋盆人受苦，囚贤斫胫事堪羞。

比干剖腹观七窍，箕子佯狂免祸愁。

飞虎子牙两去后，四方黎庶总归周。（《平话》卷中，第46页）

其三曰：

吾今未遇被妻休，渭水河边执钓钩。

只钓明君兴社稷，终须时至作王侯。（《平话》卷中，第49页）

这几首诗通过对比忠臣义士和昏君佞臣的不同行为，以及由此而导致的不同结果，反映出这部作品想要宣扬的一个主题，那就是向往正义之师，追求仁德之政，世事沧桑巨变轮回，姜尚美名万古传扬。

3. 奇妙的谋略

《武王伐纣平话》卷下着重叙述周文王求得姜尚为相，姜尚不负文王所托，凭借奇妙的谋略，一路辅佐武王赢得人心归顺、八百诸侯孟津来朝，最终创下立国安天下的宏图伟业。姜尚的奇妙谋略，从以下几件事情可以窥见一斑。

一是反复试探，志向高远。姜尚在磻溪垂钓了很长一段时间，一直耐心地等待着贤君文王的到来。可是，当文王梦见飞熊，携文武大臣恭敬地请他出山时，他却对文王的"大礼恭敬三次"不顾分毫，"举手指让"，手执钓竿，不发一言。当文王真诚地表露自己的求贤之意，称"知公此岸钓引，于天意愿，愿公表察。昌令四方求探至此，愿呈肝胆之智，望贤垂意，顿首顿首，惶恐惶恐，贤意如何"时，姜尚心中虽然起了波澜，认为"此人虽是真主，我不便思文王之德，始三次顾我，我又不顾。文王无分毫愠色，亦无忿怒。此是大君子人也"（《平话》卷下，第50页），但仍然想继续试探文王的态度。姜尚于是以退为进，这样回答文王说："君非专意举贤，出猎游戏亦不是坚心求贤，而乘乐而至。吾乃钓叟，岂取金紫之名乎？臣恐停车驾，请大王且退去。"（《平话》卷下，第50~51页）说完，"遂入苇叶而去"。三日之后，当文王斋戒沐浴后"宣文武排銮驾再去求贤"而至时，"姜尚立钓竿于岸侧，去芦叶深处不出迎。文王至近下车，共文武步行一二里至岸，却不见渔公，只见钓竿"。文王态度愈恭，连赠姜尚两首诗歌以明心志，而姜尚终于为文王所感动，正式出山辅佐西周。

二是深谋远虑，未雨绸缪。由于经历过纣王不行仁德的前车之鉴，姜尚对待文王这次的求贤之举非常慎重，称得上是深谋远虑，未雨绸缪。从他与文王两人之间的相互赠诗，可以看出其不遇明君绝不出仕的坚定态度。文王赠诗其一曰：

求贤远远到溪头，不见贤人见钓钩。

若得一言明指教，良谋同共立西周。（《平话》卷下，第51页）

其二曰：

先生表察再来求，不似先前出猎游。

若得一言安社稷，却将性命报恩由。（《平话》卷下，第51页）

姜尚在芦花深处听到文王为求"立国安邦之法"所说的话语，明白其"苦来求告"的"谨意诚心"，为其感动，终于肯出来相见，并回赠文王两首诗，表达自己立国安邦的雄心壮志，以及为国家为知己奋不顾身的豪迈情怀。其一曰：

谢君志意诣磻溪，一语安邦定国机。

吾略乱育匡国法，须教陛下镇华夷。（《平话》卷下，第51页）

其二曰：

渭水河边执钓钩，文王应梦志心求。

虽然年迈为元帅，一定周家八百秋。（《平话》卷下，第51页）

而周公赠予姜尚的一首诗，既是对文王求贤应梦之举的解释，又是对姜尚应时而出之事的赞叹。其诗曰：

夜梦飞熊至殿前，果逢良将渭河边。

曾因纣王行无道，扶立周家八百年。（《平话》卷下，第51页）

从此之后，文王拜封姜尚为太公，要伐无道之君；姜尚臣遇明君，将遇良才，风云际会当其时，建功立业出奇兵，"教文武各行其道，要伐无道之君"。姜尚极力宣扬"天心顺，地心利，人心喜"的天地人三才之理念，称"此乃天下皆顺文王之也"，从思想上为后来的武王伐纣扫平了障碍。

三是乘势而起，伐纣兴周。文王在位三年后，因"忽思羑里城中囚，醢百邑考之恨，想纣王不仁之政，无道极甚，遂胀于心，因此得疾染患"，不久"龙归沧海，凤返丹霄，一灵真性，秉灵升天"。（《平话》卷下，第53页）他在临终前嘱咐太子武王，一定要厚赏三军，善待太公，不能忘记纣王的残暴，为长子百邑考报仇。转眼又过了三年，太公虽"烈士暮年，壮心不已"，见周武王不提伐纣之事，故意写了一纸韬书放在武王御案上，陈述自己的想法。其文曰：

自天生世兮，无可及。四海兴望兮，定可归。

如今老迈兮，未肯伏。昔作钓叟兮，遇明主。

武王不用兮，未显机。磻溪钓鱼兮，天命定时。(《平话》卷下，第53～54页)

又有赠诗两首，分别是："他钩曲兮我钩直，直钩上面更无食。文王化去不复追，谁问姜太公直钓机？""昔日磻溪作钓基，直针不用饵香时。自从西伯同车日，三载无人话国机。"(《平话》卷下，第54页)武王看了文字和诗诵，大喜过望，急忙宣召文武大臣和太公上殿议事，并向太公请教如何用事。太公抓住有利时机，再次重申"欲要伐纣，合天地人心也"的观点，于是武王请太公筑坛拜将，领兵伐纣。姜尚带领三万多将士伐纣，一路上犹如蛟龙出海，猛虎下山，招降能人良将，壮大义师力量，将纣王兵马打得节节败退，活捉纣王与妲己等人。最后，武王和太公历数纣王"不仁无道"十大过后，命人在法场的大白旗下斩杀纣王，小白旗下斩杀妲己，为国除奸，为民除害，实现了伐纣兴周的宏愿。

三、《武王伐纣平话》对于传播太公文化精神的历史贡献

钱穆先生在论述民国时期的学术思想流变时指出："凡一时代学术思潮之变迁，其作始也简，其将毕也巨。从其后而论之，莫不有其递嬗转移之迹，与夫盛衰兴替之所以然。"[1] 元代话本也不例外，在文本传播、思想传播和精神传播等方面都曾产生过相当大的影响。

1. 文本的传播

宋元平话中的故事情节多以正史为据，杂采史书注文、野史、传说等文献，赋予其更加传奇的色彩。如《武王伐纣平话》卷中记载，姜尚首次出场向纣王讲述自己籍贯时，称自己是"东海郡人"，与《史记·齐太公世家》中所载"东海上人"颇有渊源。再如姜太公救武吉时所施法术，即是一种民间流行的迷信说法。据干宝《搜神记》卷四记载：张华为豫章太守时，一犯盗处死者受赵朔之计，"汝可取三遍到行渡河，即取竹筒，盛水三尺长，安放腹上，仍黄沙中卧。经三日，然后可还，终始擒汝不得也"。至假满，法司禀报张华。张华观《易》，六卦成，断曰：

---

[1] 钱穆：《国学概论》下册，台湾"商务印书馆"，1968年，第136页。

"何故腹上水深三尺,背卧黄沙?此人必投水死,更不用寻也。"究其原因,说书人把类似的传说移植到其他的故事情节或人物身上,一方面可能是因为正史的记载本身具有较强的故事性,不易于再加敷衍;另一方面,能够大大提高故事的吸引力,这也是讲史故事生动活泼、引人入胜的手段之一。

当然,与《列国志传》《封神演义》等比较成熟的长篇小说相比,《武王伐纣平话》的故事情节和人物形象都稍显单薄,但其中一些情节简而不略,为后世的文学作品所吸纳。如《武王伐纣平话》中"文王梦飞熊""文王请太公""武王拜太公为将""太公水淹五将"等情节,都为稍晚的《列国志传》和《封神演义》等小说借鉴和敷衍,甚至可以说是后者参照的底本。如果说上文鲁迅先生的观点是对宋元话本的整体评价,那么郑振铎《插图本中国文学史》、孙楷第《日本东京所见小说书目》、赵景深《中国小说丛考》、胡士莹《话本小说概论》等学术著作,则对《武王伐纣平话》文本传播方面进行了更为具体深入的探究。孙楷第曾经说过:"余邵鱼编《列国传》,远在万历丙午(1606)之前,开端所记武王伐纣事,亦与今所见元刊本平话略同。则与此《封神演义》所据,殆为同一底本。"① 胡士莹则进一步指出:"《武王伐纣书》之后与《封神演义》之前,尚有过渡的一部同类小说,这部小说就是《列国志》的西周部分。"② 这些学界前辈的研究论述,为后人深入理解《武王伐纣平话》的主要内容、写作特点、主题倾向、学术地位等方面奠定了坚实的基础,具有筚路蓝缕之功,更是此书得以广为传播的直接动力。

2. 思想的传播

讲史话本的编撰,既要大体符合历史事实,又要适合听众的口味,编辑者的水平不一定很高,再加上说话人代代口头相传,其中讹误和差错在所难免。但是,《武王伐纣平话》中也有些内容,语言很平实,思想很深刻,传达出普通百姓的心声。如《武王伐纣平话》卷首先用一首诗概括中国古代的王朝更迭:"三皇五帝夏商周,秦汉三分吴魏刘,晋宋齐梁南北史,隋唐五代宋金收。"接着述殷商六百多

---

①孙楷第:《日本东京所见小说书目》,人民文学出版社,1958年,第89页。
②胡士莹:《话本小说概论》,中华书局,1980年,第744页。

年的传国历史,用两首诗表明作者对太平盛世的向往,对帝王为一己之私欲而导致战争的憎恶。其一曰:"商纣为君致太平,黎民四海沸欢声。心婚妲己贪淫色,惹起朝野一战争。"其二曰:"世态浮云几变更,何招西伯远来征。荒淫嗜酒多繁政,故治中邦不太平。"(《平话》卷上,第1页)纣王初登帝位时,有德有能,"归朝治政,前十年有道,八方宁静,四海安然,天下皆称纣王是尧舜"(《平话》卷上,第2页),很得八百诸侯的拥护和全国百姓的爱戴。但世事无常,人心多变,纣王后来却听信佞臣之言,沉溺于声色犬马之中,宠爱妖媚妲己,杀妻虐子,残害忠良,最终招致人神共恶,天地不容。所以,书中反复渲染"善恶终有报""天命不可违"的因果思想,引导人们崇德向善。如书中叙述纣王与妲己荒淫取乐的情节时,用这样一首诗表达天命思想:"狐灵专宠恣荒淫,嗜酒成池肉作林。一日朝歌非我有,方知天命果难谌。"(《平话》卷上,第18页)而在全书的结尾处,姜太公用降妖章和七尺生绢将妲己灭形毁魄后,同样用一首诗表达了善恶观念:"休将方寸昧神只,祸福还同似影随。善恶到头终有报,只争来速与来迟。"(《平话》卷上,第70页)

3. 精神的传播

《平话》以历史记载为依据,参之以民间故事传说,加之说话人的敷衍生发,非常生动地再现了那一段历史时期发生的或美好或凄惨或悲壮或哀婉的故事。恰如郑振铎先生所说:"说书家是惟恐其故事不离奇、不激昂的,若一落入平庸,便不会耸动顾客的听闻,所以他们最喜欢取用奇异不测的故事,惊骇可喜的传说,且更故以危辞峻语,来增高描叙的趣味。武王伐纣的一则史实,遂成为他们的绝好演说的资料之一。"[①] 通过一个个脍炙人口的故事,可以发现更深层次的东西,那就是书中所传播的太公文化精神。如书中塑造的耿氏形象和姜母形象,一个美丽而又坚贞,一个慈祥而又睿智,但面对最高统治者纣王的威逼利诱,却不约而同地选择了毫不畏惧,出言回击,慷慨赴死,表现出凛然不可侵犯的高洁品格,极富理想主义色彩。再如文王的远见卓识,武王的修政爱民,姜尚的道义担当,黄飞

---

① 郑振铎:《郑振铎古典文学论文集》,上海古籍出版社,1984年,第410页。

虎的敢作敢为，殷郊的大义灭亲，等等，充分反映出作者朴素的人文精神和美政理想。当然，《武王伐纣平话》中随处可见的神怪色彩，大胆的想象和夸张笔法，甚至与历史事实完全不相符的情节，都是当时人们社会心理和生活愿望的真实流露。总之，说起太公故事在民间的广为流传，太公精神在后世的广泛传播，《武王伐纣平话》应该能占有一席之地吧。

（本文作者为河南省社会科学院中原文化研究所副研究员、文学博士）

中华姜姓郡望堂号堂联及其当代文化意义

⊙郭　艳

中华姜姓的郡望、堂号、堂联记录着姜姓家族的发源、生息、繁荣与变迁，已经成为姜姓族人的共同文化心理积淀与精神家园。姜姓郡望、堂号、堂联文化作为中华民族优秀民间文化宝库中的一颗璀璨明珠，具有丰富的文化意义与当代价值，深入挖掘发扬这些文化能够更好地传承创新中华民族的优秀传统，促进经济社会发展。

一、姜姓的郡望、堂号、堂联

姜姓的郡望主要有天水郡、广汉郡等。天水郡自西汉元鼎三年（前114）在平襄（今甘肃通渭）置郡，辖地包括今甘肃省通渭县、秦安县、定西县、清水县、庄浪县、甘谷县、张家川县及天水市西北部、陇西东部、榆中东北部一带。西晋移治到上邽（今甘肃天水），辖地包括今甘肃省天水市、秦安县、甘谷县等地。东汉末年及三国时期天水郡的名望有姜维及其后人一族。广汉郡是西汉高帝六年（前201）在乘乡（今四川金堂）置郡，东汉光武帝刘秀把治所移到雒县（今四川广汉），晋朝时期徙广汉郡治广汉，在今四川遂宁县东北。广汉郡望有姜诗一族。

姜姓在长期的繁衍发展过程中，也形成诸多堂号和堂联。

（一）姜姓堂号主要有几下几种类别

1. 与祖先的生息地有关。

此类堂号又包括两大类：一类是以姓氏的郡望作为堂号，如天水堂、广汉堂等；一类是以祖先成就功业的地方作为堂号，如渭滨堂。

2. 与祖先的嘉行事迹有关。如稼穑堂，就是源于姜姓的始祖神农氏开垦荒地，口尝百草，教民众种植五谷，汲水灌溉，促进了中国农业的发展。姜氏后人为缅怀始祖功绩，就以"稼穑"为堂名。孝友堂，源自东汉时名族世家姜肱与二弟姜仲海、三弟姜季江以孝悌之名而著史册。

3. 用祖先的名号作为堂号。如飞熊堂，就是用姜太公的道号飞熊作为堂号。

4. 以传统的伦理道德自立堂号。如追远堂、崇本堂、余庆堂。

（二）姜姓堂联主要有几下几种类别

1. 讲述姜姓的源流和郡望。如："望传广汉；源自姜滨""岐水世泽；四岳家声""炎农世泽；渭水家声""渭水家声姜姓部；炎农世泽稼穑堂""出郊祀禖，帝妃履武；永巷待罪，周后称贤""天序有伦，自昔一衾常棣乐；水源在渭，于今远派竹林春"。

2. 追念姜姓祖先的功业。如："天水世泽；尚父家声""六韬能破敌；一榜可封神""壮志未能吞司马；大业无惭继卧龙"。

3. 颂扬姜姓先人的嘉言善行。如："平江保障；白石清歌""孝征跃鲤；迹溷牧羊"。

4. 宣扬姜姓名人大家。如："楚佩分蕴女；班捍续大家""八旬丞相兴大业；七岁翰林显奇才""大孝神侔，幻奇灵于跃鲤；孤忠天植，缵茂绩于伏龙""雁序情孚，表敦伦于同被；鹰扬望重，兆匡世于钓璜""冠世文章，健羡登瀛学士；超群智勇，荣拜征西将军""计谋冠世，丞相八旬兴大业；翰墨超群，翰林七岁显奇才"。

二、姜姓郡望、堂号、堂联的文化内涵

（一）姜姓郡望的文化内涵

姜姓出自炎帝。相传炎帝生于姜水，以水为姓，故姓姜。《说文》记载："神农居姜水，因以为氏。"炎帝裔孙伯夷，因为辅佐大禹治水有功被分封于吕，复赐姓姜。吕国后裔吕尚，也称姜子牙、太公望，因为辅佐周文王灭商有功，被分封于齐。齐国是姜姓后裔中最强大的一支，到战国中期，被齐国的大夫田氏所灭。西汉

以前，姜姓后代东归河南等地繁衍发展，发展成为关东（今河南灵宝市函谷关以东地区）大族。西汉初年，为了充实关中人口，关东大族迁至关中，姜氏望族被迫从关东迁徙至关中，遂世居天水（今属甘肃），形成姜姓天水郡望。《元和姓纂》记载："炎帝生于姜水，因氏焉，生太公，封齐，为田和所灭，子孙分散，后为姜氏。汉出以豪族徙关中，遂居天水。"① 天水郡出现了许多姜姓名人，三国蜀汉的大将军姜维及其后裔姜衡、姜抚等。东汉时期，姜氏已有徙居到今四川者，广汉（今四川射洪南）人姜诗，他的后裔发展为一大望族，形成姜姓广汉郡望。南宋末期，姜姓一族从广西北还中原故里——河南，融进当地姜姓之中，至明朝洪武年间在河南形成一大望族。

（二）姜姓堂号、堂联的文化内涵

姜姓的许多堂号、堂联背后都有着丰富的典故，蕴含着深厚的中国传统文化的内容。

1. 姜子牙的典故。渭滨堂源自姜子牙钓鱼的典故，传说姜子牙在渭水边钓鱼，直到80多岁，才被周文王访得，拜为丞相。后来辅佐周武王伐纣，灭商兴周，立下赫赫功绩。后人为纪念姜子牙，把渭滨作为姜姓的堂号。堂联"炎农世泽；渭水家声"，说的也是姜太公曾经垂钓于渭水之滨的典故。堂联"六韬能破敌；一榜可封神"上联是指姜子牙具有卓越的军事才能。《六韬》传说为姜子牙所著，姜子牙不仅是一个谋略家，还是一个军事家，他先是辅佐文王姬昌，提出逐步剪商增强自己实力，缩小兵力差距，伺机进行决战的谋略方案，形成了"三分天下有其二"的局面。文王死后，又辅佐武王姬发，指挥周军在牧野之战中一举灭商。下联"一榜可封神"是来自民间"姜太公封神"的传说。堂联"计谋冠世，丞相八旬兴大业；翰墨超群，翰林七岁显奇才"的上联是指姜子牙年逾八旬，在渭水边垂钓为周文王访得，拜为丞相，后又助武王完成兴周大业的典故。

2. 姜后脱簪的典故。堂联"出郊祀禖，帝妃履武；永巷待罪，周后称贤"的下联是指西周时期周宣王的皇后姜氏脱簪珥待罪于后宫的永巷，感动宣王勤理朝政

---

① 林宝：《元和姓纂》卷五，中华书局，1994年。

的典故。周宣王的皇后姜氏生性贤德，有一次，周宣王早晨起床很晚，姜后就脱去头上的簪子、摘下耳环，说由于自己不好才使宣王失礼，上朝晚了，并站在长巷里等周宣王治她的罪。周宣王感悟，从此以后，周宣王对于政事非常勤勉，成了一位中兴的君王。

3. 姜诗孝母的典故。堂联"孝征跃鲤；迹溷牧羊""大孝神侔，幻奇灵于跃鲤；孤忠天植，缵茂绩于伏龙"的上联都是指姜诗孝母涌泉跃鲤的典故。东汉广汉人姜诗对母亲非常孝顺，他的妻子庞氏善体夫意，共同孝顺姜母。姜母喜欢饮用江水，庞氏就经常跑到距家六七里的江边取水奉母。姜母又喜欢吃鲤鱼，夫妻常以此作为菜肴。后来婆婆听信谗言百般刁难庞氏，还逼迫姜诗休妻。姜诗十分不愿，但是一向孝顺的他还是遵从了母亲的意思。庞氏尽管饱受委屈，寄身在白衣庵，每天拾柴为生，还是依旧买鱼托邻居送给婆婆。姜诗夫妇的孝行感动了神灵。一天，宅边有泉水涌出，味如江水，每天跃出两条鲤鱼，让他们就近取以供亲。

4. 姜肱大被的典故。"雁序情孚，表敦伦于同被；鹰扬望重，兆匡世于钓璜""天序有伦，自昔一衾常棣乐；水源在渭，于今远派竹林春"的上联是指东汉广戚人姜肱与他的两个弟弟仲海、季江非常友爱的典故。姜肱兄弟三人虽然各自娶妻成家，也不忍分开睡觉，因此就做了一床很大的被子，三人经常盖着大被子一起睡觉。一次姜肱跟他的弟弟一同去府城，结果半夜路遇强盗要杀他们，他们兄弟三人都争着死，强盗被他们的举动感动，就放了兄弟三人。

5. 姜维的典故。"大孝神侔，幻奇灵于跃鲤；孤忠天植，缵茂绩于伏龙"下联的"缵"即继承之义，"伏龙"即卧龙，指诸葛亮。这是来自三国时期蜀国大将姜维忠君爱国的典故。姜维本是魏将，后投奔诸葛亮，受到重用，任征西将军。诸葛亮死后，魏军攻蜀，他死守剑阁，蜀主刘禅降魏，他被迫假降，卧薪尝胆，一直准备反魏复蜀，因事败被杀，功败垂成。姜姓宗祠联"冠世文章，健羡登瀛学士；超群智勇，荣拜征西将军"的下联也是指三国蜀将姜维有谋有勇的事典。

6. 姜宇牧羊的典故。堂联"孝征跃鲤；迹溷牧羊""县令孝征跃鲤；孤儿迹溷牧羊"的下联是指十六国时前秦的姜宇出身贫苦却学有所成的典故。姜宇年少时就成了孤儿，家庭贫苦，白天为河北陈不识家牧羊，晚上则整夜读书，"每夜专读书，睡则悬头于屋梁，达旦而止"①。苻坚为帝时，他官至京兆尹、御史中丞。

三、姜姓郡望、堂号、堂联的当代价值

姜姓郡望、堂号、堂联中所阐发的深层文化意蕴如孝、悌、善等，对于维护家庭、宗族和整个社会的稳定，激励人们干事创业，促进社会和谐以及凝聚全球姜姓华人等方面仍有积极作用。因此，今天我们仍然可以结合时代特点对于姜姓郡望、堂号、堂联的内涵进行新的诠释从而彰显其当代意义和价值。

1. 有助于发展寻根文化。中国人喜欢追根溯源，崇敬祖先，热爱故土。姜姓作为我国最古老的姓氏之一，有着将近五千年的悠久历史，今天中国的许多姓氏例如吕、许、谢、齐、高、国、雷、易、纪等100多个姓都是从姜姓衍生出来的。姜姓的堂号、堂联有许多是追寻自己本支世系的开基祖与发祥地的，堂号如"天水堂""广汉堂"等，堂联如"望传广汉；源自姜滨""岐水世泽；四岳家声""炎农世泽；渭水家声"等。通过这些郡望、堂号、堂联，人们可以更好地了解姜姓的变迁，找寻到自己的根脉。例如台湾省新竹县北埔乡姜氏家庙联"天序有伦，自昔一衾常棣乐；水源在渭，于今远派竹林春"的下联讲述了姜氏起源于渭水的支流姜水，而本支姜氏则迁到了台湾省新竹县，寥寥两句堂联就把该姜氏家族的源流交代清楚了。近年来，随着"寻根热"的兴起，姜姓的寻根文化也开始发展。目前开发得最有影响的是姜姓的始祖炎帝文化。随州的炎帝故里拜祖大典，至今已经举办了七届。但这与姜姓郡望、堂号、堂联文化的保护开发要求相比，还远远不够。今后可以把姜姓祠堂建筑及其内部的画像、牌位、神龛、石碑、楹联等加以规划并进行科学保护，用古老的祠堂文化来吸引海内外姜姓宗亲寻根问祖。

2. 有助于塑造孝敬父母、兄友弟恭的良好家风。百善孝为先，孝是中华民族的传统美德之一。自古以来"孝"被视为一切道德规范的根本基础和发展前提，是美德之首，堂联中记述的姜姓品行的最突出特点就是孝。姜诗与其妻孝亲涌泉跃鲤已经成为中国《二十四孝》中的一大范例。悌，指兄弟姊妹的友爱，是堂联中记述

---

① 崔鸿：《前秦录》，《太平御览》人事部八十五，中华书局，1960年。

姜姓品行的另一大特质。姜肱大被所展示的兄弟之间的至真之情，为后世所传颂。今天，吸收姜姓传统"孝悌"美德，剔除其中的封建糟粕，对于构建和谐社会具有重要的意义：注重教育，培养人们孝敬父母、团结手足的理念。通过学校和社会教育，继承和弘扬中华民族传统孝道中从"天下为家，各亲其亲"到"天下为公，不独亲其亲"等思想的精华，在日常的家庭生活中，培养孝亲之情，养成尊老爱幼、父慈子孝的道德风范，促进家庭和谐。开展群众性的五好家庭评选活动，形成全社会尊老爱幼的氛围。以评比活动为载体，从家庭到小区，再到城区，再到乡村，广泛开展群众性的孝文化活动，把家庭道德、人际关系、精神文明建设等时代内容融入到传统的孝悌文化中。通过典型的示范作用，将家庭的孝道推广到社会上，形成尊老博爱的社会风尚，从而促进社会的和谐稳定。

3. 有助于激发人们爱国敬业的热情。"天下兴亡，匹夫有责。"中国人的家国意识使得其天生就有一种忧国忧民的情怀。爱国主义具有时代性，在封建社会就表现为"忠君"，姜姓堂联中多有表现。如："壮志未能吞司马；大业无惭继卧龙"颂扬了姜维忠于蜀汉，为复兴汉室所做的光辉业绩；"平江保障；白石清歌"的上联歌颂了南宋明州人姜浩在金兵攻打平江时率领军民奋力反抗的英勇气节。爱国主义既有历史的继承性，又有鲜明的时代性。今天，爱国主义则与爱社会主义是统一的。发扬爱国主义精神要剔除狭隘的民族主义，以开放包容的心态加快社会主义现代化建设，使中华民族屹立于世界之林中。爱国不是抽象的，它体现在人们创业敬业的实际行动中。中华民族历来有"敬业乐群""忠于职守"的传统，敬业是中国人的传统美德。宋朝朱熹曾说，"敬业"就是"专心致志以事其业"，敬业的表现之一就是对于所从事的职业或工作精益求精。姜姓堂联中有许多赞颂行业名家的，如"翰墨超群，翰林七岁显奇才""匾赠东瀛称国宝"就是颂扬明代书画家姜立纲的，他七岁能书，命为翰林秀才。后以法书行于天下，称姜字。日本国门高十三丈派遣使者到中国求匾，姜立纲在匾上题字。日本使者评价说："此中国惠我至宝也。"姜姓的堂联其实就是用先贤来激励后人也要干事创业。今天，我们要怀着高度的责任感和使命感，弘扬敬业精神，对自己所从事的事业积极投入、不懈努力。

4. 有助于克服急功近利的社会心态。姜姓堂号、堂联里出现最频繁的一个人物——姜子牙身上就体现出坚毅执着的精神。传说他在八十多岁的时候才被周文王拜为丞相，堂联中有许多相关记述，如"八旬丞相兴大业""计谋冠世，丞相八旬兴大业"等。八十岁在许多人眼里早已是该颐养天年的时候，但姜子牙才遇明主，之后辅佐姬昌修德振武，又辅佐周武王伐纣，灭商盛周，立了大功。这能给今天追逐"迅速"成名成家的人们上一节生动的教育课。目前，中国正处于经济社会的深层变革时期，一些领域出现不同程度的急功近利现象。对于财富，许多人幻想"一夜暴富"；对于名誉，许多人梦想"一夜成名"；对于工程，也是鼓吹大干快上，缩短工期。急功近利的心态影响社会的可持续发展。当今社会正需要像姜子牙一样踏实执着、百折不挠的奋斗者。踏实肯干的态度对于人们来说非常重要，是人们干好本职工作的前提和动力，更是事业心和责任感、使命感的直接反映。踏实肯干也需要有姜子牙般百折不挠的精神。

（本文作者为河南省社会科学院中原文化研究所副研究员）

由姜太公钓鱼说到晚商之渔猎

⊙常耀华

姜姓名人，最有名者莫过于姜太公。姜太公最有名的事儿，莫过于钓鱼。不仅民间有"姜太公钓鱼，愿者上钩"的俗语，而且《史记·齐太公世家》也有这样的文字：

> 吕尚盖尝穷困，年老矣，以渔钓奸周西伯。西伯将出猎，卜之，曰"所获非龙非彲，非虎非罴，所获霸王之辅"。于是周西伯猎，果遇太公于渭之阳，与语大说，曰："自吾先君太公曰'当有圣人适周，周以兴'。子真是邪？吾太公望子久矣。"

不唯《史记》，同为正史的《战国策·秦策三》中也谈到姜太公钓鱼之事：

> 秦王屏左右，宫中虚无人，秦王跪而请曰："先生何以幸教寡人？"范雎曰："唯唯。"有间，秦王复请，范雎曰："唯唯。"若是者三。秦王跽曰："先生不幸教寡人乎？"范雎谢曰："非敢然也。臣闻始时吕尚之遇文王也，身为渔父而钓于渭阳之滨耳。若是者，交疏也。已一说而立为太师，载与俱归者，其言深也。故文王果收功于吕尚，卒擅天下而身立为帝王。即使文王疏吕望而弗与深言，是周无天子之德，而文、武无与成其王也。

民间传说"姜太公钓鱼，愿者上钩"，将吕尚以渔钓的故事敷衍得十分离奇，说姜子牙钓鱼的方法很奇特：鱼竿短，鱼线长，用直钩，没鱼饵，钓竿不放进水里，离水面有三尺高，这样居然也能钓到鱼。此说有悖常理，此事的真实性如何，想必会招致不少人腹诽。姜太公渭阳垂钓的具体细节姑且不论，但可以肯定地说，《史记》《战国策》所言的晚商渔猎的历史文化背景绝对是真实的。因为，商周遗址中不光出土有相关物证，而且甲骨文中有字作🐟、🐠者，即便是不认识甲骨文的人，也一看便知其字是持竿垂钓。辞例详见《合集》48、《合集》8105～8108、《合集》10993、《合集》10994、《合集》24382、《合集》24383 等。此字在甲骨文中常作为地名，辞例详见《合集》10993，《合集》10994，《合集》14149 等。作为地名，大约是这里常为人们进行垂钓之地。

钓鱼用的钩，在商代遗址中常有发现，有铜、骨、蚌质制品。郑州二里冈出土的一件青铜钓鱼钩个体较大[①]。在藁城台西出土的两件青铜钓鱼钩的钩尖上有倒刺，与今日用的钓鱼钩相同，其中一件长 59 厘米。台西还出土一件骨质钓鱼钩，在系绳处有一道凹槽，以便系绳。[②] 在山东省济阳县邝家商代遗址中，出土一件蚌制钓鱼钩，钩角成 70 度，高 6.8 厘米，宽 3.2 厘米，系绳处有凹槽两道，有明显的使用痕迹[③]。

除了钓鱼，晚商还保留着一种很有意思的渔猎方法——矢鱼。"矢鱼"二字见诸《春秋经》："五年春，公矢鱼于棠。"此处的公指的是鲁隐公。鲁隐公"矢鱼于棠"，在当时是颇具轰动效应的一件历史事件。关于此事，不同的注家甚至同一注家则有不同的表述。"矢鱼"，《谷梁》作"观鱼"；《公羊》既作"矢鱼"又作"观鱼"；《左传》既作"观鱼"，又云"陈鱼"。兹抄录《左传》原文如下：

> 五年春，公将如棠观鱼者。臧僖伯谏曰："凡物不足以讲大事，其材不足以备器用，则君不举焉。君将纳民于轨、物者也。故讲事以度轨量谓之轨，取材以章物采谓之物，不轨不物，谓之乱政。乱政亟行，所以败也。故春蒐、夏苗、秋狝、冬狩，皆于农隙以讲事也。三年而治兵，入而振旅，归而饮至，以数军实。昭文章，明贵贱，辨等列，顺少长，习威仪也。鸟兽之肉不登于俎，皮革、齿牙、骨角、毛羽不登于器，则公不射，古之制也。若夫山林、川泽之实，器用之资，皂隶之事，官司之守，非君所及也。"公曰："吾将略地焉。"

[①]《郑州二里冈》，第 37 页；《郑州商代遗址的发掘》，《考古学报》1957 年第 1 期；河南省文物考古研究所编著：《郑州商城》，文物出版社，2001 年出版，第 620 页。
[②] 河北省文物研究所编：《藁城台西商代遗址》第 83、86 页。
[③] 熊连平：《济阳邝家遗址出土商代蚌渔钩》，《农业考古》1988 年，第 2 期（总 16 期）。

遂往，陈鱼而观之。僖伯称疾，不从。书曰"公矢鱼于棠"，非礼也，且言远地也。①

由于三家表述互歧，自此之后"矢鱼"一词便成了聚讼的焦点。有曰"矢鱼"为观鱼者，有曰"矢鱼"为陈鱼者，有曰"矢鱼"为"百金之鱼，公张之"者，有曰"矢鱼"为射鱼者，有错综陈鱼、射鱼者。面对古注纷纭异说，杨伯峻先生支持"矢鱼"为"陈鱼"说，他在《春秋左传注》中云：

> 矢，陈也。孔疏云：陈鱼者，兽猎之类，谓使捕鱼之人，陈设取鱼之备，观其取鱼以为戏乐。朱熹《语类》、俞成《萤雪丛说》、邢凯《坦斋通编》、黄仲炎《春秋通说》、叶梦得《春秋考》、王应麟《困学纪闻》卷六上以及毛奇龄《简书刊误》、赵翼《陔余丛考》卷二据《传》"则公不射"之文，又据它书射鱼之事，因谓矢鱼为射鱼，《静簋》云："射于大池"尤可证。但，《传》问明云"陈鱼而观之"，则矢仍当训陈。周祖谟《问学集·审母古读考》亦谓"矢，古与陈声相近"。《传》云"则公不射"，只属上文"鸟兽之肉"而言，与矢鱼无关。《公羊》《穀梁》"矢鱼"作"观鱼"，臧寿恭《左传古义》云："陈鱼、观鱼，事本相因，故《经》文虽异，而《传》说则同。"《史记·鲁世家》作"观鱼于棠""鱼"作"渔"，盖以渔解鱼，鱼为动词。《诗·小雅·采绿》"其钓维何？维鲂及鱮。维鲂及鱮，薄言观者。"亦见古有观鱼。②

尽管《静簋》有"射于大池"之言，但杨先生还是主张训"矢鱼"为陈鱼，颇令人困惑不解。其实，上古确有射鱼之俗，射鱼之具，或用弓箭，或用矛叉，古代文献屡有提及，例如：

> 《说苑·正谏》：吴王欲从民饮酒，伍子胥谏曰："不可，昔白龙下清冷之渊化为鱼，渔者豫且者射中其目，白龙上诉天帝，天帝曰：'当是之时，若安置而形？'白龙曰：'我下清冷之渊化为鱼。天帝曰：'鱼，固人所射也，若是，豫且何罪？'……"③

---

① 杨伯峻：《春秋左传注》，中华书局，1990年，第42~45页。
② 杨伯峻：《春秋左传注》，中华书局，1990年，第39页。
③ 孙诒让：《周礼正义》，第306页。

另《易·井》还有"射鲋"之语。①《宋史》云：丁琏"跣而射鱼"；唐诗："澄潭晴日射游鱼"。李商隐《射鱼曲》云："思牵弩箭磨青石，绣额蛮渠三虎力。"是皆用竹弓筶镞以射之。今滦河鲫鱼用射。②这些文献年代虽然稍后，然上古捕鱼的许多方法沿用至今也没淘汰，尤其为大家所熟知的是网捕。笔者在北戴河旅游时还见到一老妪，在其鱼塘边，摆设弓箭，供游客射鱼，此可谓上古矢鱼习俗之孑遗。

要之，矢鱼技术相当古老，殷商时代亦有此法。中国历史博物馆2003年入藏的殷商作册般鼋可以说是上古矢鱼之物证。器作鼋形，首尾四足伸出，颈侧及盖上插有四箭，都只外露箭羽。从制造工艺看，鼋体系一次铸成，箭为分铸，仅有尾端，嵌接在鼋表面的凹穴内，表示箭已深入鼋体。③

鼋背甲还有铭文如下：

丙申，王侁于洹，获。王一射，狃射三，率亡（无）法（废）矢。王命寝馗贶于作册般，曰：奏于庸，作女（汝）宝。

铭文大意是，商王于丙申日到洹水渔猎，获得一鼋，以矢射鼋，箭无虚发，四射皆中。商王命令作册般鼋寝馗交给作册般，作此器以纪念之。④

鼋，即大鳖，又有甲鱼、团鱼、元鱼等俗名，古人把它与鱼视为同一属类。《左传·宣公四年》："楚人献鼋于郑灵公。"《楚辞·九歌·河伯》："乘白鼋兮逐文鱼。"王逸注："大鳖为鼋，鱼属也。"

这与唐陆龟蒙《渔具》所载"矢鱼"之事完全吻合。⑤

---

①《易·井》："井谷射鲋，瓮敝漏。"高亨注："井谷犹井口也。山口出水谓之谷，故井口谓之井谷。鲋，小鱼名。瓮，汲水瓶。敝，破也。爻辞言：从井口以弓矢射井中之小鲋鱼，不能中鱼，反而穿其瓮，瓮以破漏矣。此比喻人行事所用之手段不适合客观条件，以致失败。"耀华按"井谷射鲋"虽然效果不佳，然射鱼之俗在上古确实存在于此可证。

②见《四库全书·经部·春秋类·春秋辨义·卷二》。

③关于作册般铜鼋，详李学勤《作册般铜鼋考释》，朱凤瀚《作册般鼋探析》，王冠英《作册般铜鼋三考》三文，三文皆刊于《中国历史文物》2005年第1期。

④董珊先生在《从作册铜鼋漫说"庸器"》指出："铭文'获'在'射'之前，此鼋可能是先被捕获，之后用来作射箭之鹄的，而并非射取。"见《古代文明研究通讯》，总第24期，2005年3月。耀华按，不管先获后射，还是射后获得，总之都要以箭射之，也就是说商代有矢鱼之俗，此为明证。

⑤陆龟蒙《渔具》诗序："编而沉之曰罶，矛而卓之曰猎，棘而中之曰叉，镞而纶之曰射……噫！矢鱼之具也如此，予既歌之矣；矢民之具也如彼，谁其嗣之！"

甲骨文中还有一个 ⿱ 字，与捕鱼或不无关系，辞例如下：

　　甲子卜，宾，贞：禽⿱在疾，不从王古。（《合集》9560）

　　□□卜，□㲋□［禽］⿱鱼。（《合集》10474）

杨先生认为，《合集》9560"在"字前一字，《合集》10474"鱼"字前一字，均像鱼筌在水中，乃是用筌捕鱼的写照，反映商时人曾使用这种方法捕鱼。① 杨先生释"筌"之字，孙海波疑为古潭字。董作宾疑为"酬"字，郭沫若云近是。于省吾释为酒。② 从字形看，此字从水从酉，与于说吻合。此字当不当释筌似有考虑的空间。不过，即使此字不是筌字，我们还是相信，筌鱼当为殷人使用之常法。筌又称为笱，竹制，有逆向钩刺。《说文》："笱，曲竹捕鱼具也。从竹句，会意。句亦声。承于石梁之孔，鱼入不得出，又有以簿为梁笱承之者，谓之寡妇之笱。"《广雅·释器》："籉、筌谓之笼。"王念孙《广雅疏证》引《玉篇》曰："'筌，捕鱼笱也。'字亦作荃。《庄子·外物篇》云：'荃者所以在鱼，得鱼而忘荃。'"1958 年在浙江吴兴钱三漾的新石器遗址中出土了二百多件竹编器物，有箩、筐、席、竹绳等，其中还有捕鱼的"倒梢"。③ 所谓"倒梢"即笱筌之类的渔具。不唯新石器时代有鱼笱，周代人也在使用，《诗·邶风·谷风》："毋逝我梁，毋发我笱。"《诗·齐风·敝笱》："敝笱在梁。"《庄子·胠箧》："钩饵罔罟罾笱之知多，则鱼乱于水矣。"笔者儿时也还用筌捕鱼。殷商前后皆用笱筌捕鱼，若说商代不知筌鱼之法，孰能信之？

晚商先民应该也有利用鸬鹚捕鱼的习俗。鸬鹚俗称鱼鹰、乌鬼、水老鸦。明李时珍《本草纲目·禽一·鸬鹚》："鸬鹚，处处水乡有之。似鸦而小，色黑。亦如鸦，而长喙微曲，善没水取鱼，日集洲渚，夜巢林木，久则粪毒多令木枯也。南方渔舟往往縻畜数十，令其捕鱼。"利用鸬鹚捕鱼在我国至少已有七千多年的历史，在 1973 年发现的河姆渡遗址中即发现有鸬鹚的遗骨。④ 1978 年，在河南临汝阎村

---

① 杨升南：《商代经济史》，贵州人民出版社，1992 年，第 331 页。
② 于省吾主编：《甲骨文字诂林》，中华书局，1996 年，第 1275～1276 页。
③ 浙江省文物管理委员会：《吴兴钱三漾遗址一、二期发掘报告》，《考古学报》1960 年第 2 期。该报告称为"倒梢"的说法，即鱼筌。
④ 浙江省博物馆自然组：《河姆渡遗址自然遗存的鉴定与研究》，《考古学报》1978 年第 1 期。

仰韶文化墓葬中，出土了一件陶缸，其上绘有一件石斧和一只叼鱼之鸟。① 这幅图或名之为"鹳鱼石斧图"，或名之为"鸬鹚叼鱼图"。②

殷墟甲骨文中无鸬鹚之名，然在殷墟妇好墓中随葬的玉器中有一件造型精美的玉鸬鹚，绿色，有黄斑，圆雕。作伏状。大圆眼，喙弯胸前，双翅并拢，两足屈于翼下。胸部有对穿的孔，可佩戴。高2.6厘米、长5厘米。③ 正如杨升南先生所说的那样，玉鸬鹚的出土当是殷人驯养了它们作为捕鱼之用的反映。一项生产技术，是代代相传承的，新石器时代的人们已知驯养鸬鹚捕鱼，商代的人们当会传下这一技术的。④

当然，商代与后代一样，捕鱼最常用最有效的手段应该也是网捕。《说文·网部》："网，庖牺氏所结绳以渔也。"在我国古典文献里大凡上溯自庖牺氏时代的都意味着历史久远。的确，从考古材料看，我国至迟在新石器时代的仰韶、龙山文化等遗存中，就不断有网坠之类的网具出土。前已有述，甲骨文不仅有"网"字，由网组成的字不在40个以下。可见，商代在网的制作和使用方面已具备相当丰富的知识。商代人懂得用网来捕获飞鸟和野兽，更懂得用它来捕鱼。在甲骨文中用网捕鱼的卜辞虽不多见，但鉴于殷墟遗址里每有渔网之网坠之类的渔具出土，殷民用网捕鱼殆无疑问。且甲骨文"䍩"字就是张网捕鱼之象形，下列卜辞应与张网捕鱼有关：

□□〔卜〕，古，贞：幼䍩，才（在）……（《合集》52）

丙戌卜，王，余□圣䍩。（《合集》478）

……〔䍩〕。五月。（《合集》479）

庚寅卜，争，贞：䍩乡，叀甲寅彡。十二月。才（在）。

……擒。（《合集》15455）

其䍩。（《合集》28427）

---

①临汝文化馆：《临汝阎村新石器时代遗址调查》，《中原文物》1981年第1期。
②吴诗池：《从考古资料看我国史前的渔业生产》，《农业考古》1987年第1期（总第13期）。
③中国社会科学院考古研究所编著：《殷墟妇好墓》，文物出版社，1980年，第170页。
④杨升南著：《商代经济史》，贵州人民出版社，1992年，第332页。

其❍。(《合集》28428)

弜❍。(《合集》28429)

壬弜❍,其狩。(《合集》28430)

戊王……❍……

不擒。(《合集》28432)

弜❍。

……❍……虫〔正〕。(《屯南》3060)

癸酉卜,宗其❍,其祝……(《屯南》3062)

杨升南先生指出,《合集》10478 鱼字横刻,像手网拦鱼,十分形象。……此字甲骨文中常见,当是商人常采用的一种方法。从字形上观察,网作长条状,手持网的两端,当是一种"拦网"。这种网是用以拦截一定的水域,逐渐围收于岸边,以获取鱼。它是一种大型的、须多人合作的捕鱼方法。[①]

商代安阳及其周边地区自然生态与今大不同,河流纵横,湖泊棋布。卜辞中有卜问至某水捕鱼者。例如:

叀滴❍,以……(《合集》28426)

弜至。

"滴"即滴水,或曰滴是今漳水[②],或曰是今沁水[③]。两说何者为确姑且不论,要之,商代先民常张网到河里捕鱼,此可谓确证。

从卜辞看,商王渔猎去的地方最多的是甫,甫也许是见于记载的中国最早的皇家园囿。例如:

乙亥〔卜〕,□,贞:其……❍衣于亘,〔不〕冓雨。十一月。才(在)甫鱼。(《合集》7897)

贞:今日其雨。十月。才(在)甫鱼。(《合集》14591)

……皿……甫〔鱼〕。《合集》2941

[①] 杨升南著:《商代经济史》,贵州人民出版社,1992 年,第 328 页。
[②] 葛毅卿:《说滴》,《史语所集刊》第 7 本第 4 分册. 杨树达:《积微居甲文说》卷下《释滴》。
[③] 李学勤:《殷代地理简论》,科学出版社,1959 年,第 13 页。

贞：其〔风〕。十月。才（在）甫鱼。（《合集》7894）

贞：今其雨。才（在）甫鱼。（《合集》7896）

辛未卜，贞：今日🐟，🐟。十一月。才（在）甫鱼。（《合集》24376）

武丁卜辞有一版记载，主管田猎的🐟会不会捕获鱼3万。① 辞中没有提及捕鱼方法，想必亦是网捕，否则，要用其他方法捕鱼3万是很难想象的。当然，或许有人会想到竭泽而渔的方法，这种方法虽可获鱼至巨，然这于殷人的捕鱼制度是相悖的。② 关于殷人的捕鱼制度问题，详见拙文《由甲骨文所见田渔制度说到殷历之岁首》，兹不赘述。

（本文作者为北京第二外国语学院语言学及应用语言学研究中心教授）

---

① 癸卯卜，🐟获〔鱼其〕三万不。《合集》10471。

② 常耀华：《由甲骨文所见田渔制度说到殷历之岁首》，《出土文献与中国古代文明国际学术研讨会论文集》，上海古籍出版社，2013年。

由姜太公钓鱼看创意文化

⊙张兰花

提起姜太公,人们自然想到一个歇后语:姜太公钓鱼——愿者上钩。

姜太公,即姜尚,字子牙,是我国古代影响深远的韬略贤臣,著名的政治家、军事家,西周的开国元勋,齐文化的创始人。他推动了商末周初的社会进程,是历代民间传说中最具神奇特色的人物,被誉为"周师齐祖""百家宗师"。

一、姜太公钓鱼应聘的创意

有关姜尚的生平及其与周文王相识的过程,历史上有多种记载。《战国策·秦策》中范雎曾言"吕尚之遇文王也,身为渔夫而钓于渭阳之滨"。[①] 这显示姜尚钓鱼是因为他本人就是渔夫。在《吕氏春秋·首时》中,姜尚则是位胸有奇策的"东夷之士",在渭水垂钓只是便于观察周文王的治国现状而已。在《战国策·秦策》中,拿姚贾的视角看,姜尚是"齐之逐夫,朝歌之废屠,子良之逐臣,棘津之售不用,文王用之而王"。[②] 他似乎处处碰壁,无人愿用,而周文王独具慧眼,聘而用之,遂立国成业。到汉代司马迁《史记·齐太公世家》中,记载较详:

> 吕尚盖尝穷困,年老矣,以渔钓奸周西伯。西伯将出猎,卜之,曰:"所获非龙非彲,非虎非罴,所获霸王之辅。"于是周西伯猎,果遇太公于渭之阳,与语大说,曰:"自吾先君太公曰,'当有圣人适周,周以兴'。子真是邪?吾

[①] 任重、霍旭东:《战国策选译》,巴蜀书社,1990年,第40页。
[②] 杨子彦著:《战国策正宗》,华夏出版社,2014年,第128页。

太公望子久矣。"故号之曰"太公望",载与俱归,立为师。①

这段文字并没有过多说明姜尚得遇周文王之前的情况,但在民间的传说中,姜尚在辅佐周文王之前,人生阅历颇多传奇。总体来讲,他早年家境贫寒,择主不遇,经历坎坷。为维持生计,曾多能鄙事。比如在商都朝歌肉铺中做屠夫宰牛卖肉,还在孟津当垆卖酒等。但无论做什么生意,均惨淡经营,最终本金无回,穷困潦倒。晚年又遭老妻嫌弃,婚姻失败,四处漂泊。但他满腹韬略,胸怀天下,在殷纣王荒淫暴虐,社会黑暗,民不聊生之际,洞察世事风云,探讨治国兴邦之道。当获知有治国兴邦之志的姬昌正广求英贤的消息后,便立即来到西周领地的渭水之滨,寻求效力的机会。其中,最精彩的是他渭滨钓鱼,被西伯姬昌重礼聘为相的故事。

在源于《史记·齐太公世家》却丰富了故事情节的元朝建安虞氏刊本《武王伐纣平话》中,姜尚与游猎的西伯姬昌相遇,增加了极具戏剧性的一幕:

姜尚因命守时,立钩钓渭水之鱼,不用香饵之食,离水面三尺,尚自言曰:"负命者上钩来!"②

上述文字显明姜尚用直钩不挂鱼饵的智慧策略,吸引了周文王的见用。

成书于明代隆庆、万历年间,由许仲琳在《武王伐纣平话》基础上结合大量民间传说和神话编撰而成的《封神演义》,则用了"文王夜梦飞熊兆""渭水文王聘子牙"两回的篇幅,将姜尚创意性垂钓吸引周文王前来相聘,最终为国师的情节演绎得更加细腻生动。

《封神演义》记载③,姜尚离弃朝歌,隐居在西伯领域的渭水之滨,每天渭河垂钓,静观时变。一日遇到名叫武吉的樵夫,他见姜尚端坐溪边钓鱼,但钓竿上却拴着一根直针,不挂鱼饵,且钓竿离水三尺。他不禁嘲笑姜尚智量愚拙:"莫说三年,便百年也无一鱼到手。"姜子牙却答:"老夫在此,名虽垂钓,我自意不在鱼。吾在此不过守青云而得路,拨荫翳而腾霄……不为锦鳞设,只钓王与侯。"武吉大

---

①司马迁:《史记》,中国华侨出版社,2013年,第79页。
②阮伯林校注,章玄应集:《武王伐纣平话》,线装书局,2011年,第182页。
③许仲琳:《封神演义》,西湖书社,1981年,第195~205页。

笑："看你那个嘴脸，不像王侯，倒像个活猴！"姜子牙笑着提醒："你今日进城打死人。"武吉听罢气鼓鼓地离开。果然，武吉挑柴进城，当挑担换肩时，不小心扁担撞死了守城的王相，犯了死罪。后求情返家，在母亲的启示下，到溪边求救姜子牙，被姜子牙收为徒，设计躲过官府追查，免于一死。姜子牙直钩钓鱼、武吉逃避追查的怪事，让正收罗天下英才的周文王姬昌听到了，姬昌欲兴周伐纣，正迫切需要贤人，加上占卜已有预言，便急派人去寻姜子牙。在先后派出士兵和小官吏碰壁之后，他决定自己斋食三日，沐浴更衣，亲自带人到渭水溪边礼聘姜尚。姜尚目光远大，学问渊博，精通政治、经济、军事，两人一见，相谈甚欢。周文王立即封姜尚为相，封武吉为武德将军，辅助自己夺取天下。从此，姜尚施展才华，辅佐文王，消灭商朝，建功立业，成为第一个将中国兵家权谋系统化了的谋略鼻祖，也成功地应验了他直钩钓取"王与侯"这条大鱼的创意。

二、姜太公创意成功解析

尽管姜太公满腹经纶，高瞻远瞩，但年轻时家境贫寒，处境困难。曾尝试做过许多营生，却处处失败，运气糟糕。若非晚年以独特的垂钓创意进入周文王的视野，恐怕后半生依然贫寒交加，怀才不遇，四处漂泊呢，更别谈荣为军师，灭商盛周，屡立战功了。

姜太公垂钓求用的成功创意，显见有三个方面的突出特征。

1. 令人惊讶的第一眼视觉冲击

溪边垂钓老人，这一视觉形象在古代是比较常见的景观。姜太公如果按常规技法钓鱼，是不会引起人们特意关注的。之所以被樵夫武吉讥笑，重要原因就是第一眼就敲响了观者的视觉警钟：不能称之为渔钩的直钩，直钩上没挂香饵，而且鱼钩离水三尺！这种打破常规的举动所形成的视觉第一印象，极具冲击力。难怪武吉看到的第一眼就惊讶万分，禁不住大笑，并立即指出他违背常规钓鱼的多处错误。然而，令人刮目相看的第一眼视觉冲击，正是姜尚创意成功的重要特征，形成视觉冲击，因为具备了三项有利条件：

首先，选取了新颖的视角。对于八十岁左右的姜太公而言，选取渭水溪边钓鱼是最合适、最合理的老人休闲活动。但从外表看，姜太公只是位枯坐钓鱼的老翁，一位闲云野鹤悠闲的高智老年人。但他摒弃了传统的钓鱼技法，以一个崭新的面貌走进公众视野，其神秘与不凡，脱颖而出。

其次，打破了常规的思维逻辑。看似传统的钓鱼活动，却有着非常规的逻辑理路，这是引起人们注目的关键。钓鱼活动历来是项高雅的娱情活动，但姜太公钓鱼却意不在鱼，而在王与侯。这一反常规的逻辑思维，使直钩、无饵、离水三尺的钓王侯之举，除了引发樵夫的讽刺讥笑外，也同样引起了西伯周文王的强烈好奇，反常规的创意思维，令人刮目相待。

最后，创意有独创性和震撼力。姜太公钓鱼求直不求曲，是被动中的主动，是愿者上钩的定力。钓法的独创，即使在现代，这种变被动应聘为周文王主动相请的反转，也足以产生独具震撼力的宣传效应，形成强大的舆论气场，从而促使人们重新审视这位创意非凡老人的弦外之音，产生联想，另眼相看。

2. 朝野俱惊的多方位舆论造势

姜太公打破传统的单纯为鱼而渔的旧框框，并直接告诉武吉，他创意性钓鱼的目的是：不钓溪鱼钓王侯。这一长钩潜隐惊人信息，很快就传遍了朝野上下。

在古代，消息传播靠的是口口相传和人群之间的相互谈论。众口舆论对引导群体思维方向有重要的主导作用。姜太公创意钓鱼的行为，经众人口碑相传，一位高智贤士的怪异像风一样吹到了周文王耳中。这得益于姜太公擅长设计并参透了舆论的强大宣传渗透力，包装造势，扩大了影响，很快就引起了周文王的强烈关注。

在舆论先行、宣传造势上，姜太公重点做好了以下两个方面的设计。

首先是精心策划舆论内容。姜太公首先以直钩、无饵、离水三尺，这一反常钓鱼方式，对外展示他与众不同的神奇形象。同时，通过观察武吉面相，推知他未来有误伤人致死获罪的厄运，帮助他避死逃生，躲过灾难。武吉获救后，逢人就谈姜尚料事如神、预知生死的神勇大智，把姜太公气度不凡、胸有干坤的神智形象，渲染得有广度、深度和热度，引发人们的热议，为进一步走近周文王，营造了神秘氛围，聚集了关注的人气。

其次是向多层面人群的舆论扩散。姜尚稳坐渭水之滨垂钓，以开放式的姿态公开示众,他的"钓者"形象信息也在过往的人群中迅速传播。后又借武吉之口,向外传播了姜尚能预测生死和逃避神探的功效,引发官府的惶恐。周文王先后派士兵和官员两次来溪边相邀,又扩大了姜尚形象在政治领域的知晓率和影响力。通过姜尚多方面的才智形象的反复叠加,最终舆论塑造了姜尚的神性品牌,使其成为神性智慧的化身。姜尚神智形象不仅妇孺皆知,且在周文王姬昌往聘之前,就已定位成周文王心中辅佐江山的重臣角色。

3. 耐人回味的创新性艺术表演

首先,动作新颖。姜太公是一边钓鱼一边念叨,以独特内容的语言引人关注。渭水之滨本是清静的高士隐居修行之地,由于远离城区的繁华喧闹,能看到姜尚钓鱼表演者,多是交通于山林和城区的樵夫。樵夫长年接触山水树木,对钓鱼活动并不陌生,因而也最能发现姜尚创意垂钓的反常,从而吸引眼球,引发讨论。

其次,把握良机。当时殷纣王残暴无道,百姓处于水深火热之中,富有雄才大略的西伯周文王正广揽天下英豪,志在立国。加之姜太公已年迈潦倒,无家可依,又满腔热血,意欲一展雄才,所以,他选择了投奔周文王。他的主动出仕,张扬个性才智,可谓正当其时。

最后,是适度的艺术表演。有了引人注目的反常钓鱼行为,加之家喻户晓的渭水神算老人知名度的渲染,周文王认定的立国重臣,基本上是非他莫属了。接下来姜太公又两次拒绝了来访探问的士兵和官员的邀请,促使周文王重新定位姜太公的才智水平和人才地位。这才有周文王沐浴吃素三天,亲自带领众官厚礼相聘的隆重。姜太公拜见周文王时,谦和有礼,谈吐得体,两人一见倾心。姜太公不仅得到了"太公望"的美誉,也得到了重要职位。历史上满腹经纶的求职者大多有出众的表演,比如向孟尝君三弹剑夹的冯谖、刘备三顾茅庐才请出的诸葛亮等,都有适度的艺术表演。而姜太公可谓是创意性艺术才智表演最成功的楷模。

三、姜太公创意的文化启示

首先是施展才华、济世惠民的社会理想。姜太公所处的殷商时期是政治腐败、社会黑暗的时代,社会动荡,民不聊生。尽管姜太公年轻时常处生活困顿状态,但他人穷志伟，在国家危难之际，择机而出，创造机遇，义无反顾地投身于兴周灭纣的宏伟大业之中，并以高超的智慧和毕生的精力，辅佐周文王，济世惠民，实现他大济苍生的社会理想。

其次是创意者胸有大志，腹有良策的文化素养。姜太公不仅以他超人的智慧和卓越的功勋，深得百姓爱戴，而且还以他系列的改革政策和仁政爱民的民本思想，令人耳目一新。姜太公大智神勇的神话，家喻户晓，历经几千年的文化传播，早已由神话迷信衍生积淀为民风民俗的表现形式和心理寄托。

最后是勇于打破传统的创新思想意识。创新就是突破常规、标新立异、独立革新、首创发明。从创新角度看创意，创意就是源于灵魂深处的叛逆，是砸碎传统的枷锁、扯断常规的羁绊后，天高海阔的心智模式。正如姜太公幽泉垂钓，直钩钓王侯的创意一样，外观看似是身形放达于山水之间，实则是身心悬系于社会变革之中。垂钓既是才智凝成的创意之举，更是打破常规、缔造新形象的代言。

此外，八十岁的姜太公先生，始终保持着积极旺盛的进取精神，这种文化精神，无论是古代或是现代，都应是年轻人学习的楷模，有巨大的激励和鞭策作用。可以说，姜太公钓鱼创意的成功，给后人留下了许多文化启示，认真借鉴，颇多裨益。

（本文作者为许昌职业技术学院中原文化产业研究中心副教授、文学博士）

太公相关文化研究

齐鲁之间及其外：姜太公与中华文化

⊙赵海涛

  齐鲁文化是中华传统文化与中华文明最重要的源头之一，也是中华民族性格形成过程中重要的组成部分。几乎可以说，中华传统文化中，除外来宗教之外的各种学术文化，都与齐鲁文化有莫大关联。在历史发展中，"齐鲁"二字已经成为不可分割的共同体，一起代言着中华文化曾有的繁盛与光荣。齐、鲁两国建封时间大致相同，覆亡时间也相距不远①，它们的文化有不少相近之处，也有极为不同之处。齐之太公与鲁之周公②，这两位圣贤各自依据自己的才能，奠定了齐鲁文化的根基与底蕴，又从不同角度影响了此后中国两千余年的政道与教化。然而后人对齐、鲁两国及太公、周公二人的评价是不同的，一方面固然是因为评价人的立足点与着眼点不同，另一方面也与齐、鲁两国不同的文化传统与世情风俗所导致的不同影响有关。本文即在分析比较齐、鲁两国不同文化传统与世俗风情的基础之上，探讨姜太公对中华文化的贡献。

一

  商灭周兴之际，武王分封功臣，太公以首功封于齐，周公封于鲁。《史记·齐太公世家》详细记载了太公至齐前后的事件：

    武王已平商而王天下，封师尚父于齐营丘。东就国，道宿行迟。逆旅之人

---

①鲁国于公元前256年为楚所灭，齐国于公元前221年为秦所灭，前后相差不过35年。
②周公虽封于鲁，但其并未亲自去治管鲁国，而是其子伯禽代其治鲁。伯禽治鲁袭用父亲的礼乐制度，故后人仍旧将周公视为鲁国始祖，并认为鲁国之治及其遗风正是周公礼乐教化的成果。

曰:"吾闻时难得而易失。客寝甚安,殆非就国者也。"太公闻之,夜衣而行,黎明至国。莱侯来伐,与之争营丘。营丘边莱。莱人,夷也,会纣之乱而周初定,未能集远方,是以与太公争国。太公至国,修政,因其俗,简其礼,通商工之业,便鱼盐之利,而人民多归齐,齐为大国。①

太公迅速平息了土族居民的混乱争利,并依据"齐地负海舄卤,少五谷而人民寡"②的自然地理环境和生存现状,因地制宜,因人制宜,因俗制宜,因物制宜,农商并重,有无互通,贸易往来,没用多久,便使贫困落后的齐地变成富裕强壮的大国。齐国的发展兴盛正是建立在太公卓越的文治武功之上。

周公虽然封于鲁,但当时天下尚未安定,便仍旧留在周王室中辅助武王及年幼的成王。"周公摄政,一年救乱,二年克殷,三年践奄,四年建侯卫,五年营成周,六年制礼乐,七年致政成王。"③ 这句话是对周公勤谨诚正生平的大致概括,周公为周王室的稳固昌盛付出毕生心血。制礼作乐是周公对后世影响最大的事件:

> 周公将作礼乐,优游之三年,不能作。君子耻其言而不见从,耻其行而不见随。将大作,恐天下莫我知也;将小作恐不能扬父祖功业德泽。然后营洛,以观天下之心。于是四方诸侯,率其群党,各攻位于其庭。周公曰:示之以力役,且犹至,况导之以礼乐乎? 然后敢作礼乐。④

"周因于殷礼,所损益可知也。"⑤ 周公在前代礼仪的基础之上,对礼仪进行删改修正与重新制作,这就是令孔子一生心驰神往的"周礼"。周公为什么要花费那么多的心思去制作礼乐? 礼乐于一个国家的治理与人民的安乐又有什么必然的关系?"夫礼者所以定亲疏,决嫌疑,别同异,明是非也。礼不妄说人,不辞费。礼不逾节,不侵侮,不好狎。"⑥ "先王之制礼乐,人为之节。衰麻哭泣,所以节丧纪也。钟鼓干戚,所以和安乐也。昏姻冠笄,所以别男女也。射乡食飨,所以正交接

---

① 司马迁:《史记》,中华书局,2011年,第1480页。
② 班固:《汉书》,中华书局,2011年,第1660页。
③ 伏胜:《尚书大传》,载朱维铮主编:中国经学史基本丛书,上海书店出版社,2012年,第40页。
④ 伏胜:《尚书大传》,载朱维铮主编:中国经学史基本丛书,上海书店出版社,2012年,第36页。
⑤ 黄怀信主:《论语汇校集释》,上海古籍出版社,2008年,第181页。
⑥ 孙希旦:《礼记集解》,中华书局,1989年,第6~7页。

也。礼节民心，乐和民声，政以行之，刑以防之。礼、乐、刑、政，四达而不悖，则王道备矣。"① 可见，礼乐不仅是一种国家政治文化制度，它也是人们日常生活中的行为准则和举止规范。"礼仪三百，威仪三千""非礼勿视，非礼勿听，非礼勿言，非礼勿动"②，在礼乐的规范与熏陶之下，人们各司其职，各安其命，不逾越，不僭越，和谐共处，其乐融融，这正是周公与孔子共同梦想的理想之世。周公之子伯禽代父治鲁，沿用的正是父亲的这套礼乐制度，到鲁国后他"变其俗，革其礼"③，一切都按照周公之礼乐教化鲁人。鲁国之风俗民情正是伯禽运用周公之礼乐制度进行教化的结果。伯禽治鲁卓有成效，影响深远，即便周王室礼崩乐坏之际，周礼在鲁国仍旧齐备规范，得到当时士人的称许赞叹。

二

太公与周公的治国方略虽然不同，但是齐、鲁两国在他们的管治之下，都得到大力发展，并迅速成为当时的强国。齐、鲁两国不同的制度风俗，又使两国人民的精神气象呈现出不一样的形态，反过来影响着各自国家的政治文化。《史记·鲁周公世家》中记载着齐、鲁两国不同的治国方针：

> 周公卒，子伯禽固已前受封，是为鲁公。鲁公伯禽之初受封之鲁，三年而后报政周公。周公曰："何迟也？"伯禽曰："变其俗，革其礼，丧三年然后除之，故迟。"太公亦封于齐，五月而报政周公。周公曰："何疾也？"曰："吾简其君臣礼，从其俗为也。"及后闻伯禽报政迟，乃叹曰："呜呼，鲁后世其北面事齐矣！夫政不简不易，民不有近；平易近民，民必归之。"④

如果这段资料可信，那么从周公这一"迟"一"叹"的语气中，似乎可以看出周公对伯禽"变其俗，革其礼"的治国方针与治国效果并非十分赞许，尤其是"鲁后世其北面事齐矣"一句，更表现出周公对鲁国未来的担忧与远虑。伯禽虽用

---

① 孙希旦：《礼记集解》，中华书局，1989 年，第 986 页。
② 黄怀信主：《论语汇校集释》，上海古籍出版社，2008 年，第 1065 页。
③ 司马迁：《史记》，中华书局，2011 年，第 1524 页。
④ 司马迁：《史记》，中华书局，2011 年，第 1524 页。

礼乐治鲁，但其思维与方式并未臻于周公之化境，或许也并未领略到礼乐制度之外仍要简政近民的一面。不仅如此，周公对太公治齐之方略也有担忧：

> 昔太公始封，周公问："何以治齐？"太公曰："举贤而上功。"周公曰："后世必有篡杀之臣。"①

果不其然，齐国"二十九世为强臣田和所灭，而和自立为齐侯"②。尚贤尚功虽然可以为国家网罗人才，促进国家的发展与兴盛，可是当君弱臣强之时，弑逆谋篡之事就在所难免。所以孔子将"正名"看作是治理国家的头等大事，并致力为之奔走呼告。当齐景公向孔子询问政道之时，孔子说"君君，臣臣，父父，子子"。景公听后极为赞赏地说："善哉！信如君不君，臣不臣，父不父，子不子，虽有粟，吾得而食诸？"③任人唯贤与贤能篡位之间的悖论，不止在齐国，古代社会政治中比比皆是，封建社会中实在很难处理这样的矛盾。

同样，太公对周公治鲁之方针也怀有一定的担忧：

> 周公始封，太公问："何以治鲁？"周公曰："尊尊而亲亲。"太公曰："后世浸弱矣。"④

鲁国后世之命运同样也被太公所命中，"故鲁自文公以后，禄去公室，政在大夫，季氏逐昭公，陵夷微弱，三十四世而为楚所灭"⑤。尊尊亲亲是宗法制社会为更好维护统治的一条人之常情，周王室鉴于殷商覆亡之际内无援外无助的情况，便实行分封制，希望通过亲情血缘来巩固政权。可是，宗法制度之下尊尊亲亲的弊端也是显而易见的，鲁国历史上的很多内乱外患也由此而起，终其一国所具有的治国贤臣的数量与质量，也很难与齐国相提并论，这与鲁国尊尊亲亲的传统有极大关系。

虽说《史记》之纪事有事后诸葛之嫌，但两国自从立国之始便已埋下各自的隐患，却是不争之实。周公、太公虽为大圣大贤，他们可以各自使用自己的理论与制

---

① 班固：《汉书》，中华书局，2011年，第1661页。
② 班固：《汉书》，中华书局，2011年，第1661页。
③ 黄怀信主：《论语汇校集释》，上海古籍出版社，2008年，第1103～1105页。
④ 班固：《汉书》，中华书局，2011年，第1662页。
⑤ 班固：《汉书》，中华书局，2011年，第1662页。

度使国家发展兴旺，却也无法避免因人性的复杂难测而带来的诸种隐患。两国之治，各有利弊，然又很难兼而实施，这正是治国之难所在。春秋战国之际，百家争鸣，其学说相当多一部分都是围绕着如何治国与如何治人。人们对政道与治道、人心与人性的关注与探索，正是中华民族所特有的人文主义关怀精神之所在。

三

周公、太公皆为大圣大贤，对中华文化的贡献也不分伯仲，但后人对二人及其治国的评价却有差异。一般而言，对周公与鲁国之评价要超出对太公与齐国的评价，其肇始正是由于儒家及儒术的独尊而带来的评价体系的确立与稳固。

孔子一生汲汲于周礼之复兴，干谒七十余君而终无所用。他多次提到自己对周公的羡慕与赞赏，如"周公之才之美"①、"久矣，吾不复梦见周公"②。在孔子眼中，周公是十全十美之圣，是他一生所追慕的楷模与榜样，而对于太公他评价为"兼利天下者也"③，并根据齐、鲁两国的历史与现状对两国进行评价说："齐一变，至于鲁；鲁一变，至于道。"④朱熹对这句话的阐释极具代表性：

> 孔子之时，齐俗急功利，喜夸诈，乃霸政之余习。鲁则重礼教，崇信义，犹有先王之遗风焉。但人亡政息，不能无废坠尔。道，则先王之道也。言二国之政俗有美恶，故其变而之道有难易。程子曰："夫子之时，齐强鲁弱，孰不以为齐胜鲁也？然鲁犹存周公之法制。齐由桓公之霸，为从简尚功之治，太公之遗法变易尽矣，故一变乃能至鲁。鲁则修举废坠而已，一变则至于先王之道也。"⑤

《汉书·地理志》中早就对太公治齐及其影响做过论述："太公治齐，修道术，尊贤智，赏有功，故至今其士多好经术，矜功名，舒缓阔达而足智。其失夸奢朋

---

① 黄怀信主：《论语汇校集释》，上海古籍出版社，2008年，第701页。
② 黄怀信主：《论语汇校集释》，上海古籍出版社，2008年，第569页。
③ 孔鲋：《孔丛子》，载北京大学《儒藏》编纂与研究中心编：《儒藏》（精华编，第181册），北京大学出版社，2014年，第22页。
④ 黄怀信主：《论语汇校集释》，上海古籍出版社，2008年，第527页。
⑤ 黄怀信主：《论语汇校集释》，上海古籍出版社，2008年，第528页。

党，言与行谬，虚诈不情，急之则离散，缓之则放纵。"① 齐地的传统与齐人的作风并非单单是太公治理的结果，因为太公初治齐时是"因其俗，简其礼"，他因循齐地固有的风俗人情，只是加以导引修正，不能将齐国后世发生的不好因素都归罪到太公身上。

孔子所说的"道"，朱熹释为"先王之道"，即是指尧、舜、禹、汤、文王、周公之道，也就是所谓的大同礼乐之道。这些大道曾经存在过，如今不复存在了，所以孔子想要恢复这样的世道。可是他想过没有，怎么恢复？即便可以恢复，又怎能永固长葆？这些曾经的圣人为国家的建设夙兴夜寐，可他们的治国与治道也终究挡不住历史车轮的无情变迁，没有任何一个国家能百世永存、长治久安。如今即便他们复生，不过又是数世而亡，既然如此，孔子所汲汲恢复之"道"又有什么太大的意义呢？从这个意义上来说，孔子不遇于世势所必然。孔子留给后世最大的贡献不是他的"外王"理论，而是他的"内圣"之学。

没有先入之见而对齐、鲁两国及其君臣进行客观评价的首推司马迁。能够实事求是而又有自己的独特眼光，是司马迁《史记》的一大特色。司马迁在《齐太公世家》与《鲁周公世家》最后的评述中分别说：

> 太史公曰：吾适齐，自泰山属之琅邪，北被于海，膏壤二千里，其民阔达多匿知，其天性也。以太公之圣，建国本，桓公之盛，修善政，以为诸侯会盟，称伯，不亦宜乎？
>
> 洋洋哉，固大国之风也！②
>
> 太史公曰：余闻孔子称曰"甚矣鲁道之衰也！洙泗之间龂龂如也"。观庆父及叔牙闵公之际，何其乱也？隐桓之事；襄仲杀适立庶；三家北面为臣，亲攻昭公，昭公以奔。
>
> 至其揖让之礼则从矣，而行事何其戾也？③

司马迁对齐国赞许有加，而对鲁国及其君臣的作风却很不以为然。从齐之"洋

---

① 班固：《汉书》，中华书局，2011年，第1661页。
② 司马迁：《史记》，中华书局，2011年，第1513页。
③ 司马迁：《史记》，中华书局，2011年，第1548页。

洋哉，固大国之风"与鲁之"何其乱""行事何其戾"的鲜明对比，可看出齐鲁之治及其遗风的极大差别。太公治齐"因其俗，简其礼""举贤上功""农商并重"，富民重民，齐国也并非不讲礼仪，只是轻重先后不同。其后的管仲、晏婴都继承了太公的传统，是以齐国能有如此强盛的国力。伯禽以周公礼乐之制在鲁国"变其俗，革其礼""尊尊亲亲""重农抑商"，所导致的弊端与丑闻并不比齐国少，烦琐教条的礼仪程式与压抑不公的用人方式，使鲁国有礼仪之邦称誉的同时也增添了不少虚伪矫揉。因此，司马迁对鲁国的评价不仅不高，反而有惋惜悲愤之情。

其后又有《说苑》对太公与周公孰贤之论述：

> 辛栎见鲁穆公曰："周公不如太公之贤也。"穆公曰："子何以言之？"辛栎对曰："周公择地而封曲阜，太公择地而封营丘。爵士等，其地不若营丘之美，人民不如营丘之众。不徒若是，营丘又有天固。"穆公心惭，不能应也。辛栎趋而出。南宫边子入，穆公具以辛栎之言语南宫边子。南宫边子曰："昔周成王之卜居成周也。其命龟曰：'予一人兼有天下，辟就百姓，敢无中土乎？使予有罪，则四方伐之，无难得也。'周公卜居曲阜，其命龟曰：'作邑乎山之阳，贤则茂昌，不贤则速亡。'季孙行父之戒其子也，曰：'吾欲室之侠于两社之间也，使吾后世有不能事上者，使其替之益速。'如是，则曰贤则茂昌，不贤则速亡，安在择地而封哉？或示有天固也。辛栎之言小人也，子无复道也。"[①]

国君之贤是一个国家兴盛的前提，"贤则茂昌，不贤则速亡"，否则便会导致国家的覆亡。其实太公与周公都早明此理，并能加以运用，在这个问题上，不存在孰贤孰不贤的问题。伐纣之途，天气恶劣，预兆不祥，武王及诸臣多有退避之心，认为是上天在阻止伐纣，独有太公与周公不以为然，果然一战全胜。周公与太公都有其过人的智慧与谋略，后人不应该根据某一家学说的理论就对他们进行偏颇的议论，应该根据历史的事实进行实事求是的客观公正的评价。

---

① 刘向：《说苑》，载北京大学《儒藏》编纂与研究中心编：《儒藏》精华编，第181册，北京大学出版社，2014年，第161~162页。

四

齐鲁文化对中国传统文化的贡献之大不言而喻。尤其是儒学定于一尊之后，尧、舜、禹、汤、文、武、周公之世之治，便成为理想政道与治道的目标，"致君尧舜上，再使风俗淳"成了儒者们毕生的努力与心愿。然而除了儒家与外来宗教之外，中国传统文化中还有其他很多流派学说，迨至佛法传入，这些文化一起融合构成了中国传统文化的整体形态。这些流派学说包括道家、墨家、法家、阴阳家、兵家、名家、小说家、纵横家、杂家、农家等，它们的产生多多少少都与齐文化有一定的关联，即便是一心恢复周礼的儒家也受到齐文化的一定影响，太公本人亦因此而被后世赞誉为"百家宗师"。可以说，齐文化的成就之所以如此繁盛，与太公本人博学多识的思想与善于乘时乘势的疏通导引是分不开的。太公思想因齐文化而彰显，齐文化因太公思想而最终成就，二者是水乳交融相辅相成的关系。太公思想对以上学说产生较大影响的，有儒家、道家、兵家、墨家、法家等。

太公与儒家。《说苑》记载武王与太公的一段对话，可以看出太公爱民重民的思想："武王问于太公曰：'治国之道若何？'太公对曰：'治国之道，爱民而已。'曰：'爱民若何？'曰：'利之而勿害，成之勿败，生之勿杀，与之勿夺，乐之勿苦，喜之勿怒，此治国之道，使民之义也，爱之而已矣。民失其所务，则害之也；农失其时，则败之也；有罪者重其罚，则杀之也；重赋敛者，则夺之也；多徭役以罢民力，则苦之也；劳而扰之，则怒之也。故善为国者，遇民如父母之爱子，兄之爱弟。闻其饥寒为之哀，见其劳苦为之悲。'"[①] 太公治齐，首在富民，他深知只有民富才会国安，国安才可论礼义，礼乐制度只有建立在民众的温饱安心之上才是可能的。这与太公未遇文王之前所经历的下层人民生活有一定的关系。太公深知底层人民的迫切需求与心理渴望，所以他治国的出发点是从富民开始。孔子的重民爱人与富之教之，孟子的仁政富民，在一定程度上都是受到太公思想的影响。

---

① 刘向：《说苑》，载北京大学《儒藏》编纂与研究中心编：《儒藏》精华编，第181册，北京大学出版社，2014年，第70页。

太公与道家。太公治齐，"修道术""因俗简礼"，因地制宜，充分顺应当地的地理环境与风俗人情，而没有对其加以过多干涉。这种与民休息的治国之策正是道家所欣赏的，"道常无为而无不为，侯王若能守之，万物将自化"[1]，"道家使人精神专一，动合无形，赡足万物。其为术也，因阴阳之大顺，采儒墨之善，撮名法之要，与时迁移，应物变化，立俗施事，无所不宜，指约而易操，事少而功多"[2]。因俗制宜，随机应变，随时应变，事少功多，太公治齐正是如此。太公无为而无不为的行事策略，具有重大的现实借鉴意义。

太公与兵家。太公乃兵家始祖为世人所公认。"周西伯昌之脱羑里归，与吕尚阴谋修德以倾商政，其事多兵权与奇计，故后世之言兵及周之阴权皆宗太公为本谋……天下三分，其二归周者，太公之谋计居多。"[3] 这里的"阴谋"与"谋计"很大程度上说的就是太公的军事思想与军事才能。今天所见托名太公的兵书《六韬》虽非太公本人亲笔所著，但从其中也可大略看出其精彩的军事思想。

太公与墨家。太公未遇文王之前，亲身体验了社会的动荡与腐败，深知人民的水深火热，"兼济天下"是他无时或忘的愿望。他选择辅助文王、武王，是看到了他们仁义爱民，以战止战是为了平定天下，解民于倒悬。治齐之时，他选择"举贤上功"，给贤能之士提供施展才华的机会。后世墨家"敢为天下先"、摩顶放踵救民于水火、尚贤亲贤、开源节流等思想都在一定程度上与太公思想有关。

太公与法家。太公治国，已有后世法家思想之先兆。《韩非子》中记载了太公初治齐时的一个事件：

> 太公望东封于齐，齐东海上有居士曰狂矞、华士昆弟二人者立议曰："吾不臣天子，不友诸侯，耕作而食之，掘井而饮之，吾无求于人也。无上之名，无君之禄，不事仕而事力。"太公望至于营丘，使吏执杀之，以为首诛。周公旦从鲁闻之，发急传而问之曰："夫二子，贤者也。今日飨国而杀贤者，何也？"太公望曰："是昆弟二人立议曰：'吾不臣天子，不友诸侯，耕作而食

---

[1] 王弼等：《老子四种》，台北市大安出版社，1999年，第31页。
[2] 司马迁：《史记》，中华书局，2011年，第3289页。
[3] 司马迁：《史记》，中华书局，2011年，第1478~1479页。

之,掘井而饮之,吾无求于人也。无上之名,无君之禄,不事仕而事力。'彼不臣天子者,是望不得而臣也;不友诸侯者,是望不得而使也;耕作而食之,掘井而饮之,无求于人者,是望不得以赏罚劝禁也。且无上名,虽知,不为望用;不仰君禄,虽贤,不为望功。不仕,则不治;不任,则不忠。且先王之所以使其臣民者,非爵禄,则刑罚也。今四者不足以使之,则望当谁为君乎?不服兵革而显,不亲耕耨而名,又非所以教于国也。今有马于此,如骥之状者,天下之至良也。然而驱之不前,却之不止,左之不左,右之不右,则臧获虽贱,不托其足。臧获之所愿托其足于骥者,以骥之可以追利辟害也。今不为人用,臧获虽贱,不托其足焉。已自谓以为世之贤士而不为主用,行极贤而不用于君,此非明主之所臣也,亦骥之不可左右矣,是以诛之。"①

《春秋繁露》中也记载了一个类似的故事,可见太公初治齐时,国内有不同的声音与意见。这对一个政权尚未稳定的国家来说是极为不利的。所以,太公当机立断处置了不同的声音,使国内舆论得以统一,民心归于一向。后世法家对待民众的态度及其治国理论或许都可以在此找到一定的关联。

总之,太公对中华文化的贡献是多方面的,也是巨大的。随着历史的发展与俗文学的兴盛,中华民众对太公的敬仰与感佩与日俱增,太公的地位与形象也逐渐被抬高甚至被神化。到明代小说《封神演义》诞生后,姜太公便成为执掌公理与正义的众神之神,可谓家喻户晓,其地位与影响力大大超过了制礼作乐的周公。恐怕这是正统儒家学人们做梦也没有料到的咄咄怪事吧。

(本文作者为复旦大学古籍所博士研究生)

---

① 张觉:《韩非子校疏》,上海古籍出版社,2010 年,第 840~841 页。

景公时期齐国的外交与内政

⊙袁延胜 安子昂

齐景公（在位时间前547～前490），齐国历史上第26位国君。虽不像其祖先太公、桓公一样功勋卓著、地位显要，却也是齐国历史上发挥着重要影响力的一位君主。景公在位58年，超过了前后几代国君的在位时间，是齐国历史上在位时间最长的国君之一。因其君位稳固，齐国经历了长达半个多世纪的国内安定期，虽不致太平盛世，也算得国富民安。

景公即位之初，齐国正迎来一个全新的和平期：公元前546年，宋国发起第二次"弭兵运动"，各诸侯国之间长达二十年没有发生大规模的战争，这样的国际环境为齐国的发展提供了良好的条件。但是，稳定与和平局面的背后也暗藏着危机。在国内，陈氏大肆收买人心，与公族争夺民众，公族的统治岌岌可危，景公一朝撒手人寰，被陈氏夺权的历史命运便无可避免，景公也因此成为姜齐最后一位掌握实权的君主；在国外，齐鲁争端不断，两国关系时好时坏，齐晋矛盾也一直存在。公元前502年，齐国对晋国战争的彻底失败，宣告了景公外交的破产。

一、外交

齐鲁关系是齐国外交中首先要面对的问题。在弭兵之会的国际大背景之下，《春秋》《左传》对齐鲁关系已少有记载，这是由于当时齐鲁关系的发展重心转移到国内的缘故①。据清人顾栋高《春秋大事表》之《春秋齐鲁交兵表》记载，齐鲁

---

① 钱冬勤：《春秋时期的齐鲁关系》，苏州大学硕士论文，2014年，第37页。

交兵频繁之际是在鲁襄公、鲁哀公时期，而中间的鲁定公也就是齐景公时期，齐鲁之间少有交兵①。景公时，齐鲁两国处于一种相对和平时期，由于鲁国是齐国最近的邻邦，齐鲁关系的缓和对齐国外交事业的展开无疑是一件好事。鲁昭公二十五年（前517），鲁国国内发生政变，孟孙、季孙、叔孙氏"三家共伐公"②，鲁昭公为躲避三桓的迫害，奔赴齐国避难③。次年，齐景公又派兵伐鲁，意图助鲁昭公归国复位④。鲁公将齐国作为政治避难的场所，齐国也不惜两国交兵来支持鲁公，说明齐鲁两国政治高层之间存在一种特殊的联系。鲁定公十年（前499），"定公与齐景公会于夹谷"，景公欲趁机袭击鲁君，幸好"孔子以礼历阶，诛齐淫乐，齐侯惧，乃止"⑤。景公也一直对鲁国垂涎三尺，一有机会就想吞并鲁国。由于齐国的国力尚无法实现这一目标，在这次会盟之后，齐鲁"两君合好"⑥，齐鲁联盟再次恢复。⑦

大国外交始终是景公时代的终极政治理想。春秋时期，天下分崩，但在众多国家中，晋、楚、齐三个国家最为特殊。这三个国家不满足于割地自立的现状，始终以称霸天下为理想，这是由其国力所决定的。齐景公的大国理想还有两个来源，一是他的先祖齐桓公的霸业，这是令景公魂牵梦绕的；二是景公即位时齐国所面临的危局，就在他即位的前一年，以晋国为首的联合国家军队欲攻伐齐国，这使景公处在一种严峻的外交压力之下。以上种种都促使齐景公必然去追寻并实现大国外交的政治理想。昔日，齐桓公为树立大国威信，行"存邢救卫"之举，桓公的后裔景公也企图以庇佑小国的方式效法先祖。除了上文所说鲁公奔齐外，卫公也曾如此。卫献公十八年（前559），由于国内政变，卫献公流亡齐国。前547年，也就是齐景公即位的当年，景公便"与卫献公如晋求入"⑧，最终使得卫献公归国复位。鲁昭

---

① 顾栋高辑，吴树平、李解民点校：《春秋大事表》卷三五《春秋齐鲁交兵表》，中华书局，1993年，第2091~2104页。
② 司马迁：《史记》卷三三《鲁周公世家》，中华书局，1959年，第1540~1541页。
③ 关于齐鲁之间的这次战争，参见李玉洁《齐国史》，新华出版社，2007年，第217~219页。
④ 《史记》卷三三《鲁周公世家》，第1542页。
⑤ 《史记》卷三三《鲁周公世家》，第1544页。
⑥ 杨伯峻编著：《春秋左传注·定公十年》，中华书局，1990年，第1578页。
⑦ 注：自齐桓公以来，齐鲁两国联姻不绝，又都十分注重礼治，这是两国关系维系的有力支持，参见刘爱民《春秋时期齐鲁关系变化的原因探析》，《山东社会科学》2005年第4期。
⑧ 《史记》卷三七《卫康叔世家》，第1597页。

公三年（前539），燕简公因宠爱女人，与国内士大夫发生冲突，导致简公"奔齐"①，齐景公收留了他。昭公十二年（前531）春，齐国又收留了北燕伯款于唐地②。昭公二十年（前522），卫国再次发生内乱，"齐侯使公孙青聘于卫"③，帮助卫国稳定国内局势。齐国与卫国的友好关系源远流长，尤其自桓公"存邢救卫"以来，卫国与卫君的安危更是齐国所密切关注的问题。

此外，景公时代的齐国还积极参与国际会盟。会盟是春秋时期的一种重要外交手段，旨在宣扬国威、宣示主权，能否参与会盟并且在会盟中占据主导地位是一个国家国际地位的重要标志。据《春秋大事表》之《春秋齐晋争盟表》④记载统计，齐景公时代齐国参与的重要会盟共计八次。

齐景公时期齐国会盟表

时间	地点	其他参与者
昭公二十六年（前516年）	鄟陵	莒子、邾子、杞伯
定公七年（前503年）	咸	郑伯
定公七年（前503年）	沙	卫侯
定公八年（前502年）	曲濮	卫侯、郑伯
定公十年（前500年）	安甫	卫侯、郑游速
定公十二年（前498年）	黄	鲁定公
定公十四年（前496年）	牵	卫侯
定公十四年（前496年）	洮	宋公

景公时期齐国参与会盟的时间集中于公元前500年前后，这与齐晋关系的发展有着密切的关系。齐晋两国是大国，也是最有可能成为霸主的国家，因此两国必然发生所谓"争盟"。齐景公时期，齐晋两国关系不断紧张，冲突由间接向直接蔓延，终于在前502年两国爆发了大规模战争。齐晋战争迫使齐国必须最大限度地争取其

---

① 杨伯峻编著：《春秋左传注·昭公三年》，第1243页。
② 杨伯峻编著：《春秋左传注·昭公十二年》，第1331页。
③ 杨伯峻编著：《春秋左传注·昭公二十年》，第1411页。
④（清）顾栋高辑，吴树平、李解民点校：《春秋大事表》卷三〇《春秋齐晋争盟表》，第2036～2037页。

他国家的支持，频繁的会盟就理所当然了。参与会盟的国家中，卫国有4次、郑国3次，是与齐国联络最为密切的国家。

当然，也有些国家在某些时候背齐而向晋。鲁昭公四年（前538），"鲁、卫逼于齐而亲于晋"①。周边国家对齐国的背叛也是常有的事情，因此齐景公也不得不采取武力攻伐的手段来维系齐国的权威。昭公十六年（前526），"齐侯伐徐"②；昭公十九年（前523），"齐高发帅师伐莒（杜注：莒不事齐故）"③；定公九年（前500），"齐侯伐晋夷仪"④。齐景公时代的大国外交在其即位后近半个世纪，即公元前502年终于走到了尽头。景公自认为做足一切准备的情况下决意向晋国宣战，晋国拉拢到齐的盟国鲁国、击败了齐的盟国郑国，最终齐景公的伐晋之战失败，齐国此后数十年在国际社会不再活跃。总的来说，正是因为齐景公心怀桓公霸业，在外交政策上采取攻势，获得了积极主动的局面，才使得其长期执政能够得以实现⑤。

二、内政

齐景公并不是通过子承父业继承君位的，公元前548年，齐庄公因与权臣崔杼发生冲突被其杀害，崔杼立庄公异母弟景公为国君，齐景公是齐国国内政变的产物⑥。

景公时代，齐国的执政大臣先后有这样一批人：国弱、崔杼、庆封、鲍国、陈须无、公孙虿、公孙灶、晏婴、高燕、陈无宇、乐施、高张、国夏、陈乞、鲍牧。国家内政，首在人事，用贤则明，用佞则暗，景公时期齐国的执政大臣却呈现出贤佞并举、交替出现的局面。比如景公初年的权臣崔杼和庆封，两人争权夺利，挟持君上；后来公孙虿、公孙灶两位义臣压制大夫势力，力挺公族，使得景公真正树立起个人权威；陈须无、陈无宇则大肆扩张家族势力，威胁公室；高张、国夏又是两

---

① 杨伯峻编著：《春秋左传注·昭公四年》，第1273页。
② 杨伯峻编著：《春秋左传注·昭公十六年》，第1375页。
③ 杨伯峻编著：《春秋左传注·昭公十九年》，第1403页。
④ 杨伯峻编著：《春秋左传注·定公九年》，第1574页。
⑤ 邵先锋：《试析齐景公长期执政的原因》，《管子学刊》2000年第3期。
⑥ 参考李玉洁《齐国史》，新华出版社2007年，第208~209页。

位治国能臣，屡次击败外敌，并为齐国开疆拓土；最后的陈乞、鲍牧两个却是狼子野心，在景公死后发动政变，控制新君。其中，还出现了春秋时期的一位大贤——晏婴。因此，对于齐景公的用人之道是很难评价的，他时而圣明，时而昏聩，周围既有贤能之人环绕，又不乏阴谋野心家。这或许正是导致景公时期政局动荡起伏的原因之一。

　　景公时代，齐国最高层还就政治理论即治国之道有所探索。景公曾问政于孔子，孔子给出了那段精辟的回答："君君、臣臣、父父、子子"，并提出"政在节财"①的论调。齐景公对孔子的儒家礼治之术是相当赞赏的，但这却引起了齐国士大夫的一致反对。首先是晏婴，他认为孔子的礼治之道在周室衰落的情况下对齐国毫无用处，不可以施行。后来，齐国大夫甚至有人想要加害孔子，景公却无能为力，于是孔子返回鲁国。孔子在齐的经历表明齐国反礼治的思想倾向是很强烈的，这受到来自桓公时代管子传统的影响，法家之术似乎更有市场。但是，齐国的选择却似乎又不是泾渭分明的礼法之争。就以晏婴为例，刘向所整理《晏子春秋》一书中并无明确的反儒论调，而且晏婴本人甚至有类似于孔子的思想精神。如景公曾感叹陈氏威胁，问晏婴如何才能不失天下，晏婴回答"唯礼可以已之"，并说"礼之可以为国也久矣，与天地并。君令、臣共、父慈、子孝、兄爱、弟敬、夫和、妻柔、姑慈、妇听，礼也。"② 晏婴此论与孔子先前答景公之言如出一辙，甚至有所发展。孔子所论仅限于国家政治，而晏婴则推及社会家庭，是很明显的儒家之术。据记载，齐景公本人也曾反对繁重的刑罚，并不是个纯粹的法家重刑主义者③。

　　齐景公时代，严酷的政治危机也悄然酝酿着。景公晚年犯了三个致命的政治错误：一是对收买人心的陈氏掉以轻心；二是立储决策失误；三是放纵权臣争宠。关于陈氏收买人心，晏婴在出访晋国时就向叔向明确表示过："此季世也，吾弗知齐其为陈氏矣。公弃其民，而归于陈氏。"④ 从晏婴的话中不难看出，陈氏狼子野心

---

① 《史记》卷四七《孔子世家》，第1911页。
② 杨伯峻编著：《春秋左传注·昭公二十六年》，第1480页。
③ 杨伯峻编著：《春秋左传注·昭公三年》，第1238页。
④ 杨伯峻编著：《春秋左传注·昭公三年》，第1234～1235页。

已昭然若揭,但"晏子数谏景公,景公弗听"①。所谓"田氏代齐",最终的决定因素在齐而不在田,是齐国公室没有引起足够的重视,而这一源头始自景公②。关于立储问题,景公晚年,太子突然死去,景公立宠姬芮子的儿子荼为太子,荼只是个年幼的小孩子,景公舍长立幼,最终导致田乞、鲍牧发动政变废除荼太子。关于权臣争宠,使得齐国陷入内忧外患之中,"齐景公死而大臣争宠"③,吴王夫差趁着齐国国内政争,大举伐齐,大败齐军。总之,由于景公晚年内政问题上的三大错误,导致半个世纪以来政局稳定、外交优胜的局面丧失殆尽,齐国国运也江河日下。

三、评说

齐景公在历史上获得过怎样的评价呢?

最早见诸历史关于景公的评价来自孔子。据《论语》:"齐景公有马千驷,死之日,民无德而称焉。"④ 孔子认为像景公这样的君主,即便拥有再多的财富和功业,因为没有德行,百姓也不会在身后称颂他,可见孔子对景公做出了否定性的评价。而且,根据孔子的政治观"天下有道,则政不在大夫"⑤,孔子对大夫势涨、公族势衰的现象激烈批判,这与孔子所处的鲁国现状密切相关。齐景公时代,恰好处在大夫逐渐侵夺公族权利的时期,所以根据孔子的政治观来评判的话,景公就是个"无道"之君了。但是,即便是像孔子这样的圣贤也难免有失偏颇,因为孔子与齐景公的私人关系并不是很愉快。孔子在鲁避难时受到齐国大夫迫害,景公坐视不管,景公还曾图谋鲁君,幸亏孔子机智,方才保全,可见孔子与景公是矛盾重重的。正是基于两人这样的特殊关系,孔子对于景公的评价掺杂进了个人恩怨的成分。

齐国大夫晏婴则与齐景公的距离更近,他所了解到的景公也就更加细致、精确。晏婴对景公的评判可以通过《晏子春秋》一书来认识。该书的前两卷是晏婴向

---

① 《史记》卷四六《田敬仲完世家》,第1881页。
② 王京龙等:《齐国兴亡浅说》,《管子学刊》2003年第2期。
③ 《史记》卷六六《伍子胥列传》,第2178页。
④ 杨树达:《论语疏证》卷十六《季氏篇》,上海古籍出版社,1986年,第438页。
⑤ 杨树达:《论语疏证》卷十六《季氏篇》,上海古籍出版社,1986年,第424页。

景公的进谏篇。既然是进谏，则景公必有失德之处。该书每篇题首标明了晏婴进谏的名目，如"景公饮酒不恤天灾致能歌者""景公夜听新乐而不朝""景公信用谗佞赏罚失中""景公借重而狱多欲托""景公春夏游猎兴役"等。从这些篇名不难看出，晏婴眼中的景公也有顽劣荒诞的一面，而且对于犬马声色的痴迷不亚于任何一个贵族君主。但是，晏婴屡屡进谏，景公一般都能立即认识到自己的错误并表示改正。实际上，晏婴在标榜直言进谏的同时，并不是在塑造一个失德无道的景公，而恰恰表现了一位从善如流的君主。该书的第三、第四卷则记录了齐景公向晏婴"问政"的内容，如"景公伐釐胜之问所当赏""景公问圣王其行若何""景公问欲如桓公用管仲以成霸业""景公问何修则夫先王之游""景公问桓公何以致霸"等等。从这些"问政"的篇目可以看出，齐景公是一位能够时刻追思先王之业，积极谋求富国安邦之道的君主。

古代历史学家中对于齐景公记述最公正客观的当属西汉的司马迁。在散落在各篇的关于景公的记述，既包括景公内政外交的成就，也忠实地反映了他荒淫、糊涂的一面，更对其死后大臣争宠夺权的结局予以批判。司马迁在《史记·太史公自序》中说："晏子俭矣，夷吾则奢；齐桓以霸，景公以治。作管晏列传第二。"在赞赏晏婴的同时，肯定了晏婴当政时期的景公之治。

在当代历史学家的评价中，一般认为齐景公是一位谋求齐国复霸之路的君主[1]，而且他的用人、管理艺术也为当代学者研究和赞赏。

笔者认为，对于评判齐景公这样一位君主，应当将其与齐国历史以及春秋时期历史的发展潮流结合起来认知。对于景公的复霸之举，主要是外交方面的努力和成就，是整个齐国贵族和民众对于再现桓公时代霸业的一种期许甚至梦想，而景公肩负承载这一梦想的历史重任。上苍垂顾景公，给予了他半个多世纪的政治生命，让他来领导国家与民众去谋求这一大业，复霸是齐国君主的使命，无论景公贤能与否，他都必须走这条路。关于景公备受古今批判的莫过于陈氏家族做大，后世发生

---

[1] 参见顾德融、朱顺龙《春秋史》，上海人民出版社，2003年，第148～150页；李玉洁：《齐国史》，新华出版社，2007年，第215～226页。

的"田氏代齐"肇始于景公时期。但是,应当承认大夫政治取代公族政治是绝大多数国家在春秋战国时期所发生的一种普遍现象,既然是普遍存在,则必然有历史规律蕴含其中。如此看来,姜齐的败落是景公的宿命。

(本文作者为郑州大学历史学院教授、历史学博士)

齐国历史上的"穆陵"名称与地望

⊙陈习刚

齐国历史上涉及有一重要地名"穆陵",是战国时期齐鲁两国相争的战略要点。历代典籍中,关于"穆陵"的最初地望、时代、名称、演变、历史地位等方面的记载多不胜数,但最早的要数《春秋左传注》"僖公四年春齐侯以诸侯之师侵蔡"条和《史记》卷三二《齐太公世家》条。限于篇幅,这里仅就齐国境内"穆陵"地望问题作一探讨。其他问题另具专文,此不赘论。

一、穆陵的名称与得名

原齐国境内穆陵的地望,一般认为是山东临朐县南100余里大岘山上的穆陵关,与沂水县接界。唐人沈亚之《(沂水)杂记》云:

> 沂水北一百里,有岘曰将军,甚灵。民置祠于路左,享之不已。将军曾为五郡牧,常姓名元通,因筑城失主将意而斩之。其尸数日不仆,今有台曰立尸台。西南有山曰鞍山[①],山北有关,谓之穆陵。李师古不臣,坐镇于此,防遏不意,元和初罢之。西有沂山,山有庙,则东安公也。沂州刺史每春自祷恩是山。山有谷九十九所。河分八,曰沂曰汶,汶东注,沂南流,入清道沂州。山东南有山曰太平,山顶平,可八九十里。顷岁有寇曾居之。山北十余里有树五

[①] 临朐县与安丘县交界有金鞍山。《光绪临朐县志》卷三上《山水》:"循大弁山折而北为金鞍山,去沂山东北三十里而近汶水之北。《安丘志》曰进鞍山,盖一山跨两县而各异其名也。"姚延福纂:《光绪临朐县志》,清光绪十一年(1885)刊本,第9页。

檀也。①

这里的穆陵指穆陵关，在沂水北百里左右。《齐乘》卷一《山川·益都山》"大岘山"条载：

> 即穆陵关也。沂山东南曰大弁山，大弁今人讹作大屏，字相类而误。唐沈亚之《沂水杂记》又讹作太平山，因顶平八九十里故云。当从《水经》作大弁者是。大弁东南即大岘也，其山峻狭，仅容一轨，故为齐南天险。刘裕伐南燕兵过大岘，指天而喜曰："虏已入吾掌中。"即此山也。山北数里有裕祭天五坛。

《光绪临朐县志》卷三上《山水》载：

> 县之南境者阙为沂山（在县治南九十里，一曰东泰山，一曰东小泰山……其山南北亘绵州回数百里……实齐东之巨镇也……），其南迤东十里为大岘山（在县治东南百五里。《齐乘》：即穆陵关也……逾关即沂水界。山岭长脊一线宛宛不绝。登沂山南眺，东西横带如防如垣，西有铜陵关道通沂水，与此关相去可四十里，形势要险正相埒也。岭上有长城，故关厕一名长城岭），其东南二十里为大弁山。②

相互对照，《（沂水）杂记》中沂山、太平、鞍山的相互方位与《齐乘》沂山、大弁山、大岘山相互方位同，鞍山即大岘山当无疑义。大弁山在沂山东南，大岘山在大弁山东南。说大岘山就是穆陵关，有误，只是穆陵关在大岘山上。《读史方舆纪要》卷三五《山东》"临朐县大岘山"条："县东南百有五里。道径危恶，一名破车岘。宋武帝伐南燕，道经此。穆陵关在其上。"③ 可见，穆陵关在大岘山上，而不是在沂山上。

《齐乘》卷一《山川·益都山》"沂山"条：

> 临朐县南百里。……又左思《齐都赋》云：神岳造天惟此由可以当之。疑亦因东秦山而得岳名。山顶有二冢，相传周穆王葬宫嫔于此，故大岘关因号穆

---

① 《全唐文》卷七三六。
② 姚延福纂：《光绪临朐县志》，线装本，光绪十一年（1885）七月刊行，第7~8页。
③ 顾祖禹：《读史方舆纪要》四，中华书局，2000年，第1643页。

陵云。按：周初封太公已有南至穆陵之履，岂由穆妃而得名乎？盖二冢不知谁氏之葬，反因穆陵而附会也。山半有东镇东安王庙石刻神像，俗传赵太祖微时阅韩通于此弃衣而石翁媪收之，神像犹作臂衣之形，故又云翁婆庙，本即沂山之神，历代封祀有典，碑志具存而俚俗诞妄如此不经甚矣。①

相传沂山上有穆妃陵，大岘关因号穆陵关，而大岘关在大岘山上，不是在沂山上。此说中的大岘关似乎在沂山上。如前所述，沂山、大弁山、大岘山相近相连，穆陵关在大岘山上，大致在沂山之东南。这里将大岘关称为穆陵关，可能正是因为大岘关附近有穆妃二陵传说的缘故吧。

《通典》卷一八○《州郡十》"古徐州沂州沂水县"条载：

> 有穆陵山。沂山，沂水所出。左传曰"南至于穆陵"。汉都阳县故城，在今县南。北界有大岘，即齐地南面险固处。晋安帝时，宋武帝伐慕容超，超大将公孙五楼请据大岘，超不从，故败。

这里提到唐代又有穆陵山，但未说明方位。"北界有大岘"的"大岘"当指大岘山上的大岘戍，即后来的穆陵关。魏晋南北朝时，大岘山所设是大岘戍（详下），而不是大岘关。可见，唐时既有穆陵山，又有穆陵关。穆陵山早见于《隋书》卷三○《地理志中》"北海郡临朐县"条："有逢山、沂山、穆陵山、大岘山。有汶水、浯水。"②

《齐乘》卷一《沿革》：

> 管仲曰："昔召康公命我先君太公曰：'五侯九伯汝实征之，以夹辅周室。赐我先君履，东至于海，西至于河，南至于穆陵，北至于无棣。'"（穆陵即大岘山。或以为泰山南、龟山北之穆陵山，非也。或又以为光州固始县南之穆陵关，不应如是之远。《元和志》云：齐陈二境置此关，以为防禁，隋平陈始废。然则南北朝之关塞耳，以为古齐履可乎？）苏秦曰："齐南有泰山，东有琅邪，西有清河，北有渤海，四塞之国，地方二千里，此其疆域也。"

---

① 于钦纂修：《齐乘》，中华书局，1990年。
② 魏征等：《隋书》，中华书局，1994年，第860~861页。

此处注中认为穆陵是穆陵山，但穆陵山指大岘山；同时指出又一穆陵山，即泰山南、龟山北之穆陵山，好像原齐国境内有两座穆陵山。大岘山是穆陵山吗？由上引《通典》可知，唐时穆陵山、沂山与大岘山不是同一山。《清光绪山东通志》卷三九《疆域志三·形胜》"沂州府沂水县"条云：

> 春秋为鲁之东郓，群岭乱壑环围县治。北接大岘、穆陵，南屏沂山、艾山，入无方轨之途，出有建瓴之势。兰苴无虞，可无兵革之警也。①

"北接大岘、穆陵"中的"大岘、穆陵"指大岘山、穆陵山，此处也是将穆陵山、沂山与大岘山并提。

又，《清光绪山东通志》卷二五《疆域志三·山川》"临朐县大岘山"条载：

> 谨按：《隋书·地理志》：北海郡临朐有穆陵山、大岘山。以《齐乘》大岘山即穆陵关言之，《地理志》似不当分为二山。然《齐乘》沂山下云山顶有二冢，相传周穆王葬宫嫔于此，故大岘关号穆陵关。穆王之说虽出附会，然因此知穆陵关古作大岘关。而《地理志》穆陵山斥今沂山而言，唐人修《隋书》所据多古书，故不作沂山而作穆陵山。不然，隋开皇十四年诏东镇沂山就山立祠，详于《隋书·礼仪志》，而《地理志》不载沂山也，可知穆陵山为今沂山，而穆陵关为古大岘关。是以《地理志》并载两山也。②

"穆陵山为今沂山，而穆陵关为古大岘关"，清人的这种解释有道理，就是说穆陵山并非大岘山。更确切地说，沂山是原东泰山（又称"小泰山"，详下），唐代以前东泰山因穆妃二陵传说被称为穆陵山，这应该不晚于东汉时期。穆陵山附近大岘山上的大岘戍，在唐代升戍置关，改称穆陵关，也可能正是源于大岘关附近穆陵山的穆妃二陵传说。据前引《齐乘》卷一《山川·益都山》"沂山"条，《齐乘》纂者质疑穆陵得名之因，就楚穆陵而言，其质疑有道理；但就原齐国境内"穆陵"而言，似乎值得商榷。穆妃传说可能正是原齐国境内的"穆陵"一名的真正来源。

那么，《齐乘》卷一《沿革》所载"泰山南、龟山北之穆陵山"中的另一穆陵

---

① 孙葆田等纂：《清光绪山东通志》，上海：商务印书馆影印，1934年，第1492页。
② 孙葆田等纂：《清光绪山东通志》，上海：商务印书馆影印，1934年，第1179页。

山，又如何解释呢？《中国历史地图集》中《明山东南部》图，约在济南府泰安州治（今泰安）西北、东南，分别标识有泰山、龟山，但泰山、龟山间未见穆陵山标识。① 这种观点当出于明人。于慎行《谷山笔尘》卷一二《形势》云：

> 青州界中有穆陵关，在齐南（校勘记："齐南"，天启本作"济南"。）百余里，湖广麻城亦有穆陵山，其下有关，不知太公赐履定在何地。以青州为是，则琅琊东海尚在其南，不应如是之近；以麻城为是，则在大河之南，直临楚之境，非西至河矣，不应如是之远。②

济南百余里所在的确是泰山，所说泰山南的穆陵山应该就是这儿。虽然作者于慎行否定了《左传》穆陵的这种地望，认为穆陵既不在泰山南（实指在沂州，详下），也不在光州，更不在越州。但泰山南、龟山北到底是否存在穆陵山呢？这种说法后出，似不可信。

检《齐乘》卷二《山川·益都水》"汶水"条：

> 《水经》：出朱虚县小泰山。今沂山绝顶穆妃陵侧有瀑布泉，悬百丈崖而下即汶水也。东流循凤凰岭，折而北径大岘山阴，岘水入焉。（穆陵关北之水）又北径蒋峪口，有水出峪中西来入焉。（《水经》有峿山水，以为汶源，疑即此水。）又北径龟山阴（山形如龟临水），乃折而东迳柴阜（《水经注》：阜南管宁冢，阜北邴原冢），又东北径安邱南牟山（《水经注》：山西孙嵩冢），又东北径安邱城西，又东北入于潍。（《水经注》：古淳于县，潍汶交会处是也。）

同书同卷"沭水"条：

> 《水经注》：大弁山与小泰山连麓，沭水出焉。（大弁今讹作大屏）《汉志》谓之术水，《元和志》云：俗名涟水，出沂山东麓，迳大岘山，岘水入焉。（穆陵关南入沭之水）又南至老牛岭，（岭长二十五里）折而东径山□，其山山□其水入焉，山□其水出山□其山，《水经》谓之箕水。

汶水出沂山，经过大岘山、龟山，可见大岘山与龟山相近。《谷山笔尘》所说

---

① 中国历史地图集编辑组：《中国历史地图集》第七册，中华地图学社，1975年，第46~47页。
② 于慎行：《谷山笔尘》，中华书局，1984年，第134、141页。

泰山当为小泰山或东泰山之误，穆陵关应该指大岘山上穆陵关。

隋唐还存在穆陵山、大岘山（鞍山）、沂山并举的观点，说明隋唐时期穆陵山还未称为沂山，穆陵山与沂山非同一山。据《水经注疏》卷二六《汶水》①、《读史方舆纪要》卷三五《山东》"临朐县沂山"条②载，沂山有泰山、东泰山、东小泰山等异名。沂山之西有岱岳，东接穆陵关，表明穆陵关大致在沂山之东。此观点又见前引《光绪临朐县志》卷三上《山水》条。又检《清光绪山东通志》卷三一《疆域志三·山川》"沂水"条在介绍了《沂水县志》沂水的西、中、东三源后，纂者又做了进一步的解释：

> 谨按：……其实三说各斥一源。西源发于绞岭西北刘家庄小泉岭，西接艾山，东接雕崖山，此《水经》谓出艾山者也。东源发于王峪岭北之水盈泉，北经临乐山，合狗跑泉，此班氏谓出临乐山者也。中源自雕崖山南之通厂峪，经三滂庄，又北经雕崖山东北合西庵水，此郑氏谓出沂山者也。三说皆有据要，以郑氏之说为优，以其为中源也。水以沂名，山亦宜以沂氏，沂水中源实出雕崖山南，则雕崖山为古沂山明矣。《齐乘》云"北望沂山五十里殊无别源，疑沂山水源古流今竭耳"，不知彼所谓沂山乃东泰山之异称，亦称小泰山，在沂水县北一百十里，其阴为临朐县，与沂源无涉也。③

"雕崖山为古沂山""沂山乃东泰山之异称，亦称小泰山"。这表明"沂山"在唐以后称为"雕崖山"了，而为"东泰山"之称的"穆陵山"则又改称"沂山"了。

由上所述，唐代以前，"穆陵"最初是指东泰山（小泰山）的别称"穆陵山"，这不晚于东汉时期；唐代以后，"穆陵山"一般称为沂山，"穆陵"则一般指大岘山之险穆陵关，泛指穆陵关应不早于唐代。"穆陵山""穆陵关"等，均得名于东泰山穆妃二陵传说，但得名先后不同。既然"穆陵"在唐以后泛指大岘山之险"穆陵关"，则穆陵的地望实指大岘山上穆陵关的地望。

---

① 郦道元撰，杨守敬纂疏，熊会贞参疏：《水经注疏》，凤凰出版社（原江苏古籍出版社），1989年。
② 顾祖禹：《读史方舆纪要》四，中华书局，2000年，第1644页。
③ 孙葆田等纂：《清光绪山东通志》，上海商务印书馆影印，1934年，第1193~1194页。

二、穆陵关的地望

检《新唐书》卷三八《地理志二》"河南道沂州琅邪郡沂水县"条，穆陵关在沂水县北，未有具体里距等记载。据《水经注疏》卷二六"沭水"条"疏"所引，唐时大岘山在沂水县北90里[1]。元代穆陵关在临朐县，《齐乘》卷四《古迹·亭馆上》常将军庙条有云"临朐穆陵关上"。

清代穆陵关具体地望大致有三种说法。一是穆陵关在临朐县东南或南105里的大岘山上。顾祖禹《读史方舆纪要》卷三五《山东六》"临朐县大岘山"条："大岘山，县东南百有五里。道径危恶，一名破车岘。宋武帝伐南燕，道经此。穆陵关在其上。"[2] 顾祖禹说穆陵关在临朐县东南105里的大岘山上。前引《春秋传说》注，也是认为穆陵关在今山东青州府临朐县东南105里的大岘山上。据上引《水经注疏》卷二六"沭水"条，清人杨守敬说大岘山在今临朐县东南105里、沂水县东北120里。《光绪临朐县志》卷五《建置》"穆陵关"条："在县南一百五里大岘山上。元至正十二年（1352），武德将军益都路副达鲁花赤创戍楼造兵室扼隘于此。有碑记。"[3] 这里说穆陵关在临朐县南105里的大岘山上，方位略有不同。二是穆陵关在临朐县南90里。《清光绪山东通志》卷三七《疆域志三·古迹四》青州府临朐县："穆陵县故城在县南九十里，金贞祐四年（1216）析穆陵镇置县，属山东东路益都府。今为穆陵关。"[4] 此说认为穆陵关在临朐县南90里的穆陵县故城。三是穆陵关在沂水县北100里的大岘山沂水、临朐两县分界处。《清光绪山东通志》卷二五《疆域志三·山川》"沂水县大岘山"条："在县北一百里，上有穆陵关，关北为临朐，南为沂水，西曰书案，东曰长城，岭有齐宣王长城故址。（《沂州府志》）《水经注》：大岘水出北大岘山。《元和志》：在沂水县北九十里。（《大清一统志》）"[5] 此与杨守敬所说在临朐县东南105里、沂水县东北120里的大岘山略有

---

[1] 郦道元撰，杨守敬纂疏，熊会贞参疏：《水经注疏》，凤凰出版社（原江苏古籍出版社），1989年。
[2] 顾祖禹：《读史方舆纪要》四，中华书局，2000年，第1643页。
[3] 姚延福纂：《光绪临朐县志》，线装本，光绪十一年（1885）七月刊行，第19页。
[4] 孙葆田等纂：《清光绪山东通志》，商务印书馆影印，1934年，第1435页。
[5] 孙葆田等纂：《清光绪山东通志》，商务印书馆影印，1934年，第1153页。

不同。

以上三说中当以第一种说法为优。第二种说法以穆陵县故城为穆陵关，欠妥。其实，山是一个大范围的地域，距县治的距离也是相对而言。大岘山在临朐、沂水两县交界，穆陵关即位于两县交界处，也是两县的分界标志。《光绪临朐县志》卷三上《山水》：

> 县之南境者阙为沂山（……其山南北亘绵州回数百里……），其南迤东十里为大岘山（……逾关即沂水界。山岭长脊一线宛宛不绝……），其东南二十里为大弁山。①

《（民国）临朐续志》卷六之七《山水一》所载略同："大岘山，（见《旧志》）在县治东南百五里，沂山迤东少南十里即穆陵关也。逾关即沂水县界，山岭有长城……西去四十里有铜陵关，险要视此少亚。"② 因此，穆陵关位于临朐县东南105里的大岘山上，而穆陵关东南距沂水县治也是105里。

据《（民国）临朐续志》中《临朐县新自治区图》，穆陵关在临朐县穆陵乡斜官庄，旁有临沂官路。③《（民国）临朐续志》卷一《古迹·城郭》："穆陵关，在大岘山上。今存。惟于民国十八年（1929）春辟修汽车路，以旧关道天险难凿，遂由山麓改向东南，另辟道路绕关通沂水境。今关虽存，不复如前之险要矣。"④ 同书卷八《建置略·路政》："本县县道局于十八年（1929）一月成立时……惟穆陵关旧道险峻，不易辟修，当时以工代赈，另辟新路，长三里，绕越关顶，与沂水县道相接。"⑤ 今有研究认为穆陵关位于南北交通要道益（都）新（沂）公路临朐境内的大关镇。⑥ 实际上，穆陵关在今潍坊市临朐县沂山镇阎家沟村的临朐、沂水两县交界处的大岘山上，东北距临朐县城、东南距沂水县城各约105里。

（本文作者为河南省社会科学院历史与考古所副研究员）

---

① 姚延福纂：《光绪临朐县志》，线装本，光绪十一年（1885）七月刊行，第7~8页。
② 刘仞千纂：《（民国）临朐续志》，青岛俊德昌南纸印刷局，1935年。
③ 刘仞千纂：《（民国）临朐续志》，青岛俊德昌南纸印刷局，1935年。
④ 刘仞千纂：《（民国）临朐续志》，青岛俊德昌南纸印刷局，1935年。
⑤ 刘仞千纂：《（民国）临朐续志》，青岛俊德昌南纸印刷局，1935年。
⑥ 衣传志：《齐南天险穆陵关》，《山东档案》1996年第2期，第46~47页。

姜太公与古吕国研究

⊙郭 超

关于姜太公故里问题，由于年代久远，文献纷杂，学术界分歧颇大。从文献记载来看，关于姜太公故里问题，差别很大。除了《国语》《史记》《通志》这些重要的典籍外，还有很多地方文献都有记载，但说法都不一样。主要有"东海上人"（即山东日照说）、冀州、汲县（今河南卫辉市）、安徽临泉、霍县（今山西霍州市）、华下邑国（今陕西华山附近）等多种观点[①]。到底哪一种文献记载更可信更可靠，这是很难一时解决的问题。不过，姜太公出生于古吕国，已经得到学界认同。但是，历史上的古吕国不止一处，且时代跨度较大，都曾经多次迁徙，分布较广。所以，如何确定姜太公故里，对古吕国的考证是其关键。

一、古吕国考辨

关于古吕国的方位，目前学术界主要有三种说法：南阳说、日照说和新蔡说。笔者认为，三者比较，新蔡说较为可信，其原因有三：

第一，从文献记载上来看，新蔡说所依据的文献十分丰富，记载翔实，可信度高。如《后汉书·郡国志》《新唐书·宰相世系表》《元和郡县图志》《竹书纪年·西周地形都邑图》《太平寰宇记》《舆地广记》《通志》《资治通鉴补》《读史方舆纪要》《大清一统志》《河南通志》《续河南通志》《汝宁府志》《春秋左氏传地名补》《通典》《路史·国名记》《诸山记》等。这么多文献记载，不是偶然的。特别

[①]蒋波：《三十年来的姜太公研究》，《管子学刊》2012年第4期。

是宋代欧阳修等人撰修的《新唐书·宰相世系表》：

> 吕氏出自姜姓。炎帝裔孙为诸侯，号共工氏，有地在弘农之间，从孙伯夷，佐尧掌礼，使遍掌四岳，为诸侯伯，号太岳。又佐禹治水有功，赐姓曰吕，封为吕侯。吕者，膂也，谓能为股肱心膂也。其地蔡州新蔡是也。历夏、商，世有国土，至周穆王，吕侯入为司寇，宣王时改"吕"为"甫"，春秋时为强国所并，其地后为蔡平侯所居。吕侯枝庶子孙，当商、周之际，或为庶人。吕尚字子牙，号太公望，封于齐。①

这段仅有百余字的短文，不仅明确提出新蔡是吕侯伯夷的封国，也说明吕尚是伯夷的后裔，且高度概括了吕侯先祖及其吕侯国的全部历史，言之凿凿，令人信服，无可置疑。还有宋代的郑樵《通志》卷二十六亦载：

> 吕氏，姜姓侯爵，炎帝之后也。虞夏之际受封为诸侯，或言伯夷佐禹有功封于吕，今蔡州新蔡即其地也，历夏商不坠。至周穆王吕侯入为司寇，或言宣王时改吕为甫。然吕、甫相近，未必改也，故有甫氏出焉。吕望相武王，吕姜为卫庄公妃，其时吕国犹存故也。吕望封齐之后，本国微弱，为宋所并。②

欧阳修、郑樵都是宋代著名的史学大家，欧阳修还是当时开创一代文风的文坛领袖，曾先后知颍州（今安徽阜阳）、蔡州（今河南汝南），欧阳修之子欧阳斐后来也知蔡州。阜阳与新蔡相邻，新蔡在当时就属于蔡州管辖范围，欧阳修对这里的情况较为熟悉。郑樵是宋代一位治学十分严谨的大史学家，《通志》在史学史上有着很高的盛誉。所以，他们的记载可信度高，应该引起我们的高度重视。

与此相比较，南阳说和日照说的文献记载明显不足。南阳说的文献记载，如《史记·正义》《水经注》《史记·音义》《元一统志》《读史方舆纪要》《大清一统志》《春秋左氏传地名补注》《新修南阳县志》等。与新蔡说相比较，这些文献记载明显不足。从可信度上来说，差距更大。正如马家敏所说，"对以上这些史籍的载文仔细查考后，就不难看出，各书对伯夷封国一事，无一载入正文者，都是徒论

---

①欧阳修等：《新唐书·宰相世系表》，中华书局，1975年。
②郑樵：《通志·卷二十六》，浙江古籍出版社，2007年。

转注。尽管一书转引多家之言，但追根索源，无不来自徐广、杜预之说"。"徐广是东晋末年人，杜预是西晋初年人。他们说伯夷封国在南阳之吕城，不知以何经典为据，将《史记》中的'虞夏之际封于吕'指定为'吕在南阳宛县西'。实在不能使人信服。"①

　　日照说的文献记载更显不足了，除了《史记》《后汉书·郡国志》《元和郡县图志》《续汉郡国志》《中国古今地名大辞典》等以外，就是《日照县志》《莒州志》等方志了。可信度最高的《史记》，仅仅说"太公望吕尚者，东海上人"。而"东海"在哪里，目前学术界一直存有争议，并不一定就是今天的日照。更有人说，古代"莒""吕"通假通用，莒县至今还有东吕乡东吕里。所以，姜太公的祖宗伯夷受封于吕，莒县便是姜太公的祖籍及出生地②。这种说法更是牵强附会，不足为信。

　　第二，从时间上来看，古吕国前后跨度较长，且多次迁徙。作为姜太公出生地的古吕国故里，只有新蔡说存有可能。

　　古吕国的祖先为伯夷，伯夷为炎帝后裔，尧时掌四岳，舜时主礼，禹时"佐禹治水有功，赐氏曰吕，封为吕侯"，故古吕建立应在禹之后期。古吕国是姜姓部族在虞、夏时首封的第一个方国，这也是商代与周代吕国的前身。

　　吕之得名，源于伯夷业绩，即伯夷曾是大禹治水的股肱重臣。吕首先是伯夷的封号，然后才是他的国号，即大禹对伯夷先封为吕侯，然后才将其地封为吕国，而不是先置吕国，后封吕侯。所以，伯夷就是吕氏的肇创者，在伯夷受封前，既没有吕侯，也没有吕国。

　　夏帝启元年，伯夷长子大廉袭父封国，古吕渐入鼎盛时期。由于大廉及其子孙精明干练，勤奋治国，使古吕国在夏商之世较为安定。到殷商末年，古吕国出现了姜太公。

　　姜太公之后，吕国仍然存在。"至周穆王，吕侯入为司寇，宣王世改吕为甫。

---

① 马家敏：《姜尚故里考》，《学术界》2001年第6期。
② 蔡瀛海：《太公望吕尚出生地考》，《管子学刊》1990年第1期。

春秋时为强国所并，其地为蔡平侯所居。"① 从新蔡古吕国的历史进程来看，姜太公出生于新蔡的古吕国是可能的。

南阳说就不能立足，其根本原因在于南阳吕立国较晚。南阳吕因佐周灭商有功，周穆王满时始受封国，其封国时间在前 976～前 922 年间，比姜子牙出生时间（约前 1130）晚了 200 年左右，姜子牙怎么会"以国为氏，又名吕尚"呢？而《竹书纪年》则云："吕在新蔡北。"② 可见新蔡之吕早于南阳之吕。早期的古吕国即伯夷封国只有新蔡吕，所以说，只有新蔡之吕才是伯夷封地。

日照说更不能成立了，今山东莒县在历史上并未出现过吕国，只是在西周初期建有莒子国，为周武王封兹舆期之国，因而不可能成为姜太公的出生地。那么，为何有人说是吕国呢？马家敏认为，"姜尚因与周宗室鲁侯伯禽（周公旦之子）共同率兵坐镇东方，所以他便到过东吕乡（在莒国境内）并留下部分吕人驻镇于此。这些人后来就在那里落户，并有了自己吕姓命名的村落，如东吕乡、南吕里等，以致被后来一些人误认为那里是古吕国，其实错了"③。事实上，山东齐地是姜子牙后来的封地，而不是他的出生地。

第三，从地域上看，新蔡说完全符合条件。因为根据上述两条，南阳说、日照说已基本上被排除了。那么，从地理环境因素上来看，新蔡说是否存在可能呢？我们认为，回答应该是肯定的。

从新蔡的地理位置看，新蔡地处中原，为南北交通要塞。在唐虞夏时代，这里属豫州，为"九州之中"，南临江淮，北濒黄河，为广阔的冲积平原地带，地理位置十分重要。这里属亚热带气候，雨水充沛，气候温和，土地肥沃，日照充足，洪河、汝河贯穿全境，水网交错，适宜发展农业、渔猎。黄帝正妃嫘祖在这里发明并推广了植桑养蚕，缫丝制衣，是早期人类聚居、繁衍生息的理想之所，是当时国内经济较为发达的地区。

由于地理条件优越，经济发达，使这里成为先秦时期国内科技文化先进之地。

---

① 欧阳修等：《新唐书·宰相世系表》，中华书局，1975 年。
② 方诗铭，王修龄：《古本竹书纪年辑证》，上海古籍出版社，1981 年。
③ 马家敏：《姜尚故里考》，《学术界》2001 年第 6 期。

盘古天开、伏羲画卦、奚仲造车，都发生在这里。特别是伏羲在上蔡所画先天八卦，引领当时国内文化最高水平。经济文化的发达，自然就成为人才向往的地方。因为"佐禹治水有功"而受封的伯夷，把这里作为自己的封国，也是比较理想的了。

从当时国内政治、军事背景来看，炎、黄二帝联合，在河北涿鹿打败了蚩尤（三苗、九黎族首领）之后，苗、黎族虽然退居到江淮流域，但仍经常向北方骚扰，与中原华夏民族不断发生战争。"三苗在江淮、荆州数为乱。"[①] 为稳定中原局势，疏导九河，治理水患，发展农耕，帝舜封原任大理的重臣皋陶于皋（今安徽省六安）。禹即帝位后，又封佐禹治水有功的伯夷于吕（今新蔡）。"不言而喻，是让二者协调一致，相互配合，控制江淮，钳制三苗，稳定中原。而且，伯夷是东夷族的首领，江淮中下游乃是东夷族聚居之地，这对促使东夷族与夏族的联合和融合，调动东夷族青壮年，以战三苗，都是极为有利的。"[②]

再从新蔡古吕国的方位来看，地域南北约100里，今临泉县西北部的铜城、姜寨、瓦店三镇均属古吕国范围，东西约120里，今临泉西南部的吕寨、艾亭、土坡等乡镇，亦属古吕国疆界。这种版图规模，正合于古代诸侯五爵三品分封制"公侯方百里，伯七十里，子男五十里"[③]的规定。吕都位于今新蔡县城古吕镇。公元前529年，蔡平侯迁都于此，为别旧都（上蔡），改称新蔡。秦时置县，东魏武定七年（549）至北齐天保六年（555）为蔡州的第一个建治地（后来移治汝南），故新蔡别称古吕蔡州。新蔡的许多地名都与吕有关系。如：新蔡城西有吕湖、吕沟、吕岗、吕塘坡，城西南有闾河、吕台；城东有吕寨、吕沟桥、吕家桥；县城为古吕镇。县城东北隅有吕侯墓群，明清以来有大吕书院、大吕中学、大吕仙庄等。

二、从姜太公与周文王的关系看古吕国在新蔡的可能性

据《史记·齐太公世家》记载，姜子牙曾经穷困潦倒，很不得志，直到七十多

---

① 司马迁：《史记·五帝本纪》，中华书局，1982年。
② 马家敏：《姜尚故里考》，《学术界》2001年第6期。
③《礼记·王制篇》。

岁了，才因为到渭水钓鱼遇到了周西伯姬昌，命运从此发生根本转折。周西伯"与语大悦"，叹曰"吾太公望子久矣"，故姜子牙又号"太公望"。周西伯把姜尚请到自己的车上，一同坐车回到西岐，并拜他为军师。西伯返周后，拜姜太公为军师，与姜尚密谋推翻商政权。"其事多兵权与奇计，故后世之言兵及周之阴权，皆宗太公为本谋。"①

姜子牙与周文王相识后，两人很快成为至交，他们彼此相互信任，相互配合，共同为灭商事业而努力。那么，是什么原因使他们二人走到一起呢？

首先，是共同的理想和抱负。姜子牙和周文王都是有着远大政治抱负的人，都想干一番轰轰烈烈的大事业。他们生活在商朝末年，当时正是殷商王朝走向衰亡的时期，殷纣王暴虐无度，朝政腐败，社会黑暗，经济崩溃，民不聊生，怨声载道，社会矛盾极为尖锐。残酷的社会现实，使他们立下了雄心大志——推翻殷纣王的统治，吊民伐罪，建立新政权。姜子牙虽然满腹经纶，智慧过人，但毕竟身处社会底层，没有遇到施展才华的机会，也不愿意与这些昏君奸臣们同流合污。所以，姜子牙四处流浪，希望遇到明君，让自己一展才华，实现心中远大的抱负。而在西部的周国，由于西伯姬昌（即后来的周文王）倡行仁政，发展经济，实行勤俭立国和裕民政策，因此社会清明，人心安定，国势日强，天下民众倾心于周，四边诸侯望风依附。姜子牙便毅然离开商朝，来到渭水之滨。而此时的周文王也看到了商朝的腐败，立志推翻殷纣王的统治。正在他求贤若渴的时候，他遇到了姜子牙。一方面，姜子牙与周文王有共同的理想和抱负，使他们在渭水之滨"一见如故"；另一方面，姜子牙对殷商朝歌内幕及东方各小国不满商纣王的统治等情况的透彻了解和分析，以及向周文王提出的治国兴邦的良策，也令周文王大为折服，这也正是周文王所需要的。古人云："良禽择木而栖，贤臣择主而事。"就是说，"良臣"是只有遇到"明君"才肯投奔，才能受到重视，得到重用。只有"明君"，才能给他提供施展才华的平台。而"明君"也只有选择"良臣"，才能使自己如虎添翼。后来的历史证明，姜子牙与周文王的选择是正确的。

---

①司马迁：《史记·齐太公世家》，中华书局，1982年。

其次，共同的语言——《易经》。姜子牙与周文王除了有着共同的理想和抱负以外，他们还有着一般人所不具备的共同语言——《易经》。姜子牙与周文王都精通易学，而易学在当时是最为高深、最为实用的一门学问。商周时期，"国之大事，在祀与戎"①，祭祀和战争一起，并列为国家的两大事情。春秋时期，各诸侯国在祭祀祖先或出兵之前，甚至建筑殿堂宫室，都要举行隆重的祭祖、祭社之礼，以求得神灵庇佑，师出有名。王公贵族都要通过龟甲、蓍草进行占卜，以预知吉凶，并以人或牛、羊、猪、狗等牲畜作为祭品，供奉给祖先和神灵，祭祀规模十分庞大。

举行祭祀活动，必须有一套理论做指导，这套理论就是《易经》。《易经》内容深奥，绝非一般人能搞明白。而姜子牙与周文王在当时都是顶尖的易学大师。姜子牙在灭商战争中多次以占卦问吉凶来决定征伐大计。牧野之战前，姜子牙就是通过占卜，让周武王及广大将士增强了必胜的信心，最后取得了胜利。姜子牙早年虽然命运不济，但他胸怀大志，始终不倦地研究、探讨治国兴邦之道，以期有朝一日能够大展宏图。因此，姜子牙发奋学习《易经》，终于成为一位满腹韬略的政治家、军事家，被后世誉为"兵家鼻祖"。周文王也精通易学，他在被殷纣王关押在羑里期间，认真研究八卦，把伏羲氏创立的先天八卦演绎成六十四卦，历史上被称为"后天八卦"。姜子牙从伏羲氏继承的八卦文化也一定受到周文王的欣赏，而周文王演绎出来的六十四卦也一定让姜子牙所折服。可以说，共同的爱好，共同的兴趣，共同的抱负与志向，把这两位伟人联系在一起。

再次，共同的家乡。姜子牙与周文王之间还有一层老乡关系。姜子牙生于古吕国，其故里在今新蔡县境内。而周文王的母亲太任是古挚国（今平舆县）首领之女。太任是中国历史记载中第一位实施胎教的母亲，她端庄严谨，母仪天下。太任怀孕时，"目不视恶色，耳不听淫声，口不出敖言，能以胎教"②。所以周文王出生后非常聪明，圣德卓著。新蔡与平舆两县相邻，姜子牙与周文王之间就多了一层老乡关系。再者，伏羲画卦于上蔡，上蔡又与新蔡、平舆两县相邻。"古者包牺氏之

---

① 《左传·成公十三年》。
② 《列女传·母仪传·周室三母》。

王天下也,仰则观象于天,俯则观法于地,观鸟兽之文,与地之宜,近取诸身,远取诸物,于是始作八卦,以通神明之德,以类万物之情。"① 伏羲画卦使用的是蓍草和白龟。蓍草仅在上蔡一地生存,是伏羲文化遗存中最具有生机活力的灵物。民间传说蓍草可驱凶避邪,招祥纳福,盖尸防腐,医治沉疴杂疾。白龟在古代被誉为"神龟",《史记》中有"闻蓍生满百茎者,其下必有神龟守之"② 的说法。现今河南省上蔡县蔡河的白龟庙和伏羲画卦台陈迹犹在。姜子牙与周文王都是出生在八卦文化之乡,他们自然从小就受到八卦文化的熏陶。他们后来都能成为八卦文化的大师,不是偶然的。

最后,宗族关系。姜子牙与周文王还有密切的宗族关系。姜姓源自远古时期的炎帝,因炎帝生于姜水(今陕西省岐山县),子孙依水而居,因水命氏,故以姜为氏。《说文》曰:"神农居姜水,因以为氏。"因此,炎帝的出生地,也就是姜氏的发源地。后来在历史的发展进程中,由于各种原因,炎帝的许多子孙已变易为其他姓氏。虞、夏之际,炎帝裔孙、四岳始祖伯夷,因辅佐禹治水有功,被封于吕(今河南新蔡县),建立吕国,复赐以祖姓姜,以接续炎帝的香火,姜子牙就出生在这里。

黄帝当年主要活动在姬水流域,因以水名为姓氏,姓姬。黄帝共有二十五个儿子,其中十四人被分封得姓。这十四人共得到十二个姓,依次为:姬、酉、祁、己、滕、葴、任、荀、僖、姞、儇、衣。而少昊、颛顼、帝喾、唐尧以及夏朝、商朝、周朝的君主都是黄帝的子孙,这些后裔在黄帝到尧、舜、禹时期大都已经脱离黄帝母族,建立了大批的氏族方国或部落,有了独立的姓和氏;黄帝的后裔孙后稷成为周部落的首领,也以姬作为本族部落的姓氏,周文王姬昌即由此而来。

在中国古老的传说中,最早最显赫的是姜姓炎帝与姬姓黄帝族,姜姓与姬姓也是中国最古老的姓氏。姜、姬两姓有密切的血缘关系,他们不但世为婚姻之族,而且黄帝还曾经联合炎帝打败了蚩尤。炎帝部族后来转迁地甚多,《史记·齐太公世

---

① 《周易·系辞下传》。
② 司马迁:《史记·龟策列传》,中华书局,1982年。

家》载:"虞夏之际封于吕,或封于申,姓姜氏。夏商之时申、吕或枝遮子孙,或为庶人,尚其后苗裔也。"①

对于自己的家世,博学多才的姜子牙不可能不知道。所以,当他来到渭水时,他应该清楚,这是他的祖先炎帝的家乡,也是他的根祖之地,他自然就对这里山山水水有着特殊的情感。当他在这里遇到雄才大略的周文王时,他们很自然地就走在了一起。从此,姜太公与周文王一起,为了推翻殷纣王,建立周王朝,携手并肩,共同战斗,奉献出了自己的全部智慧和才华。

三、结语

综上所述,我们可以得出结论:古吕国的祖先为伯夷,伯夷受封的古吕国在今新蔡。南阳吕因佐周灭商有功,是在姜子牙出生之后的周穆王满时始受封国。今山东莒县在历史上并未出现过吕国,只是在西周初期建有莒子国。因此,早期的古吕国即伯夷封国只有新蔡吕,所以说,只有新蔡之吕才是伯夷封地,因而才有可能成为姜太公的出生地。姜子牙与周文王能成为至交,除了他们有着共同的理想和抱负以外,共同的语言、共同的家乡、密切的宗族关系,也是他们走到一起的重要因素。这些因素反过来增强了姜太公故里在新蔡的说服力,是大量有关文献记载的有益补充。

(本文作者为黄淮学院副教授)

---

① 司马迁:《史记·齐太公世家》,中华书局,1982年。

齐国神话传统考述

⊙王 颖

春秋战国时期是中国古代思想分化和融合时期，从公元前 5 世纪到前 3 世纪，古代思想的发展由独立创新逐渐趋于折中混合。战国中后期的齐国，是一个诸子学术思想的汇集地。一方面，齐国思想家吸收民间宗教信仰，融合了阴阳五行学说、神仙学说、道家学说、黄帝学说，以及巫术方士、卜筮符咒、医药星相等思想，创立了一个伟大的思想信仰体系；另一方面，这种大混合的思想成为中国古代神话发展演变的坚实理论基础，并对以后两千年的中国思想和宗教文化产生不可忽视的巨大影响。这种由战国时期齐人创立，产生兴盛于齐国的大混合思想体系，被后世学者称为"齐学"[①]。

一、中国神话传统的齐学基础

战国时期的齐国领土辽阔，东部靠海，北接燕国，西接赵国，南临楚国，地理位置与海洋接壤，与地处内陆的诸侯国风俗迥异。齐国百姓足智，商业发达，民风惯于变化，喜好新奇，想象力丰富，"齐带山海，膏壤千里，宜桑麻，人民多文采布帛鱼盐。……其俗宽缓阔达而足智，好议论"[②]。齐国的首任国君为姜尚，史称姜太公。《史记·封禅书》记载："齐所以为齐，以天齐也。"故齐国也称姜齐，重视发展工商业，借助当地的鱼盐之利，城市繁荣，成为东方大国。

[①] 胡适曾在《中国中古思想史长编》中提出"齐学"的概念，并称之为"东方海上兴起的一个伟大的思想大混合，总集合古代民间和智识阶级的思想信仰"。

[②] 司马迁：《史记》卷一二九，中华书局，1982 年。

孔子云："知者乐水，仁者乐山；知者动，仁者静，知者乐，仁者寿。"齐国临海多山，西南接壤"礼乐之邦"鲁国，姜子牙以辅佐周王室的贤相而分封于齐，故齐国深受周王朝礼乐思想影响。因此，齐国民风兼具"智"与"仁"的特征。此外，百姓多思多智，善于思考，而且生活较为富裕，其民风又与传统儒家简朴实用的伦常观念有较大区别。"太公以齐地负海舄卤，少五谷而人民寡，乃劝以女工之业，通鱼盐之利，而人物辐辏。……其俗弥侈，织作冰纨绮绣纯丽之物，号为'冠带衣履天下'。……至今其士多好经术，矜功名，舒缓阔达而足智。"① 因此，齐国民族的思维方式成为"齐学"形成的基础背景。胡适先生对其也有一段精彩的议论：

> 这个民族有迂缓阔达而好议论的风气，有足智的长处，又有夸大虚诈的短处。足智而好议论，故其人勇于思想，勇于想象，能发新奇的议论。迂远而夸大，故他们的想象力往往不受理智的制裁，遂容易造成许多怪异而不近情实的议论。②

战国诸子对于齐国民风好想象虚妄的现象多有评论。如《庄子》云："齐谐者，志怪者也。"孟子曰："此非君子之言，齐东野人之语也。"此后齐谐志怪、齐东野语之类，成为荒诞神话故事的代表。由此可见，无论是儒家还是道家，都认为齐国文化充满怪诞的想象力。这也正是"齐学"的重要特色，对于我国古代神话的产生和发展做出过一定的贡献。

齐国民族自古有"八神将"崇拜的风气和传统。《史记·封禅书》云："八神将自古而有之，或曰太公以来作之。"可见"八神将"信仰并不源于儒道等诸子思想，它属于一种拜物拜自然的民间宗教。"八神将"信仰分别崇拜"天、地、阴、阳、日、月、四时、兵"，从而发展出原始的阴阳崇拜。中国古代的阴阳信仰最早兴起于齐国民族，后来经过齐学思想家邹衍的发展，又经后世燕齐方士的推崇，逐渐变为中国古代哲学的重要范畴之一。

---

①班固：《汉书》卷二八，中华书局，2009年。
②胡适：《中国思想史长编》，《中国哲学史》（上），中华书局，1991年，第276页。

众所周知，中国古代神话的思想基础是阴阳五行学说。神话世界通常以阴阳五行的运转方式作为支撑力量，以阴阳五行理论为基础，挖掘人体平衡潜能，开拓修仙悟道之路，并衍生出"形解销化"的求仙修炼途径。后世的道教借助"齐学"思想，创立出一整套炼丹服药、飞天遁地、驱遣鬼神、符箓法术等道教神话体系。

阴阳五行学说体系最早由齐国人邹衍创立。战国晚期，齐宣王喜好文学游说之士，"自如邹衍、淳于髡、田骈、接子、慎到、环渊之徒七十六人，皆赐列第，为上大夫，不治而议论。是以齐稷下学士复盛，且数百千人"[1]。这些喜好议论的思想家和学者聚集在齐国，被时人称为"齐稷下学士"，其中邹衍是著名的代表人物。"邹衍睹又国者益淫侈，不能尚德，若大雅整之于身，施及黎庶矣。乃深观阴阳消息，而作怪迂之变，终始大圣之篇，十万余言。然要其归，必止乎仁义节俭，君臣上下六亲之施"[2]，他建立阴阳五行学说的原始目的，是为了维护国家的政治统治，使国人对淫侈失德之风有所警戒。《史记·封禅书》曰："自齐威、宣时，邹子之徒论著终始五德之运。"刘歆《七略》云："邹子有'终始五德'，从所不胜：土德后、木德继之、金德次之、火德次之。"[3] 邹衍用五德相胜和阴阳配合的理论解释历史变迁和国运兴衰，从而推衍到宇宙万物的一切现象，包括支配人生的一切行为，政治军事的得失，四时、天象、人体的各种变化。后世依据此理论，进而衍生出与阴阳五行相关的内容，大到王朝变迁，小到人体养生：

> 五行者，五常之行气也。《书》云：初一曰五行，次二曰羞用五事。言进用五事，以顺五行也，貌，言，视，听，思，心失而五行之序乱，五星之变作，皆出于律历之数而分为一者也。其法亦起五德终始，推其极则无不至。而小数家因此以为吉凶，而行于世，浸以相乱。[4]

邹衍的"终始五德"理论融合了齐国的民间宗教信仰，又赋予政治道德功能，因而受到当时民众的广泛接受和欢迎，从下层普通百姓到上层贵族帝王，无一不受

---

[1]《史记》卷四六。
[2]《史记》卷七四。
[3]《文选·魏都赋》注。
[4]《艺文志》，《术数》序言。

其思想影响。秦始皇统一天下，便采用了"终始五德"学说："始皇推始终五德之传，以为周得火德，秦代周，德从所不胜。方今水德之始，改年始朝贺皆自十月朔，衣服旄旌节旗皆上黑。数以六为纪，符法冠皆六寸，而舆六尺、六尺为步、乘六马。更名河曰德水，以为水德之始。"① 此后刘邦建立汉朝，借用赤帝子斩白帝子的神话，这也是一种终始五德的观念，以南方属火的赤帝克制西方属金的白帝。汉武帝之后，董仲舒等人将始终五德理论融合儒学思想，创立出影响中国两千年封建统治的主流哲学理论，使古代帝王统治带有浓厚的"君权神授"的神话色彩。

除了对政治影响之外，齐学对于哲学思想的融合，以及对神话观念的形成，都产生不可磨灭的作用。梁启超《阴阳五行说之来历》一文说过："春秋战国以前所谓'阴阳'，所谓'五行'，其语甚希见，其义极平淡。且此二事从未尝并为一谈。……其始盖起于燕齐方士，而其建设之，传播之，宜负罪责者三人焉……曰邹衍，曰董仲舒，曰刘向。"② 齐学的正统是以邹衍为代表的阴阳家，《汉书·艺文志》中收录"阴阳家"代表人物的理论著作和典籍，包括：《邹子》《邹子终始》《邹奭子》《公梼生终始》《公孙发》《乘丘子》《杜文公》《黄帝泰素》《南公》《容成子》《闾丘子》《冯促》《将巨子》《周伯》等。这些著作大多产生于战国晚期，对后世的杂家、道家、神仙家诸子的著作，如《吕氏春秋》《淮南子》等，都产生过重要的影响。

中国早期的神话多为零星片段，散见于历史地理典籍、诸子百家等论著中。自齐学兴起繁盛，中国神话的内容逐渐丰富起来，神话体系和神话门类也日益清晰明确，将阴阳五行、卜筮符箓、道术巫法、医药星相等纳入神话体系当中，最终在道教的推波助澜下，形成庞大完整的神话系统。

二、齐学与古代神话体系形成

战国末期齐学兴盛，方士众多，与齐国相邻的燕国受其影响最深。燕国地处渤

---

① 《史记》卷六。
② 梁启超：《饮冰室文集》卷六十七。

海湾一带，其沿海的环境与齐国类似。历史记载燕人渔民常在海上目睹仙境幻象，因而燕人多沉溺于仙道之学，从诸侯王到百姓，求仙风气日盛。《史记·封禅书》记载：

> 自齐威、宣之时，邹子之徒论著终始五德之运，及秦帝而齐人奏之，故始皇采用之。……燕人为方仙道，形解销化，依于鬼神之事。邹衍以阴阳主运，显于诸侯，而燕齐海上之方士传其术。……自威、宣、燕昭使人入海求蓬莱、方丈、瀛洲，此三神山者，其传在渤海中，去人不远。……盖尝有至者，诸仙人及不死之药皆在焉。

齐国和燕国的修仙求道之风非常兴盛，两国的诸侯王都曾派遣方士去东海寻求不死仙丹。这些燕齐方士分门别派，被统称为"神仙家"。阴阳家是齐学的正统，而神仙家是齐学的支流，神仙家倡导"方仙道"。所谓"方"指方术和炼药之方，通过服食丹药达到修仙目的。燕齐方士的方仙道理论使中国神话内容不断完善，方士们将理论广泛运用于实践，以至秦汉两朝的百姓帝王均深受其影响。从战国末期到秦汉王朝，阴阳家和神仙家的合流，加强了齐学的影响力，标志着齐学获得从帝王到百姓的舆论支持，走向一个辉煌的历史时期。

秦始皇时期，神仙家多为燕齐方士。他们为满足始皇帝长生不老的需求，为秦始皇求仙、求药、封禅、祠祀、占卜等，并继续完善神仙家的学说理论，编著了许多神仙家著作，成为中国古代神话资料的重要来源。同时，秦始皇命燕齐方士求取仙药的活动日益频繁，这些活动具有一定的政治性和军事性，也极大地丰富了中国神话的内容。

秦朝的燕齐方士中，最著名的代表人物是齐人徐福。据《始皇本纪》载："始皇二十八年，齐人徐福等上书，言海中有三神山，名曰蓬莱、方丈、瀛洲，仙人居之，请得斋戒与童男女求之。于是遣徐福发童男女数千人入海求仙人。"[1] 在徐福之后，秦始皇派燕人卢生入海求仙丹，又派韩终、侯公、石生等人求不死仙药。卢生曾奏曰："愿上所居宫毋令人知，然后不死之药殆可得也。"故而秦始皇在咸阳城

---

[1]《史记》卷六。

旁二百里内建二百七十处宫观，地下甬道相连，如同迷宫，隐匿行踪，同时在各宫中任用相看星气的方士多达三百余人。

汉初推崇黄老之学，修仙觅药的风气有增无减，到汉武帝时期达到一个极致。汉武帝重用的方士多为齐人，据《封禅书》所载，当时著名的方士有李少君、谬忌、少翁、栾大、公孙卿、公玉带、宽舒等，均为齐地之人。栾大曾被汉武帝加封"五利将军"，因他宣称其法术可"点物成金，炼不死药，召引仙人，可塞河决，平定匈奴"。这些齐人方士将齐学理论进行扩展，融入大量巫蛊诅咒之术，对汉武帝时期的政治和军事发展产生一定作用。

汉武帝时期的淮南王刘安也是提倡神仙方术的重要代表人物，学术上一般将刘安归为道家，但其所著《淮南子》在理论上支持了修仙炼道、驱遣鬼神的可行性，是齐学的延伸和发展，同时也将道家学说融会贯通，并成为中国古代神话内容的重要来源。王充《论衡·道虚篇》记载："儒学言淮南王学道，招会天下有道之人，倾一国之尊下道术之士，是以道术之士并会淮南，奇方异术莫不争出。王遂得道，举家升天，畜产皆仙，犬吠于天上，鸡鸣于云中。"《淮南子》神话理论主要包含以下两方面：

再次，由虚无之气而生阴阳万象的宇宙观。《淮南子·天文训》曰："天地未行，冯冯翼翼，洞洞浊浊，故曰太始。道始于虚廓，虚廓生宇宙，宇宙生气。气有涯垠，清阳者薄靡而为天，重浊者凝滞而为地。清妙之合专易，重浊之凝竭难，故天先成而地后定。天地之袭精为阴阳，阴阳之专精为四时，四时之散为万物。"这为神仙纳气修炼，形解销化等神话提供了理论支撑。《淮南子》中记载的"女娲补天""天梯建木"等神话，都证明了神仙家的宇宙观，将齐学的基础理论做了更加精深的阐释。

第二，保性命之真、精神游求于其外的人生观。《淮南子·要略篇》曰："精神者，所以原本人之所由生，而晓寤其形骸九窍取象与天合同，其血气与雷霆风雨比类，其喜怒与昼宵寒暑并明；审死生之分，别同异之迹，节动静之机，以反其性命之宗；所以使人爱养其精神，抚静其魂魄，不以物易己，而坚守虚无之宅者也。"神仙家的人生观，也是精神出世畅游的理想境界，其理论本源仍是齐学思想。

受《淮南子》等著作的启发，汉代产生了大批的神仙家著作，如刘向《列仙传》详细记载了七十一位仙人，大大丰富了中国神话体系。《汉书·艺文志》列神仙家十种著作，其叙曰："神仙者，所以保性命之真，而游求于其外者也。聊以荡意平心，同死生之域，而无怵惕于胸中。"所列神仙家著作有：《伏羲杂子道》《上圣杂子道》《道要杂子》《黄帝杂子步引》《黄帝岐伯按摩》《黄帝杂子芝菌》《黄帝杂子十九家方》《泰一杂子十五家方》《神农杂子技道》《泰一杂子黄冶》，其中包含了丹方、步引术、按摩化气、芝菌灵药、修道法术等神话内容。

汉代以后，齐学在历代朝野均有很大影响。随着时代的发展，古代神话的内容和系统也越来越完善。晋代葛洪撰《神仙传》记载神仙八十四人，南唐沈汾《续仙传》记载飞升仙人十六人。此外，又有《韩仙传》《西山群仙会真记》《仙苑编珠》《道教灵验记》《神仙感遇传》《墉城集仙录》《洞仙传》《集仙传》《群仙珠玉集成》等数百部著作，使得古代神话中的神仙谱系得以完整。这些与神仙家相关的著作，直到清代仍流传甚广，并有大量书籍论著着延续其思想内容。

齐学在学术理论方面促成了中国神话体系和内容发展的同时，也大大推动了志怪神仙小说故事的繁荣。汉魏六朝时期编成的《山海经》《穆天子传》《神异经》《海内十洲记》《汉武故事》《汉武洞冥记》《拾遗记》《搜神记》《续搜神记》《异苑》《续齐谐记》《集异记》《博异记》等神话，都与齐学思想有千丝万缕的联系。直到清代志怪小说家蒲松龄著《聊斋志异》，仍受到齐学的影响。蒲松龄是山东淄博人，古代齐国首都临淄的遗址便位于淄博，蒲松龄的思想颇受古代齐学遗风的影响，《聊斋志异》里记载的各类奇异之事，都可以作为古代神话志怪故事的补充。

综上所述，齐学是一门包罗万象的学问，其理论系统庞大，实践应用广泛，从政治学说到宗教形态，包含了中国古代哲学和民间宗教的方方面面，是中国古代神话传统的理论基石。中国古代神话的主要情节和神仙谱系都在齐学的影响下形成，因此可以说，中国古代神话是齐学思想的呈现，也是齐学观念的重要延伸。

（本文作者为郑州航空工业管理学院人文社会科学系副教授）

研讨会相关文件

首届"中华姜姓源流暨太公文化学术研讨会"开幕式致辞

⊙王 平

各位专家学者、各位姜姓文化工作者:

大家下午好!

非常高兴、非常乐意参加这次研讨会。姜姓是中华民族最古老的姓氏,河南又是炎姜文化和太公剪商辅周伟业的重要活动区域,在这里召开"首届中华姜姓源流暨太公文化学术研讨会"意义重大。欢迎各位专家学者和各位姜姓宗亲朋友的到来,同时也对此次研讨会的召开表示衷心的祝贺、深切的祝愿,并预祝此次研讨会取得成功!

首先,对河南省社科院近些年关于姓氏文化研究方面所做的工作,我认为是做了一件大好事,对于弘扬中华传统文化、培育和践行社会主义核心价值观,具有重要的现实意义。姓氏源流的研究是修谱修史的重要组成部分,修谱修史意味着国家昌盛、家族兴旺。姜姓是中国最古老的姓氏之一,炎帝神农氏是中华民族公认的人文始祖,姜姓历史厚重,光照人间,名人荟萃,姜太公更是谋圣,是百家之祖,文韬武略,家喻户晓。研究姜姓源流和太公文化对姜姓的发展和传统文化的传承弘扬都将起到巨大的推动作用。我对姜子牙有三点比较深刻的印象:一是年龄大,活了113岁;二是忠君爱国,辅佐了六位周王;三是作为齐国始祖,具有开创之功,是中华民族的优秀代表。

其次,源流考证是非常严肃和严谨的工作。认真而细致,客观而公正,才能让人心悦诚服,才能形成凝聚力。希望通过这次研讨会,把姜氏族人中优秀人物的高尚行为和品德提炼出来，特别是姜太公的天下为公、忠君爱国的精神挖掘出来，教育和规范族人，感染和影响他人。应当通过这次研讨会增强凝聚力，形成正能量，为实现中华民族伟大复兴的中国梦形成合力，秉持同宗同源、爱家爱国的理念，传承先贤心系天下、胸怀黎民的品格。

再次，今年是"文明河南"建设开始实施的第二年。华夏历史文明传承区建设无疑是河南文化建设中的一件大事，尤其是历史文化、根亲文化和姓氏文化的研究和发掘取得了重大进展。深入研究姜姓源流历史，挖掘姜姓文化资源，把姜姓源流研究与太公文化研究结合起来，增加了研究的高度和深度，有利于姜太公历史遗迹的开发和建设，将进一步促进全球华人根亲文化圣地和华夏历史文明传承创新区建设的发展，促进河南经济社会文化快速发展和文明河南建设。

今天参会的有社科院的领导、各地的专家学者、全国各省姜姓宗亲代表，还有来自台湾的姜姓代表，大家辛苦了！希望大家继续发扬中华民族的传统美德，学习姜太公爱国忠君的优秀品质，继承和弘扬太公文化，为河南的文化建设贡献力量。

最后，祝"首届中华姜姓源流暨太公文化学术研讨会"圆满成功！祝大家身体健康、工作顺利！

谢谢大家！

（本文作者为河南省政协第十届委员会副主席）

首届"中华姜姓源流暨太公文化学术研讨会"开幕式致辞

⊙王震中

女士们、先生们,各位来宾、姜姓宗亲的朋友们:

大家下午好!

今天,由河南省社会科学院中原文化研究中心、河南省姓氏文化研究会主办,由世界姜姓宗亲联谊总会、河南省姓氏文化研究会姜姓委员会承办的"首届中华姜姓源流暨太公文化学术研讨会",在河南郑州的元通中州国际大饭店隆重召开了。这既是姜姓宗亲的一次盛会,更是弘扬中华根文化、弘扬太公文化的重要学术研讨会。

姓氏文化就是根文化,它与中华民族的血脉相连;太公望(民间通称姜太公)的历史文化意义,不仅仅是姜姓的,也是全中国的,是中华民族的。在中华民族的融合和形成过程中,姜姓是一支重要渊源。我们知道,炎黄二帝中的炎帝就是姜姓,炎帝族与黄帝族在其发祥的初期就是联姻的,到后来,周的始祖后稷也是姜嫄所生。在孔子尊崇的"郁郁乎文哉,吾从周"的西周文明中,太公望的贡献更是举世瞩目。对于这样一个非常重要的根文化,对于这样格外显眼的中华文明现象,河南省姓氏文化研究会、河南省社会科学院中原文化研究所、中原文化研究中心抓住了,抓得好!

几年前,中央电视台在拍摄姜太公的一个四集专题片时,导演找我商量如何拍摄。因为他是山东人,我建议他不要被《史记·齐太公世家》说"太公望吕尚者,东海上人"这句话所局限,应该到陕西、山西、河南、山东几个地方去采访。我的意思就是在说：要把太公放在整个中华民族、中华文明中加以认识。今天，河南省社会科学院中原文化研究中心和河南省姓氏文化研究会在这里举办"首届中华姜姓源流暨太公文化学术研讨会"，从学术研讨出发，把姜姓源流和太公文化联系在一起，显然站在了探讨根文化的制高点上了，走在了全国各地的前头。事实上，多年来，河南省社会科学院在研究和弘扬姓氏文化，即在弘扬根文化方面，做得很有成绩，很具有文化战略眼光。近年来，我参加过他们举办的商代王子比干与林姓文化的高端论坛，参加过西周的毛伯、毛公鼎与毛姓的研讨会，参加过周公后代的封国蒋国与蒋姓的学术研讨会，等等。也就是说，由河南省社会科学院，以及由河南省社科院主导的河南省姓氏文化研究会，在中华姓氏文化研究方面做出了自己的贡献。我认为，对于姓氏文化的研究，即对于中华根文化的研究，在寻根问祖热持续发展的国情中，它有助于调动民间力量，弘扬优秀的传统文化，增强中华民族的凝聚力。也正因为此，我说河南省社会科学院在华夏文化中的根文化的传承和创新上，功不可没。

最后，我预祝研讨会圆满成功！祝各位朋友健康愉快！

（本文作者为中国社会科学院历史研究所副所长，研究员）

首届"中华姜姓源流暨太公文化学术研讨会"开幕式致辞

⊙魏一明

尊敬的王平副主席、克生会长,各位专家学者,同志们、朋友们:

大家下午好!

今日恰逢立秋,我们相聚在华夏文明的重要发祥地郑州,隆重举行"首届中华姜姓源流暨太公文化学术研讨会",凉爽的天气也来助兴。借此机会,我谨代表河南省社会科学院对这次研讨会的召开表示热烈祝贺!对与会的各位同志表示热诚的欢迎和衷心的感谢!

姜姓是中国最古老的姓氏之一,因其始祖炎帝神农氏生于姜水而得名,又因姜子牙封于齐国而根深叶茂。在五千多年的发展历程中,姜姓先后衍生出若干个重要支系,派生出一百多个姓氏,形成了几十个郡望堂号,流传下来很多影响深远的家风家训,涌现出齐国首任国君姜子牙、"春秋五霸"之首齐桓公姜小白、三国时期蜀汉军事统帅姜维、唐朝宰相姜太公辅和姜恪、南宋著名音乐家姜夔、当代国学大师姜亮夫、数学教育家姜立夫等名垂千古的人物,是名副其实的中华煌煌大姓。

在灿若繁星的姜姓历史文化名人中,姜子牙是其中最耀眼的一颗智慧之星。姜子牙是中国古代杰出的政治家、军事家与韬略家,是武王伐纣的最高军事统帅和西周的开国元勋,也是齐国的缔造者和齐文化的创始人,是一位具有历史开创性的伟大人物。姜子牙和中原大地有着不解之缘,太公故里就在河南卫辉,太公指挥的牧野之战也发生在豫北大地。太公文化和太公精神既是中原地区的文化瑰宝,也是中华民族的文化瑰宝。

在信息技术飞速发展的今天，通过全方位、多角度、宽视野去研究姜姓源流，挖掘太公事迹，弘扬太公精神，传播太公文化，具有重要的学术价值和现实意义。一方面，研究姜姓源流，挖掘太公事迹，在传承中华民族优秀历史文化的同时，可以为后来者更加准确地总结历史经验提供宝贵的历史借鉴；另一方面，弘扬太公精神，传播太公文化，可以凝心聚力，促进区域协调发展，对于整合传统文化资源、打造现代企业文化品牌、建设华夏历史文明传承区、推动中原崛起河南振兴富民强省，有着重要的现实意义。

河南省社会科学院是我省哲学社会科学研究的最高学术机构和全省社会科学综合研究中心，承担着服务省委省政府决策、推进理论创新、弘扬中原文化等任务。30多年来，我院一直把为省委省政府决策服务作为科研工作的主攻方向，坚持基础理论研究与应用对策研究并重，取得了有目共睹的可喜成绩。目前全院设置有8个职能处室，10个研究所，3个杂志社，1个文献信息中心。此外，还设有河洛文化研究中心、中原文化研究中心、河南经济研究中心、河南省廉政理论研究中心、河南省姓氏祖地与名人里籍研究认定中心、河南省工业发展研究中心等平台。其中与传统文化研究直接相关的机构就有中原文化研究所、历史与考古研究所、哲学与宗教研究所、中原文化研究中心、《中原文化研究》杂志社、河洛文化研究中心、河南省姓氏祖地与名人里籍研究认定中心等，是研究和传承中原文化的重要平台。

近年来，为深入贯彻落实中央和省委繁荣发展哲学社会科学的精神和要求，坚持和巩固马克思主义在意识形态领域的指导地位，河南省社科院以当好省委省政府的"思想库""智囊团"为己任，在服务全省工作大局中找准位置，在助推中原崛起中大显身手，进行了一系列具有全局性、战略性、前瞻性的研究。我们既主动追踪研究河南社会发展中的热点难点问题，从战略、宏观、全局角度为省委省政府决策服务，又注重横向联合，延伸服务触角，深化院市合作、院厅合作、院企合作，为地方政府和有关部门提供决策依据，逐步建立起以应用对策研究为主体、以特色理论研究为支撑、以重点和优势学科为依托的科研体系，努力把中央和省委的重大政策宣传到位、解释到位、引导到位，推进社科理论研究贴近实际、贴近生活、贴近群众，也赢得了相关部门领导的认可、业界的认同和社会的尊重。

党的十八大以来，习近平总书记就传统文化的传承发展发表了一系列重要讲话。他在中共中央政治局第十三次集体学习时强调："培育和弘扬社会主义核心价值观必须立足中华优秀传统文化。牢固的核心价值观，都有其固有的根本。抛弃传统、丢掉根本，就等于割断了自己的精神命脉。博大精深的中华优秀传统文化是我们在世界文化激荡中站稳脚跟的根基。"中原地区是中华文明的摇篮，中原文化是中华文化的重要源头和核心组成部分，中国八大古都河南就占据一半。在漫长的中国历史中，中原文化长期居于正统主流地位，中原文化一定程度上代表着中国传统文化，姓氏文化研究又是中原文化的重要组成部分。因此，在新的历史时期，怎样充分利用河南丰富多样的历史文化资源优势，怎样传承中原文化中的价值理念和道德规范，怎样在学术研究和现实生活中做到古为今用、推陈出新，怎样做到以文化人、以文育人，对于我们社科人来说，既是一种考验，也是一种挑战。

学术研究贵在创新。南宋理学家朱熹《观书有感》诗云："半亩方塘一鉴开，天光云影共徘徊。问渠哪得清如许？为有源头活水来。"相信有各位专家学者不断注入的源头活水，姜姓源流与太公文化研究一定能取得丰硕的成果。

最后，祝"首届中华姜姓源流暨太公文化学术研讨会"取得圆满成功！祝愿姓氏文化研究开出更多更美的花朵！

谢谢大家！

（本文作者为河南省社会科学院党委书记）

首届"中华姜姓源流暨太公文化学术研讨会"开幕式致辞

⊙张 锐

尊敬的王平副主席、震中所长,各位领导、各位专家,同志们、朋友们:

大家下午好!

值此立秋时节,大家不畏酷暑,从全国各地汇聚郑州,参加由河南省社会科学院中原文化研究中心、河南省姓氏文化研究会主办,河南省姓氏文化研究会姜姓委员会承办的"首届中华姜姓源流暨太公文化学术研讨会",我谨代表主办方之一的河南省社会科学院中原文化研究中心,对此次研讨会的召开表示热烈祝贺!对与会的各位专家、学者表示热诚的欢迎和衷心的感谢!

党的十八大以来,以习近平总书记为核心的党中央高度重视挖掘和弘扬中华优秀传统文化,并将其作为治国理政的重要思想文化资源。习总书记指出:"优秀传统文化是一个国家、一个民族传承和发展的根本,如果丢掉了,就割断了精神命脉""中国古代历来讲格物致知、诚意正心、修身齐家、治国平天下。从某种角度看,格物致知、诚意正心、修身是个人层面的要求,齐家是社会层面的要求,治国平天下是国家层面的要求。"在他看来,社会主义核心价值观充分体现了对中华优秀传统文化的传承和升华,"把涉及国家、社会、公民的价值要求融为一体,既体现了社会主义本质要求,继承了中华优秀传统文化,也吸收了世界文明有益成果,体现了时代精神。"因此,他强调要深入挖掘和阐发中华优秀传统文化的时代价值,使中华优秀传统文化成为涵养社会主义核心价值观的重要源泉。

姓氏文化作为中华传统文化的重要组成部分,其中蕴藏着丰富的优秀文化因子。2015年春节团拜会上，习近平总书记说："家庭是社会的基本细胞，是人生的第一所学校。不论时代发生多大变化，不论生活格局发生多大变化，我们都要重视家庭建设，注重家庭、注重家教、注重家风。"以姓氏为纽带组织起来的家族，是传承弘扬中华优秀传统文化的重要载体。

姜姓是中华民族最古老的姓氏之一，在中华民族姓氏发展史上具有十分重要的地位。据文献记载，姜姓是炎帝的后裔，其后还衍生出了吕、许、谢、齐、高、卢、崔、邱、丁等众多姓氏。姜姓也是一个光荣的姓氏。在姜姓数千年的家族史上，涌现出了不少彪炳史册的人物，为中华民族做出了重要贡献。在姜姓发展史上，河南地位独特。这里不仅是炎帝神农氏的主要活动区域，也是齐国开国君主姜太公的重要生活地。在充分挖掘河南姜姓姓氏资源，联络海内外姜姓宗亲等方面，河南省姓氏文化研究会姜姓委员会做了大量工作，下个月还要在河南举行一次大规模的姜姓宗亲活动。在工作过程中，姜姓委员会的有关领导也深刻认识到，要使姓氏文化研究会的各项工作扎实推进，必须借助外部专家的力量对一些基本问题做深入的研究。

今年年初，河南姜姓委员会的君平、再新等人找到我们，希望我们能组织一批国内外的姓氏研究专家，就姜姓源流与太公文化开展一次深入的研讨。我们为姜姓委员会高度的社会担当所打动，愉快地承担起了这项艰巨的任务，因此才有了今天我们济济一堂的机会。在此，我诚恳地希望各位专家能够各抒己见，畅所欲言，共同为姜姓委员会的发展出谋划策。同时，我也希望姜姓委员会能以此次研讨会为契机，把姜姓文化研究进一步推向深入。

河南省社会科学院是全省哲学社会科学研究最高学术机构，省委省政府的"思想库""智囊团"，加强对中华优秀文化的弘扬和传承，是我们义不容辞的义务。为贯彻落实习总书记的讲话精神，为充分发掘利用我省历史文化资源，系统开展中原文化研究，为更好地服务我省的文化强省建设，我院在河南省中原文化重点研究基地的基础上，以中原文化研究所、历史与考古研究所、哲学与宗教研究所、《中原文化研究》杂志社、《中州学刊》杂志社等单位为依托成立了中原文化研究中心。中心成立以来立足我省历史文化优势，确立重大课题，开展学术研讨，推进中原文化研究向纵深发展,策划组织了多次在国内外有影响的学术活动。在姓氏文化研究方面,去年 11 月份,我们与河南曾姓委员会在方城成功举办了首届古缯国文化与中华曾姓源流研讨会,产生了很好的社会反响。在姓氏文化研究方面,河南省社会科学院中原文化研究中心愿意继续秉承一贯的宗旨,和各单姓专委会通力合作,共同促进中华姓氏文化研究,为华夏历史文明传承创新区建设和河南文化强省建设作出应有的贡献。

最后,祝愿这次研讨会取得圆满成功!祝愿各位专家、各位来宾身体健康,万事如意!

谢谢大家!

(本文作者为河南省社会科学院原院长、中原文化研究中心主任、研究员)

首届"中华姜姓源流暨太公文化学术研讨会"开幕式欢迎词

⊙姜克生

各位领导、各位专家、各位宗亲：

大家下午好！

非常高兴能和大家一起相聚在元通中州国际大饭店，共同研讨"中华姜姓源流暨太公文化"这一议题。首先，我代表世界姜姓宗亲联谊总会、河南省姓氏文化研究会姜姓委员会向参加这次研讨会的各位领导、各位专家学者，向各位新闻媒体的朋友们，向来自大陆和台湾的姜姓宗亲代表及所有参会的嘉宾，表示热烈的欢迎和衷心的感谢！

这次由河南省社会科学院中原文化研究中心、河南省姓氏文化研究会联合主办，世界姜姓宗亲联谊总会、河南省姓氏文化研究会姜姓委员会承办的"中华姜姓源流暨太公文化学术研讨会"，旨在共同探讨中华姜姓源流和太公文化。我相信，这次研讨会的召开，对姜姓历史文化的研究具有非常重要的现实意义和历史意义。姜姓源于炎帝神农氏，是中华民族最古老的姓氏之一。先祖姜太公是一位影响久远的杰出思想家、韬略家、军事家和政治家，历代典籍都公认他的历史地位，儒、道、法、兵、纵横诸家皆追他为先哲圣贤，被尊为"谋圣""百家宗师""百神之祖""谋圣太公"。姜太公大器晚成，是商末贤圣，西周的兴国名臣，齐国的开国国君。他的文治武功，影响深远。太公所著《六韬》《金匮》和《太公家教》等传世著作，是中国传统文化的重要典籍。作为太公后裔的我们，为有这样一位圣祖而骄傲！我为我是姜姓而自豪！

希望这次学术研讨会,对"中华姜姓源流和太公文化"作细致的历史文化考察和深入的学术研讨,从考古、历史、文学、思想、军事、谋略、旅游等各个方面对姜姓源流和太公文化展开客观、公正的讨论与交流,并进行归纳整理,作出适当的规范,尽可能形成理论上和认识上的共识。希望各位专家学者能将自己多年来孜孜以求、深入研究的最新成果分享于各位宗亲,对自己的考证结论、精辟见解能毫不保留,知无不言、言无不尽地跟大家分享。

在此,我代表姜姓族人感谢你们!

最后,预祝本次学术研讨会圆满成功!

祝各位领导、各位专家学者、各位新闻媒体的朋友及宗亲代表和来宾身体健康、心情愉快、心想事成!

谢谢大家!

(本文作者为世界姜姓宗亲联谊总会执行会长、河南省姓氏文化研究会姜姓委员会执行会长)

首届"中华姜姓源流暨太公文化学术研讨会"会议纪要

⊙李立新

2015年8月7日至9日,首届"中华姜姓源流暨太公文化学术研讨会"在河南郑州隆重召开。此次会议由河南省社会科学院中原文化研究中心、河南省姓氏文化研究会主办,河南省姓氏文化研究会姜姓委员会承办。来自中国社会科学院、中国科学院、复旦大学、北京第二外国语学院、陕西历史博物馆、苏州大学、河南大学、郑州大学、郑州航空工业管理学院、河南科技大学、许昌职业技术学院、黄淮学院、河南省地方志办公室、河南省社会科学院等高校和科研院所的文史专家及各地姜姓宗亲代表近80人参加了会议。会议期间,与会代表专程赴卫辉市参观了太公陵墓。研讨会围绕中华姜姓源流、太公生平形象、太公精神文化以及太公相关问题等议题展开讨论,并就以下方面达成共识:

一、炎帝和姜太公是姜姓历史上最重要的两位伟大人物。姜姓是中国最古老的姓氏之一,因炎帝居于姜水而得姓。西周初年,姜太公因灭商有功,被分封建立齐国,史称姜齐。战国时期,齐国被田氏取代,子孙分散,或以祖姓为氏。炎帝神农氏是中华姜姓的得姓始祖,姜太公是封齐姜姓的开山始祖。由姜姓分衍出来的姓氏很多,诸如齐、许、申、吕、崔、卢、丁、方、雷、邱、贺、谢、章等中华大姓,属于姜太公后裔的姓氏就有140多个。在数千年的发展历史中,姜姓出现了灿若星河的著名人物和显赫家族,形成了源远流长、厚重博大的家族文化,这不仅是姜姓家族,也是中华民族的优秀传统文化遗产,有待我们进一步挖掘、传承和弘扬。

二、炎帝神农氏既是姜姓的得姓始祖,也是中华民族的人文始祖。他始制耒耜,教民耕种,是中国农业文明的创始人;他亲尝百草,发明医药,是中医文化的发轫者；他始作琴瑟，谱写了《扶犁》《丰年》等乐章，是中国音乐文化的滥觞者；他筑城设市，倡导货贸交易，是中国商业文化的肇始者。因此，炎帝被奉为中国古史传说时代"三皇"之一，被尊为中华民族的人文始祖。

三、姜太公是中国历史上一位极具传奇色彩的历史人物，是中国古代杰出的政治家、军事家与谋略家，被尊为"百家宗师""兵家之祖""谋圣"。他垂钓于磻溪，文王渭水访贤，成就了君臣际遇的千古佳话；他以超人的智谋助周灭商，牧野一战成名，奠定了周朝数百年基业；他建国本，修善政，依托鱼盐之利，发展工商业，开创了一个强大的齐国。姜太公以其卓越的历史贡献被后人颂扬，并借《封神演义》在民间广为传颂，成为亦人亦神、家喻户晓的传奇人物。太公文化和太公精神已成为中华民族的文化基因和重要组成部分，对于构建全球华人根亲文化圣地，建设华夏历史文明传承创新区，具有重要的现实意义。

四、河南是姜姓始祖重要活动地区。河南淮阳古为陈地，是炎帝的建都之所，沁阳市有神农山、神农坛，温县有神农涧，新郑市、伊川县等地也都有很多关于炎帝的传说故事；共工氏活动于今辉县市一带；四岳出于嵩山；南阳市和新蔡县有两个古吕国，乃姜太公吕尚的祖系所在。关于姜太公的故里所在地，说法很多，有冀州说、许州说、南阳说、淄博说、西羌说、日照说、卫辉说等，综合文献考察，尤以卫辉说证据最为充分。主要依据为东汉高诱注《吕氏春秋·首时》篇云："太公望，河内人也。"在《淮南子·氾论训》注中则明言"太公，河内汲人"。东汉汲县令《崔瑗碑》、晋汲令卢无忌《齐太公吕望表》和北魏汲郡太守穆子容《太公碑记》均有相同记载。

五、在陕西、山西、河北、湖北、山东等地，也存留着众多有关炎帝、吕国、姜太公的遗迹和传说，这些遗存也都有正史、方志、碑刻等文献的记载，均已成为地方文化的重要组成部分，皆是中华姜姓宗亲重要的寻根谒祖圣地，都值得我们研究、保护、挖掘和弘扬。在文化研究与开发上，不能抱残守缺，厚此薄彼，而应兼顾历史事实和文化认同，以包容的态度、客观的眼光、开放的思维去面对，实现和谐共生，合作共赢。

（本文作者为河南省社会科学院中原文化研究所副所长、研究员）

首届"中华姜姓源流暨太公文化学术研讨会"综述

⊙杨 波

2015年8月7日至9日,由河南省社会科学院中原文化研究中心、河南省姓氏文化研究会主办,河南省姓氏文化研究会姜姓委员会承办的首届"中华姜姓源流暨太公文化学术研讨会"在河南郑州召开。此次会议共收到学术论文40余篇,来自中国社会科学院、中国科学院、复旦大学、北京第二外国语学院、陕西历史博物馆、苏州大学、河南大学、郑州大学、郑州航空工业管理学院、河南科技大学、许昌职业技术学院、黄淮学院、河南省地方志办公室、河南省社会科学院等高校和科研院所的文史专家及各地姜姓宗亲代表近80人出席会议并参与研讨。8日下午的大会开幕式由河南省姓氏文化研究会姜姓委员会秘书长姜君平主持,河南省政协原副主席王平,河南省社会科学院党委书记魏一明,河南省社会科学院原院长、中原文化研究中心主任张锐,中国社会科学院历史研究所副所长王震中分别致辞,世界姜姓宗亲联谊总会、河南省姓氏文化研究会姜姓委员会执行会长姜克生致欢迎词。

研讨会由河南省社会科学院中原文化研究所所长卫绍生研究员主持。会议通过大会主题发言、自由发言、分组讨论等形式,紧紧围绕中华姜姓源流、太公生平形象、太公精神文化以及太公相关文化等几大中心议题,进行了深入的探讨与交流。其中,河南省社会科学院历史与考古研究所马世之研究员、中国社会科学院历史研究所王震中研究员,中华伏羲文化研究会副会长、华夏姓氏源流研究中心主任袁义达研究员,北京第二外国语学院语言学及应用语言学研究中心常耀华教授,河南省社会科学院历史与考古研究所任崇岳研究员,陕西历史博物馆研究馆员、陕西省人民政府参事室研究员、中华伏羲文化研究会副会长杨东晨研究员，中国农工民主党中央联络文员会主任记者聂振强先生，河南大学历史文化学院李玉洁教授，河南省姓氏文化研究会副会长石小生先生，苏州大学社会学系周书灿教授，河南省社会科学院中原文化研究所副研究员杨波博士，姜姓委员会副秘书长姜再新先生等，分别作了大会主题发言。研讨会议论文呈现出研究内容丰富、关注视角多元、研讨方法多样等特点，议题及学术观点主要集中于以下四个方面。

一、关于中华姜姓源流研究

姓氏源流研究一直是姓氏文化研究中的重要议题，也是本次研讨会的关注热点之一。其中马世之《炎帝神农氏的贡献与史迹》，姜建设《谈谈炎帝姜姓族群在上古时代的历史地位》，任崇岳《源出姜氏的中华姓氏》，周书灿、周珏《姜姓与羌族》，李玉洁、武思梦《太公望与西周王朝》，李乔《姜太公后裔姓氏考略》，徐玉清《汉唐间姜姓名门望族简述》，张玉霞《唐代姜姓名人考略》，袁义达《姜姓的历史与文化》等9篇文章，分别就炎帝及姜姓族群的历史贡献与地位、姜姓源流考述、唐代以前的姜姓名门望族和历史名人等议题，展开广泛而深入的论述。

姜姓是中国最古老的姓氏之一，因炎帝居于姜水而得姓。马世之研究员认为，"始为天子"的炎帝神农氏，生活于我国农耕文化的历史阶段，是我国古史传说中的"三皇"之一，也是受人敬仰的中华人文始祖。作为一个时代的象征和具有传奇色彩的伟大历史人物，炎帝神农氏的历史贡献主要表现在始教民耕、始作耒耜、发明医药、始作琴瑟、筑城设市、肇始姜姓几个方面，被尊为姜姓的得姓始祖；中原地处华夏腹地，是炎帝神农氏活动的重要历史舞台，中原地区广泛分布着众多极具代表性的炎帝史迹，如天然石龙、神农涧、神农坛、炎帝诞生地、神农故都等，内涵丰富多彩，炎帝也以其丰功伟绩而永远彪炳于史册，永远流传于后世。姜建设教授的文章则从炎帝与黄帝之争、炎帝族群的神话或传说、华夏民族始祖的形成三个方面展开论述，指出炎帝部落与黄帝部落联盟的形成，标志着社会已经到了文明时代的前夜；"蚩尤战黄帝""祝融斗颛顼""共工怒触不周山""精卫填海""夸父逐日""刑天争神"等神话或传说，曲折地反映出原始时代的社会生活，表达出桀骛不驯、百折不挠、坚忍不拔、勇往直前的主题，后来都成为中华民族精神的源头和标识；而炎黄二帝始祖地位的确立，则是历史选择的结果。周书灿教授的文章从姜姓的起源及其早期源流、姜戎氏的族姓及其战国秦汉后的族属问题、姜姓与羌族关系辨正、关于夏族与姜炎姓族的渊源关系四个侧面，用大量的史料传说和田野考古资料作为旁证，论述了姜姓与羌族的复杂关系。李玉洁教授认为，太公望最早当是活动在中原地区的"四岳"之后，以后迁徙到陕西周原地区的姜姓部族首领；太公望在推翻殷王朝过程中发挥了重要的作用；齐国是辅助周王室的重要藩国，不仅与西周王室和其他姬姓诸侯保持重要的姻亲关系，而且对东夷地区的反周势力及部族起到了镇服的作用，使西周王朝在渤海沿岸和东夷地区具有把握大局的态势。

任崇岳研究员《源出姜氏的中华姓氏》和李乔研究员《姜太公后裔姓氏考略》的文章是关于姜姓源流发展演变研究比较重要的文章。任崇岳认为，古代氏、姓有别，氏用来别贵贱，姓用以别婚姻，后来则合二为一。其文章通过钩沉发微，对炎帝姜姓派生的20个主要姓氏进行了，指出在几千年的姓氏发展演变中，正是炎帝、黄帝的裔孙共同构成了伟大的中华民族。李乔《姜太公后裔姓氏考略》一文，通过大量的文献梳理，考证出姜太公后裔实有140个姓氏，并将其归纳为"以姓为氏""以国为氏""以邑为氏""以地为氏""以字为氏""以名为氏""以号为氏""以谥为氏""以族为氏""以官为氏""来源不明"11大类，用直观的数据和鲜明的分类反映出姜太公在中华姓氏史上的重要地位。

徐玉清研究员《汉唐间姜姓名门望族简述》和张玉霞副研究员《唐代姜姓名人考略》两篇文章，通过对汉唐之间姜姓历史名人的梳理，指出姜姓在社会生活的各个领域均有建树，他们共同丰富了姜姓的历史文化内涵，是姜姓发展历史上不可或缺的一环。袁义达研究员《姜姓的历史与文化》一文，则先后考证了姜的名义和图腾、姜姓的起源与演变、外族基因的融入、历史上姜姓的分布和迁移、当代姜姓的分布和图谱、姜姓的传统文化、名人频率和宗族先贤、姜姓血型等8个方面的内容，研究视角独特，谈古论今，跨越时空，读来令人耳目一新。

二、关于太公生平形象研究

本次研讨会的另一重要议题，就是关于太公出身问题、太公居里或故里、太公生平形象的研究。

学界关于太公出身和太公居里或故里的论争，一直没有定论。王震中研究员《姜太公出身之梳理》一文，首先明确指出"姜太公"一词是秦汉以后的称呼，在先秦时期，姓、氏有别，女子称姓，男子称氏不称姓，《史记·齐太公世家》中把作为姓的姜与"氏"连称作"姜氏"，以及把作为氏号的吕与"姓"联系在一起，都属于姓氏混一的结果；接着旁征博引，谨慎辨析，详细考证了"关于太公望的出身问题"和"关于吕国的地望"，指出诸说的共识是"太公望乃西周之前、商末吕国之人"，但"夏商时期的吕国，即早期的吕国，究竟在何地，尚未有定论"，认为"只有依靠考古发掘，若能发现商周时期的吕国都邑遗址或吕国墓地，再结合文献和青铜器铭文，这一问题才会得到解决或取得突破性的进展"，表现出严谨客观的治学态度。

卫绍生研究员的文章《姜太公名号居里考辨》，则依据《国语》《战国策》《史记》《新唐书·宰相世系表》《古今姓氏书辩证》《万姓统谱》等文献，就"关于姜太公的姓氏""姜太公的名号问题""姜太公居里在何处"展开论述，认为姜太公是封于吕地的姜氏后人，后人称其为姜太公，是就其姓源而言；称其为吕尚，是就其以封地为姓而言。指出姜太公有多达二十几个名号，这些复杂的名号主要出自三个系统，一是由周文王、周武王对姜太公的尊称或赐号而来，二是从姜太公为炎帝后裔的姓源而来，三是因姜氏在夏商两代曾经封于吕地，以封地为姓。文章根据战国以来的不同说法，将姜太公的居里概括为东夷之士说、东海上人说、琅琊海曲说和河内汲人说，指出"从后世影响来看，姜太公是汲人说，是最具影响力也最为可信的一种说法"。

李立新研究员《姜太公与河南》从"故里在卫辉，文献言之凿凿""大隐于市，活动于朝歌一带""牧野鹰扬，建功于新乡""遗迹累累，陵墓在卫辉"四个方面，搜集文献，列举证据，指出姜太公与河南之间的紧密联系，认为河南既是姜太公的故里所在，也是他的终葬之地，更是其建功立业之所。陈建魁副研究员的《姜太公故里考》，通过考察历史遗迹，梳理史书和地方志的文献记载，认为"太公故国为吕国，其地在今河南新蔡；太公故里为东海上，其地在今山东东部沿海一带；太公故居在汲县，即今河南卫辉公太公泉镇"，特别是汲县的太公故居，是太公长期活动和居住地，也是太公事业的源起地，此地周围的许多地方，都留下了太公屠牛、贩浆和钓鱼的足迹。杨亮、霍德柱的文章《认同与传承：古汲三碑所见姜太公故里史实考略》，则从众多研究姜太公故里的史料中，选取具有举足轻重之地位的"汲县三碑"（即崔瑗碑、卢无忌碑和穆子容碑）进行研究，认为金石文献比传世文献具有传承的稳定性，汲县三碑是时代较早的民间存留的姜太公史料，三碑的相互之间又有传承关系，反映了汲人对姜太公文化的认同与传承，并指出太公文化的核心在于，"姜太公是齐文化的开创者，其因地制宜的务实精神使得齐国大治，奠定了战国时期齐国称霸天下的基础"。

杨东晨研究员《姜太公的丰功伟绩及其后裔文化述论》，薛瑞泽教授、许智银教授《姜太公形象的综合考察》，石小生先生《浅论姜子牙故里的历史地理交集》，郭树伟副研究员《唐代姜太公文化现象谫论》，徐春燕女士《从姜太公形象的演变看我国古代民间崇拜》等几篇文章，也都从不同角度对姜太公的身世遭际、生平事迹、形象演变、丰功伟绩以及由此衍生的文化现象、民间崇拜等进行了详细考述，得出了大致相类似的结论，即太公望德高望重，备受朝野尊敬，堪称西周时期举足轻重的思想家、政治家及军事家；他在辅佐周文王平定西方，巩固后方根据地，以及向东北进军，控制殷朝西北地区的过程中，贡献突出；他在辅佐周武王灭殷建国、巩固新政权的过程中功勋卓著；他在后人心目中具有很高的地位，由此产生的民间太公崇拜与帝师文化现象，丰富了中国传统文化的精神内涵。

三、关于太公精神文化研究

自古以来，历史文化名人广泛流传于后世的渠道不外乎两种：一是正史记载，二是民间流传。唐代以前，太公事迹更多地见于正史记载；宋代以后，民间流传的影响则越来越大。究其原因，正在于太公文化思想的博大精深和太公精神的内涵丰富。

杨海中研究员《太公文化思想述略》一文，将太公文化思想的核心内容概括为"富国强兵"四个字，认为其主要表现治军、治政及发展经济诸方面，强调太公文化思想是齐文化的重要源头，齐文化是太公文化的传承与衍生、光大与发展。他指出，太公善于从战争中总结制胜的经验与规律，同时也看到了非军事力量的重要，故而其兵学思想主要表现为重视战争的性质、在战术上主张各个击破、重视指挥艺术的灵活运用、重视重型武器的使用、重视将领的选拔和任用、主张军事剪除与政治怀柔相结合等特点；太公的治政思想主要表现为主张以德治国、主张爱民利民、主张尊贤贵法，并且对古代贤君的标准有自己的看法；太公的经济思想表现在重视农工商并举、发展经济从实际出发、重视发展城市经济，强调农工商三业并举，从而保证了政治、军事、外交具有强大的实力与活力，其远见卓识非一般人所能媲美。

李海龙教授《伊洛地区的姜太公信仰》一文，通过大量的田野调查，将姜太公信仰在伊洛地区的太公信仰分为三种类型，即姜太公文化、道教姜太公信仰、民间的姜太公信仰。他认为，伊洛地区的姜太公文化主要表现为姜太公故事和姜太公民间活动仪式，如马前泼水、渭水垂钓、顺应命运等待时机、封神故事以及"太公出巡"民间文化活动等，具有深刻的历史文化价值和鲜明的时代表征。杨波《〈武王伐纣平话〉与太公文化精神的传播》，从文化传播的角度入手，详细分析元代话本《武王伐纣平话》产生的学术背景、记载的姜尚事迹及其对传播太公文化精神的历史贡献，指出此书是姜尚形象从庙堂之圣到民间之神演变过程中的重要环节，是太公文化精神得以传播后世的重要载体。郭艳《中华姜姓郡望堂号堂联及其当代文化意义》，通过分析中华姜姓的郡望、堂号、堂联的不同类型与文化内涵，指出这些郡望、堂号、堂联记录着姜姓家族的发源、生息、繁荣与变迁，已经成为姜姓族人的共同文化心理积淀与精神家园，是中华民族优秀民间文化宝库中的一颗璀璨明珠，具有丰富的文化意义与当代价值。

常耀华《由姜太公钓鱼说到晚商之渔猎》和张兰花《由姜太公钓鱼看创意文化》两篇文章都以姜太公钓鱼为切入点，但研究内容和治学方法截然不同：前者旨在通过传统文献记载和出土文物资料考察殷商时期的捕鱼制度，属于文字学研究范畴;后者则通过姜太公钓鱼的故事内容,利用文学作品中演绎的故事情节,阐发文化创意的产生、特征及启示,属于应用研究范畴。正如清初思想家王夫之论诗时所说:"作者用一致之思,读者各以其情而自得。"(《姜斋诗话》卷一)这两篇文章的不同主题,也印证了莎士比亚的那句名言:"一千个读者心中,就有一千个哈姆雷特。"

四、关于太公相关文化研究

齐鲁文化是中华传统文化与中华文明的重要源头之一。除了上述三大议题之外,研讨会还收到几篇关于太公文化相关的齐国文化、古吕国文化方面研究文章。如袁延胜教授与安子昂《景公时期齐国的外交与内政》、陈习刚副研究员《齐国历史上的"穆陵"名称与地望》、郭超副教授《姜太公与古吕国研究》、赵海涛博士《齐鲁之间及其外:姜太公与中华文化》、王颖副教授《齐国神话传统考述》等文章,从不同角度、不同侧面论述了太公文化思想中的另一重要内容。袁延胜认为,对于评判齐景公这样一位君主,应当将其与齐国历史以及春秋时期历史的发展潮流结合起来认知:关于景公的复霸之举,主要是外交方面的努力和成就,是整个齐国贵族和民众对于再现桓公时代霸业的一种期许甚至梦想,而景公肩负承载这一梦想的历史重任;景公备受古今批判的,莫过于陈氏家族做大,后世发生的"田氏代齐"肇始于景公时期,这是绝大多数国家在春秋战国时期所发生的一种普遍现象,说明姜齐的败落也是景公的宿命。陈习刚的文章详细考察了穆陵的名称与得名、穆陵关的地望,认为齐国历史上的重要地名"穆陵",是战国时期齐鲁两国相争的战略要点。赵海涛的文章在分析比较齐鲁两国不同文化传统与世俗风情的基础之上,探讨了姜太公对中华文化的贡献,指出齐文化的成就之所以如此繁盛,与太公本人博学多识的思想与善于乘时乘势的疏通导引是分不开的。太公思想因齐文化而彰显,齐文化因太公思想而最终成就,二者是水乳交融相辅相成的关系,太公思想对儒家、道家、兵家、墨家、法家等学说都产生过较大影响。

郭超的文章认为,由于年代久远,文献纷杂,所以学界关于姜太公故里问题的研究,分歧颇大。他在归纳学界常见的几种说法的基础上,从文献记载、时间跨度、地域因素三个层面，对"姜太公故里古吕国"进行了考辨，并从姜太公与周文王的关系入手，论述古吕国在新蔡的可能性，指出共同的理想抱负、共同的语言、共同的家乡、密切的宗族关系，是博学多才的姜子牙和雄才大略的周文王"携手并肩，共同战斗"的重要因素。此文观点自成一家，推理层次清晰，可备一说。王颖的文章认为，战国中后期，齐国思想家吸收民间宗教信仰，融合了阴阳五行学说、神仙学说、道家学说、黄帝学说，以及巫术方士、卜筮符咒、医药星相等思想，创立了一个伟大的思想信仰体系，这种大混合的思想成为中国古代神话发展演变的坚实理论基础，并对以后两千年的中国思想和宗教文化产生不可忽视的巨大影响。

卫绍生研究员在对研讨会进行学术总结时，用"三四五"对研讨会的特点、内容和成就作了简要概括。"三"是指研讨会表现出三个方面的特点：一是与会专家老中青相结合，二是专业研究与延伸研究相结合，三是全局性研究与区域性研究相结合。"四"是指研讨的内容主要集中在四个方面：一是对中华姜姓起源的研究，二是对姜太公生平形象的研究，三是对太公精神文化的研究，四是太公文化的影响及相关研究。"五"是指研讨会取得了五个方面的成就：一是对姜姓起源基本上达成了共识；二是对起源于姜姓的姓氏进行了系统的梳理，归纳出140多个姓氏；三是对姜太公生平形象有了更为全面的认识；四是对太公文化的内涵与外延作了深入的探讨，取得了一些重要成果；五是对太公文化在政治、经济、历史、军事、文学及民间等方面的深远影响进行了初步探讨。

研讨会通过了《首届"中华姜姓源流暨太公文化学术研讨会"会议纪要》，在中华姜姓源流与太公文化等方面达成了五点共识，为中华姜姓和太公文化研究奠定了基础。与会专家学者认为，在文化遗产的保护、传承、研究与开发上，不能抱残守缺，厚此薄彼，而应兼顾历史事实和文化认同，以包容的态度、客观的眼光、开放的思维去面对，才能实现和谐共生，合作共赢。当然，由于各种原因，相关研究还存在着学术成果的原创性和影响力相对不足等问题，但瑕不掩瑜，这也为今后的进一步研究和提升创造了条件，打下了基础。相信随着本次会议的顺利召开，必将有力推动着今后的姓氏文化研究和历史文化名人研究。

（本文作者为河南省社会科学院中原文化研究所副研究员、文学博士）